KB199931

역사적으로 본 한일 양국의 갈등과 해법의 모색

역사적으로 본 한일 양국의 갈등과 해법의 모색

한일관계사학회 편

경인문화사

| 발간사 |

　30년이 넘는 역사와 전통을 지닌 우리 한일관계사학회는 1992년의 학회 창립 이래 고대에서 근현대에 걸친 한일관계사 분야의 연구를 견인해왔다. 그리고 이러한 학문과 학술활동을 통해 사회적 기여와 미래지향의 한일관계 정립을 위한 학문적 역할을 다하고자 시의에 맞는 다양한 주제를 선정하여 학술행사를 해왔다. 그 대표적인 성과의 하나로 지난 2015년 한일국교정상화 50주년을 맞아 6개국 학자들이 참가한 국제학술회의를 성황리에 개최했고, 그 성과를 《한일수교 50년, 상호이해와 협력을 위한 역사적 재검토》(경인문화사, 2017)로 출판하였다.

　최근 2023~2024년 2년 동안에도 우리 학회는 왕성하게 학술 활동을 지속해 왔다. 특히, 한일문화교류기금을 비롯해 동북아역사재단, 국사편찬위원회, 국립해양박물관, 일제강제동원피해자지원재단 등 여러 기관의 적극적인 후원에 힘입어 관련 학술단체나 연구소(부산지역 역사연구자들의 학술단체인 부경역사연구소, 전북대학교 이재연구소, 강원대학교 국학연구소) 등과 공동으로 다양한 주제의 학술회의를 개최하였다. 본서는 최근 2년 동안 우리 학회가 개최한 각종 학술행사 활동의 결과물 중 하나이다

　말할 나위도 없이 우리 학회에는 막중한 사회적 책임이자 역할 가운데 하나로 한일관계사라는 각 시기의 과거사 연구 속에서 바람직한 미래의 길을 제시하는 책무도 부여되어 있다고 생각한다.

　2025년 올해는 한일국교정상화 60주년을 맞이하는 의미 있는 해이다. 그런만큼 본서의 내용, 즉 [제1부: 갈등의 양상]에서 다루고 있는 백촌강 전쟁, 왜구, 임진왜란 등을 테마로 한 논고에서는 전쟁이라는 극한의 대결과 갈등의 과정 속에서 '반면교사'의 거울을, [제2부: 해법의 모색]에서

다루고 있는 '성신'과 '교린' '통신'을 화두로 한 대립과 갈등을 피하기 위한 해법 모색과 화해 노력을 통해서는 '교사'의 역할과 지혜를 얻을 수 있기를 기대한다.

마침 한일국교수교 60년을 맞이하는 해에 본서를 출판하게 되었다. 아무쪼록 이를 계기로 본서를 관통하는 주제인 '한일관계, 갈등을 넘어 동행으로' 가는 좁고 작은 길이 더 넓게 활짝 펼쳐지기를 염원하는 바이다.

끝으로, 본서의 출간을 기획해 주시고 중간에서 애써주신 손승철 교수님, 옥고를 내주신 집필자 선생님들, 그리고 어려운 인문학 출판 사정에도 불구하고 흔쾌히 출판을 허락해주신 경인문화사 한정희 대표님을 비롯한 관계자 여러분들께 심심한 감사의 말씀을 드린다.

2025년 3월
한일관계사학회 회장 나행주

| 목차 |

제2부 해법의 모색

제1부 갈등의 양상

'백촌강 전쟁'의 파병 원인과 패인에 대한 검토

나행주*

1. 머리말

"영원한 우방도 영원한 적도 없다." 국가 간의 이해가 상충하는 냉엄한 국제관계의 장에서 일관되는 원칙이자 명제이다. 고대 동아시아 제국의 사례를 보아도 수긍이 간다. 왜국과 고구려, 왜국과 신라, 왜국과 중국(당)의 관계가 그러하다. 그러나 특수한 예외가 존재한다. 왜국과 백제의 관계이다. 양국은 369년의 칠지도 증여로 시작된 우호친선을 기조로 하는 동맹관계 성립 후 백제가 멸망하는 그날까지 상호 간에 칼끝을 단한 차례도 겨냥하지 않았다. 세계외교사에 유례가 없는 특수한 사례이다. 그리고 그 마지막 귀착점이 왜국의 백제 부흥을 위한 전쟁 즉 백촌강 전투(전쟁)에의 참가이다.

이 전쟁은 고대 동아시아 최초의 국제전쟁, 나당연합군과 백제·고구려·왜국 연합군의 대결, 혹자가 말하는 고대 동아시아 '세계대전'이다.1) 그런 만큼 패전의 결과는 한국고대사, 일본고대사, 고대한일관계사, 그리고 고대동아시아사의 이해에 있어서도 중요한 의미를 지니며 한중일 삼국의 역사에 지대한 영향을 남겼다.

---

* 건국대학교
1) 서영교, 『고대 동아시아 세계대전』, 글항아리, 2015.

본고는 백촌강 전투(나아가 전쟁)가 지니는 역사적 의미를 추구하는
작업의 일환으로서 우선, 백제멸망 이전의 왜국과 백제의 관계 속에서
백촌강 전투(전쟁)의 역사적 배경을 찾아보기로 한다. 특히 파병 원인 및
목적과 관련해 종래의 통설적 이해인 '동이의 소제국'론에 입각한 일본
학계의 이해를 비판적으로 검토한다. 이어 백촌강 패전의 이유를 종래의
이해에 더해 당시의 왜국 지배층이 지닌 대외인식, 국제정세 인식의 문
제를 중심으로 이해해 보고자 한다. 마지막으로 패전의 결과가 가져온
영향, 즉 역사적 의의에 대해 국내적(고대일본) 측면과 국제적(고대한일
관계 및 동아시아) 측면에서 간단히 정리해 보기로 한다.

2. 백제 구원군 파견 배경 - 역사적 배경과 파견 이유·목적

먼저, 본고에서 사용하는 용어의 문제에 대해 언급해 두기로 한다. 결
론적으로 본고에서는 협의의 백촌강[백강(백강구)] 전투, 광의의 백촌강
[백강(백강구)] 전쟁으로 구분하기로 한다.

주지하는 것처럼 현재 한일 양국 학계에서는 백강구 전투, 백강구 전
쟁, 백강 전쟁, 백강 전투, 백강구전, 백촌강 전투(白村江の戰い) 등 다양
한 용어를 사용하고 있다.[2] 본고에서는 '전투'와 '전쟁'을 보다 엄밀하게
구분해서 사용하는 것이 마땅하다고 생각한다. 즉 광의의 백촌강 전쟁은
661년 5월의 제1차 구원군 파견에서 663년 8월의 백촌강 전투, 그리고
9월의 최종적인 주류성 함락까지의 과정을 포함한다. 이에 대해 협의의
백촌강 전투는 일본 수군 1만 명과 당 수군 7천 명의 격전이 펼쳐진 663

---

2) 본고의 주된 문제 관심은 일본고대사에 있기 때문에 일본 측 즉 『일본서기』의
   사료 용어인 '백촌강(白村江)'을 주로 사용하고 있다.

년 8월 27일~28일 이틀간의 싸움에 대해 한정적으로 백촌강(백강구) 전투라는 용어를 사용하기로 한다.

다음으로 최근에 다시 논쟁이 되고 있는 백촌강[백강구(백강)]의 위치에 대해서 언급해 두기로 한다. 사료상으로 백강, 백촌, 백사(삼국사기 및 구당서), 백촌강(일본서기) 등으로 보이는 역사무대로서의 백촌강[백강구(백강)]의 위치에 대해서는 최근 이를 동진강(부안지역)으로 비정하는 이해도 제시되고 있으나 통설에 따라 금강하구(서천지역)설을 따른다.3) 따라서 서천군은 고대의 백강구전투(663)의 무대이자 고려시대(1380년) 진포대첩지로서 한일관계사, 더 나아가 동아시아사상의 중요한 역사 무대였다.

그럼, 본고의 주요한 문제관심 중 하나인 백촌강 전투에의 참전 이유 및 목적에 대해 살펴보기로 한다. 우선 왜국이 이 전투에 참전하게 된 역사적 배경과 관련해서는 크게 3가지의 이해가 제시되어 있다.4) 즉 (1)제

---

3) 지금까지 위치론에 대해서는 실로 다양한 견해가 제시되어 있다. 즉 백촌강(백강)의 위치 비정에 대해서는 錦江 설, 東津江 설, 안성천 하구 白石浦 설, 사비도성 함락시의 백강은 금강이고 周留城 함락시의 백강은 苗浦內浦라는 설, 백강은 금강이고 白村江은 斗浦川에 비정하는 설, 熊津江과 白馬江을 포함한 금강 일원을 白村江으로 비정하는 설, 泗沘河에서 錦江河口까지로 보는 설, 牙山灣 설 등이 있다. 이와 관련한 제설의 상세에 대해서는 沈正輔 1989, 144~148 ; 同 2003, 172~197 ; 卞麟錫 1994, 110~115 ; 서정석 2004, 203~205 ; 서영교 2015 등 참조.
4) 왜국의 백제부흥군 파견 이유 및 목적을 둘러싸고도 다양한 관점에서 다양한 견해가 제시되어 있다. 즉, 구원군 파견 이유 및 배경을 ①왜왕권이 백제에 대해 당을 대신하는 종주국으로서의 위치를 획득하기 위해서라는 견해(石母田正, 1971), ②당이 한반도를 세력권 안에 두면 왜국이 위협에 처하게 되는 위기감 때문이라는 견해(井上光貞, 1975), ③왜왕권이 백제왕을 책립하기 위해서라고 추측한 견해(八木充, 1986), ④『일본서기』에 보이는 왜와 백제·신라 간 공납관계를 백제멸망 후에도 확보하여 왜국 내의 모순을 극복하고 권력을 집중하기 위해서라는 견해(鬼頭淸明, 1976), ⑤왜 왕권과 畿內 유력호족에 의한 선진문물

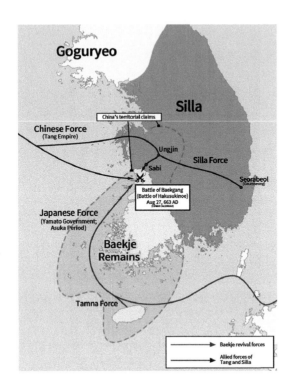

국주의전쟁론, (2)조국부흥전쟁설, (3)국방상의 위기설이다.

우선, (1)설과 관련해 왜국의 백제구원군 파견 원인과 배경으로서 고대일본의 소중화의식·소중화주의의 조건 충족을 위한 외교적 선택이라는 이해가 일본학계를 대표하는 이해라 할 수 있는데, 이러한 이해는 이시모다 쇼(石母田正)의 고대의 제국주의론 즉 '동이의 소제국'론의 영향이며, 대표적으로 한반도에 대한 공납제 유지설5)이나, 齊明朝 소중화의

독점체제를 유지하기 위해 調 납입국인 백제왕권을 부흥시키고 고구려를 지탱시키기 위해서라는 견해(鈴木英夫, 1985), ⑥任那의 調를 회복하기 위해서라고 보는 이해(田村圓澄, 1981) 등. 이와 관련한 연구사 정리는 정효운 1995, 185~187쪽 참조.

5) 鬼頭淸明「白村江の戰いと律令制の成立」, 『日本古代國家の形成と東アジア』, 校

식의 존재를 전제로 한 학설들[6]이 주류를 이루고 있다.

그러나 이러한 학설들은 공통적으로 백제와 신라에서 왜국에 장기간에 걸쳐 파견한 '質'에 대한 이해 및 '任那의 調'에 대한 이해[7]에 근본적인 문제가 있으며, 아울러 관위 수여 및 백제왕 책립 관련 기사와 관련해서도 니시지마 사다오(西嶋定生)의 '책봉체제'론의 영향하에서 그 의미를 과도하게 이해하는 설(坂元, 熊谷설)도 비판을 받아 마땅하다고 할 수 있다.

우선, 풍장에게 직관을 수여한 것이나 백제왕 책립을 제명조의 동이의 소제국 성립과 연결지어 이해하는 견해에 대해서는 전지왕과 동성왕 귀국 시의 백제왕 책립 사례[8], 백제의 '質' 장복(長福) 귀국시에 보이는 왜국의 관위 수여 사례[9], 백제 사절 귀국 시의 관위 수여 사례 등을 통해 그 문제점을 충분히 지적할 수 있다.

(2)설과 관련해서는, 백제가 일차적으로 멸망하는 660년 단계의 시점에서, 이전의 7세기 초의 推古朝 조정에서나 645년의 을사의 변 이전까지의 시기에 있어 왜국의 대외정책을 주도했던 백제계 씨족(즉 蘇我씨와 같은 왜국내의 외교권을 실질적으로 장악한 백제계 씨족)을 상정하는 것

倉書房, 1976.

6) 예를 들면, 후술하는 坂元설, 熊谷설 등이 대표적이다.

7) 특히, 鬼頭설 및 熊谷설 등이 이해상에 많은 문제를 내포하고 있다. 즉 이러한 설들은 무엇보다도 지나치게 왜국 중심적인 이해로 일관하고 있다고 할 수 있다. 종래 일본학계의 '임나의 조' 이해상의 문제점에 대해서는 졸고 참조

8) 『日本書紀』卷十応神天皇十六年(乙巳二八五)是歲. 百濟阿花王薨. 天皇召直支王謂之曰. 汝返於國以嗣位. 仍且賜東韓之地而遣之.〈東韓者. 甘羅城. 高難城. 爾林城是也.〉 『日本書紀』卷十四雄略天皇二三年(己未四七九)夏四月. 百濟文斤王薨. 天皇以昆支王五子中. 第二末多王幼年聰明. 勅喚内裏. 親撫頭面誠勅慇懃. 使王其國. 仍賜兵器. 并遣筑紫國軍士五百人. 衛送於國. 是爲東城王.

9) 『日本書紀』卷二四皇極天皇元年(六四二)八月丙申《十三》. 以小德授百濟質達率長福. 中客以下授位一級. 賜物各有差.

은 무리이다.

후술하는 것처럼, 왜국(齊明朝) 권력 중추의 백제구원군 파견 결정은 무엇보다도 백제와 왜국 사이에 장기간에 걸쳐 구축된 우호친선의 동맹 관계 성립과 안정적 유지의 결과라고 이해하지 않으면 안 된다. 보다 직접적으로는 왜국에 대한 백제의 '질 체제'(소위 왕족외교) 유지의 성과이자 결과라 할 수 있다.[10] 말할 나위도 없이 풍장이 왜국에 거주하게 된 것도 '질 체제' 유지의 결과이다. 즉 백제의 왕족(귀족도 그 대상)이 '質'로서 장기간에 걸쳐 왜국에 체재하면서 백제와 왜국의 특수한 관계가 유지된 것이다. 풍장(교기)과 齊明(皇極)·天智천황(中大兄황자)과의 장기간에 걸친 친교의 성과이자 對신라대항책으로서 백제가 선택한 對왜외교 승리의 결과로 보아야 마땅하다.

(3)설 즉 대외적 위기설에 대해서는, 齊明천황은 물론 왜국내의 실질적인 정치적 주도권을 지닌 中大兄황자나 中臣鎌足이 660년 8~9월의 백제멸망 소식을 접한 단계에서, 당이 한반도 남부까지를 직접 지배할 것으로 예측하고 왜국의 직접적인 위협 요소를 선제적으로 막으려고 했다고 상정하는 것은 무리이다(倉本, 154쪽 등). 서일본 전역에 걸친 일련의 국방상의 방어시설 구축 즉 664년의 사키모리(防人) 배치와 봉화 체제 정비, 규슈지역의 水城 건설[11] 및 665~667년에 걸친 서일본 각지의 백제식 산성 축조[12] 등은 어디까지나 백촌강 패전 이후 시기에 본격적으로 강구된 대책이다. 오사카 難波(나니와)에서 나라 大和(야마토)로의 환

---

10) 이와 관련해서는 참고문헌에 제시된 김현구, 연민수, 나행주 등의 논고 참조.
11) 『日本書紀』卷二七天智天皇三年(六六四)是歲. 於對馬嶋. 壹岐嶋. 筑紫國等置防與烽. 又於筑紫築大堤貯水. 名曰水城.
12) 『日本書紀』卷二七天智天皇四年(六六五)秋八月. 遣達率答㶱春初築城於長門國. 遣達率憶禮福留. 達率四比福夫於筑紫國築大野及椽二城. 및 『日本書紀』卷二七天智天皇六年(六六七)十一月是月. 築倭國高安城. 讚吉國山田郡屋嶋城. 對馬國金田城.

도를 국방상의 위기위식의 소산으로 보는 이해도 있으나, 역시 이는 中大兄의 정권 장악의 결과로서 孝德천황의 정치적 거점이었던 難波를 떠나 645년 이전까지 조상 대대로 거주했던 자신들의 고향으로의 환도로 이해하는 것이 무난하다. 그 점은 667년 아스카(飛鳥)에서 오미(近江) 大津京으로의 천도13)와 비교해 보면 보다 분명하다고 할 수 있다. 즉 아스카에서 오미로의 궁거의 이전이야말로 백촌강 패전 이후 왜국이 경험한 미증유(未曾有)의 위기의식의 소산이라 할 수 있을 것이다.

667년에는 최전선인 對馬島에 金田城을 축조한 것을 비롯해 讚岐에 屋嶋城, 야마토에 高安城을 축조하여 對馬에서 야마토에 걸친 각지에 방어시설이 배치되었다. 이는 말할 나위 없이 야마토지역까지 적(당 및 신라)의 습격이 있을 수 있다는 전제에서 나온 조치이다. 같은 667년에 왕도를 近江의 大津에 옮긴 것도 주로 국방상(방어상)의 관점에서 이루어진 것으로 보는 이해14)가 타당하다.

여기서는 일본학계의 통설이라 할 수 있는 (1)설에 대해 구체적으로 그 문제점을 검토하기로 한다. 입론상의 편의를 위해 사카모토, 구마가이, 구라모토 3씨의 이해를 제시하면 다음과 같다.

가) 사카모토(坂元義種)의 견해
① 제명천황 7년, 661년 천황의 사후에는 황태자가 지휘를 하여 <u>귀국하는 풍장왕자에게 직관의 관위를 수여하고</u> 처로서 다신장수의 동생과 결혼하게 하였다. 〈중략〉 왕자는 구원군의 호위를 받으며 백제로 들어가 <u>662년 왜국의 책봉을 받아 백제왕에 취임하였다. 이러한 것들은 일본이 백제왕을 신하의 지위에 두는 것임을 의미한다.</u> (중략) 일본은 백제구원군의 파견을 일본의 백제 지배, 나아가서는 반항적인 신라 지배(정벌)의 호기로 생각했던 것인데 이 전쟁의 결과, 한반도에 대한 발판을 완전히

---

13) 『日本書紀』卷二七天智天皇六年(六六七)三月己卯《十九》. 遷都于近江.
14) 倉本一宏, 『戰爭の日本古代史』講談社 現代新書, 2019.

상실하게 되었다. (동씨 집필『대외관계사사전』 '백촌강 전투' 항목)

② 왜왕에서 대왕으로, 대왕에서 천황으로의 코스를 생각할 때 중국 황제의 책봉을 거부했던 〈일출처의 천자〉가 왜5왕 이래 한반도 제국의 왕들 위에 군림해 온 흐름 속에서 백제왕을 이끌고 당과 싸운 백촌강의 전투는 불가피한 것이었다. 그리고 결과적으로 획득한 것이지만 신라에 의한 한반도 통일 전쟁의 과정 속에서 한반도에서 벗어난 백제왕족을 비롯한 다수의 망명자를 조정내에 규합함으로써 제번의 사람들 위에 군림하는 천황의 존귀성은 어쩔 수 없이 고양될 수밖에 없었던 것이다. (坂元, 1993, 104쪽)

나) 구마가이(熊谷公男)의 이해

여제가 백제구원을 "石의 왕도" 왜경의 조영과 阿倍比羅夫의 북정이라는 제명조의 2대 '興事'의 연장선상에서 생각하고 있던 것은 아닐까 생각한다. 이러한 것들은 [천하]적 세계의 중심과 주변에서의 '홍사'였는데, 이 백제부흥은 한층 더한 천하적 세계의 확대책이다. 왜국에 장기간 체재하고 있던 백제풍(여풍장)을 백제왕에 옹립, 원군을 파견하여 백제부흥을 실현시키면 왜국은 백제를 부용국으로 휘하에 둘 수가 있게 되어 백제를 포괄하는 천하적 세계에 군림하는 '치천하대왕'의 권위는 고양될 수밖에 없다. 이것이 제명천황의 의도였다고 생각한다. 백제부흥책은 여제에게 있어서는 최후이자 최대의 興事였던 것이다. (熊谷, 2001, 302쪽)

다) 구라모토(倉本一宏)의 이해

백촌강 전투의 대외적인 목적 즉 파견 이유에 관해서는, 〈동이의 소제국〉 즉 중화제국으로부터 독립하여 한반도제국을 하위에 두어 蕃國을 지배하는 소제국을 만들고 싶다는 원망(願望)이 이전부터 존재하고 있어서 中大兄과 鎌足도 그에 따른 것이다. (倉本, 2017, 154쪽)

이상에서 제시한 일본학계의 대표적인 이해에 대해서는 무엇보다도 石母田正이 제기한 '동이의 소제국론'의 영향이 지대하다고 할 수 있는데, 일본고대사의 기본적인 역사상을 규정한 石母田의 학설은 후술하는 것처럼 근본적인 많은 문제점을 지니고 있다.

우선, 일본학계의 이해에 있어서 齊明朝 당시에 그러한 소중화 인식의 존재나 그에 기초한 국가체제의 존재를 자명한 전제로 하면서 소제국의식을 제명조 대외정책 결정의 규정 요인으로 과도하게 이해하는 것은 무리이다. 즉 7세기 제명조의 소제국 지향을 역사적 사실로 전제한 위에서 백촌강 전투에의 참전을 이해하는 것은 당시의 역사상을 크게 왜곡하는 것이다.

일본고대국가 형성에 있어 대외적 요인 즉 국제적 계기의 중요성을 강조하는 石母田正의 '동이의 소제국론' 자체, 그 입론의 사료적 근거에 커다란 모순과 문제점을 안고 있다.[15] 무엇보다도 씨의 6세기 이전의 역사상에 대한 이해는 '일본서기 사관'의 결정판이라 할 수 있는 末松保和 『임나흥망사』(1949)의 이해에 근거하고 있으며, 7세기 『수서』왜국전의 대국의식에 관한 내용도 역시 7세기 단계의 중국을 중심으로 하는 동아시아세계의 일원인 한반도 제국에서도 공통적으로 보이는 자국중심주의 의식, 즉 소중화의식의 존재를 현실의 역사세계인 것처럼 이해하고 있는데 이는 의식과 현실의 차이를 무시한 역사이해이다. 무엇보다도 한반도 제국과 왜국의 '질' 및 '임나의 조'에 대한 이해에 있어서도 지나치게 고대제국주의 왜국의 존재를 부동의 역사적 사실(실체)로 전제한 위에서 일관되게 왜국 중심의 역사이해를 하고 있다. 아울러, 石母田正의 동이의 소제국론은 8세기 초에 완성된 일본율령국가의 대외관으로서 大寶律令에 규정된 당=인국, 한반도=신라=번국이라는 후대의 역사인식을 7세기, 6세기, 더 거슬러 올라가 5세기의 왜5왕 단계에까지 그 기원을 소급해 이해하고 있다는 점을 지적하지 않을 수 없다.

그럼 앞에서 제시한 이해들에 대해 관련 사료를 통해 문제점을 구체적으로 확인하기로 한다.

---

15) 졸고, 「일본고대사와 동이의 소제국론」, 『일본역사연구』 45, 2017 참조.

앞서 확인한 것처럼, 일본 역사학계는 기본적으로 (1)설을 전제로 백촌강 전투에의 참전 즉 백제구원군의 파견 이유나 가장 큰 목적으로 삼고 있다.

사실 구원군 파견의 역사적 배경 이해와 관련해 『일본서기』齊明천황 6년(660) 10월조 기사의 분주에는 풍장의 백제왕 책립을 전하고 있는데, "어떤 책(或本)에는 천황이 풍장을 왕으로 세우고 새상(塞上)을 보좌로 삼아 예를 갖추고 떠나보냈다고 한다."고 적고 있다.[16]

이 기사에 대한 일본학계의 통설적 이해는 왜왕의 백제왕 책립을 사실로 인정하는 경향이 강하다. 그러나 우선 사실관계에 주의할 필요가 있다. 즉 풍장의 경우 천황에게 먼저 책봉을 받고 비로소 백제왕이 된 것이 아니라, 백제가 멸망한 직후에 풍장을 옹립해 백제왕으로 삼겠다는 복신 등 백제부흥운동 세력의 요청에 따른 것임은 『일본서기』 기사가 증명하고 있다.[17] 따라서 齊明천황의 풍장왕 책립은 그 자체를 역사적 사실로 이해하는 것은 문제가 남는다. 즉 뒤에서 제시한 사료를 통해 확인되는 것처럼, '질' 귀국 시의 전지왕, 동성왕에게 백제의 왕위를 잇게 했다는 내용과 흡사한 것으로 이러한 기사들은 어디까지나 일본서기 편자의 한반도 번국관이라는 후대의 역사 인식에 기초해 윤색된 기사이다. 보다 직접적으로는 663년 백촌강 전쟁 패전 이후 30년 가깝게 지난 시점인 691년 정월에 持統천황이 의자왕의 후예인 선광왕 일족에 대해 당시의 공경·귀족에 준하는 파격적인 관위 수여를 통해 廷臣化를 꾀하고[18]

---

16) 『日本書紀』卷二六齊明天皇六年(六六○)冬十月. (전략) 宜有司具爲輿之. 以禮發遣云云.〈送王子豐璋及妻子與其叔父忠勝等. 其正發遣之時. 見于七年. 或本云. 天皇立豐璋爲王. 立塞上爲輔. 而以禮發遣焉.〉

17) 『日本書紀』卷二六齊明天皇六年(六六○)冬十月. 百濟佐平鬼室福信遣佐平貴智等. 來獻唐俘一百餘人. 今美濃國不破. 片縣二郡唐人等也. 又乞師請救. 幷乞王子余豐璋曰. (중략) 方今謹願. 迎百濟國遣侍天朝王子豐璋. 將爲國主. 云云.

18) 『日本書紀』卷三○持統五年(六九一)正月癸酉朔. 賜親王. 諸臣. 內新王. 女王. 內命

이를 전후해 백제왕족에게 '百濟王氏'를 사성(賜姓)한 역사적 실례[19]가
영향을 미친 것으로 추측된다.

　　〈사료 1〉'質' 귀국 관련 사료 - 백제왕 책립 사례
　'질' 직지(전지) 귀국시의 백제왕 책립[応神16年(285--〉기년 수정 405)是歲]
　是歲. 百濟阿花王薨. 天皇召直支王謂之曰. <u>汝返於國以嗣位.</u> 仍且賜東韓
　之地而遣之.
　'질' 곤지의 왕자 동성왕 귀국시의 백제왕 책립[雄略23年(479)4月]
　廿三年夏四月. 百濟文斤王薨. 天皇以昆支王五子中. 第二末多王幼年聰明.
　勅喚内裏. 親撫頭面誠勅慇懃. <u>使王其國.</u> 仍賜兵器. 幷遣筑紫國軍士五百
　人. 衛送於國. 是爲東城王.

　　〈사료 2〉'질' 귀국 시의 관위 수여 사례
　皇極朝 '질' 장복 일행 귀국시의 관위 사여[皇極元年(642)八月丙申(13)]
　丙申. <u>以小德授百濟質達率長福.</u> 中客以下授位一級. 賜物各有差.

　이상을 통해 백제구원군 파견의 역사적 배경에 대해 일본학계의 동이
의 소제국론에 입각한 통설적 이해의 문제점을 확인했다.
　결국, 이러한 왜국의 국가의식 고양과 함께 한반도제국을 번국으로 자
리매김 한 소위 소중화 일본의 탄생은 그 시기를 663년의 백촌강 패전
후인 持統朝에 있어서의 선광왕에 대한 사성 즉 '백제왕씨'의 탄생 이후
로 보아야 할 것이다. 그리고 그 귀결은 大寶律令의 당=인국, 한반도(통

　婦等位.
　『日本書紀』卷三〇持統五年(六九一)正月己卯《七》. 賜公卿飮食. 衣裳. 優賜正廣肆
　百濟王余禪廣. 直大肆遠寶. 良虞. 與南典. 各有差. 참고로, 백제왕 선광에게 내려
　진 正廣肆는 대보령제의 종3위에 상당한다.
19) 『續日本紀』天平神護2年6月28日條. 아울러, 왜국 내의 백제왕씨 성립과 그 역사
　적 의미에 대해서는 참고문헌에 제시한 송완범 2020, 최은영 2015 등의 연구를
　참조할 것.

일신라, 나아가 발해)=번국관의 정립으로 나타난다.

아울러, 구원군 파견 이유와 관련해 (4)선진문화 도입창구의 확보 및 공납제 유지설(鬼頭淸明)도 있으나 기본적으로 (1)설의 연장이라 할 수 있는데, '질'과 '임나의 조'에 대한 이해에 문제가 있다. '질'=국가 간의 복속의 상징, '調'=외교상의 복속의례의 조공물로 이해하고 있기 때문이다.

고대한일관계사상에 나타난 백제·신라에서 왜국으로 보내진 '質'과 '調'는 질=외교특사(현재의 각국 주재 대사관의 '대사'에 해당) 신분이고[20], 調=외교상의 전략물자의 일환[21]으로 이해하지 않으면 안 된다.

또한 왜국의 백제구원군 파견 배경과 관련해, 倉本은 대내적 요인에 주목하여 3~4가지의 다른 요인을 추측하고 있다. 그 가운데 주목되는 것은 天智와 中臣鎌足(나카토미노 가마타리) 등 지배자층들이 의도적으로 위기의식을 고양시켜 국내의 지배체제 구축에 이용하고자 했다는 흥미로운 견해를 제시하고 있다. 즉 내정과 외교의 불가분성을 이용하기 위해 참전하게 되었다고 하는 새로운 이해를 제기하고 있다. 이 구라모토 설은 (3)설의 범주에 속하는 이해이자 山尾씨가 제시한 대외위기론[22]을 확대 발전시킨 이해라 할 수 있다.

그러나 국내의 지배체제 구축 작업의 본격화는 역으로 백촌강 전쟁 패전이 가져온 외적 요인(대외적 계기)으로서 이해하는 것이 마땅하다. 즉 백촌강에서의 패배는 왜국의 국내정치상의 지배체제 구축의 변화를 초래한 가장 강력한 외적 요인, 다름 아닌 결정적인 동인으로 작용하여

---

20) 졸고,「왜왕권과 백제·신라의 질」,『일본역사연구』24, 2006 ; 羅幸柱,「古代朝·日關係における『質』の意味」,『史觀』134, 1996.

21) 山尾幸久,『古代の日朝關係』塙書房, 1989 참조.

22) 山尾幸久는 일찍이 왜국의 백촌강 전쟁 참전 동기를 만성적인 긴장 상태를 조성하고 이를 빌미로 국가권력의 전반적인 발달을 꾀하기 위해서였다고 보는 天智(中大兄) 주도의 위기조성론을 제시했다(山尾幸久 1989, 418쪽).

天智朝 이후의 왜국에서 본격적으로 국내의 정치개혁에 박차를 가하는 계기로 작용했다고 보는 것이 타당한 이해라고 할 수 있다.[23]

결국, 왜국의 백제 구원을 목적으로 한 원군 파견의 배경 및 이유에 대해서는 백촌강 파병의 원인을 일본열도의 국방상의 위기론 및 장기간에 걸친 선진문물(인적·물적자원) 공급처로서의 백제의 상실이라는 국내적 요인과 함께 백제가 장기간에 걸쳐 국가적 차원의 대왜외교책으로 추진한 소위 '왕족외교'에 기초해 구축한 친연관계를 바탕으로 한 구원요청이라는 외적요인이 상호작용한 결과로 이해하는 견해[24]가 내외적 요인을 함께 고려한 보다 타당한 이해라 여겨진다.

3. 백촌강 전투의 경과 및 패인

여기서는 백촌강 전투(백강구 전쟁)의 경과로서 (1)구원군의 구성과 규모, (2)파견 시기 및 배경, (3)패인 등의 문제를 중심으로 살펴보기로 한다.

우선, 백촌강 전투의 규모 및 결과 등에 대한 삼국의 관련 사료 내용을 살펴보면 다음과 같다.

〈사료 3〉
① 구당서 유인궤전(신당서 유인궤전, 자치통감, 삼국사기 백제본기 등도 거의 같은 내용)
인궤는 白江의 입구에서 왜군과 만나 4차례 싸워서 모두 이겼고 그들의 배(舟) 400척(艘)를 불태웠다. 그 연기와 화염은 하늘을 뒤덮었고 바닷물

---

23) 노태돈, 『삼국통일전쟁사』, 2009 등.
24) 연민수, 『고대한일교류사』 혜안, 2003.

도 모두 붉게 물들었다. 적의 군병은 크게 궤멸했다. 여풍은 몸을 빠져나
가 도망했다.

② 삼국사기 신라본기 문무왕 11년(671) 7월 26일조 〈答薛仁貴書〉의 내용

왜국의 병선이 와서 백제를 돕다. 왜선 千艘가 정박하여 白沙에 있다. 백
제의 정예 기병(精騎)은 강기슭에서 (왜국의) 배를 지켰다. 신라의 효기
(驍騎)는 당의 선봉이 되어 우선 백제의 강기슭에 있던 적진을 물리치자
周留城은 실망하고 마침내 항복하였다.

(至龍朔三年 摠管孫仁師領兵來救府城 新羅兵馬 亦發同征 行至周留城下
此時 倭國船兵 來助百濟 倭船千艘 停在白沙[江] 百濟精騎 岸上守船 新羅
驍騎 爲漢前鋒 先破岸陣 周留失膽 遂卽降下 南方已定 廻軍北伐 任存一
城 執迷下降 兩軍倂力 共打一城 固守拒捍 不能打得 新羅卽欲廻還 〈하
략〉)

③ 일본서기 천지2년(663)8월 己酉(28일)조

가) 대당의 軍將, 戰船 170艘를 이끌고 白村江에 진열하다. 일본의 船師
가운데 처음 도착한 자와 대당의 선사가 서로 맞아 싸우다. 일본 패하여
물러나다. …… 대당은 곧 좌우에서 배를 협격하여 공격하다. 순식간에
관군이 패하다. 물에 떨어져 익사한 사람이 부지기수이다. 배의 앞뒤(舳
艫)를 움직이지 못하다.

나) 일본 장수들과 백제왕은 기상을 살피지 않고 서로 일러 말하기를,
"우리들이 앞다투어 싸우면 저들이 스스로 물러날 것이다."라고 하면서
중군의 군졸들을 이끌고 대오가 어지럽게 나아가, 굳게 진을 치고 있는
당의 군대를 공격하였다. 당이 바로 좌우에서 배를 협공하여 에워싸고
싸우니, 잠깐 사이에 일본군이 계속 패하여 물에 빠져 죽은 자가 많고 배
가 앞뒤를 돌릴 수 없었다. 에치노다쿠쓰(朴市田來津)가 하늘을 우러러
보며 맹세하고 분하여 이를 갈며 성을 내고 수십 인을 죽이고 전사하였
다. 이에 백제왕 풍장이 몇 사람과 함께 배를 타고 고구려로 달아났다.

④ 삼국사기 백제본기 의자왕 20년조

왜인과 白江口에서 만나 네 번 싸워서 모두 이겼다. 그 배 400척을 불살
랐다. 연기와 화염이 하늘을 뒤덮었고 바닷물은 붉게 물들었다. 왕 부여
풍은 몸을 빠져나가 도망갔는데 그 소재를 알 수 없다. 혹은 고구려로 도
망갔다고 한다.

(於是 仁師仁願及羅王金法敏帥陸軍進 劉仁軌及別帥杜爽扶餘隆帥水軍及

糧船 自熊津江往白江以會陸軍 同趍周留城 遇倭人白江口 四戰皆克 焚其
舟四百艘 煙炎灼天 海水爲丹 王扶餘豐脫身而走 不知所在 或云奔高句麗
〈하략〉

　이상의 사료를 통해 백촌강(백강구) 전쟁이 나당연합군에 대해 백제부
흥군과 왜국의 구원군(여기에 고구려도 가담)이 치른 국제전이라면, 백
촌강 전투는 663년 8월 27일과 28일에 걸쳐 육상에서 백제와 신라의 육
군이, 해상에서 당과 왜국의 수군이 치른 전투라 할 수 있다.

　우선 구원군의 구성 및 규모와 전투력 등과 관련해서는, 후술하는 백
촌강전투(나아가 백촌강전쟁)의 패배 요인과도 관련되는 사항이지만, 백
촌강 전투 결과를 전하는 중국사서에는 왜군의 전선을 1천 척의 배(舟),
그 병사를 '倭敵數萬'으로 표현하고 있는 점이 주목된다.[25] 물론 그 수
에 어느 정도의 과장을 포함하고 있다고도 생각할 수 있다.[26] 다만『삼
국사기』에도 '倭船千艘'라 특필하고 있는 점을 중시하여 신라의 입장에
서 백촌강 전투를 생각하면, 2만 7천에 이르는 왜국의 백제구원군의 주
력이 신라 공격을 목표로 바다를 건너온 군대라고 충분히 간주할 수 있
었을 것으로 추측된다.

　실질적인 백촌강 전투 즉 해전의 중심인 왜국과 唐 양국의 군세(군사
수)를 비교해 보면, 규모 면에서 1만여의 왜국군이 7천의 당 수군과 대적
한 것이기 때문에 수적으로는 왜국이 우위를 점하고 있다. 다만, 전체적
으로 군대로서의 능력 즉 병력, 장비, 작전과 전법 등 그 어떤 면에서도
왜국 측에 승산이 없었다고 할 수 있을 것이다.

　중국 측의 기록인『구당서』유인궤전에는 왜의 수군은 배(舟) 400척

25)『구당서』,『冊府元龜』,『資治通鑑』등.
26) 新川登龜男,「고대 동아시아 속의 백강전투」, 2003[서천군(주최), 공주대 백제문
　　화연구소(주관), 백강전쟁 1340주년 한중일 국제 학술심포지움 자료집『백제 부
　　흥 운동과 백강전쟁』, 2003] 등 참조.

그림 자료 - 蒙衝(좌)과 樓舡(우) [송대 『武經總要』에 보이는 중국 군선]

(艘)이라 파악하고 있는데, 이에 비해 당군은 대형 병선 170艘로 구성되어 있고 더욱이 宋代의 전선인 蒙衝과 樓舡과 같은 대규모 전함을 갖추었을 가능성도 제시되어 있다.27)

이하, (1)구원군의 구성과 규모, (2)파견 시기 및 배경, (3)패인에 대해 좀 더 살펴보기로 한다.

우선, 660년 10월의 왜국에 대한 백제로부터의 구원군 파견 및 백제왕자 여풍장의 귀국 요청에서 663년 8월의 백촌강 전투에서 패배하기까지의 과정을 『일본서기』 齊明~天智朝의 기사를 중심으로 정리하면 다음과 같다.

---

27) 森公章, 『白村江 以後』講談社選書 132, 1998 및 노태돈, 『삼국통일전쟁사』 서울대학교출판부, 2009 등.

〈표 1〉 백촌강 전투 관련 연표

연 도	일본서기 관계기사 (〈가〉백제, 〈나〉왜국의 움직임)	비 고 (삼국사기·구당서 등 관련 기사)
660 (제명6)	〈가〉10월, 백제의 좌평 귀실복신, 사자를 보내 당군 포로 100여인을 동반하고 來朝. 구원군의 파견과 백제왕자 여풍장의 귀국을 요청. 〈나〉12월24일, 귀실복신의 요청에 응해 구원군의 파견을 결정, 難波宮에 행행하여 그곳에 軍器를 배치함. 〈나〉이해, 백제구원에 사용할 배를 駿河國에 건조하게 함. 그러나 이유없이 배의 舳艫가 휘어짐.	
661 (제명7)	〈나〉1월7일, 제명천황, 西征을 위해 難波를 出帆. 〈가〉4월, 백제 귀실복신, 遣使上表하여 재일 왕자 풍장(糺解)의 송환을 요청 〈나〉7월24일, 제명천황 몰, 황태자 중대형 칭제(*水表之軍政을 지휘) 8월, 백제구원을 위해 진장군과 후장군을 임명해 파견 무기와 식료 등을 보냄. 9월, 백제왕자 풍장에게 織冠을 수여, 多蔣敷의 妹를 처로 삼음. 이어 狹井檳榔 등에게 병사 5,000여명을 주어 본국으로 衛送하게 함.	*661년 9월 제1차 파견군과 군수물자 수송
662 (천지1)	〈나〉1월27일, 鬼室福信에게 矢10만隻, 絲500근, 綿 1000근, 布1000端, 韋1000張 및 稻種 3000斛을 내림. 3월4일, 백제왕(여풍장)에게 포 300단을 줌. 5월, 대장군 阿曇比邏夫 등에게 船師 170艘를 이끌고 풍장 등을 백제로 보내도록 함. 이해, 백제구원에 대비해 兵甲을 수선하고 船舶을 준비하고 兵糧을 비축함.	*5월의 선사 170척은 제1차 파견군과 관련됨. **662년 시세조의 활동은 제2차 파견군을 위한 준비과정임.
663 (천지2)	〈나〉3월, 전장군·중장군·후장군으로 구성된 백제구원군에게 2만7천인을 내려 신라를 정도하게 함. 6월, 백제구원 일본군 전장군 등 신라의 2성을 공략 〈가〉8월13일, 풍장, 여러 장수에게 일본의 구원군(健兒 1만 명) 盧原某 등이 마침내 도착한다고 말하고 이를 맞이하기 위해 백제강으로 나감. 〈나〉8월27일, 백제구원 일본군의 선봉, 백촌강에 이르러 당군과 전투, 불리하여 물러남. 8월28일, 일본군 백촌강에서 다시 당군과 전투, 대패함. 익사자 다수. 〈가〉백제왕 풍장, 고구려로 도망감	*3월, 제2차 파견군 『삼국사기』신라본기 문무왕11년7월26일조 - 왜의 병선 1천 척 백강에 정박 **8월, 제3차 파견군 『구당서』유인궤전 유인궤의 수군이 왜병과 조우 배 400艘를 불태움

『일본서기』에 의하면 백제 구원군의 총규모는 4만2천 명으로, 풍장 호위병(별동대) 5천, 즉 제1차 파견군 170艘, 제2차 파견군 2만7천 명(1

천 척), 제3차 파견군 1만의 건아(선박 400척)로 기록되어 있다.

다만, 구원군의 구체적인 파견 시기 등에는 사료상의 중복이 보인다. 즉 『일본서기』의 백제구원 관련 기사에는 중복과 연대상의 혼란이 다수 보이고 있어 사실적인 경과를 정확하게 파악하기가 쉽지 않다. 예를 들면, 귀실복신이 여풍장의 귀국을 요청한 것은 660년(齊明6) 10월과 다음 해 4월에 보이며, '唐俘'(포로가 된 당군)를 헌상한 것도 660년 10월과 다음 해 11월에도 보인다. 여풍장을 백제까지 호송한 것도 661년 9월과 662년 5월로 시기가 중복되어 있다.

이를 결론적으로 정리해 표로 제시하면 다음과 같다.

〈표 2〉 구원군 파견 시기 및 구성 관련 내용 정리

구분	시기	규모(병사)	규모(선박)	목적 및 전투대상	비고(결과, 출전 등)
제1차 파견군	661년 9월	5천 명	170척(艘)	풍장 호송과 군수물자 수송 및 주류성 방어	일본서기
제2차 파견군	663년 3월	2만 7천 명	1000척	對신라전	일정한 성과 일본서기, 삼국사기 신라본기
제3차 파견군	663년 8월	1만 명	舟 400척	對당수군 7000	대패(백촌강 전투) 일본서기, 구당서, 삼국사기 백제본기

1) 파견 시기와 규모, 그리고 목적

제1차 파견군으로 661년 9월, 풍장 귀국 시 5,000명의 군사가 파견된다. 築紫大宰帥 阿倍比羅夫가 이끄는 筑紫의 병사가 중심을 이루고 있으며, 종래의 100명~500명 규모의 파병(특히 왕자 호송군 - 전지왕의 경우 100명, 동성왕의 경우 500명)과는 상당한 차이가 있다. 주요 목적은 풍장의 귀국 호위와 동시에 무기, 곡물 등 군수물자의 수송이 제1차적인 목적이라 할 수 있다. 여기에 동원된 배는 駿河國을 중심으로 건조된

170척의 배였다.

제2차 파견군은 662년 1년여에 걸친 각 지역에서의 제2차 구원군 파견을 위한 준비 과정(시세조)을 거쳐 663년 3월, 2만 7천 명을 파견하게 된다. 그 주요 목적은 '西征' 즉 신라를 치는 일에 있었다. 동원된 戰船은 1천 척으로 보인다.

제3차 파견군은 663년 8월, 만여 명의 별동대를 파견하게 되는데, 이는 어디까지나 신라 공격을 위한 구원병이었으나, 결과적으로는 당 수군(170척, 7천명)과 백촌강에서 조우, 역사적인 백촌강 전투를 치르게 된다. 전투의 결과는 왜국 수군의 궤멸적인 대패로 끝났다.

왜국이 당시의 국력을 총동원해 보낸 백제파견군의 구성에 관해 鬼頭淸明씨는 그 특징을 다음과 같이 정리하고 있다. ①백제파견군의 중추기구인 장군 등의 지휘체계에는 아직 관료적·율령적 성격이 보이지 않고 호족연합군적인 느슨한 결합이었다는 점, ②이들 파견군에 참가한 군대는 기내 호족군과 지방호족군이 있으며, 전자는 가내노예제군이라 말할 수 있는 존재였다는 점, ③지방호족군은 국조제를 매개로 하여 편성된 것이라는 점 등이다. 총괄해서 말하면 파견군은 강고한 관료제를 기초로 하는 律令에 기초한 국가 군대가 아닌 극히 원초적인 유제를 남기고 있는 筑紫에 본영을 둔 천황 및 中大兄에 대한 인격적 종속제를 유대 원리로 하는 군대였으며, 지방호족군이 야마토정권의 백제파견군에 참가하게 된 것은 국조제라고 하는 정치적 신분제를 매개로 하여 실현된 것이다. 따라서 이 시기에 있어서도 국조제는 군대의 차출과 인솔에 직접적으로 관련되어 있었다고 이해할 수 있다.[28]

이러한 왜국의 군대가 구체적으로 어떠한 구성인지를 알 수 있는 실마리가 있다. 백제의 구원군으로 출병해 당군의 포로가 되어 있다가 훗

---

28) 鬼頭淸明, 『白村江』 歷史新書33, 敎育社, 1981, 170~171쪽.

날 귀국하게 된 사람들의 리스트가 그것이다.

<표 3> 백제구원군 포로 귀환자 일람

귀국년	출신국·군	인명	출전
천지3년		土師連富杼 氷連老 弓削連元寶	지통기4-10조
천지10년	筑紫	筑紫君薩野馬	천지기10-11조
천무13년	筑前 那珂	筑前三宅連得許 猪使連子首	천무기13-12조
지통4년	筑後 上陽咩	大伴部博麻	지통기4-9조 지통기4-10조
지통10년	伊豫 風速 肥後 皮石	物部藥 壬生諸石	지통기4-10조
문무 경운4년	筑後 山門 讚岐 那珂 陸奥 信太	許勢部 形見 錦部 刀良 生王 五百足	속기 경운4-5조
	伊豫 越智	大領先祖 越智直	영이기 상권 제17
	備後 三谷	大領先祖	영이기 상권 제7

*출전의 속기는 『續日本紀』, 영이기는 『日本靈異記』, 천지기, 천무기, 지통기는 모두
『日本書紀』의 각 천황기를 말함.[29]

駿河國의 경우, 齊明7년 시세조에 의하면 선박을 조영하도록 명령하
고 있어서 이 지역도 백제구원전쟁에 가담한 것으로 이해된다. 아울러
『풍토기』의 기사를 통해 常陸國과 播磨國, 그리고 備中國이 전투에 동
원된 것을 알 수 있다. 그 일단을 소개하면 다음과 같다. 常陸國 풍토기
香島郡조에는 '淡海之世' 즉 天智천황의 시대에 石城에서 건조한 배가
香島郡에 표착해 왔다고 전하고 있다. 播磨國풍토기의 讚容郡조에는 國

---

29) 이 표는 森公章, 1998 및 板楠和子 「亂後の九州と大和政權」 小田富士雄編『古代
を考える 磐井の亂』, 吉川弘文館, 1991에 기초해 작성했다.

宰道守臣이 官船을 제조했다고 전하고 있다. 備中國풍토기 일문은 백제
구원을 위해 天智천황이 邇磨鄕에서 병사 2만 명을 징집했다고 하는 邇
磨鄕의 지명 유래와 관련한 이야기가 전해지고 있다.

결국, 병선 건조 등의 군수물자 조달은 물론 직접 병사로 징발되어 백
제구원전쟁 즉 백촌강 전투에 동원되어 참전한 지역은 거의 전국에 걸쳐
있었음을 알 수 있다.

여기에 더해 구원군의 장군으로 임명되었던 장군의 출신 지역 분석[30]
을 통해서나 『일본영이기』의 備後國 三谷郡 군령의 조상이 백촌강 전투
에 참가한 이야기를 통해[31] 그 관련 지역을 알 수 있다. 아울러 후자의
사례를 통해 주인공이 귀국길에 백제의 승려 弘濟와 함께 돌아와 절을
조영하고 있는 이야기는, 후술하는 백촌강 전투의 역사적 의미를 생각하
는데 많은 시사를 준다. 즉 백촌강 전투에의 참가가 왜국에 불교문화의
지방 전파와 확산의 중요한 계기로 작용했음을 알 수 있다.

아무튼 전국 각지에서 모병이 되었는데, 齊明여제의 難波에서 규슈 朝
倉宮까지의 여정이 바로 군사의 징발 지역과 밀접하게 관련되어 있다고
할 수 있다. 여제는 백제구원을 결정했을 뿐만 아니라 그녀 자신이 정토
군을 이끌고 筑紫에 이르렀다. 마치 신라정벌을 했다는 전설상의 인물
神功皇后의 재래이다.[32]

실존이 확실한 대왕 가운데에는 전혀 유례가 없다. 여제 자신이 중대

---

30) 新川登龜男, 「고대 동아시아 속의 백강전투」, 서천군(주최), 공주대 백제문화연
구소(주관), 백강전쟁 1340주년 한중일 국제 학술심포지움 자료집 『백제 부흥
운동과 백강전쟁』, 2003 所收.
31) 佐藤信, 「백강전투와 일본고대의 불교문화」, 서천군(주최), 공주대 백제문화연구
소(주관), 백강전쟁 1340주년 한중일 국제 학술심포지움 자료집 『백제 부흥 운
동과 백강전쟁』, 2003 所收.
32) 熊谷公男, 『大王から天皇へ』 講談社 일본의 역사3, 2001. 바로 이점이 신공황후
전설의 모델이 보다 직접적으로 齊明천황이었음을 잘 말해주고 있다.

형 등을 이끌고 서정을 단행한 것은 여제 자신의 결의를 주변 사람들에게 보여준 것으로 도중 각 지역에서의 징병을 보다 효과적으로 수행하고 또한 구원군의 사기를 고양시키기 위한 행동이었다.

『備中國풍토기』 일문에는 중대형 황자가 下道評(오카야마현 眞備町)에서 병사를 징발하는 이야기가 전해지고 있다. 熱田津에 2개월 가깝게 체재하고 있었던 것도 징병과 관련이 있을 것이다.

파병군에 징집된 국조군의 지역적 범위와 관련해서는 앞에서 표로 확인한 포로 귀환병의 사례를 통해, 장군의 출신 지역을 통해, 선박 제조 명령이 내려진 스루가(駿河) 지역, 그리고 앞서 본 『備中國風土記』를 통해 備中國에서도 대규모 징발이 있었음을 알 수 있다. 여기서 주목되는 지역적 특징을 살펴보면, 우선 출신지가 명기된 경우를 보면 陸奧의 사례를 제외하고 筑紫1, 筑前1, 筑後2, 肥後1, 伊予2, 讚岐1, 備後1로 되어 있다. 우선 畿內 이서의 西國이 90%로 그 중심이었음을 알 수 있다. 나아가 총 10사례 중 그 절반에 해당하는 5례가 九州지방의 사람들이다.

이상의 자료에 대한 岸俊男씨의 분석을 통해 대장군 지휘하에 실제로 출정군을 구성한 것은 율령제하의 국군제로 이행하면서도 서국의 국조와 배하의 병사로 구성되는 '국조군'이 중심이었고, 그 가운데에서도 九州지역의 국조군이 중추를 이루었다고 이해되고 있다.[33]

특히 九州의 국조군은 이미 앞에서 확인한 것처럼 大化前代부터 외정군으로 동원되고 있었다. 雄略紀23년(479) 4월조에 백제와 함께 고려(고구려)를 친 인물로 보이는 筑紫安置臣과 동 馬飼臣을 비롯하여 欽明紀15년(554) 12월조에는 백제 왕자 여창을 구한 궁의 명수 축자국조 鞍橋君의 활약상이 특필되어 있으며 欽明紀17년(556)정월조에는 백제왕자 혜의 귀국에 즈음하여 용사 천명을 이끌고 津의 요로를 지킨 筑紫火君,

---

33) 岸俊男, 「防人考」, 『日本古代政治史研究』, 1966

마찬가지로 흠명조에 大伴連金村을 따라 海表에 사자로 보내진 葦北國造靫部 阿利斯登(敏達紀10년 시세조) 등의 사례를 들 수 있다.

왜국 파병의 백제부흥군은 그 수가 적지 않았다. 그럼에도 불구하고 왜군은 당의 수군에 적수가 되지 못했다. 왜일까. 그 대답은 왜국군의 구성과 그와 밀접하게 관련된 군사상의 한계에서 찾을 수 있다.

당군은 백전연마로 싸움에 익숙해 있었고 게다가 이때는 백촌강에 미리 도착해 진을 치고 왜군의 도착을 기다리고 있었다. 한편 경험이 부족한 왜군은 명확한 작전이 없었고 지휘통제도 충분하지 못했다. 이러한 사정을 『일본서기』는 '왜국의 제장과 백제왕은 "우리가 기선을 제압하면 적은 스스로 퇴각할 것이다"라고 말하고 왜국의 대오가 무너진 중군의 부대를 이끌고 진격하여 굳건하게 진을 치고 있던 당군에 공격을 가했으나 오히려 당의 협격을 당해 순식간에 왜군은 패배했다'고 기술하고 있다.[34]

그런데 왜군에는 보다 근본적인 문제가 있었다. 森公章씨가 지적하고 있는 것처럼, 왜국군은 호족군의 결집이었고 지휘계통이 一元化 되지도 못했다.

661년 8월에 한반도에 파견된 선봉대는 전후 2군의 편성이며, 663년 3월의 증원부대도 전중후의 3군으로 구성되어 있었는데 전군을 통괄하는 지휘관이 존재하지 않는다. 전중후군의 명칭도 군대의 편제가 아닌 구원군이 파견된 시간상의 전후를 의미하는 것으로 이해되고 있다. 전체적으로 군대조직으로서는 미숙하다고 평가하지 않으면 안 된다. 왜군은 패할 수밖에 없는 구조였다.

구원군 모집의 대상과 그 중심 지역을 살펴보면, 왜군의 병사는 주로 서일본에서 징발되었다고 생각되는데 물론 지역적으로는 동일본 나아가

---

34) 『일본서기』 천지2년(663)8월 己酉(28일)조. 본문 〈사료 3〉의 ③ 참조.

멀리 陸奧에까지 미치고 있다. 즉, 구원군 징발 대상은 전국적으로 분포하고 있으나 역시 중심 지역은 北九州지역이었다. 이는 한반도와의 지리적 위치상의 요인이 작용하고 있는데, 이와 동시에 왜국의 대외창구로서의 역할을 하는 규슈 지역의 특수성이 작용한 결과이기도 하다. 그와 관련해 왜국의 양대 군사씨족인 物部씨와 大伴씨의 부민이 집중적으로 분포하고 있는 점과도 밀접하게 관련되어 있다. 이를 部民과 屯倉의 분포 및 귀환 병사의 출신지 일람을 통해 확인할 수 있다.

규슈의 해당지역과 物部(○), 大伴部(●)의 분포 상황을 정리해 보면 〈표 4〉와 같다.

〈표 4〉 九州지역의 물부씨와 대반씨 부민의 분포

국 명	物部(군명)	大伴(군명)
豊 前	○(上上毛, 企救)	●(上毛)
豊 後	○(直入)	
筑 前	○(嶋, 鞍手)	
筑 後	○(御井, 生葉, 三瀦, 山門, 三毛)	●(上妻)
肥 前	○(基肄, 三根, 養父)	●(小城)
肥 後	○(合志)	●(菊池, 益城, 葦北)

〈표 4〉를 통해 축·화·풍의 규슈 6개 지역에 物部씨의 부민이 널리 분포해 있고, 大伴씨의 경우도 豊後와 筑前을 제외한 4개 지역에서 확인되고 있다. 따라서 야마토 왕권의 대표적인 군사씨족인 모노노베씨나 오토모씨가 이끄는 한반도 파견군이 구성될 경우에 규슈지역의 인민이 일차적으로 차출될 가능성이 가장 크다고 할 수 있을 것이다.

繼體천황 이후 安閑·宣化 양 천황기에는 전국에 걸쳐 屯倉설치 기사가 집중되어 있다. 九州에 관해서도 安閑紀2년(535) 5월조에 축자의 穗波(筑前國 穗波郡), 鎌(筑前국 嘉麿군), 豊國의 轎碕(豊後국 國埼군), 桑原(豊前국), 肝等(豊前국 京都군/大分현 刈田향), 大抜(豊前국 企救군),

我鹿(豊前국 田川군), 縢碕(豊後국 國埼군), 火國의 春日部(肥後국 飽田군 私部鄕) 등 8곳에 둔창이 설치되고 있다. 앞서 설치된 糟屋둔창(筑前國 糟屋郡)을 합하면 9개이다.

〈표 5〉 九州지역의 둔창과 위치

둔창	위치(국군-현재지)	출전
糟屋	筑前국 糟屋군(福岡현)	계체기22-12조
穗波	筑前국 穗波군(福岡현)	안한기2-5조
鎌	筑前국 嘉麿군(福岡현)	상동
桑原	豊前국(福岡현? 혹은 大分현)	상동
肝等	豊前국 京都군(福岡현)	상동
大拔	豊前국 企救군(福岡현)	상동
我鹿	豊前국 田川군(福岡현)	상동
縢碕	豊後국 國埼군(大分현)	상동
春日部	肥後국 飽田군(熊本현)	상동

그 위치는 北九州 연안부와 遠賀川 상류에 8개 둔창이 집중적으로 분포하고 있으며 하나만 약간 떨어진 곳에 위치하는데 筑後를 사이에 둔 春日둔창이다. 이러한 규슈지역의 둔창의 분포상황은 역시 한반도 출병 시의 병량미 확보와 那津官家의 경영재원으로 삼기 위한 것으로 이해되고 있다. 또한 구마모토(熊本) 평야에 위치하는 春日部둔창은 有明海·八代海 방면으로부터의 출병에 대응하기 위한 것이며 동시에 筑紫君이나 火君 일족의 재란에 대비하기 위한 경제적·군사적 거점이었을 것으로 추측되고 있다.[35]

이상을 통해 규슈지역이 왜왕권의 한반도 파병에 있어 외교의 최전선, 대외 군사기지로서의 역할과 임무를 수행했음을 충분히 이해할 수 있을

---

35) 板楠, 전게논문, 1991

것이다.

결론적으로, 백제부흥을 목적으로 파견된 왜국군의 특징은 상비군이 아닌 각 지방의 國造가 이끄는 國造軍, 즉 豪族軍이었다는 점, 그 중심 지역 및 병력은 서일본 지역 특히 규슈지역 즉 筑紫國의 병사가 주축을 이루고 있었다는 점이며, 이러한 두 요소는 곧 백촌강 전투의 결과와 밀접하게 관련되어 있음은 두말할 나위가 없다.

2) 백촌강으로의 여정

왜국의 백제구원군 파견의 역사적 배경 및 구체적인 구원군 파견 과정과 관련해서는 특히 당과 백제 및 신라와의 관계, 백제와 왜국의 관계 등을 종합적으로 고려하여 이해할 필요가 있다. 무엇보다도 651년의 당의 백제에 대한 최후통첩, 653년과 654년의 제2차 견당사와 제3차견당사 파견 사정을 충분히 이해한 위에서, 특히 653년의 『삼국사기』 백제본기 의자왕13년조의 의미 즉 '王與倭國通好'라 특필한 의미를 추구할 필요가 있다.

651년 신라와 당의 일체화와 당 고종의 백제에 대한 최후통첩이 있었다. 전자는 唐服을 착용한 신라사의 來倭로 나타났고, 왜국 조정에서의 '신라정토' 주장의 대두로 이어진다. 후자는 653년의 백제와 왜국의 관계 강화 즉 의자왕의 '왜국과의 통호'로 나타난다. 아울러, 이러한 과정과 관련시켜 보면, 이후 655년 제명조의 신라의 '質' 彌武의 처지(왜국에서 사망)도 장차 현실로 나타날 국제관계의 커다란 변화를 암시하고 있어 매우 흥미롭다.

〈표 6〉 왜국 체재의 백제·신라의 질

시기	백제의 질	신라의 질	비고
서명조(629~) 및 그 이전	武子 長福		무자는 서명조 이전 시기 래왜 장복은 황극조에 들어 귀국
황극조(642~)	풍장(교기)		642년 이후 장기 체재
효덕조(645~)	풍장(교기)	김춘추(647), 김다수(649)	김춘추 648년에는 귀국 후 입당
제명조(655~)	풍장(교기)	彌武(655)	미무, 입국 후 곧 사망
천지조(661~)	풍장(교기)		

아울러, 왜국의 백촌강으로의 여정을 이해하기 위해서는 왜국내 백제에서 보낸 '質'의 장기적 체재 소위 '질외교(왕족외교)'의 전개과정에 대한 이해가 필요하다. 여기서는 640년대에서 660년대를 중심으로 왜국에 체재하고 있던 백제와 신라의 질을 정리한 것이 〈표 6〉이다.

백촌강으로의 과정과 배경을 백제말기 의자왕대인 650~660년대의 한일관계, 특히 백제·신라와 왜국의 관계를 '質'의 관점에서 보면 흥미로운 점이 포착된다. 주지하는 것처럼, 645년의 개신정권 수립 이후 孝德朝 왜국의 대외정책이 백제일변도에서 소위 다면외교로 전환된다.36) 그 결과가 신라의 '질' 파견이다. 즉 402년의 신라 최초의 '질' 未斯欣의 파견 이후, 약 250년 만인 647년의 김춘추, 649년의 김다수, 그리고 655년의 미무로 이어진다. 그러나 신라의 '질'은 단기간의 체재에 그치고 특히 최후의 '질' 미무의 파견지인 왜국에서의 죽음은 신라와 왜국 간의 향후의 국가관계를 암시하는 듯하다.

이와 대조를 이루는 것이 백제의 '질'이다. 즉 백제의 '질'은 397년의 태자 전지의 왜국행 이후 663년의 백촌강 전투에 이르기까지 왜국의 각 조정에서 장기간에 걸쳐 지속적이고 안정적인 대왜외교를 수행하고 있

---

36) 金鉉球, 『大和政權の對外關係研究』 吉川弘文館, 1985.

었다.

아울러, 백촌강으로 이어지는 동아시아의 국제관계 속에서 『삼국사기』 백제본기가 '王與倭國通好'라 특필하고 있는 653년이 커다란 획기로 작용하고 있다는 점은 왜국의 제2차 및 제3차 견당사 파견 시기의 문제를 통해서도 확인된다. 즉 왜국의 제2차 견당사가 파견되어 귀국으로 그 임무를 완수하기 이전 시기에 긴급하게 제3차 견당사가 파견되고 있기 때문이다. 더욱이 제3차 견당사의 대표로 高向玄理가 발탁되어 직접 入唐하고 있는 점은 중요한 시사를 준다. 고향현리는 646년 개신정권의 國博士로서 신라에 직접 건너가 김춘추와의 교섭을 통해 신라의 '질' 체제를 성립시킨 당사자인데, 그런 그가 직접 견당사 사절단을 이끌고 당과의 교섭을 위해 입당했고, 무엇보다도 입당 전에 신라에서 일정 기간 체재하면서 신라의 집권세력들과 교섭을 한 후 당으로 향했기 때문이다.

이를 통해 653년과 654년 사이에 국제정세의 긴박과 급변하는 상황을 추측할 수 있는데, 그것은 당의 한반도에 대한 강경태도의 명확화(즉 백제·고구려를 노골적으로 적시, 신라 측에 우호적 태도 천명)와 이에 대한 백제의 대응책으로서의 대외전략상 왜국과의 한층 더한 관계 강화로 나타난다. 즉 의자왕 13년(653)의 왜국과의 通好 즉 結好·和通이다.

〈사료 4〉 '질' 관련 사료 - 통호, 결호, 화통 사례
①삼국사기 의자왕13년(653)8월조 十三年 秋八月 王與倭國通好
②삼국사기 아화왕6년(397)5월조 六年夏五月 王與倭國結好 以太子腆支 爲質
③광개토대왕비문 영락9년(399)기해조 百殘違誓与倭和通
④삼국사기 실성왕 원년(402)3월조 元年三月 與倭國通好 以奈勿王子未 斯欣爲質

그 과정을 보면, 651년 신라사가 唐服을 착용하고 來倭하여 당과의 일

체화를 과시하는 일이 발생한다(그 전제로서 648~649년 김춘추의 왜국 행에 이은 중국행, 당 태종과의 외교를 통해 당복 착용과 당 연호 사용을 약속하고 백제 공격을 위한 원군 약속을 받음). 이에 대해 왜국 조정에서 는 신라정토의 주장이 대두하게 된다. 이러한 국제정세 속에서 653년이 중요한 전환점이 되었다. 즉 652년, 653년 의자왕대의 대당관계의 악화, 의자왕 13년조의 '왕여왜국통호' 즉 왜국과의 결호, 655년 왜국에 있던 신라의 '질' 미무의 병사가 양국의 관계(나아가 이후의 국제관계)를 시사 (암시)하고 있음은 앞서 언급한 그대로이다.

　왜국의 백촌강으로의 여정, 나아가 고대한일관계사 이해에 있어, 특히 백제와 왜국의 장기간에 걸친 우호친선에 기초한 부동의 '절대 동맹'의 역사 과정에서 차지하는 恒常的이고 안정적인 백제의 대왜 '질'파견 정 책의 역할과 의미를 결코 경시해서는 안 된다.

　663년 8월, 백제 부흥 전쟁은 당시의 齊明 노여제의 서정(西征)으로 시작된다. 즉 백제가 멸망한 직후인 660년 9월, 백제에서 온 사자가 도착 하여 신라가 당군과 함께 백제를 공격하여 멸망시킨 일, 군신의 다수가 당의 포로가 되었다는 점, 귀실복신·여자신 등의 유신들이 거병하여 싸 우고 있다는 사실을 전한다. 나아가 다음 달 10월에 복신이 왜국에 사자 를 보내어 백제가 당에 의해 멸망한 사실과 함께 구원군 파견과 왜국에 체재하고 있던 왕자 여풍장의 송환을 요청, 풍장을 왕위에 앉혀 백제를 부흥하려고 한다.

　이에 왜국은 즉시 구원군의 파병을 결정한다. 그러나 이러한 결정은 신라뿐만 아니라 당을 적으로 돌린다는 의미가 있다는 이해도 제기되어 있다.[37] 그 이유로 구원을 요청해 온 백제의 사자로부터 자세한 전황보 고가 있었고 귀실복신으로부터는 백 명 정도의 唐人 포로도 헌상되었기

---

37) 熊谷, 전게서, 2001

때문에 왜국 측도 물론 이 점을 충분히 숙지하고 있었다는 것이다.

다만, 이러한 이해에 대해서는 齊明여제의 '출정의 宣'[38]에서 볼 수 있는 것처럼, 당시의 왜국조정이 실제로 당과의 직접적인 대결을 전제하고 있었는지에 대해서는 의문이 남는다.

이때 齊明천황은 60세(일설에는 67세)였다. 국제정세에 대한 상황 파악이 충분하지 못했다는 비판적인 이해도 있으나 노령의 여제가 이러한 결정을 내리지 않으면 안 될 정도로 백제와 왜국의 관계가 특별하고 특수한 것이었다고 이해하지 않으면 안 된다. 여기서 앞서 언급한 백제의 '질(왕족)'외교의 의미를 재고할 필요가 있다.

풍장은 '규해(糺解)'라고도 표기하여 『일본서기』에 의하면 631년(서명 3)에 '質'로서 來倭했다고 보이나 이 연차는 오류이며, 642년(皇極원년)이나 643년에 왜국에 온 교기(翹岐)라는 백제왕자와 동일인물로 보는 것이 타당하다. 그리고 來倭 이후 20년 가깝게 왜국에서 생활하게 된다.

풍장(교기)의 20년(혹은 30년)에 이르는 장기간에 걸친 '質'로서의 왜국 생활은 백촌강으로의 여정에 있어서나 백촌강 전투의 결과에 있어서도 무시할 수 없는 요인으로 작용하고 있다.

풍장의 도왜에 대해서는 631년설과 642년설이 존재한다. 특히 皇極·齊明과 풍장의 관련성은 깊다, 631년 舒明朝의 래왜라면 부군이 천황이던 시대이고 본인이 황후시대였다. 이 경우라면 630년에서 660년의 약 30년간의 교류가 있었던 셈이다. 만약 황극조의 來倭라면 640~660에 걸친 약 20년 동안의 교류가 있었다. 그 어느 쪽이든 황극·제명천황과는 상당히 깊은 인연이 있음을 알 수 있다. 아울러 孝德朝의 白雉 개원 시에 풍장의 존재도 확인된다. 이는 황극·제명조는 물론 효덕조에 있어서도 왜왕권과의 정치적 우호관계가 지속되고 있었음을 말해주고 있다.

---

38) 齊明紀 6년(660) 10월조.

여기에 제명천황이 백제구원군 파견을 신속하게 결정한 배경의 하나
로서, 여제 제명이 의욕적으로 실시한 대규모 조영 사업 및 에미시 정토
사업에서의 일정한 성과가 나름의 자신감을 갖게 만들었을 수도 있었을
것이라는 견해39)도 있는데, 어느 정도는 수긍이 가는 이해이다. 왜냐하
면, 다음에서 확인하는 것처럼 齊明의 백제 구원군 파견 인식은 결국 推
古朝 단계의 신라정토, 齊明朝 단계의 에미시 정토의 인식에 머물러 있
었다고 이해하지 않을 수 없기 때문이다.

3) 백촌강 전투에서의 패인과 인식

이에 대해서는 당시의 왜국 지배층의 대외인식(국제정세), 백제 구원
에 임하는 태도(제명천황의 출진의 변(宜)), 대당인식 등의 문제를 통해
검토하기로 한다. 즉 7세기 초 추고조의 신라정토 사례 및 제명조의 에
미시 정토 시와 천지조의 백제구원군 파견 시의 병사 규모(병사수와 선
박수)에 대한 비교를 통해서 제명조 당시의 대외인식상의 미비, 특히 당
에 대한 정세 파악의 불충분함을 알 수 있다. 또한 구원군 파견의 직접적
인 목적이 對신라전에 있었음을 확인할 수 있다. 즉 백제구원군은 어디
까지나 신라 공격을 목표로 설정한 것으로 당군과의 전투는 상정하고 있
지 않음을 시사한다. 결국 전쟁대상으로 상정하지 않았던 당 수군과 대
결한 백촌강 전투는 그 결과가 이미 정해진 것이나 마찬가지였다. 이와
관련해 패배 원인을 구체적으로 살펴보면, 지금까지 백촌강 전투에서 왜
국이 패배한 이유에 관해서는 다양한 요인들이 지적되었다.40) 즉,

① 당군은 8월17일 백촌강에 도착하여 대기하면서 주변 환경을 숙지하

---

39) 熊谷, 전게서, 2001
40) 주요한 논의로 鬼頭淸明 1981, 森公章 1998, 倉本一宏 2019, 노태돈 2009, 서영
    교 2015 등의 분석을 들 수 있다.

고 전술을 준비한 데 비해, 뒤늦게 도착한 왜의 수군은 기상 조건이나 조수 등에 관한 고려 없이 전투에 들어간 전술적 실책을 지적할 수 있다. 일본서기는 이를 〈기상〉을 보지 않았다고 지적하고 있다. 그 결과가 '연기와 화염이 하늘에 가득하고 바닷물이 모두 붉게 물들었다'고 전하는데 바로 화공이 승패를 가름하는 결정적인 요인으로 작용했음을 말해주고 있다.

② 당군은 진을 형성하고 일정한 전술에 따라 절도 있는 움직임을 전개한 데 비해 왜국군은 용감하게 돌격하여 단병접전으로 승부를 결정지으려 하였다는 점이다. 이는 왜국군의 구성이 상비군이 아니라 지방 호족군 즉 국조군이 중심이라는 점, 따라서 상하의 지휘체계가 일원화되지 못한 오합지졸의 군대였다는 점과 무관하지 않다.

아울러 전·중·후군의 편성을 하고 있으나 이는 수직적인 지휘계통이 아니라 파견된 순서를 말하는 것이며 출전한 장수와 사병의 출신지역이 지나치게 광범위하다는 점도 그 원인으로 지적되고 있다. 결국, 소규모 단위의 병사징집, 전략과 전술의 부재 등을 말하고 있다고 할 수 있다.

③ 백제부흥군 내부에서의 지도부의 반목과 분열, 갈등이 지적되고 있다. 아울러 왜국의 파견군과 백제부흥군 사이의 갈등과 불협화음도 지적되고 있다.

④ 전력의 차이로서 함선의 차이도 주목된다. 당의 수군은 전투를 전제로 구축된 전함이라면 왜국 수군의 배는 '舟'로 표현되는 소형의 준구조선이었다고 할 수 있다.

⑤ 백제와 신라의 육상(지상)전에서의 승패(백제의 패배)가 왜국과 당 수군의 해상전투의 결과(왜국 구원군의 대패)를 규정하는 요인으로 작용하였다.[41]

---

41) 서영교, 『고대 동아시아 세계대전』 글항아리, 2015는 매우 흥미로운 견해를 제

이상과 같은 백촌강 전투(나아가 백촌강 전쟁)에서의 다양한 패인과 관련해 간과할 수 없는 또 다른 중요한 요소의 하나로서 사견을 제시하면 다음과 같다.

즉, 왜국군의 패배와 관련해서는 백제구원군 파견(백촌강 전투)에 있어서의 왜국 측의 인식상의 문제도 경시할 수 없다고 생각된다. 일차적으로 ① 당과의 결전을 전제로 하고 있지 않았다는 점, ② 신라와의 전투만을 상정한 파견이었다는 점, 그것도 ③ 추고조의 대신라전의 경험과 인식에서 크게 벗어나지 못했고, 아울러 ④ 제명조의 동북방의 에미시 정도나 肅愼 정도의 상대를 염두에 두고 군사 파병을 결정했다는 점이다.

이상을 요컨대 당시 왜국 조정의 국제정세에 대한 파악이 미비했음을 여실히 말해주고 있다.

결국, 백촌강에서의 패배, 즉 백제부흥전쟁의 실패는 이미 출발 전부터 예견된 결과였다고 말할 수도 있을 것이다.

이러한 종래의 이해에 더해 구원군 파견 인식을 통해 보다 근본적인 패배 원인을 찾을 수 있다고 생각한다. 즉 齊明천황의 백제구원군 파견 인식은 『일본서기』 齊明천황 6년(660) 10월조에 잘 나타나 있다. 즉, 복신이 파견한 백제의 사신이 말하길, "백제국은 멀리 천황의 가호를 의지하여 사람들을 모으고 다시 나라를 이루었습니다. 지금 바라옵건대, 백제국에서 천황을 섬기라고 보낸 왕자 풍장 등을 맞아 국주로 삼고자 하니 이를 허가해 주십시오. 운운."

이에 천황은 다음과 같이 詔를 내렸다.

> "구원군을 청하는 것은 예전에도 있었다고 들었다. 위기에 빠진 사람을 돕고 끊어진 것을 이어주는 것은 고전에도 적혀있다. 백제국이 곤궁하여 우리나라에 의지해 와서 '본국은 나라가 망하여 의지할 곳도 부탁할 곳도

시하고 있다.

없이 창을 베고 자면 쓴맛을 보는 괴로움을 겪고 있으니 반드시 구원해
달라'고 멀리서 와서 표를 올렸다. 그 마음을 저버릴 수 없다. 장군들에
게 각각 명령하여 여러 길로 함께 군대를 파견하도록 하라. 신속하게 움
직여 일제히 사탁(沙喙)에 집결한다면 우두머리 악인을 베어 백제의 어
려움을 덜어줄 수 있을 것이다. 마땅히 유사들은 모두 잘 준비하여 예를
다하여 왕자를 출발시키도록 하라. 운운"

여기에 당시 왜국조정이 백제의 멸망 소식을 접하고 어떠한 입장에서
구원군을 모집하여 파견하고 있는지를 여실히 보여주고 있다. 무엇보다
도 앞서 언급한 敗因 ①~④ 가운데, ②와 관련된 내용 즉 싸움의 대상이
신라였다는 점은 다음의 사료를 통해서도 명확하게 확인된다.

〈사료 5〉백제구원군 파견 인식
제명기 6년(660) 시세조 [欲爲百濟, 將伐新羅]
동 7년(661) 정월조 [西征]
천지기 즉위전기(제명7년8월조) [救於百濟, 仍送兵杖五穀]

이상을 종합하면, 백제구원을 목적으로 한 왜국의 '西征'군 파견은 사
탁(沙喙) 즉 신라에 집결하여 신라를 정벌하는 것을 최대의 목적으로 하
고 있었다고 말할 수 있다.
결국 전쟁 상대의 설정은 백촌강 전투의 패전 즉 백제부흥책의 실패
로 귀결되었는데, 이를 실제의 군대 구성 및 규모면 등 다른 측면에서도
확인할 수 있다.
이미 살펴본 것처럼 왜국의 백제구원군은 군사적으로는 상비군이 아
닌 지방의 국조군(호족군)으로 구성되었다는 점, 國 단위의 주로 축자국
의 병사들이 중심, 야마토왕권의 군사씨족인 모노노베씨와 오오토모씨
일족이 이끄는 모노노베와 오오토모베가 중심이었다는 점, 지역적으로는
九州의 축자국이 중심을 이루고 있다는 점, 시즈오카(靜岡) 駿河國, 동

국, 陸奧國 등 일본열도 전 지역에 걸쳐 징발되었다는 점 등이다.

평소의 전투 경험의 차이도 그 요인의 하나로 지적할 수 있다. 백촌강 전투 이전의 사례를 살펴보면, 외국에 파견된 왜국의 군사는 백제에 대한 100명, 500명 정도의 원군 파병 이외에는 제명조의 에미시정토에 동원된 동국의 국조군이 중심이 되어 행한 에미시를 상대로 한 전투 경험이 전부라 할 수 있다.

왜국 내에서는 畿內의 야마토왕권에 대한 지방세력 최대규모의 반란인 527년의 이와이(磐井)의 난 이후 672년의 국내 최대의 내란이라 할 수 있는 임신의 난까지 대규모의 전쟁은 사실상 없었다고 해도 과언이 아니다. 이는 왜국의 경우 상대적으로 상비군에 준하는 지휘계통이 일원화된 군사적 전력 양성의 필요성이 부족했다는 점, 나아가 당시의 국가 시스템의 단계가 아직은 唐은 물론 한반도제국에 비해 상대적으로 저급한 수준으로 병사 자체가 상비군이 아니었음을 말해준다.

종래 왜국의 한반도 파견 병사의 규모는 최대 천명, 기본적으로는 500명 단위이며, 최소 100명 규모였다. 527년의 이와이(磐井)의 난, 금관가야 멸망 시의 소위 '임나복건'을 위한 군대 파견 규모(近江毛野臣이 이끄는 6만 명)는 『일본서기』 편자의 후대적 과장이라 할 수 있다.

백촌강 전투 참가군의 구성을 치밀하게 분석한 鬼頭淸明의 연구[42] 및 『율령』의 보주[43]를 참조하면, 기본적으로 전장군과 후장군의 구성은 대보율령 이후의 편제라고 한다.

齊明朝 에미시정토군과의 대조, 崇峻朝에서 推古朝에 걸친 대신라출병군과의 비교를 통해 제명조 당시의 국제인식 및 원정군 파견의 인식 정도를 파악할 수 있다.

---

42) 鬼頭淸明, 『白村江』 歷史新書33, 敎育社, 1981
43) 『律令』(일본사상대계3), 岩波書店, 1985, 625쪽.

우선, 병력수나 배의 규모 등에 대한 비교를 위해 관련 내용을 표로 작성하면 다음과 같다.

〈표 7〉 숭준·추고·황극제명·천지조의 출병 목적과 규모 및 구성

연도	목적 및 장군의 구성	병사 규모 및 기타
591(숭준4)	對신라, 대장군 4인	2万余軍, 축자주둔
600(추고8)	對신라, 대장군 1인, 부장군 1인	万衆, 임나를 위해 擊신라 출병
602(동10)	對신라, 장군 1인	軍衆 2만5천, 擊신라 *축자파견
623(동31)	對신라, 대장군 2인, 부장군 7인	數万衆, 신라 征討 출병
658(제명4)	對에미시, 對숙신	四月 阿陪臣〈闕名〉率船師一百八十艘伐蝦夷. 180척(艘) 是歲. 越國守阿部引田臣比羅夫. 討肅愼.
659(제명5)	對에미시,	三月是月. 遣阿倍臣〈闕名〉率船師一百八十艘討蝦夷國. 180척(艘)
660(제명6)	對숙신,	三月. 遣阿倍臣〈闕名〉率船師二百艘伐肅愼國. 200척(艘)
661(제명7)	對백제구원, 전장군·후장군 5인	병사 5,000명, 船師 170艘 풍장 위송
662(천지1)	對백제구원, 대장군 1인	2만 7천 명
663(천지2)	對백제구원, 전·중·후장군	건아 1만 명

무엇보다도 병사의 규모에 주의할 필요가 있다. 이는 백제구원전쟁에 대한 왜국 즉 당시의 제명조의 대외 인식의 정도를 잘 말해주며, 이는 동시에 백촌강 전투의 전략적 오류로 연결되어 승패의 커다란 갈림 요인으로 작용하고 있기 때문이다.

결국, 제명~천지천황이 백제구원을 위해 파견한 병사의 수는 추고조의 신라 정토군의 규모와 거의 비슷하며, 동원된 선사의 수는 에미시 및 숙신 정벌군의 규모와 거의 비슷하다는 점을 확인할 수 있다. 달리 말하면 왜국의 백제구원군은 추고조 단계의 신라를 가상의 적으로 상정하고 있었으며, 제명조 단계의 북방에 존재했던 - 아직 국가체제를 갖추지 못한 - 에미시 내지 숙신 정도의 세력을 정토대상으로 삼고 있었음을 말해

주고 있다.

결국, 당시 왜국의 중국 및 한반도, 특히 신라에 대한 인식을 반영하고 있다. 어쩌면 당군과의 직접적인 전투는 전혀 상정하고 있지 않았다고 판단될 정도의 국제정세에 대한 인식의 부족이 극명하게 나타나 있는 것이다. 파견 규모 및 병선 선박의 규모, 지휘한 장군 등의 유사성도 확인된다. 그 대표적인 인물이 比羅夫의 경우이다.

구체적인 파병 규모는 관련된 한중일 사료가 각각으로 나타나 있다. 新川씨의 분석에 따르면, 당시의 왜군은 배 1척당 병사의 승선 인원이 최대 50명, 대체로 30~40명 정도로 추정할 수 있다.44) 아울러, 제2차 파견군 2만 7천 명은 대신라전을 치르기 위한 파병으로 간주해도 좋을 것이다. 나아가 한편으로는 대당전쟁을 치르고 있는 고구려를 일면에서나마 원조하고자 하는 의도도 있었던 것으로 판단된다.

마지막으로 백촌강 전쟁의 결정적인 패인으로 작용한 백촌강 전투에 임하는 왜국의 인식 및 자세를 정리하면 다음과 같다.

우선, 당과 신라, 고구려와 백제, 그리고 왜국(일본)에 있어서의 백촌강 전투(전쟁)의 의미를 살펴보면, 당은 최종 목표인 고구려 정토를 위해 걸림돌이 되는 백제를 멸망시키는 것이었고, 신라는 백제에 대한 원한을 설욕하고 이를 멸망시킴으로써 고구려와의 대항, 더 나아가 통일전쟁의 발판 마련에 있었다. 고구려의 경우는 대당전쟁 수행에 있어 걱정거리인 당의 동맹으로서 고구려의 배후가 되는 신라에 대한 견제세력으로서의 백제의 존속, 그리고 백제유민들(백제부흥군)의 경우는 말할 나위도 없이 일단 멸망한 고국의 부흥에 있었다.

왜국에 있어서는 결과적으로 준비되지 않은 전쟁, 대신라전을 전제로

---

44) 新川登亀男, 「고대 동아시아 속의 백강전투」, 서천군(주최), 공주대 백제문화연구소(주관), 백강전쟁 1340주년 한중일 국제 학술심포지움 자료집 『백제 부흥운동과 백강 전쟁』, 2003 所收.

한 전쟁이었다. 만약 백제구원군의 파견이 대당전쟁을 전제로 한 것이라면 이 결정은 너무나도 무모한 전쟁 수행을 위한 파견이었다고 말하지 않으면 안 된다. 무엇보다도 이점은 같은 시기인 제명조에 행해진 에미시 정토군과의 비교를 통해서 확인할 수 있고, 더 나아가 이를 통해 백제구원전쟁 즉 백촌강 전쟁에 임하는 왜국 측의 인식 정도를 엿볼 수 있기 때문이다.

천지조 백제구원군 파견 당시의 대외인식 정도를 동원된 선박수나 병사수 등의 비교와 장군의 인명에 대한 분석을 통해 보면, 대당인식의 불철저함이 두드러지고 동시에 전쟁 상대인 대신라인식에 있어서도 종래 백제에 제공한 원군과 동일한 인식 선상에서 구원군을 파견한 것으로 어디까지나 대신라전을 담당하는 것을 제1차적 목표로 삼았다고 할 수 있지 않을까. 만약 당과의 결전을 전제로 한 구원군 파견이라고 한다면 너무나도 무모한 계획 수립 및 수행이라 평가하지 않을 수 없다.

欽明組에 임나부흥을 목적으로 近江毛野臣에게 6만의 병사를 보낸 것이나(물론 이 기사는 사실성을 신빙할 수 없음) 숭준조에서 추고조에 걸쳐 신라를 정토하고 견제하기 위해 2만의 대군을 준비시킨 사례를 참고로 하면, 왜국 측의 의도는 제1차적으로는 신라군과 싸움으로써 백제부흥을 지원하고 나아가 부차적으로는 당의 동맹이자 고구려의 배후인 신라를 막음으로써 고구려의 대당전쟁 수행을 지원한다는 의미가 있었다고 할 수 있다. 후자와 관련해서는 사료상으로도 백제부흥전쟁기에 고구려와 일정한 군사상의 연계가 있었다는 점은 『일본서기』의 관련 기사를 통해 충분히 확인되고 있다.[45]

---

45) 山尾幸久, 전게서, 1989 등 참조

4) 백촌강 전투(전쟁)의 결과와 그 영향

백촌강 전투(나아가 백촌강 전쟁)의 결과와 관련해 전투 및 전쟁 참가
국들의 입장에 서서 그 영향과 역사적 의의 등을 정리해 보기로 한다. 여
기서는 국제적 측면과 국내적 측면에서 살펴보고, 특히 왜국의 경우는
국내적 측면과 국제적 측면의 양면에서 그 의미를 살펴보기로 한다.

당의 입장에서 보면, 고구려 정토에서 발단된 동아시아 국제질서의 개
편 및 재구축의 일환이었다. 660년의 백제멸망, 그리고 663년의 당 수군
의 왜국 수군을 상대로 한 백촌강 전투는 최종적인 고구려 정토, 고구려
를 멸망시키는 과정의 일환이었다. 결국 당이 백촌강 전쟁에 참가한 궁
극적인 목적이자 제1의 목표는 고구려 멸망, 고구려 정복이었으며, 그 최
종 목표 달성을 위해 걸림돌로 작용하고 있던 백제를 먼저 공격한 것이
었다.

신라의 입장에서 보자면, 삼국통일전쟁사의 일환이라 할 수 있다. 백
제와의 설욕전으로 시작된 한반도 삼국 간의 전쟁은 신라에 의한 三韓一
統으로 결착된다. 백제와 고구려의 입장에서는 부흥전쟁의 실패와 함께
백제, 그리고 뒤따른 고구려의 최종적인 멸망으로 귀결된다. 그 결과로
서 백제와 고구려의 다수의 유민이 왜국과 한반도 이외의 지역으로 삶의
터전을 옮기지 않으면 안 되었다. 고대 최대의 디아스포라이다.

즉 663년 9월에는 백제부흥군의 거점이었던 주류성이 당군에 항복. 이
를 본 백제의 민중은 "주류성이 무너져서는 도리가 없다. 백제의 이름도
오늘로 끝나고 마는 것인가"라고 서로 말했다고 한다. 여풍장은 고구려
로 도망하고 주류성에서 빠져나온 왜국의 군선은 弖禮城[46])에 집결, 난을

---

46) 그 위치에 대해서는 경상남도 남해도, 전라남도 나주·해남 등에 비정하는 이해
가 제시되어 있으나 불명이다.

피한 백제의 장군과 민중을 태우고 귀국 길에 오른다. 그 후 나당연합군의 창끝은 고구려를 향하게 되고 668년 왕도 평양이 함락, 마침내 멸망한다.

일본(왜국)의 경우는 그 영향과 역사적 의미를 국내적 측면과 국제적 측면으로 나누어 정리할 수 있다.

〈국제적·대외적 측면〉

① 對한반도 인식과 관련된 중요한 문제로서 왜곡되고 굴절된 신라관 형성의 역사적 배경으로 작용하였다. 701년의 大寶율령에 규정된 신라 나아가 한반도 번국관의 원점이자 원형인 神功皇后의 신라복속(삼한정벌)담의 창출이다. 즉 신공 전설·신화 탄생의 배경이자 중요한 모티브로 작용한 것이 노여제 제명천황이 선두에 선 백제부흥전쟁 즉 신라를 공격하기 위한 '西征'이었던 것이다.

② 고대 동아시아사적 관점에서 보면, 당·신라·일본이라는 3극 체제의 국제질서 성립이라는 국제질서의 재편이다. 즉 다극체제에서 삼극체제로의 전환을 의미하며 이는 현재로 이어지는 동아시아세계의 원형이 형성되었다고 할 수 있다.[47]

〈국내적 측면〉

① 대외 위기의식 즉 안보·국방상의 위기의식의 고조로 왜국 내의 방어체제 구축, 그 결과로서 곳곳에 백제식산성(조선식산성)을 축성하고 방인(사키모리)을 배치하는 등 국방 대책이 강구된다.

② 백촌강 전투에서의 패배는 국내의 지배체제, 국가체제 정비의 필요

---

47) 김현구, 「동아시아세계와 백촌강 전투의 재조명」, 『고대 한일관계의 현재적 의미와 전망』, 2004 등.

성을 실감하게 하여 천지조의 국내개혁으로 나타난다. 관위제의 개정(26계), 관직제의 개편, 甲子의 선(宣) 등이다.

③ 율령국가 성립의 대외적 계기로 작용하면서 획기적 전환점을 맞게 된다. 이와 관련해서는 특히 백제망명집단(왕족과 귀족, 관인 및 일반백성)의 대규모 유입과 그들의 왜국 정착과 활동이 천지조·천무조에서 두드러지는데 근강령 제정과 경오년적 작성(670) 등으로 나타난다.

④ 백제왕씨의 탄생과 동이의 소제국 성립의 조건 마련

⑤ 불교문화 및 한자문화의 지방 확산

⑥ 왜국 내 백제 커뮤니티의 형성 등으로 정리할 수 있는데, 이에 대한 구체적인 검토는 지면 관계상 기회를 달리하기로 한다.

4. 맺음말 - 결론을 대신하여

작금의 한일관계는 유례없는 대립과 갈등이 지속되고 있다. 그 역사적 해법을 찾는다고 한다면 백제와 왜국의 외교관계가 그 전범이 될 수 있다.

즉 백제와 왜국은 300년에 걸친 장기간의 외교관계에서 단 한 번도 상호 간에 직접 창끝을 겨누지 않았다는 점, 타국을 위해 총 4만 2천 명의 고귀한 생명을 담보로 하면서까지 지키고 부흥시키고자 했던 최애(?)의 나라가 바로 한반도의 백제였다는 점을 결코 잊어서는 안 된다.

지금까지는 백제부흥군에 참여해 원통한 죽음을 맞은 이들의 피눈물이 원혼이자 원수가 되어 신라(더 나아가 한반도)에 대한 증오로 표출되었고, 나아가 일본인들의 왜곡된 타자인식의 원점으로 자리하고 있는 '神功황후' 전설을 창출하게 만들어 최종적으로는 한반도 멸시관, 번국관으로 고착되어 오늘날에 이르기까지 왜곡되고 굴절된 대외인식으로 작용하고 있는 등 負의 유산이 크게 작동했다고 할 수 있다.

따라서 부의 유산 즉 신공신화에 연원하는 소위 〈일본서기 사관〉이라는 주술로부터의 탈피가 절실하게 요망된다.

이제는 한일 양국의 국민 모두 보다 긍정적인 유산으로서, 663년 왜국이 300여 년 동안 최고의 우호친선국의 관계를 유지해 온 백제를 위해 4만 명에 이르는 고귀한 생명을 희생시키고자 했던 그 정신과 의미를 반추하고 되새길 필요가 있지 않을까 생각한다.

참고문헌

1. 연구서

노태돈, 『삼국통일전쟁사』 서울대학교출판부, 2009.

정효운, 『고대 한일 정치교섭사 연구』, 학연문화사, 1995.

연민수, 『고대한일교류사』 혜안, 2003.

서영교, 『고대 동아시아 세계대전』 글항아리, 2015.

김현구 외, 『일본서기 한국관계기사 연구』 3, 일지사, 2004.

연민수 외, 『역주 일본서기』3, 동북아역사재단, 2013.

노중국, 『백제부흥운동사』 일조각, 2003.

진영래, 『백촌강에서 대야성까지』 신아출판, 1996.

송완범, 『동아시아세계 속의 일본율령국가 연구』 경인문화사, 2020.

이재석, 『고대 한일관계와 『일본서기』』 동북아역사재단, 2022.

서천군(주최), 공주대 백제문화연구소(주관), 백강전쟁 1340주년 한중일 국제 학술심포지움 자료집 『백제 부흥 운동과 백강전쟁』, 2003.

고려대 일본학연구센터, 『고대 한일관계의 현재적 의미와 전망』, 2004.

石母田正, 『日本の古代國家』 岩波書店, 1971.

鬼頭淸明, 『白村江』 歷史新書33, 敎育社, 1981.

森公章, 『白村江 以後』 講談社選書 132, 1998.

熊谷公男, 『大王から天皇へ』 講談社 일본의 역사3, 2001.

山尾幸久, 『古代の日朝關係』 塙書房, 1989.

胡口靖夫, 『近江朝と渡來人』 雄山閣出版, 1970.

西嶋定生, 『日本歷史の國際環境』 東京大學出版會, 1985.

倉本一宏, 『戰爭の日本古代史』 講談社 現代新書, 2019.

小島憲之 外 校註, 『日本書紀』 3, 小學館, 1998.

八木充, 『日本古代政治組織の研究』 塙書房, 1986.

鈴木英夫, 『戰亂の日本史 - 中央集權國家への道 -』 1, 第一法規出版, 1988.

金鉉球, 『大和政權の對外關係研究』 吉川弘文館, 1985.

全榮來, 『百濟滅亡と古代日本』 雄山閣, 2004.

최은영, 『百濟王氏の成立と動向に關する研究』 시가현립대학 박사학위논문, 2017.

2. 논문

卞麟錫, 「白江口戰爭을 통해 본 古代 韓日관계의 接點」, 『東洋學』 24, 1994.

윤선태, 「羅州 伏岩里 出土 百濟木簡의 判讀과 用途 分析」, 『百濟研究』 56, 2012.

이근우, 「백강전투와 대마도」, 『동북아문화연구』 34, 2013.

이재석, 「7世紀 後半 百濟復興運動의 路線과 倭國의 選擇」, 『百濟研究』 57, 2013.

서영교, 「倭의 百濟 援助와 蘇定方의 平壤城 撤軍」, 『대구사학』 117, 2014.

송완범, 「'白村江싸움'과 倭 - 東아시아세계의 재편과 관련하여 - 」, 『한국고대
　　사연구』 45, 2007.

沈正輔, 「白江의 位置에 대하여」, 『韓國上古史學報』 2, 1989.

심정보, 「白江에 대한 研究 現況과 問題點」, 『百濟文化』 32, 2003.

정효운, 「7세기대의 한일관계연구 - 白江口戰에의 왜군파견 동기를 중심으로 - 」
　　(상, 하), 『고고역사학지』 5-6, 1990-1991.

김현구, 「동아시아세계와 백촌강 전투의 재조명」, 『고대 한일관계의 현재적 의
　　미와 전망』, 2004.

박재용, 「고대 일본의 망명백제관인과 그 후예씨족」, 『한일관계사연구』 64, 2019.

서영교, 「백강전투와 신라」, 『역사학보』 226, 2015.06.

서영교, 「신당서 일본전에 보이는 唐高宗令出兵援新羅 璽書의 배경」, 『역사학
　　보』 237, 2018.03.

김수태, 「백제의 멸망과 당」, 『백제연구』 22, 충남대 백제연구소, 1991.

서정석, 「백제 白江의 위치」, 『백산학보』 69, 2004.

韓昇, 「일본의 백촌강 출병에 대한 정치적 결정과 군사행동」, 『고대 한일관계
　　의 현재적 의미』(고려대 일본학연구센터 학술발표문), 2004.

최은영, 「고대 일본 도왜계(渡倭系) 씨족 여성의 동향 - 백제왕씨(百濟王氏)를
　　중심으로 - 」, 『한일관계사학회 창립30주년 기념 학술대회 여성과 젠
　　더를 통해 본 한일관계』, 2022.

나행주, 「일본고대사와 동이의 소제국론」, 『일본역사연구』 45, 2017.

나행주, 「일본고대국가와 백제계 도래인」, 『한일관계사연구』 52, 2015.

나행주, 「왜왕권과 백제·신라의 질」, 『일본역사연구』 24, 2006.

나행주, 「한반도 제국과 왜국의 사신외교」, 『한일관계사연구』 56, 2017.

나행주, 「고대일본의 국제관계와 대외인식」, 『사림』 41, 2012.

나행주, 「왜국의 제3차 견당사와 백제 신라」, 『백제연구』 58, 2013.

나행주, 「근대일본에 있어서 신화와 전설의 역사화 - 기기신화와 신공전설의 실

체와 변용 - 」,『한일관계사연구』63, 2019

나행주, 「고대 한일관계사 연구의 회고와 전망」,『한일관계사연구』62, 2018.

新川登龜男, 「고대 동아시아 속의 백강전투」, 서천군(주최), 공주대 백제문화연구소(주관), 백강전쟁 1340주년 한중일 국제 학술심포지움 자료집『백제 부흥 운동과 백강전쟁』, 2003.

佐藤信, 「백강전투와 일본고대의 불교문화」, 서천군(주최), 공주대 백제문화연구소(주관), 백강전쟁 1340주년 한중일 국제 학술심포지움 자료집『백제 부흥 운동과 백강전쟁』, 2003.

池內宏, 「百濟滅亡後における動亂及び唐羅日三國の關係」,『만선사연구』상세2.

八木充, 「百濟の役と民衆」,『國史論叢』.

井上秀雄, 「白村江の戰い」,『日本古代文化の探究』社會思想社, 1974.

田村圓澄, 「百濟救援考」,『熊本大學文學會文學部論集』5, 1981.

坂元義種, 「白村江の戰い」,『歷史讀本』28-19.

瀧川政次郞, 「劉仁軌傳」,『古代文化』36-7・9・11.

井上光貞, 「大化改新と東アジア」,『岩波講座 日本歷史』2, 岩波書店, 1975.

鬼頭淸明, 「白村江の戰いと律令制の成立」,『日本古代國家の形成と東アジア』, 校倉書房, 1976.

鈴木英夫, 「百濟救援の役について」,『日本古代の政治と制度』, 林陸朗還曆記念會, 1985.

筧敏生, 「百濟王姓の成立と日本古代帝國」,『日本史研究』317, 日本史研究會, 1989.

坂元義種, 「東アジアの國際關係」,『岩波講座 日本通史2 고대1』, 1993.

森公章, 「白村江の戰をめぐる倭國の外交と戰略」,『東アジアの古代文化』110, 2002.

森公章, 「東アジアの動亂と倭國」,『戰爭の日本史』1, 講談社, 2020.

西嶋定生, 「6-8世紀の東アジア」,『岩波講座 日本歷史2 古代2』, 岩波書店, 1983.

岸俊男, 「防人考」,『日本古代政治史研究』, 1966.

板楠和子, 「亂後の九州と大和政權〉小田富士雄編『古代を考える 磐井の亂』, 吉川弘文館, 1991.

中村修也, 「白村江 전투 이후의 일본 사회」,『韓日關係史研究』36, 2010.

최은영, 「7, 8世紀の百濟系渡來人と日本」,『百濟文化』52, 2015.

羅幸柱, 「古代朝・日關係における『質』の意味」,『史觀』134, 1996.

고려말-조선초 대마도와의
통교 공백기(1369~1397)의 배경 및 양상
- 이마가와 료슌(今川了俊)의 대마도에 대한 영향력을 중심으로 -

송종호*

1. 머리말

  대마도는 예로부터 한반도와 일본을 연결하는 존재였다. 조선 시대에
는 조선-일본 간 외교 창구로서의 역할을 맡으면서, 메이지 유신에 이르
기까지 조선과의 외교·교역을 통한 이익으로 번성하였다. 이러한 조선-
대마도 간의 통교 관계를 정확히 살펴보기 위해서는, 그 시작이 어떠한
상황과 배경에서 이루어졌는지에 대한 이해가 빠져서는 안 된다고 생각
한다.

  시대를 거슬러 올라가 고려 건국 이래 일본과의 관계를 본다면, 일찍
이 고려 태조 시기에 고려가 일본 조정에 수호를 요구하는 사신을 보낸
바 있다. 그 이후로 양국 간에 정식 국교가 수립되는 일은 없었지만,
11~13세기까지 상인, 지방관 등의 왕래가 간헐적이나마 꾸준히 이루어졌
다. 특히 12세기 후반 무렵부터 대마도에는 고려에 대한 진봉(進奉) 관계
가 성립해 있었다.[1] 고려-대마도 간의 이러한 진봉 관계는 1274년(원종

* 한국방송통신대학교
1) 고려 전기 고려-일본 관계의 개요에 관하여는, 羅鐘宇, 「高麗前期의 韓日關係」,

15) 여몽 연합군의 일본 원정으로 중단되었다. 이후로 다시 한반도와 대마도 간에 장기적인 통교 관계가 재개되는 것은 그로부터 120년 이상이 지난 1398년(태조7) 1월 조선-대마도 간 통교에서였다.

이 120년 이상 기간의 한복판에, 1368년(공민왕17) 고려 조정과 대마도주 소 츠네시게(宗経茂)(『고려사』에서의 숭종경(崇宗經)) 간의 통교 관계(이하 '1368년 고려-대마도 통교' 또는 '1368년 통교')가 있었다.

1368년 고려-대마도 통교는 그 이후 조선-대마도 간 통교 관계와 여러 공통점을 갖고 있다. 즉 이들 간에는 공통적으로, 대마도로의 쌀 지급이 있었고, 경상도 지역에 투화(投化)한 왜인들의 거주 지역이 생겼으며, 그 시기에 즈음하여 왜구 활동이 크게 쇠퇴하는 현상이 보인다. 이와 같은 점에서 1368년 통교는 조선-대마도 간 통교 관계의 원형이었다고 말할 수 있는 중요한 사건이었다.

그렇다면 위 120년 이상 기간 중 뒷부분, 즉 1368년 통교가 단절된 1369년부터 조선-대마도 통교 관계가 성립하기 직전인 1397년(태조6)까지 약 30년간의 기간은 각별한 의미를 갖는다. 1368년 통교 관계와 그 이후 조선-대마도 간 통교 관계를 이어주는 기간이기 때문이다. 편의상 본 연구 이하 부분에서 '통교 공백기'로 지칭하는 기간은 이 1369~1397년의 기간을 의미하는 것으로 하겠다.

이처럼 조선-대마도 간 관계를 정확히 이해하기 위해서는, 그 바로 앞 시기에 존재했던 약 30년간의 통교 공백기에 관한 정확한 고찰이 있어야 한다고 생각한다. 그러나 이 통교 공백기에 관해서는 오늘날까지 한국과

趙恒來·河宇鳳·孫承喆 編, 『講座 韓日關係史』, 玄音社, 1994, 190~225쪽 ; 모리히라 마사히코(森平雅彦), 「10세기~13세기 전반 麗日關係史의 諸問題 - 일본에서의 연구성과를 중심으로 - 」 『제2기 한일역사공동연구보고서』 3, 2010, 181~201쪽 ; 이영, 『왜구와 고려·일본 관계사』, 혜안, 2011, 19~91쪽(원저: 李領, 『倭寇と日麗關係史』, 東京大學出版會, 1999, 13~83쪽) 등을 참조하시오.

일본의 연구자들로부터 거의 주목받지 못해 왔다.

이러한 문제의식을 기반으로 하여 필자는 고려말-조선초에 걸친 통교 공백기의 배경과 양상을 살펴보고자 한다. 다만, 그 기간이 30년 장기간에 걸쳐 있으므로, 이 전체 기간을 모두 다루기에는 지면상 제한이 있다. 따라서 본 연구에서는 그 기간 중 규슈 단다이(九州探題) 이마가와 료슌(今川了俊)이 대마도 정세에 큰 영향을 미치던 1376년(우왕2)부터 1395년(태조4)까지의 시기를 주로 검토하기로 한다. 이 시기는 통교 공백기 전체 기간의 3분의 2를 차지하는 기간으로서, 통교 공백기의 성격을 이해하는 데 가장 중요한 시기라고 생각한다.

아래 제2장에서는 우선 통교 공백기에 관한 선행연구들을 검토한 후, 제3장에서는 14세기 후반 규슈에서의 이마가와 료슌의 역할 및 그가 대마도에 미친 정치적·외교적 영향을 바탕으로 하여, 통교 공백기의 배경 및 양상을 살펴본다.

2. 통교 공백기의 개념 및 선행연구 검토

1) 통교 공백기의 개념

14세기 후반 대마도와 고려·조선과의 통교 양상을 살펴보면 다음과 같은 특이한 모습이 보인다.

① 1368년(공민왕17) 7월에 제4대[2] 대마도주 소 츠네시게(숭종경)의 사

_____

2) '대마도주'는 일본에서의 공식 직함은 아니었고, 조선 조정에서 대마도의 실제 통치자를 편의적으로 부르는 데에서 비롯한 명칭이었다(이와 관련하여 오사 세츠코는 '도주'는 대마도주가 "자신의 대마도 내 최고 지배자로서의 위상을 명시

자가 고려 조정에 입조했음. 같은해 윤7월에는 고려의 강구사 이하생(李夏生)이 대마도로 파견됨. 같은해 11월 소 츠네시게의 사자가 다시 고려 조정에 입조했고, 이 때 고려 조정은 소 츠네시게에게 쌀 1천 석을 지급함.[3]

② 그 이후 30년간 대마도가 고려·조선 조정에 입조한 기록이 없음. (통교 공백기)

③ 이 기간 동안 규슈 단다이 이마가와 료슌은 1378년(우왕4) 이래로, 고려·조선 조정에 빈번히 사자를 보내 입조하면서, 왜구 토벌을 위한 군사 파견, 피로인 송환 등 다양한 형태로 통교 관계를 지속함.[4] 또한 오우치 요시히로(大內義弘)는 1379년(우왕5) 박거사(朴居士) 등 군사를 고려로 파견해 왜구와 싸우게 함.[5]

④ 1392년(태조1) 조선이 건국되자, 그 직후부터 1397년(태조6)까지 규슈 단다이(7회)[6], 오우치씨(大內氏)(4회)[7], 남규슈(南九州)(5회)[8], 이

하기 위하여 고안해 낸 것"이라고 하고 있는데(長 節子, 『中世日朝關係と對馬』, 吉川弘文館, 1987, 37쪽 참조), 『조선왕조실록』상의 용례로 볼 때 그 견해의 타당성에 관해서는 의문이 있다. 따라서 누구를 제1대 대마도주로 보는지에 대하여도 일률적인 기준은 없다. 본 연구에서는 오사 세츠코의 방식(같은 책, 38쪽 참조)에 따라 사료상 명확한 근거가 있는 소 스케쿠니(宗資國)를 제1대로 보았다.

3) 『고려사』권41, 공민왕 17년 7월 11일 기묘 ; 윤7월 ; 11월 9일 병오.

4) 『고려사』권133, 열전 권46, 우왕 4년 6월 ; 권134, 열전 권47, 우왕 5년 7월 ; 우왕 8년 윤2월 ; 권135, 열전 권48, 우왕 9년 9월 ; 우왕 10년 8월 ; 권136, 열전 권49, 우왕 12년 7월 ; 권137, 열전 권50, 창왕 즉위년 7월 ; 권45, 공양왕 2년 5월 19일 신해 ; 권46, 공양왕 3년 8월 9일 계해 ; 11월 6일 무자 ; 공양왕 4년 6월 10일 경신.

5) 『고려사』권134, 열전47, 우왕 5년 5월 ; 권114, 열전27, 제신, 하을지.

6) 『태조실록』권6, 태조 3년 7월 13일 경술 ; 12월 26일 신묘 ; 권8, 태조 4년 7월 1일 임진 ; 권11, 태조 6년 6월 21일 신축 ; 권12, 태조 6년 7월 16일 을축 ; 10월 1일 기묘 ; 12월 29일 정미.

7) 『태조실록』권8, 태조 4년 12월 16일 을사 ; 권9, 태조 5년 3월 29일 병술 ; 권12, 태조 6년 7월 25일 갑술 ; 11월 14일 임술.

8) 『태조실록』권2, 태조 1년 10월 19일 정묘 ; 권7, 태조 4년 4월 25일 무자 ; 권8, 태조 4년 7월 11일 임인 ; 7월 16일 정미 ; 권9, 태조 5년 6월 29일 을묘. 필자는

키(壹岐)(1회)[9] 등 대마도를 제외한 여타 일본 세력이 수시로 조선에 사자를 파견하여 입조함.

⑤ 조선-대마도 간에는, 조선 측이 먼저 1397년 2월, 3월, 5월에 통신사 박인귀(朴仁貴)를 대마도에 파견하였음.[10] 대마도는 1398년(태조7)이 되어서야 비로소 1월과 4월 등 두 차례 잇달아 조선 조정에 사신을 보내 입조함.[11] 그로부터 다시 1년 남짓의 공백 기간 후 1399년(정종 1) 7월 제7대 대마도주 소 사다시게(宗貞茂)가 조선 조정에 서계를 보내오고,[12] 그 이후로 조선-대마도 간의 지속적인 통교 체제가 정착 되어 감.

대마도는 한반도에 가장 가깝게 위치한 일본 세력이었다. 그럼에도 위 ②에서 보듯이, 1368년 이후로 약 30년 동안 고려·조선 조정에 전혀 접 촉해 오지 않았다. 대마도의 조선 통교는 1398년이 되어서야 비로소 시 작되기는 하지만, 위 ③ 및 ④에서 보듯이 그 시기는 일본의 여타 세력들

1392년 10월 19일 조선에 사신을 보낸 "축주태수 장충가(筑州太守藏忠佳)"가 사 츠마 국의 이치키 다다이에(市來忠家) 또는 오쿠라 다다이에(大藏忠家)라고 생 각한다(그 상세한 논증은 송종호, 「조선초 왜구 활동과 조선-일본 관계 연구 - 태조~태종 시기를 중심으로」, 한국방송통신대학교 석사학위논문, 2019, 107~ 109쪽을 참조하시오. 이토 고지(2018)도 필자와 거의 같은 취지이다(伊藤幸司, 「南北朝·室町期 島津氏の「明·朝鮮外交」の實態とは?」, 新名一仁 編, 『中世島津 氏研究の最前線』, 洋泉社, 2018, 104~105쪽 참조. 다만 그는 그 근거를 田村洋 幸, 『中世日朝貿易の研究』, 三和書房, 1967 이라고 했지만, 그 책에서 해당 내용 은 보이지 않는 듯하다). 반면 세키 슈이치는 『조선왕조실록』에서의 표현인 '축 주 태수(筑州太守)'를 직역하여 그를 치쿠젠 국(筑前國)의 인물로 보았으나(關 周一, 『中世日朝海域史の研究』, 吉川弘文館. 2002, 36~37쪽 표1 참조), 필자는 동의하지 않는다. 어쨌든 세키 슈이치의 견해를 따르더라도, 사츠마 국의 조선 입조는 여전히 대마도보다 빨랐다.

 9) 『태조실록』 권3, 태조 2년 6월 16일 경인.
10) 『태조실록』 권11, 태조 6년 2월 27일 경술 ; 3월 25일 무인 ; 5월 6일 정사.
11) 『태조실록』 권13, 태조 7년 1월 1일 기유 ; 4월 17일 계사.
12) 『정종실록』 권2, 정종 1년 7월 1일 기사.

보다 늦었다.

본 제2장의 이하 부분에서는, 위 통교 공백기가 시작된 배경, 즉 1368
년 통교가 종료된 배경(위 ① 관련) 및 통교 공백기가 30년간 유지된 배
경(위 ② 관련)에 관한 선행연구들을 차례로 살펴보기로 한다.

2) 통교 공백기 시작(1368년 통교)에 관한 선행연구

가. 일본 연구자들의 선행연구

통교 공백기는 1368년 고려-대마도 통교(위 ①)가 종료된 1369년부터
시작된다. 따라서 통교 공백기에 관한 연구를 위해서는 우선 1368년 고
려-대마도 통교에 관한 이해가 선행되어야 한다.

1368년 통교에 관한 정확한 이해를 위해서는, 그 직전인 1366~1367년
(공민왕15~16) 고려 조정이 김용·김일을 일본 막부에 파견했던 일,[13]
1368년 왜인이 투화하여 거제·남해현에 정착했던 일,[14] 그리고 1367년
3월부터 1369년(공민왕18) 11월까지 약 2년 9개월 동안 왜구 침구 기록
이 없었던 현상[15]이 함께 고찰되어야 한다.

1368년 통교의 전말에 관하여 최초로 서술한 나카무라 히데타카(中村
榮孝)(1935)의 견해는 다음과 같다.

[1367년(공민왕16) 2월 고려 사신 김용·김일의 일본 막부 사행에 관하여

---

13) 『고려사』 권133, 열전46, 우왕 3년 6월 ; 권41, 공민왕 15년 11월 14일 임진 ;
   『太平記』 권40, 「高麗並に太元の使節至る事」 (長谷川 端 校注·譯, 『太平記(四)』,
   小學館, 1998, 417~420쪽) ; 『善隣國宝記』 貞治 6年 丁未 (田中健夫 編, 『善隣國
   宝記·新訂續善隣國宝記』, 集英社, 1995, 96~99쪽).
14) 『고려사』 권41, 공민왕 18년 7월 9일 신축.
15) 『고려사』 권41, 공민왕 16년 3월 13일 기축 ; 공민왕 18년 11월 1일 임진 ; 이
   영, 「고려 말 왜구의 허상과 실상」 『대구사학』 91, 2008, 81쪽 등 참조.

서술한 휘 공민왕 17년 즉 덴류지(天龍寺) 승려 두 사람이 고려에 사자로 온 해 7월에는 대마도 소 츠네시게의 사자도 파견되었고, 다음달 고려로부터 강구사 이하생이 대마도로 파견되었으며, 얼마 안 있어 또 츠네시게의 사자가 고려에 이르러 쌀 1천 석의 사급을 받았다. 대마도와 고려 간의 이 교섭 내용은 전해지지 않지만, 왜구 금제(禁制)에 관하여 뭔가 협정한 것이 있었던 듯하다. 기록에 보이는 거제·남해 방면에의 왜인 투화는 이 기회에 이루어졌던 것 같은 것이다. 혹은 그 결과인지 아닌지 (ⓐ고려에서는 일전에 일본 정부와 교섭한 결과라고 믿고 있었다), ⓑ우연히도 그 후 얼마간 왜구 침략이 쇠퇴하여 고려는 소강상태를 맞았다. ⓒ그러나 그것도 잠깐이었고, 공민왕 20년 전후부터 다시금 예전보다 더욱 격심해졌다.[16]

나카무라 히데타카는 (ⅰ) 1366~1367년 고려 조정이 김용·김일을 일본 막부에 파견했던 일과 1368년 고려-대마도 통교 간의 시기적 근접성, (ⅱ) 1368년 통교와, 그 해에 왜인이 투화하여 거제·남해현에 정착했던 일 간의 연관성, 그리고 (ⅲ) 1368년 통교 전후 무렵 왜구 침구 기록이 없었던 현상을 모두 포착하고 이를 꼼꼼하게 서술했다. 그러면서도 그는 김용·김일의 일본 사행의 성과로서 1368년 고려-대마도 통교가 도출되었다는 결론에까지는 이르지 못하고 있다.

그러나 이 점에 관해서는『고려사』에, 고려 조정이 1377년(우왕3) 안길상(安吉祥)을 통해 일본에 보낸 문서에서, "병오년(1366)에 만호 김용 등을 파견하여 사정을 알리게 하니, 곧 정이대장군(征夷大將軍)으로부터 〈왜구를〉 금한다는 약속을 받아내 조금 안정을 얻을 수 있었습니다."[17]

---

16) 中村榮孝,『日鮮關係史の硏究(上)』, 吉川弘文館, 1965, 143~145쪽(원저: 中村榮孝,「室町時代の日鮮關係」『岩波講座日本歷史』3, 1935). 또한 같은 책, 316쪽에도 같은 취지의 서술이 있다.

17)『고려사』권133, 열전46, 우왕 3년 6월.「丙午年間, 差萬戶金龍等報事意, 卽蒙征夷大將軍禁約, 稍得寧息.」

라고 한 명확한 기록이 있다. 즉 김용의 일본 막부 파견과 막부의 왜구 금압 약속, 그리고 왜구 쇠퇴 현상과의 인과관계를 긍정적으로 평가한 당시 사료가 있는 것이다. 그럼에도 불구하고 나카무라 히데타카는 "(고려에서는 일전에 일본 정부와 교섭한 결과라고 믿고 있었다)"(ⓐ구절)라 하면서 위 사료의 의미를 폄하한다. 그러나 위 사료의 취지를 왜 부인하는지에 관한 논거는 제시하지 않았다. 그리고 나서 그는, 당시 왜구 침구가 쇠퇴한 현상이 "우연히도"(ⓑ구절) 나타난 것이라고 평가함으로써, 이러한 현상이 고려의 이 시기 통교 활동의 성과가 아니었다는 견해를 명확히 했다.

나아가 그는 "그러한 왜구 쇠퇴도 잠깐이었고 1371년 이후로는 왜구 활동이 더욱 격심해졌다."(ⓒ구절)라고 함으로써, 1368년 고려-대마도 간 통교 수립의 성과 역시 부정하였다.

나카무라 히데타카의 견해에 대해서는, ① 김용·김일의 일본 사행의 목적이 막부에 대한 왜구 금압 요구였다는 점,[18] ② 막부의 고려에의 사신 파견과 고려-대마도 간의 통교가 거의 같은 시기에 이루어진 점, ③ 대마도의 고려 입조는 몽골의 일본 침입 이후 거의 100년 만에 처음 이루어진 것이므로 이에 대한 일본 막부의 지시 내지 승인 절차가 없었을 리 없다는 점[19] 등을 고려해야 한다. 즉 김용·김일의 일본 사행의 결과

---

18) 『고려사』 권41, 공민왕 15년 11월 14일 임진 ; 中村榮孝, 앞의 책, 143~144쪽 ; 田中健夫, 『倭寇と勘合貿易』, 至文堂, 1961, 26쪽 등 참조.

19) 1367년 2월 김용·김일 일행이 교토를 방문한 사건에 대하여, 당시 일본 사회에서는 몽골·고려 군의 일본 재침공으로 이어지지 않을까 하는 우려가 만연해 있었다(이영, 「14세기의 동아시아 국제 정세와 왜구 - 공민왕 15년(1366)의 禁倭使節의 파견을 중심으로 - 」『韓日關係史研究』26, 2007, 133~134쪽 참조). 그러한 분위기에서, 일본 막부의 사전 지시 없이, 대마도주가 독자적인 판단으로 고려 조정과 접촉하고, 나아가 그로부터 1천 석이라는 엄청난 규모의 쌀을 지급받는 행위를 했다고는 생각하기 어렵다. 대마도 입장에서는, 자칫하면 일본을 침공해 오려는 고려와 공모한 것이 아닌가 하는 의심을 막부로부터 받을 수 있는 상황

로 1368년 고려-대마도 통교가 성사되었을 개연성, 그리고 그 1368년 통교의 결과로서 이 시기 왜구 활동이 쇠퇴하였으리라는 개연성은 모두 충분히 있다. 더욱이 위에서 언급한 1377년『고려사』사료라는 명확한 근거도 있다. 그럼에도 불구하고 이 시기 왜구 쇠퇴 현상이 "우연히도" 일어났고, 그러한 통교 수립의 성과가 없었다고 단정한 나카무라의 주장은 납득하기 어렵다.

그 이후 다나카 다케오(田中健夫)(1961)는 "[대마도 측에 쌀 1천석을 수여한] 고려측의 화평 공작이 이때만으로 중지되고 말았기 때문에, 이듬해부터 왜구는 다시 활동을 개시"했다고 하였다.[20] 또한 다무라 히로유키(田村洋幸)(1967)는 위 1377년『고려사』사료를 인용하면서 "이 시기의 평화교섭은 금구에 상당히 효과를 거둔 것 같다."고 적극적으로 평가했다.[21] 다나카·다무라의 이러한 견해는 1368년 통교와 왜구 활동 쇠퇴 간의 인과관계를 인정하였다는 점에서는 어느 정도 의미가 있다고 생각된다.[22]

그러나 '1368년 통교가 왜구 활동을 축소시켰고, 통교관계 파기로 인해 왜구 활동이 다시 활발해졌다.'는 식의 단선적 견해는, 일본에 대한 고려의 유화적 조치만이 왜구 활동 감소를 이끌어낸다는 잘못된 결론(이것은 다시 조선초 왜구 감소의 주된 원인을 조선 조정의 '회유책'에서 찾는 현재의 통설적 견해[23]로 연결된다)으로 귀결될 수 있다는 데 문제가

이었기 때문이다.
20) 田中健夫, 앞의 책, 27쪽.
21) 田村洋幸, 앞의 책, 43쪽.
22) 특히 다나카 다케오는 위 본문에서 언급된 1377년 안길상 관련 사료를 언급하면서, "공민왕 17년(1368)이라는 해는 역시 왜구 활동에 하나의 획기를 그은 해였던 것 같다."고 그 의미를 평가함으로써(田中健夫, 앞의 책, 27쪽) 나카무라 히데타카와는 다른 시각을 취했다. 그러나 다나카·다무라 모두 1368년 통교의 배경 전반에 대한 상세한 검토에까지 이르지 못했다는 점에서 아쉽다.

있다. 1370년대의 왜구 급증 현상은, 당시 새로 부임한 규슈 단다이 이마
가와 료슌이 남조 측을 강하게 압박하는 일본 국내 상황에 그 주된 원인
이 있었던 것이다.[24] 다나카·다무라의 견해는 이렇게 일본 국내 정세를
조망하는 시각이 부족했다는 점에서 문제가 있었다고 생각한다.

　이와 같은 다나카·다무라의 1960년대 연구를 제외하고, 그 이후 무라
이 쇼스케(村井章介)(1993), 오사 세츠코(長 節子)(2002), 사에키 고지(佐
伯弘次)(2010) 등 오늘날까지의 일본 연구자들은 거의 모두 위 나카무라
히데타카의 견해를 따르고 있다.[25] 게다가 이들의 연구는 1368년 통교
전후로 이루어진 사건들 일부에 대해서는 그 서술까지도 누락함으로
써[26] 오히려 나카무라 히데타카의 서술 수준보다도 퇴보한 것으로 보인

---

23) 이러한 통설적 견해를 비판한 최근 연구로서는, 송종호, 「조선초 왜구 투항과 태
　조의 기미책(羈縻策)」『韓日關係史硏究』 86, 2024, 115~160쪽을 참조하시오.

24) 羅鍾宇, 「홍건적과 왜구」, 국사편찬위원회, 『고려 후기의 사회와 대외관계(신편
　한국사 20)』, 1994, 405쪽 ; 金普漢, 「少貳冬資와 倭寇의 일고찰 - 少貳冬資의 피
　살과 관련해서 - 」『日本歷史研究』 13, 2001, 75~77쪽 ; 李領, 「〈경인년 이후의
　왜구〉와 마쓰라토(松浦党) - 우왕 3년(1377)의 왜구를 중심으로 - 」『日本歷史研究』
　24, 2006, 111~160쪽 등 참조.

25) 예컨대, ① 무라이 쇼스케는 김용·김일의 일본 사행 후 일본 막부에 의하여 "왜
　구 금압에 상당히 힘을 기울였을 것으로 보여져, 1368년에는 드물게 고려에 대
　한 침략이 기록되지 않았다."고 평가하였지만, 1368년 고려-대마도 통교에 대하
　여는 언급하지 않았다(村井章介, 『中世倭人伝』, 岩波新書, 1993, 16~18쪽(이영
　역, 『중세 왜인의 세계』, 소화, 2003, 26~28쪽) 참조). ② 오사 세츠코는 1368년
　통교에 대해서만 언급하고, 그 전후 맥락에 관하여는 언급하지 않았다(長 節子,
　「對馬と朝鮮」『中世國境海域の倭と朝鮮』, 吉川弘文館, 2002, 5쪽). ③ 사에키 고
　지는 김용·김일의 일본 사행 사건 및 1368년 고려-대마도 통교 사건을 서로 연
　관 없는 별개의 사건으로 서술하고, 왜구 쇠퇴 현상도 언급하고 있지 않다(사에
　키 고지(佐伯弘次), 「14~15세기 동아시아의 해역세계와 일한관계」『제2기 한일
　역사공동연구보고서』 3, 2010, 29~30쪽, 34쪽).

26) 예컨대, 위 각주 25번에서 보듯이, 무라이 쇼스케는 1368년 고려-대마도 통교를,
　사에키 고지는 왜구 쇠퇴 현상을, 각기 언급하지 않았다.

다. 또한 중세 대마도에 관한 전문 연구자인 오사 세츠코(1987), 아라키 가즈노리(荒木和憲)(2007, 2017), 세키 슈이치(關 周一)(2012) 등은 각기 저술한 대마도 전문 서적에서, 대마도가 당사자였던 1368년 통교 사건에 대하여 전혀 언급하고 있지 않다.[27]

이렇듯 나카무라 히데타카 이래 오늘날까지 거의 모든 일본 연구자들은 1368년 고려-대마도 통교에 관하여, 이를 고려 시대에 있었던 돌발적인 사건, 그리고 조선-대마도 통교 관계와는 전혀 무관한 사건으로 치부해 버린다.[28] 이로써 일본 연구자들은 1368년 통교 이후 이어진 '통교 공백기'라는 개념을 파악할 수 있는 시각을 놓쳤다. 따라서 한반도와 대마도 간 통교 관계의 전체적인 흐름을 정확히 이해하는 데에도 큰 애로점이 생기는 결과가 되었다고 생각한다.

나. 한국 연구자들의 선행연구

1368년 통교에 관한 한국·일본의 주요 연구자들의 견해를 정리하면, 〈표 1〉과 같다.

---

27) 長 節子, 『中世日朝關係と對馬』 ; 荒木和憲, 『中世對馬宗氏領國と朝鮮』, 山川出版社, 2007 ; 關 周一, 『對馬と倭寇』, 高志書院, 2012 ; 荒木和憲, 『對馬宗氏の中世史』, 吉川弘文館, 2017 등 참조. 이와 관련하여 세키 슈이치는 "대마도주 소씨가 조선 통교를 개시했던 것은 1399년 소 사다시게의 때"라고 함으로써(關 周一, 『中世日朝海域史の硏究』, 218쪽.), 그 이전인 1398년 니이 소씨(仁位宗氏) 시기에의 조선과의 통교 관계를 무시하고 있다.

28) 다만 사에키 고지는 고려로부터의 쌀 지급 사실을 조선-대마도 통교 관계와의 공통점으로 지적하였다(사에키 고지(佐伯弘次), 앞의 논문, 34쪽 참조). 이 점은 1368년 통교와 조선-대마도 통교를 연결시킨 의미 있는 지적이라 생각하지만, 그 이후 본격적인 심층 연구로 나아가지 않은 점은 아쉽다.

〈표 1〉 1368년 통교에 관한 한국·일본 주요 연구자들의 견해

| | | 1368년 통교와 왜구의 일시적 쇠퇴 현상 간의 관계 | |
		부 정	인 정
1367년 일본 사행과 1368년 통교 간의 관계	부 정	제1설 (일본 연구자 대부분, 손홍렬, 나종우, 신기석, 진종근 등)	제2설 (田中健夫, 田村洋幸, 김보한)
	인 정	제3설 (김기섭)	제4설 (이영)

〈표 1〉에 보듯이, 1368년 통교에 관한 다수의 한국 연구자들, 예컨대 손홍렬(1978), 나종우(1980), 신기석(1986), 진종근(1989) 등[29])도 일본 연구자들의 통설적 견해처럼, 1367년 김용·김일의 일본 사행, 1368년 통교, 왜구 쇠퇴 현상 간의 상호연관성에 관심을 두지 않았다(제1설). 다만 김보한(2012)[30])은 1368년 통교 사건이 그 시기 왜구의 일시적 쇠퇴 현상의 배경이었다는 견해를 제시한 바 있다(제2설). 그러나 김보한의 연구도 1367년 김용·김일의 일본 사행과 1368년 고려-대마도 통교 간의 인과관계를 규명하는 데에까지는 이르지 못했다.

한편, 김기섭(1997)은 "1366년 당시는 대마도의 경우 북조측에 속하고 있던 시기로서 앞의 김용, 김일의 교섭과 맥을 같이 하면서 대마도와의 교섭이 진행되었다."[31])고 하면서, 당시 일본 국내 정세의 맥락에서 김용·김일의 일본 사행과 1368년 고려-대마도 통교 간의 연관성을 시사하

29) 孫弘烈, 「麗末·鮮初의 對馬島征伐」『역사와 담론』6, 1978, 116쪽 ; 羅鐘宇, 「高麗 末期의 麗·日 關係 - 倭寇를 中心으로」『全北史學』4, 1980, 87쪽 ; 申基碩, 「韓日通交와 對馬島」『國際政治論叢』26(1), 1986, 108~109쪽 ; 陳鍾根, 「朝鮮朝 初期의 對日關係 - 對馬島征伐을 中心으로 - 」『石堂論叢』15, 1989, 336~337쪽.
30) 김보한, 「무로마치 왜구와 조선의 대(對)왜인 정책 - 평화와 공존을 위한 조선의 선택 - 」『日本研究』18, 2012, 273~274쪽.
31) 金琪燮, 「14세기 倭寇의 동향과 고려의 대응」『韓國民族文化』9, 1997, 113~114쪽.

였다(제3설). 그러나 그는 그러한 연관성에 대하여 자세한 논증 과정은
제시하지 않았고, 그 시기 왜구 쇠퇴 현상과의 인과관계에 관한 연구에
까지 이르지 못한 것으로 보인다.

이영(2011)[32]은 1368년 통교의 배경에서부터 종료까지의 전체 과정을
밝히고, 김용·김일의 일본 사행과의 인과관계, 그 시기 왜구 쇠퇴 현상과
의 인과관계를 모두 해명하고자 하였다(제4설). 이영의 위 연구는 그 일
련의 과정을 당시 동아시아 국제정세 측면을 검토하여 종합적으로 해명
하였다는 점에서 큰 의미가 있다. 다만 그의 연구는 당시 왜구의 실체를
규명하는 왜구론에 집중한 것이었다. 따라서 1369년 이후 고려·조선-대
마도 간 통교 측면에까지 그의 연구가 확장되지 못하였고, 조선 시대 조
선-대마도 간 통교와 관련지어 심층적인 고찰에까지 이르지 못한 점은
아쉽다.[33]

본 연구는 통교 공백기가 시작하는 부분에 관하여 이영의 위 연구 중
여러 부분을 참고하였다. 그 구체적인 내용은 아래 제3장 제1절 서술 부
분에 반영되어 있다.

3) 통교 공백기의 배경에 관한 선행연구

고려·조선-대마도 간 통교 공백기(위 ②)가 30년간 지속된 배경에 관
하여 직접 다룬 연구는 지금까지 매우 적다. 필자가 알고 있는 한, 일본
연구자 중에서는 없고, 한국에서는 손홍렬(1978)[34]과 한문종(1995)[35]의

---

32) 이영, 「원명(元明)의 교체와 왜구 - 공민왕 15년(1366)의 금왜사절에 대한 일본
   의 대응을 중심으로 - 」『日本歷史硏究』33, 2011(이하 "「원명(元明)의 교체와
   왜구」"), 33~71쪽.
33) 이영은 왜인의 거제·남해 거주를 조선초에 설치된 왜관 설치의 선구라고 평가
   하기는 하였으나(같은 논문, 54쪽), 조선-대마도 간 통교 관계 전반에 관한 고찰
   에까지 이르지 못한 점은 아쉽다.

견해만이 보인다.

　손홍렬은 "유독 대마도만이 사절을 파견치 않은 것은 금구(왜구 금압)에 대한 약속을 지키지 못한 데 대한 죄의식 때문이었을 것"이라고 하였다.[36] 그가 말한 "금구에 대한 약속"이란, 1368년 고려-대마도 통교에서 대마도가 고려로부터 쌀을 수여 받는 대신 왜구 활동을 금지하기로 하는 일종의 협약이 체결되었다는 의미로 이해된다.[37] 그리고 아래 〈표 2〉에 보듯이, 1370년대 이후로 왜구 활동이 오히려 증가하였으므로, "금구에 대한 약속"이 지켜지지 않았다는 그의 평가도 맞다.

〈표 2〉 고려말 1368년 통교 이후 연도별 왜구 침구 빈도

1368	1369	1370	1371	1372	1373	1374	1375	1376	1377	1378	1379
0	2	2	4	11	6	13	5	15	32	23	22
1380	1381	1382	1383	1384	1385	1386	1387	1388	1389	1390	1391
14	14	8	13	12	11	0	4	9	5	3	1

　생각건대, 당시 대마도는 그 주민층은 물론 지배층조차도 왜구의 주체 세력이었다.[38] 또한 대마도 이외의 세력이 한반도에서 왜구 활동을 하는 경우, 대마도는 그 지역적 발판 역할도 하였다.[39] 즉 대마도는 "금구에

---

34) 孫弘烈, 앞의 논문, 116쪽.
35) 韓文鍾, 「朝鮮前期 對馬島의 通交와 對日政策」『韓日關係史研究』3, 1995, 138~139쪽.
36) 孫弘烈, 앞의 논문, 116쪽.
37) 中村榮孝, 앞의 책, 145쪽 ; 田中健夫, 앞의 책, 27쪽 ; 田村洋幸, 앞의 책, 172쪽 ; 孫弘烈, 앞의 논문, 116쪽 ; 申基碩, 앞의 논문, 109쪽 ; 陳鍾根, 앞의 논문, 337쪽 ; 이영, 「고려 말 왜구의 허상과 실상」, 82쪽 등 참조.
38) 이영, 「여말·선초 왜구(倭寇)의 배후 세력으로서의 쇼니씨(少貳氏)」『동북아시아 문화학회 국제학술대회 발표자료집』, 2013, 161~182쪽 등 참조.
39) 예컨대『고려사』권113, 열전 권26, 제신, 정지 조 참조. "신우… 13년(1387)에 정지가 글을 올려 … ‘… 왜적은 온 나라가 도적질을 하는 것이 아니라 그 반민

대한 약속"이 지켜지지 않은 데에 상당 부분 책임이 있었던 것이 분명하다.

그러나 이러한 상태에 대하여 대마도가 "죄의식"을 느끼고 있었을까? 만약 대마도 지배층이 일말의 "죄의식"을 갖고 있었다면, 그들이 1368년 통교 이후 수십 년 이상 왜구 활동을 이어갔을 리 없다. 오히려 1368년 통교 직후 고려에 투화하여 거제·남해에 거주하던 왜인들이 그 바로 이듬해인 1369년 7월 고려를 배신하고 대마도로 돌아간 점,40) 그 직후 11월에는 그렇게 돌아간 왜인들이 다시 고려로 와서 침구 활동에 나선 점 등41)으로 볼 때, 대마도 지배층의 "죄의식"이 아니라, 그 반대로 그들의 적극적인 왜구 활동에의 의지만이 읽힐 뿐이다.

〈표 2〉에 나타난 왜구 활동 중 적어도 일부분은 대마도 지배층 내지 주민층에 의하여 수행되었을 것이다. 이렇게 오랜 기간에 걸쳐서 대마도의 왜구 활동은 지속되었고, 이 기간 동안 고려·조선과의 통교는 없었다. 이러한 현상에 대해서는, 대마도 지배층이 한반도로의 왜구 활동으로부터 상당한 경제적 이득을 수월하게 획득하는 상황이었으므로, 굳이 고려·조선과의 통교에 나설 필요가 없었다고 보는 것이 타당하다. 따라서 통교 공백기를 대마도의 "죄의식"으로 파악한 손홍렬의 견해는 수긍하기 어렵다.

다음으로, 한문종은 통교 공백기의 배경에 관하여 다음과 같이 서술한다.

소 츠네시게의 사인이 처음으로 내조한 공민왕 17년 이후부터 소 사다시

(叛民)들이 대마도와 이키 섬(一岐島)에 웅거하여 가까운 우리 동쪽 해안으로 시도 때도 없이 들어와 노략질하는 것입니다. …'"
40) 『고려사』 권41, 공민왕 18년 7월 9일 신축.
41) 『고려사』 권41, 공민왕 18년 11월 1일 임진 ; 11월 27일 무오.

게의 사인이 내조한 정종 원년(1399)까지 30여년간 … 태조 6년(1397)의
경우를 제외하면 대마도주의 통교는 단절되었다. ⓐ그 이유는 고려말의
왜구의 창궐과 관련이 있지만, 다른 한편으로는 ⓑ당시 대마도의 정치적
인 상황과도 밀접한 관련이 있다고 생각한다. 즉 그 시기에 대마도에서
는 ⓒ도내의 통치권을 둘러싸고 대마도주와 그에 저항하는 세력들 간의
정권 쟁탈전이 있었기 때문에 조선에 사신을 파견하지 못하였던 것이다.
[오사 세츠코(長節子)가 제기한 대마도 내 제1·2차 정변을 언급한 휘] 이
와 같이 대마도주가 도내의 제 세력을 장악하지 못하였기 때문에 대마도
주를 비롯한 통교자들이 조선에 도항하지 못하였던 것으로 생각된다.[42]

한문종의 위 견해 중 우선, 통교 공백기를 고려말 왜구 창궐과 연관
지은 점(ⓐ구절)은, 위에서 언급한 바와 같이, 손홍렬의 "죄의식" 견해를
극복하였다는 점에서 의미 있다고 생각한다. 그리고 또 하나의 배경을
대마도의 정치적 상황에서 구했다는 점(ⓑ구절)도 적절한 지적으로 보인
다. 그러나 대마도 내 정권 쟁탈전이 외국과의 통교 관계 수립에 장애가
된다는 그의 견해(ⓒ구절)에는 다음과 같은 점에서 동의하기 어렵다.

그가 언급한 "대마도주와 그에 저항하는 세력들 간의 정권 쟁탈전"(ⓒ
구절)이란, 14세기 후반 무렵, 제4대 대마도주 소 츠네시게를 배출한 소
씨 종가(宗家) 측과, 제5대 소 스미시게(宗澄茂)·제6대 소 요리시게(宗賴
茂)를 배출한 소씨 방계인 니이 나카무라 소씨(仁位中村宗氏 ; 이하 '니
이 소씨') 측 간의 대립 상황[43]을 의미한다. 이러한 분쟁 과정에서 1398
년 하반기에 소씨 종가 측인 제7대 소 사다시게가 다시 정권을 탈환한다
(제2차 정변).[44] 한문종의 견해는 이러한 정권 쟁탈전 때문에 조선과의
통교가 성사되지 않았다는 취지로 이해된다.

42) 韓文鍾, 앞의 논문, 138~139쪽.
43) 長 節子, 『中世日朝關係と對馬』, 44~62쪽 참조.
44) 長 節子, 『中世日朝關係と對馬』, 44~45쪽 참조.

그런데 소 사다시게의 집권 후에도, 1401년 겨울부터 1402년 겨울까지 니이 소씨 등 반대파 세력들은 소 요시시게(宗賀茂)의 난(통칭 "가모의 난"),[45] 소 고로(宗五郎)의 모반 사건[46] 등의 모반을 연이어 일으킨다. 이렇게 대마도에서의 내부 분쟁 상태는 이어지지만, 바로 이 기간 중인 1402년(태종2) 5월에 소씨 종가 측의 소 사다시게와 그 반대파인 소 고로·소 구로(宗九郎)가 각기 조선에 사자를 보내 입조하고 있다.[47] 대마도가 정치적 분쟁 상태에 있음에도 불구하고, 조선에 대한 각 세력의 외교 노력은 활발하게 이루어지고 있었음이 확인된다.[48]

즉 당시 대마도 내 각 세력은, 국내 분쟁에서의 우위를 점하기 위하여 고려·조선 조정과 제휴하려는 동기가 오히려 컸다고 보는 것이 타당할 것이다. 이러한 점에서 한문종의 위 ⓒ구절 견해는 받아들이기 어렵다.[49]

---

45) 『해동제국기』, 「日本國紀」, 「對馬島」, 「卦老郡」(신용호 외 주해, 범우사, 2004, 132쪽) ; 長 節子, 『中世日朝關係と對馬』, 71~120쪽 참조. 한국 연구자들은 대개 「宗賀茂」를 "소 가모"라고 읽는 듯하다. 그러나 소씨가 당시 대대로 사용하던 츠지(通字)가 "시게(茂)"라는 점에서, 필자는 "소 요시시게"로 읽는 편이 맞다고 생각한다. 아라키 가즈노리도 같은 견해이다(荒木和憲, 『對馬宗氏の中世史』, 46쪽 참조).

46) 長 節子, 『中世日朝關係と對馬』, 100~103쪽 참조.

47) 『태종실록』 권3, 태종 2년 5월 26일 무신 ; 長 節子, 『中世日朝關係と對馬』, 101쪽 참조.

48) 또 다른 예로서, 1370년대에 규슈 남조 정서부 및 막부가 규슈에서 대립하던 중에도, 각기 명과의 통교 관계를 수립·유지했거나 또는 이를 위하여 노력했던 사실도 참고할 만하다. 이에 관하여는 아래 본문 제3장 제2절 가.항을 함께 참조하시오.

49) 또한 한문종은 위 본문 인용문 서두에 있듯이, 통교 공백기의 기간을, 1368년 통교로부터, 제7대 대마도주 소 사다시게가 조선에 서계를 보내온 1399년까지의 "30여년간"이라고 보면서 "태조 6년의 경우를 제외하면 대마도주의 통교는 단절되었다."고 하였다(韓文鍾, 앞의 논문, 138쪽). 이러한 서술로부터, 한문종은 1398년(태조7) 당시 제6대 대마도주 소 요리시게의 조선과의 통교에 대하여는 비중을 두지 않고 있음을 알 수 있다. 한문종의 이러한 견해는, 소씨 종가 출신

요컨대, 고려말-조선초 대마도와의 통교 공백기에 관한 연구는 예로부터 지금까지 연구자들의 주된 관심 분야에서 벗어나 있었다. 그리고 이에 관심을 가졌던 극소수 연구자들 역시 단편적인 추측에 머물렀을 뿐 본격적인 연구에까지는 이르지 못했다고 생각한다.

아래 제3장에서는 통교 공백기의 발생 배경 및 전개 양상에 관하여 상세하게 검토하기로 한다.

3. 통교 공백기의 배경 및 양상

필자는 고려·조선과 대마도 간 통교 공백기를 다음과 같이 3개 기간으로 구분하고자 한다.

① 제1기(1369~1375): 이마가와 료슌의 대마도 지배 이전 시기 (대마도의 남조 가담 시기)
② 제2기(1376~1395): 이마가와 료슌의 대마도 지배 시기 (대마도의 북조 가담 시기)
③ 제3기(1396~1397): 이마가와 료슌 실각 후 규슈 정세 급변 시기

이 중 제1기에 관해서는 이영(2011)의 연구성과가 있으므로, 본 연구 제3장 제1절에서 그 내용 일부를 참고하여 이 시기를 간략히 정리하는

___

대마도주들(예컨대, 소 사다시게)만을 대마도주로 인식하고, 니이 소씨 출신 대마도주(소 스미시게·소 요리시게)에 대하여는 이들을 대마도주로서 파악하기보다는, 단순히 "대마도주와 대립하고 있던 세력"으로만 평가했던 점에 기인한다고 보인다. 그러나 니이 소씨 출신 대마도주들은 1371년 무렵부터 1398년까지 약 30년간 대마도를 통치하였으므로, 이들이 통치하던 시기를 배제한 채 고려·조선-대마도 간 관계를 논의할 수는 없다고 생각된다. 따라서 이들을 대마도주에 대한 대립 세력 정도로만 인식하는 시각에는 동의하기 어렵다.

데 그친다.

제2기는 규슈 단다이 이마가와 료슌이 대마도 정치·외교에 영향력을 미치던 시기로서, 통교 공백기 전체 기간의 3분의 2를 차지하는 시기이다. 통교 공백기의 성격을 이해하는 데 가장 중요한 시기라고 생각한다. 제3기는 이마가와 료슌이 실각함으로써 북규슈 및 대마도의 정세가 급변하고, 그에 따라 조선-대마도 간 통교 관계가 수립되어 통교 공백기가 종료하는 시기이다. 제3기에 관해서는 대마도의 국내 정세, 조선 통교, 왜구 활동 등 여러 측면에서 검토할 쟁점들이 많으므로, 이 시기에 관한 검토는 별도의 기회로 미루기로 한다.

따라서 본 연구 제3장에서는 위 제2기에 관한 고찰에 집중하기로 하며, 이를 제2절과 제3절로 나누어 살펴본다. 우선 제2절에서는 1370~1380년대 동아시아 국제정세 속에서 이마가와 료슌이 고려·조선과의 통교에서 누리던 독보적 지위에 관하여 개괄적으로 살펴본다. 제3절에서는 제2절의 검토 내용을 토대로 하여, 그의 영향력 아래로 들어간 대마도와 고려·조선 간의 관계, 즉 통교 공백기 제2기의 배경 및 양상을 검토한다.

1) 제1기: 이마가와 료슌의 대마도 지배 이전 시기(1369~1375)

통교 공백기 제1기에 관해서는, 이 시기 관련 사료 및 이영(2011)의 연구 성과를 참고로 하여, 1368년 고려-대마도 통교의 전개 및 중단 과정에 관한 필자의 이해 및 견해를 간략히 정리하기로 한다.

고려가 파견한 사자 김용·김일은 1367년(공민왕16) 초에 일본 교토에 각기 도착하여 막부에 왜구 금압을 요구한다. 막부는 이에 호응하여, 대마도주 소씨(宗氏)의 주군이었던 쇼니 요리히사(少貳賴尙)에게 왜구 금압을 위한 즉각적인 조치를 취하도록 지시했다.[50]

당시 대마도는, 쇼니 요리히사의 다이칸(代官)으로서 대마도 슈고다이

(守護代) 또는 지토다이(地頭代)로 있던 제4대 대마도주 소 츠네시게가
통치하고 있었다.[51] 소 츠네시게는 막부 및 쇼니씨(少貳氏)의 지시 내지
승인 아래[52] 1368년 7월 고려에 사자를 보내어 입조한다.[53] 고려도 윤7
월 강구사 이하생을 대마도에 파견하였다.[54] 그 해 11월 대마도주 소 츠
네시게가 다시 고려에 사자를 보내 입조하였으므로, 고려 조정은 그에게
쌀 1천 석을 지급하였다.[55]

이러한 1368년 통교 관계는, 고려 조정이 대마도에 대량의 쌀을 지급
하는 대신, 대마도는 한반도로의 왜구 활동을 통제한다는 쌍무적 조건에
기반하였던 것으로 보인다.[56] 이러한 통교 관계 수립의 결과로서, 대마
도 왜인들이 고려에 투화하여 경상도 거제·남해에 집단 거주하게 된

50) 이영, 「원명(元明)의 교체와 왜구」, 38~47쪽 참조.
51) 山口隼正, 『南北朝期九州守護の研究』, 文獻出版, 1989, 574~577, 581~582쪽 등
참조. 14세기 후반(1351~1375) 쇼니씨의 대마도에서의 지위에 관하여, ① 슈고
(守護)·지토(地頭)를 겸했다는 견해(오사 세츠코, 구로다 쇼조(黑田省三)), ② 슈
고였다는 견해(야마구치 다카마사, 사토 신이치), ③ 슈고가 아닌 총지토(總地
頭)에 불과했다는 견해(아라키 가즈노리)로 나뉘어져 있다(長 節子, 『中世日朝關
係と對馬』, 53~58쪽 ; 山口隼正, 앞의 책, 567~584쪽 ; 佐藤進一, 『室町幕府守護
制度の研究(下)』, 東京大學出版會, 1988, 311~314쪽 ; 荒木和憲, 『對馬宗氏の中
世史』, 23~39쪽 ; 松尾大輝, 「南北朝期宗氏による對馬支配と少貳氏」『古文書研
究』 92, 2021, 19~20쪽 등 참조). 필자는 ③설에 따라, 이 시기 쇼니씨가 대마도
슈고가 아니었고, 따라서 소씨 역시 슈고다이(守護代)가 아니었다는 견해를 갖
고 있다. 다만 위와 같은 학설 대립을 고려하여, 본문에서는 슈고 또는 지토였
을 가능성을 모두 언급하는 쪽으로 서술하였다. 이에 관해서는 아래 각주 105번
도 함께 참고하시오.
52) 이영, 「원명(元明)의 교체와 왜구」, 45~47쪽 참조.
53) 『고려사』 권41, 공민왕 17년 7월 11일 기묘 ; 이영, 「원명(元明)의 교체와 왜구」,
47쪽 참조.
54) 『고려사』 권41, 공민왕 17년 윤7월.
55) 『고려사』 권41, 공민왕 17년 11월 9일 병오.
56) 위 각주 37번 참조.

다.57) 통교 관계의 진전에 따라, 1367년 3월부터 1369년(공민왕18) 11월
까지 한반도로의 왜구 기록은 전혀 보이지 않는다.58)

그런데 이영 등의 연구에 의하면, 1368년 8월 13일부터 1369년 4월 6
일까지 기간 중 어느 시점엔가 대마도주 소 츠네시게는 막부(북조) 측을
따르던 쇼니 요리히사 대신, 그의 아들이면서 남조 측을 섬기던 쇼니 요
리즈미(少貳賴澄)의 진영으로 전향한다.59) 필자가 그 기간을 더 좁혀 본
다면, ① 1368년 11월에 소 츠네시게가 고려에 사자를 보내왔던 점 및
② 1369년 1월에 왜구가 중국 산동 지방에서 침구 활동을 하는 중에도,
그 경유지일 것이 분명한 고려의 남해안 및 서해안에서는 침구 활동이
없었던 점60) 등에 근거하여, 1369년 1월 이전까지는 고려-대마도 간 통
교 관계가 유지되었다고 생각한다. 즉 소 츠네시게는 이때까지 막부 측
을 따르고 있던 것이다. 따라서 그가 남조로 전향했던 시기는 1369년 1
월 이후부터 4월 6일까지 기간 중 어느 한 시점이었다고 할 수 있다.

이렇게 대마도가 막부를 등지고 남조로 전향한 배경에는, 당초 막부의
명에 따라 고려와의 통교에 나섰었지만, 실제 내심으로는 고려와의 통교
관계를 조속히 단절하고자 했던 대마도 지배층의 의지가 있었다고 생각
한다.61) 대마도의 경제적 이득 측면으로 볼 때, 연간 쌀 1천석 정도의 통

---

57) 『고려사』 권41, 공민왕 18년 11월 27일 무오. "… 이에 앞서 왜인들이 거제도에
   거주하면서 영원히 화친관계를 맺고자 하므로 조정에서 그것을 믿고 허락하였
   었는데, …" ; 中村榮孝, 앞의 책, 145쪽 ; 이영, 「원명(元明)의 교체와 왜구」,
   50~54쪽 등 참조.
58) 같은 논문, 48쪽 등 참조.
59) 같은 논문, 54쪽 참조. 長 節子, 『中世日朝關係と對馬』, 57쪽 ; 山口隼正, 앞의
   책, 581쪽에서도 유사한 취지의 서술이 보이는데, 그 전향 시기에 관해서 이영
   이 가장 정밀한 견해를 제시하였다.
60) 이영, 「원명(元明)의 교체와 왜구」, 63~64쪽 참조.
61) 같은 논문, 65~67쪽 참조. 참고로 이영은, ① 1368년 원의 수도 대도(大都)가 함
   락되고 원이 패주하였다는 점, ② 대마도가 1369년 1월 산동 지방 침구 시에 이

교 관계만으로는 대마도 측에게 왜구 활동을 중지시킬 만큼의 경제적 이득은 되지 않는 상태였다.62) 따라서 대마도주 소 츠네시게는 1369년 초에 남조로 전향했고, 막부가 지시하였던 고려-대마도 통교 관계도 파기할 수 있었다. 이에 따라 거제·남해로 이주했던 투화왜인들도 같은 해 7월 대마도로 돌아갔다.63) 이들은 그 해 11월 아주(충남 아산) 지방 및 영주·온수·예산·면주 지방으로 다시 침구해 옴으로써,64) 왜구들의 한반도

───────────

정보를 입수하고, 원이 왜구 활동의 근거지였던 대마도를 침공할 위험이 사라졌다고 생각했을 것이라는 점 등으로부터, 대마도가 원의 침공 위협 없이 왜구 활동을 영위할 수 있게 되었으므로 막부의 금왜 압력을 더 이상 수용할 필요가 없어졌다는 점을 1368년 통교관계 단절의 주된 배경으로 보았다. 이영의 위 견해 내용 중에는 향후 추가로 확인되어야 할 부분들이 있다고 생각한다. 다만 이러한 이영의 견해도, 왜구 활동에 대한 기대감으로 고려 통교의 필요성이 없어졌다고 보는 점에서는, 본문에서 서술된 필자의 견해와 그 맥락을 같이 한다고 생각한다.

한편 마츠오 다이키는 이 시기 대마도주 소 츠네시게가 남조로 전향한 배경을, 이 무렵 북조 측에 가담하여 있으면서 쇼니씨를 통솔하던 쇼니 요리히사와 그 아들 쇼니 후유스케가 모두 규슈를 떠나 있었던 사실에서 구하고 있다. 즉 그는 "츠네시게의 남조 귀속은, [쇼니] 요리히사·후유스케가 도피해 있었으므로 [소 츠네시게가] 쇼니가(少貳家) 안에서 고립되게 된 점이 원인으로 보이며, 쇼니씨의 히칸(被官)이라는 입장 상 [남조 측인 쇼니] 요리즈미의 휘하에서 스스로의 위상을 설정할 필요가 있었던 것일 것이다."라고 하였다(松尾大輝, 앞의 논문, 26~27쪽). 그러나 위 견해는 마츠오 스스로도 "그러나 … 츠네시게의 대마도 지배에 대한 요리즈미의 영향을 알 수 없다."(같은 논문, 27쪽)고 말한 바와 같이, 그 자체로서 설득력이 부족해 보인다. 또한 위 견해는 당시 고려-대마도 통교 관계 및 대마도에 의한 왜구 활동 간 연관성의 측면을 간과한 것이라는 점에서도, 이에 동의하기 어렵다.

62) 당시 활발한 왜구 활동의 예로서 1360년 윤5월 강화도 침구를 들 수 있다. 이때 왜구는 1차례 침구만으로도 쌀 4만석을 약탈해 가는 정도의 성과를 올릴 수 있었다(『고려사』 권39, 공민왕 9년 윤5월 1일 병진 참조), 그에 비하여 이를 방어하여야 할 고려의 군사력은 아직 미약한 상태였다(이영, 「원명(元明)의 교체와 왜구」, 66~67쪽 참조).

63) 『고려사』 권41, 공민왕 18년 7월 9일 신축.

침구는 재개되었다.

즉 대마도의 쇼니씨와 소씨는 (늦어도) 1369년 7월에 고려와의 통교 관계를 파기하였다고 필자는 생각한다. 그 관계가 수립된 지 미처 1년도 되지 않은 때였다. 이렇게 하여 통교 공백기는 1369년에 시작되었고, 그로부터 1375년까지는 소씨가 쇼니씨를 좇아 남조 측에 가담한 상황이 그대로 유지되었다.

2) 이마가와 료슌의 고려·조선 통교에서의 독보적 위상

가. 규슈 단다이 이마가와 료슌의 역할

이마가와 료슌은 일본 무로마치(室町) 막부에 의하여 1370년 규슈 단다이에 임명되어 1395년 윤7월 교토로 소환될 때까지 그 직책을 수행했다. 그의 재직 기간은 고려말·조선초 대마도와의 통교 공백기와 대부분 겹치는 만큼, 그가 미친 영향도 상당히 컸다. 우선 이 시기 이마가와 료슌의 역할을 당시 일본 국내외 정세의 맥락에서 정리하고자 한다.

이 시기 일본에는 막부가 옹립한 천황(북조)과 막부에 반대하는 천황(남조)이 대립하던 남북조 시기가 계속되고 있었다. 1370년 무렵에는 전국적으로 이미 남조 세력이 쇠퇴한 상태였지만, 유독 규슈에서만은 남조 측 가네요시 친왕(懷良親王)의 정서부(征西府) 세력이 우세하였다.[65] 이에 이마가와 료슌은 1370년 규슈 단다이 취임 직후부터 강력한 공세를 취하여, 1372년 8월에는 정서부의 본거지인 다자이후(大宰府)를 탈환하고 정서부를 히고 국(肥後國 ; 구마모토 현)으로 몰아낸다.[66]

---

64) 『고려사』 권41, 공민왕 18년 11월 1일 임진 ; 11월 27일 무오.

65) 佐藤進一, 『南北朝の動亂』, 中央公論新社, 2005, 486쪽(原著 1974) 등 참조.

66) 川添昭二, 『今川了俊』, 吉川弘文館, 1988, 85~108쪽(原著 1964) ; 佐藤進一, 『南北朝の動亂』, 486쪽 등 참조.

그런데 그 무렵 정서부의 가네요시 친왕은 명으로부터 '일본국왕'으로 승인되어 있었다.[67] 막부는 이러한 사실을 뒤늦게 알고 명과의 국교 수립을 시도하였으나, 명으로부터 거절당하는 상황이었다.[68] 막부로서는 명과 정서부가 연합하여 공격해올 것을 우려해야 하는 지경이었다.[69] 따라서 막부는 시급하게 명으로부터 '일본국왕'의 지위를 인정받아야 했고, 이를 위해서는 정서부를 비롯한 규슈 남조 세력을 신속히 멸망시켜야 했다. 한편 명 조정은 '일본국왕'의 조건으로서 왜구 금압을 제시해 오고 있었다.[70] 당시 왜구 세력은 규슈 남조 세력과 연결되어 있었으므로,[71] 규슈 남조 세력의 멸망과 왜구 금압은 실질적으로 같은 것이었다. 따라서 막부로서는 '명과의 국교 수립, 규슈 남조 토벌, 왜구 금압'이라는, 3가지 과제이면서 실제로는 동일한 과제라고도 볼 수 있는 당면 목표를 신속하게 달성해야 하는 상황이었다.[72]

---

67) 『明太祖實錄』 권90, 洪武 7년 6월 1일 을미 ; 村井章介, 『アジアのなかの中世日本』, 校倉書房, 1988, 246~247, 282~283쪽 ; 川添昭二, 『對外關係の史的展開』, 文獻出版, 1996, 82~84, 160~161쪽 등 참조.

68) 田中健夫, 『中世對外關係史』, 東京大學出版會, 1975, 60~61, 63쪽 ; 村井章介, 『アジアのなかの中世日本』, 263~264쪽 ; 川添昭二, 『對外關係の史的展開』, 162~163쪽 등 참조.

69) 村井章介, 『アジアのなかの中世日本』, 267쪽 ; 이영, 「동 아시아 국제 질서의 변동과 왜구 - 14세기 후반에서 15세기 초를 중심으로 -」 『韓日關係史研究』 36, 2010(이하 "「동 아시아 국제 질서의 변동과 왜구」"), 223~224쪽 ; 이령, 「고려 우왕 원(1375) 나흥유의 일본 사행과 미즈시마의 변(水島の變) - 규슈탄다이(九州探題) 이마가와 료슌(今川了俊)의 왜구 대응」 『일본역사연구』 52, 2020(이하 "「나흥유와 미즈시마의 변」"), 43쪽 등 참조.

70) 村井章介, 『アジアのなかの中世日本』, 247, 267쪽 ; 村井章介, 『中世倭人伝』, 15쪽(이영 역, 25~26쪽) 등 참조.

71) 姜尙雲, 「麗末鮮初의 韓·日關係史論 - 한국과 일본의 今川·大內 兩諸侯와의 관계 -」 『國際法學會論叢』 11(1), 1966, 19쪽 ; 佐藤進一, 『南北朝の動亂』, 496쪽 ; 川添昭二, 『對外關係の史的展開』, 174~175쪽 ; 이영, 「고려 말 왜구의 허상과 실상」, 93~94쪽 등 참조.

이러한 과제를 해결할 임무를 부여받았던 사람이 바로, 규슈에서의 군사권과 외교권을 부여받았던 규슈 단다이 이마가와 료슌이었다.[73] 막부로부터 이러한 막중한 역할을 부여받았으므로, 1370년대 규슈에서 이마가와 료슌의 입지는 절대적이었다고 할 수 있다.

나. 이마가와 료슌의 고려 통교 독점

1375년(우왕원) 2~3월 무렵 고려 사신 나흥유(羅興儒)가 일본 막부로 와서 왜구 금압을 요구했다.[74] 막부 및 료슌의 입장에서는, 고려의 요구는 명이 요구하는 '일본국왕'으로의 조건 충족 여부에 대한 시금석이라 생각했을 것이다.[75] 이에 이마가와 료슌은 규슈 지역의 3대 토착 세력 중 하나인 쇼니씨의 가독 쇼니 후유스케(少貳冬資)[76]를 그 해 8월 히고

---

72) 村井章介, 『アジアのなかの中世日本』, 267~268쪽 ; 川添昭二, 『對外關係の史的展開』, 163쪽 ; 이영, 「동 아시아 국제 질서의 변동과 왜구」, 199~201, 223~224쪽 ; 이영, 「우왕 원년(1375) 나흥유의 일본 사행 당시의 규슈 정세와 규슈탄다이(九州探題) 이마가와 료슌(今川了俊)의 왜구 대응의 배경」『한국중세사연구』 60, 2020(이하 "「나흥유와 료슌」"), 385~386쪽 등 참조. 이러한 무라이 쇼스케(1988) 등의 견해 이전에 그 초기 형태로서 사토 신이치(1974)의 유사한 견해도 참고하시오(佐藤進一, 『南北朝の動亂』, 498~499쪽 참조).

73) 이영, 「동 아시아 국제 질서의 변동과 왜구」, 199~200쪽 ; 이영, 「나흥유와 료슌」, 365쪽 ; 이령, 「나흥유와 미즈시마의 변」, 39쪽 등 참조. 『고려사』 권133, 열전 권46, 우왕 2년 10월 ; 우왕 3년 6월 참조. "생각건대 우리나라 서해도(西海道)의 한 지역인 규슈(九州)는 난신(亂臣)들이 할거하고 있으면서 공물과 세금을 바치지 않은 지가 또한 20여 년이 되었습니다. 서쪽 바닷가 지역의 완악한 백성들이 틈을 엿보아 노략질한 것이지, …"
이영의 연구 이전에, 가와조에 쇼지(1996)가 이마가와 료슌의 외교교섭, 남조토벌, 왜구금압 활동을 결합하여 서술하고 있는 점도 참고할 만하다(川添昭二, 『對外關係の史的展開』, 85~86쪽 참조).

74) 『고려사』 권133, 열전 권46, 우왕 원년 2월 ; 권114, 열전 권27, 제신, 나흥유 ; 권117, 열전 권30, 제신, 정몽주 등 참조.

75) 村井章介, 『中世倭人伝』, 15~16쪽(이영 역, 26쪽).

(肥後) 미즈시마(水島 ; 구마모토 현 기쿠치 시(菊池市) 소재)로 유인하여 살해한다(미즈시마의 변).[77] 또한 이 시기 제5대 대마도주 소 스미시게가 같은 해인 1375년 12월부터 1376년 10월까지의 기간 중에 북조 측으로 전향하는데,[78] 이 때 이마가와 료슌은 소 스미시게의 북조 전향에도 관여했을 것으로 생각된다.[79]

쇼니씨는 가마쿠라 시대 이래로, 왜구의 근거지였던 대마도 지역에서 슈고(守護) 또는 총지토(總地頭)의 지위를 갖고 있었다.[80] 쇼니씨는 당시

---

76) 당시 제4대 대마도주 소 츠네시게 및 제5대 소 스미시게의 주군이던 쇼니 요리즈미(1375년 미즈시마의 변 이전까지 남조 측)의 형으로서, 북조 측을 따르고 있었다.

77) 川添昭二, 『今川了俊』, 106~114쪽 등 참조.

78) 長 節子, 『中世日朝關係と對馬』, 55쪽, 69쪽 각주 55번 등 참조.

79) 오사 세츠코는, 이 시기 소 스미시게의 북조 전향은, 미즈시마의 변 이후 쇼니씨 가독이 된 쇼니 요리즈미(少貳賴澄)가 이마가와 료슌 진영으로 전향한 것과 관련 없지 않다고 하였다(長 節子, 『中世日朝關係と對馬』, 56쪽 참조). 마츠오 다이키도, 1376년 이후 북조 연호로 바뀐 즈음에 작성된 소 스미시게의 문서들이 미즈시마의 변 이후 북조로 전향한 쇼니 요리즈미의 뜻을 받든 것이라 보았다(松尾大輝, 앞의 논문, 29쪽 참조). 또한 이영도 이 시기 소 스미시게의 북조 전향은 이마가와 료슌이 쇼니 요리즈미를 통하여 성사시킨 것으로 본다(이령, 「나홍유와 미즈시마의 변」, 49~51쪽 참조).
참고로 이영은 1374년 무렵의 소 스미시게의 도주 직 취임의 배후에도 이마가와 료슌이 있다고 하였다(같은 논문, 49~50쪽 참조), 그러나 1375년 미즈시마의 변 이전에는 료슌의 영향력이 당시 남조 측이던 쇼니 요리즈미(少貳賴澄) 및 대마도에 미쳤다는 근거가 없으므로, 이영의 위 주장에는 동의하기 어렵다.
또한 오사 세츠코와 이영은, 이마가와 료슌이 소 스미시게의 대마도 슈고 취임에도 영향을 미쳤다고 한다(長 節子, 『中世日朝關係と對馬』, 59~60쪽 ; 이령, 「나홍유와 미즈시마의 변」, 51~52쪽 등 참조). 그러나 최근 유력설에 따르면 1376년 무렵 소 스미시게가 대마도 슈고에 취임하였다는 사실 유무 자체에 대하여 의문이 있으므로, 필자는 위 견해에도 동의하기 어렵다(아래 각주 105번 참조).

80) 각주 51번 및 105번을 함께 참고하시오.

왜구 세력의 실체였다고 보인다.[81] 이마가와 료슌이 쇼니씨의 가독을 살
해하고 또한 쇼니씨와 소씨를 북조로 전향하게 한 데에는 여러 의도가
있었을 것이다.[82] 그러나 그 중에서도 료슌이 쇼니씨와 소씨가 통솔하던
대마도 지배층을 직접 통제하고, 나아가 왜구의 근거지 및 왜구의 중심
세력을 직접 아우른다는 의미가 컸을 것이다.[83]

이마가와 료슌이 위와 같이 일본 국내에서 일련의 '왜구 금압' 활동을
시행했던 시기는 고려 사신 나흥유의 일본 방문 기간과 일치한다.[84] 그
리고 그 직후 2~3년 동안 고려 사신들의 일본 방문 및 료슌 측의 왜구
금압 조치들이 서로 화답하듯이 이어진다.[85]

즉 나흥유가 고려로 귀국한 후 이듬해인 1377년(우왕3) 6월 고려는 안
길상을 다시 일본에 파견하여 왜구 창궐에 대한 일본 측의 강력한 대처

---

81) 이영, 「여말-선초 왜구(倭寇)의 배후 세력으로서의 쇼니씨(少貳氏)」 등 참조.

82) 대표적인 견해로서는 川添昭二, 『今川了俊』, 126쪽 참조. "역대 단다이가 규슈
경영 상의 최대 암(癌)으로 여겼던 쇼니씨 세력을 완전히 봉쇄하게 되어, 단다
이 권한을 강화 확대하고, 그 규슈 경영을 일면 유리하게 이끌게 되었던 것은
사실이다."

83) 長 節子, 『中世日朝關係と對馬』, 60쪽 ; 이령, 「나흥유와 미즈시마의 변」, 53~54
쪽 등 참조. 오사 세츠코는 위 논문에서 "왜적 금압, 조선과의 통교에 열심인
료슌이, 해적의 본거지이고 조선 통교의 관문에 위치하는 대마도 소씨 장악에
성공했던 일은 매우 흥미롭다."라고 하고 있다. 또한 이영은 위 논문에서 이마가
와 료슌이 고려 사신 나흥유의 왜구 금압 요구에 호응하여, 미즈시마의 변을
통하여 쇼니씨 가독을 제거함으로써 쇼니씨와 소씨 간의 관계를 차단하고 대마
도를 자기의 휘하에 두고자 한 것으로 보았다.

84) 이령, 「나흥유와 미즈시마의 변」, 43~54쪽 참조.

85) 1375~1376년 나흥유의 일본 사행 및 1377년 안길상의 일본 사행에 관하여 기존
의 통설적 견해에서는, 그 무렵부터 왜구 활동이 더욱 격렬해졌다는 점에서 이
들의 성과를 폄하하는 경향이 있었다. 이에 반하여 이영은 위 본문 이하 부분에
서 간략히 서술된 바와 같이, 나흥유 및 안길상의 일본 사행 성과를 높이 평가
하고 있다(이영, 「우왕 3년(1377) 정몽주(鄭夢周) 일본 사행(使行)의 시대적 배경」
『일본역사연구』 46, 2017(이하 ""정몽주 일본 사행"), 97~123쪽 등 참조).

를 요구한다.[86] 이에 대하여 이마가와 료슌은 즉시 7월[87]에 그 휘하에 있던 신홍(信弘)을 고려로 보내, 왜구들의 정체는 "포도배(逋逃輩 ; 죄를 짓고 도망친 무리)"라고 해명하면서,[88] 규슈에서의 남조 정벌 계획 및 그 시기를 미리 알려 왔다.[89] 고려 조정도 곧바로 그해 9월에 다시 정몽주를 파견하였다. 고려 조정은 '원·명의 공세에 대비한 북변 방어 때문에, 왜구에 대해서는 연해 지방 군관에게 방어를 일임하는 상황'이라고 고려 측의 취약한 방비 상황을 솔직히 전달하면서, 이마가와 료슌에게 왜구 금압에 진력해 줄 것을 당부하였다.[90] 이렇게 고려 조정과 이마가와 료슌이 각자의 내부 사정까지 진솔하게 전달하면서 상호 신뢰감을 공고히 하는 상황에서, 이듬해인 1378년(우왕4) 6월 료슌은 다시 신홍 및 군사 69명을 파견하여 고려 군세와 함께 왜구를 토벌하도록 했다.[91]

이러한 과정을 통하여 료슌은 고려 조정의 강력한 신임을 얻게 되었다고 보인다. 그 이후 료슌은 고려 조정으로 피로인을 송환하는 등 고려와의 통교 관계를 독점하게 된다.

료슌 이외에 이 시기 고려와 통교하였던 일본 내 세력으로서는 오우

---

86) 『고려사』 권133, 열전46, 우왕 3년 6월.
87) 『고려사』에서는 8월이라고 하고 있으나, 『도은집』에서는 7월이라고 쓰고 있다 (『고려사』 권133, 열전46, 우왕 3년 8월 ; 이숭인, 『도은집』 권4 「文」, 「送鄭達可奉使日本詩序」 참조). 이영은 7월에 경상도 도착, 8월에 수도 개경 도착이라고 해석한다(이영, 「정몽주 일본 사행」, 117쪽).
88) 『고려사』 권133, 열전 권46, 우왕 3년 8월. 이영은 "포도배"를 규슈 남조 무사들로 보았다(이영, 「정몽주 일본 사행」, 114쪽). "포도"에 관한 최근 연구로서는, 조혜란, 「일본 무로마치 막부의 외교적 해명에 등장하는 포도(逋逃)와 고려 말 왜구」 『한국중세사연구』 70, 2022, 233~263쪽을 참조하시오
89) 이숭인, 『도은집』 권4 「文」, 「送鄭達可奉使日本詩序」 ; 이영, 「정몽주 일본 사행」, 115~117쪽 ; 이영, 「나홍유와 료슌」, 389~390쪽 등 참조.
90) 『고려사』 권133, 열전46, 우왕 3년 9월 ; 이영, 「정몽주 일본 사행」, 117~120쪽 등 참조.
91) 『고려사』 권133, 열전46, 우왕 4년 6월 ; 7월 ; 11월.

치 요시히로(大內義弘)가 유일하다. 그는 1379년(우왕5) 왜구 퇴치를 위
하여 고려에 박거사(朴居士) 등 군사 186명을 파견한 바 있다.92) 그러나
이 시기 오우치 요시히로의 고려 통교는 이마가와 료슌의 지시 또는 그
와의 상호 협의가 있었기 때문에 가능한 것이었다.93)

이렇게 이마가와 료슌이 고려와의 통교를 독점한 배경에는 위 가.항에
서 언급한 일본 막부의 방침이 있었다고 생각한다. 즉 막부로서는 명과
의 국교 수립이라는 목표 달성을 위하여, 왜구 금압, 즉 규슈 남조 세력
토벌을 완수해야 했다. 또 일본 막부가 왜구 금압(즉 규슈 남조 세력 토
벌)에 진력하고 있다는 메시지를 명과 고려에 일관되게 전달해야 했다.
비록 14세기 말까지 명과의 국교 수립은 달성하지 못했지만, 일단 고려
와의 통교 관계가 이마가와 료슌을 통하여 복구된 이상, 막부의 그러한
메시지는 료슌이라는 하나의 창구로만 전달되어야 했다고 생각했을 것
이다.94)

---

92) 『고려사』 권134, 열전47, 우왕 5년 5월.
93) 가와조에 쇼지는, ① 고려 사신 한국주가 1378년 10월 왜구 금압 요청을 위하여
이마가와 료슌을 만났는데, 이듬해인 1379년에는 (이마가와 료슌이 아닌) 오우
치 요시히로 휘하의 박거사의 군사와 함께 귀국한 점, 그리고 ② 이 박거사 등
일본 병사들이 왜구 토벌전에 참여한 점, ③ 그 이후 요시히로의 대외교섭이
1395년까지 보이지 않는다는 점 등을 이유로 하여 위와 같은 취지의 견해를 취
했다(川添昭二, 『對外關係の史的展開』, 169쪽). 또한 스다 마키코도 위와 같은
한국주와 오우치씨 간의 관계를 언급하였다. 그는 나아가, 1378년 4월 오우치씨
가 「高麗渡水手」에 관련된 세금을 부과하였는데, 이 사실은 같은 해 6월·7월에
이마가와 료슌이 신홍의 군사 및 사자를 고려에 파견한 일과 관련하여, 오우치
씨가 료슌의 활동을 지원 내지 협력한 점을 보여준다고 하였다(須田牧子, 『中世
日朝關係と大內氏』, 東京大學出版會, 2011, 48~51쪽). 마츠오카 히사토, 하시모
토 유 등도 유사한 취지의 견해를 표시하였다(橋本 雄, 「對明·對朝鮮貿易と室町
幕府一守護体制」, 荒野泰典·石井正敏·村井章介 編, 『日本の對外關係4 : 倭寇と
「日本國王」』, 吉川弘文館, 2010, 110쪽 ; 松岡久人, 『大內義弘』, 戎光祥出版,
2013, 125쪽). 필자도 위 연구자들의 견해에 따른다.
94) 오우치씨가 1379년 이후 1395년 료슌의 실각 시까지 고려·조선과의 통교에 나

따라서, 막부는 이마가와 료슌에게 고려 통교를 독점하도록 지시하였
거나, 아니면 적어도 이를 승인하였다고 생각한다.[95] 1370년대 후반에
이미 일본 대부분 지역은 북조, 즉 막부의 지배 하에 있었으므로 이러한
료슌의 고려 통교 독점에 이의를 제기할 세력은 거의 없었다. 다만 이마
가와 료슌과 대립하던 규슈 내 일부 세력들은 따로 고려와의 통교를 시
도하였겠지만, 료슌 측은 그러한 시도가 적발되는 대로 이를 방해하였다.
그 일례로서는, 1378년 11월 이마가와 료슌이 고려로 파견한 신홍이, 왜
구 세력으로 보이는 "패가대(霸家臺 ; 하카타(博多))"로부터 고려로 파견

서지 않았던 점도 이로써 해명된다. 이와 관련하여 스다 마키코는 "요시히로와
료슌 간에 조선에 대한 통교에서 경합관계가 존재했다고 추정하는 것은 가능할
것"이라 했고(須田牧子, 앞의 책, 55쪽), 아라키 가즈노리는 "료슌은 요시히로를
배제하고 고려통교를 독점"했다고 했는데(荒木和憲, 「倭寇の盛衰と日麗・日朝關
係」『歷史硏究』 698, 2022, 28쪽), 이들 견해도 필자의 견해와 같은 맥락으로 생
각된다.
반면 한윤희는, 이마가와 료슌이 규슈 단다이가 있던 하카타(博多)를 통하여 고
려로 가는 길을 통제하고 있었기 때문에 왜구 지지세력들이 고려에 입조하여
피로인 송환을 할 수 없었다고 한다(한윤희, 「여말선초 피로인 송환에 관한 한
고찰 - 〈今川了俊의 송환 배경='경제적 수익 목적'설〉에 대한 비판적 검토 -」
『일본연구』 36, 2014, 410쪽). 필자의 견해와 유사한 견해로도 보이지만, 한윤희
가 고려에 입조하지 못한 세력을 "왜구 지지세력"으로 한정한 점에서는 차이가
있다. 생각건대, 한윤희의 위 설명은, 왜구 토벌세력인 동시에 이마가와 료슌과
우호적인 관계를 유지하던 오우치씨가 고려 조정에 입조하지 못 한 점에 대해
서는 적용될 수 없다는 점에서 한계가 있어 보인다.
95) 이와 유사한 사례로서는, 1226년(고종13) 고려가 금주(金州 ; 김해)에의 왜구 침
입을 항의하자, 다자이쇼니(大宰少貳) 무토 스케요리(武藤資賴)가 고려 사절의
면전에서 아쿠토(惡徒) 90명을 참수하였고, 가마쿠라 막부는 그러한 고려·다자
이후(大宰府) 간의 관계를 묵인하였던 사실이 있다(『百練抄』 嘉祿 3年 7月 21日
條 참조. 이 사건은 『고려사』 권22, 고종 14년 5월 17일 을축 조 기사와 관련
있다. 이령, 「나흥유와 미즈시마의 변」, 39~40쪽 참조). 무로마치 막부와 이마가
와 료슌 간의 관계에는, 당시 명·고려와 일본 간의 국제관계를 고려할 때, 단순
한 묵인 이상의 연계가 있었다고 필자는 생각한다.

된 사신을 쫓아냈던 일을 들 수 있다.[96]

다. 이마가와 료슌의 조선 통교 주도

1392년 10월 일본 남조가 북조 측에 흡수됨으로써 남북조 시기가 종
식된다(남북조 합일(南北朝合一)). 규슈에서도 그 이전인 1391년 이마가
와 료슌이 히고(肥後) 야츠시로 성(八代城)의 공략에 성공함으로써 규슈
남조 세력은 최종적으로 종식되어 있었다.[97]

그러나 남북조 합일 이후 규슈 정세는 더욱 혼란스러워진다. 우선 이
마가와 료슌과 규슈 남부의 시마즈씨(島津氏)는 1375년 미즈시마의 변
이후 대립과 화해를 반복하고 있었는데, 1394년 2월 이마가와 측이 시마
즈씨에 대항하는 규슈 남부 토착 세력(고쿠진(國人))을 지원함으로써 이
마가와 료슌과 시마즈씨 간의 분쟁이 재연된다.[98] 또한 1395년 3월 이전

---

96) 『고려사』권133, 열전46, 우왕 4년 11월 참조. 다무라 히로유키는, 이 사료에 언
급된 "패가대 왜사(倭使)"가 1377년 4월 무렵 박위가 황산강 전투에서 토벌하여
죽인 "패가대 만호(萬戸)"가 속했던 왜구 세력이 파견됐던 것으로 보면서, 이들
"패가대" 왜구 세력을 하카타 주변의 토호층으로 보았다(田村洋幸, 앞의 책, 49
쪽 참조). 한편 이영도 이 세력을 하카타 일대에 근거한 세력들을 지칭하는 것
으로 보아, "패가대 왜사"는 오토모씨(大友氏), 쇼니씨 또는 기쿠치씨(菊池氏)에
속한 사람으로 추측하였고(이영, 「동 아시아 국제 질서의 변동과 왜구」, 206쪽
각주 77번), "패가대 만호"는 쇼니씨 가독 중 한 사람일 것으로 추정하였다(이
영, 「우왕 2(1376)년 10월, 왜구 최초의 기병(騎兵) 동원에 관한 고찰 - 임파현
전투(9월)와 행안산 전투(10월)의 비교 고찰을 통하여 -」『韓日關係史研究』80,
2023, 25쪽 각주 55번).
필자도 "패가대 만호"의 세력이란, 원래 하카타 또는 그 인근의 다자이후와 관
련이 있으면서도 료슌과 대립하였던 왜구 세력이었을 것으로 생각한다. 따라서
"패가대 왜사" 또는 "패가대 만호"를 료슌 세력과 동일시할 수는 없다. 실제로
『고려사』는 이마가와 료슌을 "패가대"의 "주장(主將)"으로 표현하면서(『고려사』
권117, 열전30, 제신, 정몽주), "패가대 만호"와는 구별한다.

97) 堀川康史, 「今川了俊の探題解任と九州情勢」『史學雜誌』125(12), 2016, 1967쪽
등 참조.

시점에 이마가와 료슌은 규슈 동부 분고 국(豊後國 ; 현재의 오이타 현) 슈고 오토모 치카요(大友親世)에의 대항 세력을 지원하면서 오토모씨와 의 전투도 개시된다.99)

이 시기 규슈 정세의 난맥상은, 시마즈씨 등 규슈 세력들의 조선과의 통교 상황에서도 확인된다. 예컨대 시마즈씨 일족은 1392년에 신속하게 조선과의 직접 통교를 개시했고, 1395년(태조4)에도 3차례에 걸쳐 조선 조정에 사자를 보내왔다.100)

그렇지만 이 시기 막부 최고 권력자인 아시카가 요시미츠(足利義滿)는 적어도 표면상으로는, 여전히 이마가와 료슌을 지지했던 것으로 보인 다.101) 료슌도 막부가 자신에게 부여했던 임무, 즉 '왜구 금압' 활동에

---

98) 같은 논문, 1969~1972쪽 참조.

99) 같은 논문, 1973~1978쪽 참조.

100) 『태조실록』 권2, 태조 1년 10월 19일 정묘(위 각주 8번 참조) ; 권7, 태조 4년 4월 25일 무자 ; 권8, 태조 4년 7월 11일 임인 ; 7월 16일 정미.
　　또한 이 시기에 료슌이 지배하던 이키 섬에서도 1393년(태조2) 승려 건철(建哲) 이 조선에 와서 피로인 200여명을 송환하였던 바 있다(『태조실록』 권3, 태조 2년 6월 16일 경인). 당시 사료의 부족으로 자세한 사정을 알기는 어렵다. 그러 나 이키 섬의 조선 통교가 그 이후 1398년(태조7) 1월까지 보이지 않는 점을 고려하면, 1393년의 위 사절 파견에 대하여 큰 의미는 부여하기 어려울 듯하 다. 다만 대규모 피로인 송환이라는 통교 방식은 이마가와 료슌의 전례를 본받 은 것이라는 점에서, 이 역시 이마가와 료슌의 영향이 있었다고 볼 여지가 있 다. 그렇지만 그 명의가 이키 섬의 단독 명의라는 점에서, 당시 료슌의 규슈에 서의 위상이 축소되던 상황을 엿볼 수도 있다.

101) 堀川康史, 앞의 논문, 1972, 1978쪽 등 참조.
　　이와 관련하여 예로부터 통설의 취지는 "료슌이 규슈 지역을 그의 분국(分國) 으로 삼아 지배하고 조선 통교를 거의 독점하는 상황이었으므로, 아시카가 요 시미츠가 국내 정치 및 국제 외교 양 측면에서 이마가와 료슌을 경합적인 존 재로 보고 그를 해임했다."는 것이었다(佐藤進一, 『南北朝の動亂』, 493~494쪽 ; 山口隼正, 앞의 책, 606쪽 ; 村井章介, 「倭寇と「日本國王」」, 荒野泰典・石井正敏・ 村井章介 編, 앞의 책, 15쪽 ; 松岡久人, 앞의 책, 118~119, 125~126쪽 ; 荒木和 憲, 「室町期北部九州政治史の展開と特質」 『日本史研究』 712, 2021, 4쪽 등 참

계속 매진했다. 그는 여전히 왜구 활동의 근거지 및 그 인접 지역인 규슈
북부·서부 지역, 즉 치쿠젠(筑前 ; 후쿠오카 현 북서부)·치쿠고(筑後 ; 후
쿠오카 현 남부)·히젠(肥前 ; 사가 현, 나가사키 현)·히고(肥後 ; 구마모
토 현) 등 4개 구니(國) 및 대마도·이키(壹岐) 등 북서 도서 지역, 그리고
그곳의 토착 세력인 쇼니씨·기쿠치씨·소씨·마츠라당(松浦党) 등에 대한
지배력을 유지했다.[102] 이로써 조선 조정 역시 고려 조정과 마찬가지로,
료슌에 대한 강한 신뢰를 유지하고 있었다.

이마가와 료슌은 1395년 윤7월 "교토로 소환"[103]되어 1396년 초 규슈
단다이에서 해임되기까지, 위와 같이 조선 통교에서의 주도권을 여전히
장악하고 있었던 것이다.

조). 특히 마츠오카 히사토는, 료슌의 외교 독점 행위가 남북조 시기에는 묵인
되었지만, "남북조 합체 성립 후에는 허용되지 않는 것이었으므로, 이 점에서
[료슌] 단다이 해임의 이유 중 하나를 찾을 수 있을 것"이라 했다(松岡久人, 앞
의 책, 126쪽).

그러나 최근 호리카와 야스후미에 의한 유력한 견해에서는, 당시 관련 사료 해
석을 통하여, 아시카가 요시미츠가 이마가와 료슌과 시마즈씨·오토모씨 간의
분쟁에서 료슌 측을 꾸준히 지원하였다고 본다. 그리고 료슌의 해임은 그가
규슈에 대한 통제를 상실하였기 때문에 요시미츠로서도 불가피한 선택이었다
고 한다(堀川康史, 앞의 논문, 1965~1988쪽 참조. 荒木和憲, 「室町期北部九州政
治史の展開と特質」, 4~5쪽도 같은 취지이다).

필자도 요시미츠의 표면적 입장의 측면에서는, 호리카와 야스후미의 사료 해
석에 이견이 없다. 그러나 아시카가 요시미츠의 료슌에 대한 당시 입장에 관해
서는, 표면적으로 표시된 입장과 내심에 가졌던 정치적 의도를 분리하여 심층
적으로 고찰할 필요가 있다고 생각한다. 이에 관하여는 별도의 기회에 논증하
기로 한다.

102) 佐藤進一, 『室町幕府守護制度の研究(下)』, 234~238, 241~244, 264~268, 276~279,
308~314쪽 등 참조.

103) 호리카와 야스후미는 이마가와 료슌의 "교토 소환"의 의미에 관하여, 실제로는
오토모 치카요와의 전투에서 패하고 규슈로부터 교토로 패주해온 것을 의미한
다고 한다(堀川康史, 「今川了俊の京都召還」『古文書研究』 87, 2019, 94~107쪽 참조).

3) 제2기: 이마가와 료슌의 대마도 지배 시기(1376~1395)

가. 고려말 시기의 통교 공백(1376~1391)

대마도에서는 1371년 무렵부터[104] 니이 소씨 출신의 소 스미시게가 제5대 도주로 취임해 있었다. 위 제2절 나.항에 언급된 바와 같이, 1375년 12월부터 1376년 10월까지의 기간에 소 스미시게는 남조에서 북조(막부 측)로 전향하는데, 그의 북조 전향에는 이마가와 료슌의 관여가 있었다.[105] 바로 이 시기부터 대마도는 이마가와 료슌의 지배력 하에 들어

---

104) 제4대 대마도주 소 츠네시게가 활동한 사료의 종견(終見)에 관하여, 야마가타 다카마사는 1370년 11월 츠네시게 명의의 문서를 인용한다(山口隼正, 앞의 책, 575쪽 참조). 한편 오사 세츠코는 1371년 윤3월 대마도주의 다이칸(代官)인 소코(宗香)의 문서를 근거로 그 시기까지 소 츠네시게가 도주로 활동한 것으로 보았다(長 節子, 『中世日朝關係と對馬』, 58쪽 참조).

105) 위 각주 79번 참조. 종래 오사 세츠코와 야마구치 다카마사 등의 견해에서는, 대마도주 소 스미시게가 1378년 무렵 대마도 슈고가 되어 쇼니씨로부터 독립하여 이마가와 료슌의 영향력으로 들어갔다고 한다(長 節子, 『中世日朝關係と對馬』, 60쪽 ; 山口隼正, 앞의 책, 584~587쪽 ; 이령, 「나흥유와 미즈시마의 변」, 51~52쪽 등 참조). 그러나 사토 신이치, 아라키 가즈노리 등이 제기하여 최근 주목받고 있는 견해에 따르면, ① 소 스미시게의 경우와 같이, 슈고다이 등 다이칸(代官)들이 '슈고'를 자칭했던 사례들이 다른 지역에서의 예에서도 보이기 때문에, 그렇게 '슈고'를 칭하였다는 근거만으로는 스미시게가 슈고였다는 점을 확신할 수 없다는 점, ② 1352년 이래로 쇼니씨가 대마도의 슈고가 된 바 없이 총지토 직만을 갖고 있던 것으로 보이므로, 소씨가 쇼니씨를 대신하여 슈고가 될 수 없다는 점, ③ 1432년 막부 문서에 쇼니씨-소씨의 주종관계가 언급되어 있는데, 만약 1378년 무렵 소 스미시게가 이미 막부로부터 슈고 직에 임명된 바 있다면, 1432년 무렵에는 소씨의 가격(家格)이 다시 강등되어 있다는 불합리한 결론에 이른다는 점 등을 근거로 하여, 소 스미시게는 대마도 슈고가 된 사실이 없다고 보아야 한다고 한다(佐藤進一, 『室町幕府守護制度の研究(下)』, 313~314쪽 ; 荒木和憲, 『對馬宗氏の中世史』, 26~37쪽 ; 松尾大輝, 앞의 논문, 32쪽 등 참조). 필자는 후자의 견해를 따르므로, 위 본문에서 소 스미시게가 대마도 슈고로 임명되었다는 점에 대하여는 언급하지 않았다.

가게 되었으므로, 이 시기부터 통교 공백기 제2기로 볼 수 있다.

이 시기 대마도 지배층은, 예전부터 대마도에 대한 종주권을 갖던 쇼니씨, 그리고 새로이 대마도에 대한 영향력을 행사하게 된 이마가와 료슌 등 양자가 모두 그 상층부에 존재하는, 양속적(兩屬的)인 상태에 있었다고 보인다.[106] 그러나 쇼니씨는 1375년 미즈시마의 변에서 기존 가독이 피살된 이후 혼란 상태에 있었고, 그 가독을 계승한 쇼니 사다요리(少貳貞賴)도 대마도 통치에 관여할 수 있는 상태에 있지 못했다.[107] 따라서 대마도 소씨는 주로 이마가와 료슌의 영향력 아래 있었다고 말할 수 있다.

위 제2절 나.항에서 살펴본 바와 같이 이마가와 료슌은, 일본 여타 세력에 대해서와 마찬가지로, 대마도가 고려와 직접 통교하는 것을 금지했음에 틀림없다. 그 대신 료슌 스스로 직접 대마도에 관련된 외교적 현안을 고려와 협의하여 처리했다. 이 역시 대마도 현지의 메시지가 아닌, 막부의 메시지를 일관되게 고려 측에 전달하기 위한 방편이었다고 생각한다.

그 한 예로서, 1389년(창왕원) 고려 박위의 정벌군이 대마도를 공격했던 때의 상황을 보자.[108] 대마도는 물론, 이마가와 료슌도 이에 대하여 아무런 이의를 제기하지 않는다. 오히려 료슌은 이듬해인 1390년(공양왕2)에 예전과 다름없이 사자를 보내 토산물을 바쳤다.[109] 나아가 1391년(공양왕3)에는 고려 조정에 피로인 68명을 돌려보내면서, "제가 도리어 부끄럽기도 하고 약간 분한 마음이 있어 여러 섬에 사신을 보내어 해적을 붙잡아 왔습니다."라고 말하며, 규슈의 여러 도서 지방에서의 왜구 소탕 실적을 고려 조정에 보고하였다.[110] 즉 이마가와 료슌은 1389년 대마

---

106) 松尾大輝, 앞의 논문, 31쪽 참조.

107) 같은 논문, 29쪽 참조.

108) 『고려사』 권137, 열전50, 창왕 원년 2월 ; 권116, 열전29, 제신, 박위 참조

109) 『고려사』 권45, 공양왕 2년 5월 19일 신해.

도 정벌에 담긴 고려 조정의 왜구 금압 의지를 이해하였다. 그리고 그러한 고려 조정의 의지에 적절히 화답하면서, 일본 막부의 '왜구금압'을 향한 성심을 전달하였던 것으로 볼 수 있다.[111]

그와 동시에 대마도에 대해서 료슌은, 그 왜구 활동을 자제시키는 데 대하여 경제적 보상을 하는 등의 방식으로 대마도를 달랠 필요가 있었다. 예컨대, 료슌은 치쿠젠 국(筑前國; 후쿠오카 현 북서부)에 있는 사찰 안라쿠지(安樂寺) 등의 영지에 대한 반제(半濟)[112] 수익을 대마도주 소 스미시게에게 급여하였다.[113] 이러한 방식을 통하여 료슌은, 대마도주 등 대마도 지배층에게 경제적 이권을 부여하는 동시에 그에 대한 지배력도 유지했다고 생각된다.

이렇듯 고려-대마도 간 통교 공백 동안에, 대마도에 관한 외교적 현안은 이마가와 료슌이 직접 고려와 접촉하여 처리하였고, 대마도 소씨는 직접 그 과정에 관여할 수 없었다. 이렇게 통교 공백기 제2기는 대마도 지배층의 상층 권력인 이마가와 료슌의 영향력이 절대적이었던 시기라 할 수 있다.

---

110) 『고려사』 권46, 공양왕 3년 8월 9일 계해. 한편 무라이 쇼스케는 필자의 견해에서 더 나아가, 1389년 대마도 정벌 시, "이에 대한 막부측의 자세는, … '이마가와 료슌에게 명하여 해적선을 금압하고 해적에게 붙잡힌 조선인을 해방시키겠다.'는 매우 적극적인 것이었다."라고 함으로써, 막부의 직접적인 조치로 이 시기 사건을 설명하고 있다(村井章介, 『中世倭人伝』, 15쪽(이영 역, 25쪽)).
111) 이영, 「동 아시아 국제 질서의 변동과 왜구」, 209~210쪽도 같은 취지라고 생각한다.
112) 일본 남북조 시기에, 군비 조달을 위하여 슈고들이, 장원에서 나오는 연공(年貢)의 절반을 군사 세력에 맡기도록 했던 제도이다(『角川日本史辭典』). 이 제도는 실질적으로 장원 수익 절반을 슈고 또는 그 휘하 무사 세력에게 귀속시키는 효과를 가져왔다.
113) 松尾大輝, 앞의 논문, 31~32쪽 참조.

나. 조선초 시기의 통교 공백(1392~1395)

1392년에 일본에서는 남북조 합일, 한반도에서는 조선 건국이라는 큰 사건이 있었다. 규슈 남부의 시마즈씨, 서일본의 오우치씨 등이 조선 통교에 나서지만, 대마도는 여전히 나서지 않는다. 이마가와 료슌의 지배력이 여전히 강력하게 미치고 있던 규슈 북부·서부 지역과 마찬가지로, 대마도에 대한 그의 통제 의지 및 영향력은 그대로 유지되었던 것이다.

조선 조정은 건국 직후부터, 왜구 근거지인 대마도에 대한 재차 정벌 계획을 실행에 옮기고자 한다. 이에 대하여 이마가와 료슌은 1394년(태조3)[114] 및 1395년(태조4)[115] 최소 2차례에 걸쳐, 그가 스스로 현지 왜구를 통제할 것이니 대마도·이키에 대한 정벌을 자제해 달라고 조선 조정에 요청한다. 다른 한편으로 료슌은 (고려말 시기에서와 마찬가지로) 대마도 현지에 대해서 왜구 활동을 자제하도록 하는 일련의 조치를 취했을 것으로 필자는 생각한다.[116]

---

114) 『태조실록』 권6, 태조 3년 10월 11일 정축. "… 근래에 본국의 수군 장수들이 여러 번 왜구를 사로잡고 주사(舟師 ; 수군)를 이끌고 가서 잔당을 쳐서 잡자고 하므로, 조정의 공론이 장차 이를 허락하려던 차에 마침 그대[료슌]의 말씀을 보고 중지했으니, …" ; 荒木和憲, 「倭寇の盛衰と日麗·日朝關係」, 28쪽 참조.

115) 『태조실록』 권8, 태조 4년 7월 10일 신축. "[이마가와 료슌이 그 서한을 통하여 이키·대마도의 도적에 대하여 언급한 후, 그에 이어서] 만약에 또 관군 장수들에게 다른 방도를 내게 한다면 통호(通好)하는 길이 끊어질까 염려됩니다. … 제가 서둔 계책이나마 쓰도록 맡겨 두시면, 반드시 〈왜구들이〉 모두 없어져 두 나라의 정이 마땅히 좋아질 것이니 헤아리소서. …"
참고로 국사편찬위원회가 인터넷에 게재한 『조선왕조실록』은 사료 원문에서의 「無噍類」를 "지저귀는 무리들"로 번역하고 있다. 그러나 위 「無噍類」라는 표현은 조선초 사료에서 일반적으로 "한 사람도 빠짐없이 없어졌다."는 취지로 해석된다(『정종실록』 권2, 정종 1년 7월 1일 기사 ; 『태종실록』 권7, 태종 4년 6월 10일 기묘 ; 권18, 태종 9년 8월 9일 무신 ; 『세종실록』 권73, 세종 18년 윤6월 19일 계미 등). 위 인용문에서도 그렇게 해석하였다.

116) 이태훈은 "료슌이 조선 측의 파병안에 민감하게 반응한 이유는 … [조선이] 침범해 온다면 그 책임을 회피할 수 없었기 때문이었을 것"이라고 하였다(이태

즉 그는 규슈에서 그 입지가 축소하는 중에도, 특히 대마도 지역에 대해서는 슈고와 같은 영향력을 유지하였다고 생각된다. 따라서 대마도에 대해서 여전히 조선과의 통교를 금지하도록 했을 것이다. 이 시기 니이소씨 출신의 대마도주들(제5대 소 스미시게 및 제6대 요리시게)은 이마가와 료슌의 규슈 단다이 취임 이후 대마도주에 취임하였으므로, 그들의 권력 기반의 원천은 이마가와 료슌에 있었다고 말할 수 있다.

요컨대 1392년 남북조 합일 후에도 1395년 이마가와 료슌의 실각 시까지, 그는 대마도 지배층에 대해서 절대적인 영향을 미쳤고, 그에 의하여 조선-대마도 간 통교 공백이 그대로 유지되었다고 생각된다.

이마가와 료슌의 실각 이후부터는 제3기(1396~1397)에 해당한다. 그의 영향력이 대마도를 비롯한 규슈 전체 지역에 미쳐왔던 만큼, 그의 존재가 사라진 후 이 지역 정세에는 큰 변화가 일어난다. 다양한 측면에서의 급변 상황을 통하여 이윽고 조선과 대마도 간 통교 관계가 성립하게 되는데, 그에 관하여는 별도의 기회에 상세히 검토하기로 한다.

4. 맺음말

이제까지 기존 연구들은 1369년(공민왕18)부터 1397년(태조6)까지 약 30년에 걸쳐 지속된 고려말-조선초 대마도와의 통교 공백기에 관하여 거

훈, 「14세기 후반 대일 외교사절로 본 한일관계」 『조선통신사연구』 32, 2021, 101쪽). 이태훈의 분석은 일면 타당하다. 그러나 그의 견해는 1389년 박위의 대마도 정벌 시 막부 및 료슌의 대응방식, 료슌의 고려·조선과의 통교 방침 등 이 시기를 둘러싼 고려-일본 관계 전반을 충분히 감안하지 않았다는 점에서 아쉬움이 있다.

의 관심을 두지 않았다. 그러나 1368년(공민왕17) 고려-대마도 통교 관계는 그 이후 조선-대마도 간에 장기간 지속된 통교 관계의 근간이 된다. 이러한 점에서 이 두 사건 사이의 기간을 이어주는 통교 공백기의 배경, 양상 및 종결에 관하여 고찰하는 것은 그 이후 조선-대마도 통교 관계를 이해하는 데에 빠져서는 안 되는 선행작업이라 생각한다.

본 연구에서는 통교 공백기의 배경 및 양상에 관하여, 특히 규슈 단다이 이마가와 료슌의 대마도에 대한 영향력이라는 측면에서 살펴보았다.

당시 막부로서는 '명과의 국교 수립, 규슈 남조 토벌, 왜구 금압'이라는 목표를 성취하여야 했다. 이를 달성하기 위하여 규슈 현지에서 그 역할을 담당했던 이가 이마가와 료슌이었다. 실제로 그는 규슈 남조 토벌과 왜구 금압에 진력하였고, 일정 부분 가시적인 성과를 올리기도 했다.

필자는, 이러한 상황에서 이마가와 료슌이 막부의 위임을 받아 일본 여타 세력들의 고려 통교를 금지하였던 점, 그리고 그 일환으로서 대마도 역시 고려와의 직접 통교가 불가능했다는 점을 해명하였다. 이마가와 료슌의 대마도에 대한 이러한 영향력은 료슌이 실각하는 1395년(태조4)까지 이어졌다는 점도 논증하였다. 통교 공백기의 대부분 기간이 이마가와 료슌의 활동 기간과 겹친다는 점은 위와 같은 필자의 견해를 뒷받침한다.

종래 조선-대마도 간 통교 수립 과정에 관한 기존 통설은, 조선 측의 경제적 '회유책'에 의하여 일본 내 왜구 세력들이 '평화적 통교자'로 변모하는 큰 흐름의 일부로서 파악해 왔다. 즉 정치적 요인보다는 경제적 요인을 중심으로 조선초 왜구 활동과 조선 통교의 현상을 설명하고자 했다고 볼 수 있다.

그러나 본 연구를 통하여, 대마도가 고려말 이래 30년 동안 조선과의 통교에 나서지 못한 배경에는 이마가와 료슌이라는 정치적 요인이 더욱 크게 작용했음을 확인하였다. 이와 마찬가지로 조선-대마도 간 통교 관계 수립 과정에 관한 고찰에서도 이러한 정치적 요인, 특히 해당 시기 대마도 및 이를 둘러싼 일본의 국내외 정세가 중요하게 고려될 필요가 있다고 생각한다. 즉 이마가와 료슌이 규슈에서 사라진 1396년 이후부터 1400년 전후 시기까지의 한일관계, 더 구체적으로는 조선-대마도 관계를 비롯해, 막부와의 관계, 오우치씨와의 관계, 대마도 내 정세 급변, 한반도 주변에서의 왜구 활동, 그리고 나아가서는 동아시아 3국 관계의 제반 쟁점을 명확히 고찰하기 위해서는, 그 직전 이마가와 료슌이 군림하던 시기에 관한 정확한 이해가 전제되어야 한다.

이와 같이 조선과 대마도 간의 통교 관계에 관한 향후 연구에서도 이러한 정치·외교·경제 등 복합적인 시점에서의 고찰이 심층적으로 이루어질 필요가 있을 것이다.

참고문헌

1. 사료

『고려사』
『조선왕조실록』(『태조실록』~『세종실록』)
이숭인, 『도은집』 권4 「文」, 「送鄭達可奉使日本詩序」.
신숙주, 『해동제국기』(신용호 외 주해, 범우사, 2004.)
『明太祖實錄』
『百練抄』(https://khirin-ld.rekihaku.ac.jp/rdf/nmjh_kaken_medInterNationalExcange/E4809)
『太平記』(長谷川 端 校注·譯, 『太平記(四)』, 小學館, 1998.)
『善隣國宝記』(田中健夫 編, 『善隣國宝記·新訂續善隣國宝記』, 集英社, 1995.)

2. 국문 연구

姜尙雲, 「麗末鮮初의 韓·日關係史論 - 한국과 일본의 今川·大內 兩諸侯와의 관
　　　계 - 」 『國際法學會論叢』 11(1), 1966.
金琪燮, 「14세기 倭寇의 동향과 고려의 대응」 『韓國民族文化』 9, 1997.
金普漢, 「少貳冬資와 倭寇의 일고찰 - 少貳冬資의 피살과 관련해서 - 」 『日本歷
　　　史研究』 13, 2001.
김보한, 「무로마치 왜구와 조선의 대(對)왜인 정책 - 평화와 공존을 위한 조선의
　　　선택 - 」 『日本研究』 18, 2012.
羅鐘宇, 「高麗 末期의 麗·日 關係 - 倭寇를 中心으로」 『全北史學』 4, 1980.
羅鐘宇, 「高麗前期의 韓日關係」, 趙恒來·河宇鳳·孫承喆 編, 『講座 韓日關係史』,
　　　玄音社, 1994.
羅鍾宇, 「홍건적과 왜구」, 국사편찬위원회, 『고려 후기의 사회와 대외관계(신편
　　　한국사 20)』, 1994.
모리히라 마사히코(森平雅彦), 「10세기~13세기 전반 麗日關係史의 諸問題 - 일
　　　본에서의 연구성과를 중심으로 - 」 『제2기 한일역사공동연구보고서』
　　　3, 2010.
孫弘烈, 「麗末·鮮初의 對馬島征伐」 『역사와 담론』 6, 1978.
송종호, 「조선초 왜구 활동과 조선-일본 관계 연구 - 태조~태종 시기를 중심으

로」, 한국방송통신대학교 석사학위논문, 2019.

송종호, 「조선초 왜구 투항과 태조의 기미책(羈縻策)」 『韓日關係史研究』 86, 2024

사에키 고지(佐伯弘次), 「14~15세기 동아시아의 해역세계와 일한관계」 『제2기 한일역사공동연구보고서』 3, 2010.

申基碩, 「韓日通交와 對馬島」 『國際政治論叢』 26(1), 1986.

李領, 「'경인년 이후의 왜구'와 마쓰라토(松浦党) - 우왕 3년(1377)의 왜구를 중 심으로 - 」 『日本歷史研究』 24, 2006.

이영, 「14세기의 동아시아 국제 정세와 왜구 - 공민왕 15년(1366)의 禁倭使節의 파견을 중심으로 - 」 『韓日關係史研究』 26, 2007.

이영, 「고려 말 왜구의 허상과 실상」 『대구사학』 91, 2008.

이영, 「동 아시아 국제 질서의 변동과 왜구 - 14세기 후반에서 15세기 초를 중 심으로 - 」 『韓日關係史研究』 36, 2010.

이영, 『왜구와 고려·일본 관계사』, 혜안, 2011(원저: 李領, 『倭寇と日麗關係史』, 東京大學出版會, 1999).

이영, 「원명(元明)의 교체와 왜구 - 공민왕 15년(1366)의 금왜사절에 대한 일본 의 대응을 중심으로 - 」 『日本歷史研究』 33, 2011.

이영, 「여말-선초 왜구(倭寇)의 배후 세력으로서의 쇼니씨(少貳氏)」 『동북아시 아문화학회 국제학술대회 발표자료집』, 2013.

이영, 「우왕 3년(1377) 정몽주(鄭夢周) 일본 사행(使行)의 시대적 배경」 『일본 역사연구』 46, 2017.

이영, 「우왕 원년(1375) 나흥유의 일본 사행 당시의 규슈 정세와 규슈탄다이(九 州探題) 이마가와 료슌(今川了俊)의 왜구 대응의 배경」 『한국중세사연 구』 60, 2020.

이령, 「고려 우왕 원(1375) 나흥유의 일본 사행과 미즈시마의 변(水島の変) - 규 슈탄다이(九州探題) 이마가와 료슌(今川了俊)의 왜구 대응」 『일본역사 연구』 52, 2020.

이영, 「우왕 2(1376)년 10월, 왜구 최초의 기병(騎兵) 동원에 관한 고찰 - 임파현 전투(9월)와 행안산 전투(10월)의 비교 고찰을 통하여 - 」 『韓日關係史 研究』 80, 2023.

이태훈, 「14세기 후반 대일 외교사절로 본 한일관계」 『조선통신사연구』 32, 2021.

조혜란, 「일본 무로마치 막부의 외교적 해명에 등장하는 포도(逋逃)와 고려 말 왜구」 『한국중세사연구』 70, 2022.

陳鍾根, 「朝鮮朝初期의 對日關係 - 對馬島征伐을 中心으로 - 」『石堂論叢』 15, 1989.

韓文鍾, 「朝鮮前期 對馬島의 通交와 對日政策」『韓日關係史研究』 3, 1995.

한윤희, 「여말선초 피로인 송환에 관한 한 고찰 - 〈今川了俊의 송환 배경='경제적 수익 목적'설〉에 대한 비판적 검토 - 」『일본연구』 36, 2014.

3. 외국 연구

荒木和憲, 『中世對馬宗氏領國と朝鮮』, 山川出版社, 2007.

荒木和憲, 『對馬宗氏の中世史』, 吉川弘文館, 2017.

荒木和憲, 「室町期北部九州政治史の展開と特質」『日本史研究』 712, 2021.

荒木和憲, 「倭寇の盛衰と日麗・日朝關係」『歷史研究』 698, 2022.

荒野泰典・石井正敏・村井章介 編, 『日本の對外關係4 : 倭寇と「日本國王」』, 吉川弘文館, 2010.

伊藤幸司, 「南北朝・室町期 島津氏の「明・朝鮮外交」の實態とは?」, 新名一仁 編, 『中世島津氏研究の最前線』, 洋泉社, 2018.

長 節子, 『中世日朝關係と對馬』, 吉川弘文館, 1987.

長 節子, 「對馬と朝鮮」『中世國境海域の倭と朝鮮』, 吉川弘文館, 2002.

川添昭二, 『今川了俊』, 吉川弘文館, 1988 (原著 1964).

川添昭二, 『對外關係の史的展開』, 文獻出版, 1996.

佐藤進一, 『南北朝の動亂』, 中央公論新社, 2005 (原著 1974).

佐藤進一, 『室町幕府守護制度の研究(下)』, 東京大學出版會, 1988.

須田牧子, 『中世日朝關係と大內氏』, 東京大學出版會, 2011.

關 周一, 『中世日朝海域史の研究』, 吉川弘文館, 2002.

關 周一, 『對馬と倭寇』, 高志書院, 2012.

田中健夫, 『倭寇と勘合貿易』, 至文堂, 1961.

田中健夫, 『中世對外關係史』, 東京大學出版會, 1975.

田村洋幸, 『中世日朝貿易の研究』, 三和書房, 1967.

中村榮孝, 『日鮮關係史の研究(上)』, 吉川弘文館, 1965 (原著 1935).

堀川康史, 「今川了俊の探題解任と九州情勢」『史學雜誌』 125(12), 2016.

堀川康史, 「今川了俊の京都召還」『古文書研究』 87, 2019.

松尾大輝, 「南北朝期宗氏による對馬支配と少貳氏」『古文書研究』 92, 2021.

松岡久人, 『大內義弘』, 戎光祥出版, 2013.

村井章介,『アジアのなかの中世日本』, 校倉書房, 1988.
村井章介,『中世倭人伝』, 岩波新書, 1993 (이영 역,『중세 왜인의 세계』, 소화,
        2003).
山口隼正,『南北朝期九州守護の研究』, 文獻出版, 1989.

중국 미디어의 '倭寇' 사용법

-중국의 愛國主義와 嘉靖倭寇의 성격 규정-

윤성익*

I. 머리말

한·중·일 삼국 간에는 공통 주제임에도 이를 바라보는 시각의 차이로 인해 연구의 방향성이나 결론에 매우 큰 차이가 나타나는 경우가 종종 있다. 그런 각국의 역사인식이 직접 반영된 역사교과서의 내용을 둘러싼 '역사 갈등'은 이 문제가 단순히 학술계의 논쟁에 그치지 않는다는 것을 잘 보여준다. '역사 갈등'의 해소를 위해 '한일역사공동연구위원회'가 설립된 것은 20여 년 전이었다. 이후 일본과 중국 간에서도 '중일역사공동연구위원회'가 설립되었고 두 위원회는 각각 그 연구결과물을 내놓았다.

그러나 아쉽게도 그 「성과」는 '역사 갈등'의 해소에는 크게 미치지 못한 채 각국 간의 연구현황 및 차이를 확인하는 수준에 그쳤다.[1] 이후에도 민간주도의 공동연구나 국제학술대회 등이 이루어져왔지만 그 「성과」는 '공동연구위원회'의 그것과 크게 다르지 않다고 여겨진다. 또한 새롭

---

* 경희대학교

1) 『第1期「日中歷史共同硏究」報告書』(2010년 최종 발표) 중 倭寇에 대한 중·일 간의 입장 차이는 王新生, 「十五世紀至十六世紀東亞國際秩序與中日關係」과 村井章介, 「15世紀から16世紀の東アジア國際秩序と日中關係」를 통해서 확인할 수 있다.

게 채택된 일본의 중학교 역사교과서 중에는 2001년에 문제가 되었던 기술내용이 거의 그대로 실려 있는 경우가 확인된다. 현상만 놓고 본다면 20여 년 전과 그다지 달라지지 않았다고 할 수 있을 것이다.

　기원을 거슬러 올라가면 수십 년, 혹은 수백 년이 될 지도 모르는 '역사 갈등'을 단지 몇 차례의 공동연구나 학술회의를 통해 해소할 수는 없을 것이다. 그렇다고 해서 이를 너무 부정적으로만 폄하해서도 안 된다. '한일역사공동연구위원회'에서 왜구와 관련해 가장 크게 문제가 되었던 것은 왜구의 주체가 고려인·조선인이었다는 일본의 시각이었다. 이에 대해 그 「성과」에서는 왜구의 주체를 일본인(일본열도에 거주하던 사람들)으로 보는 '공통 결론'에는 이르렀다.[2] 물론 고려인·조선인의 참여여부나 그 배후세력(주동세력), 왜구의 목적이나 성격 등에 대해서는 이견이 있었고 이에 대한 논쟁은 지금까지도 계속되고 있지만, 연구토의의 장이 마련되어 해당 주제에 대한 심도 깊은 고찰이 이루어지고 새로운 시각이 제시되는 것 등은 장기적으로 '역사 갈등'을 해소하는 밑거름이 될 수 있을 것이다.

　왜구는 한·중·일 각국에서 무시할 수 없는 주요 존재, 혹은 사건이었는데 상대적으로 최근 일반인들에게 관심도가 높은 곳은 중국이다. 다만, 왜구 자체에 관심이 많다기보다는 왜구의 침략에 대항한 '抗倭戰爭'과 이를 승리로 이끈 戚繼光 등 민족영웅의 활약상이 중심이 된다.[3] 특히 현재의 중국에서 척계광은 전근대시대의 가장 위대한 영웅[4]이자 애국심을 상징하는 인물[5]이다. '척계광의 抗倭情神'은 "中華文化를 구성하는

2) 한일역사동동연구위원회 편,『제2기 한일역사공동연구보고서 제3권(제2분과 일본편)』, 동연구회, 2010, 144~145쪽.
3) 중국의 학술논문검색 사이트(CNKI·中國知网)에서 "왜구"를 주제어로 검색하면 (2023년 9월) 총 1,885의 결과 중 상관주제어 1위는 척계광(106) 1위, 2위 徐浩峰(영화『倭寇之蹤迹』의 감독, 28), 3위 항왜전쟁(24)이었다.
4) 吳曉娟, 「民族英雄戚継光愛國抗倭史迹述略」, 『蘭台世界』 2013-6, 15쪽.

일부분"이자 "習近平의 신시대 중국특색 사회주의 사상을 구성하는 일부분"이라고도 현양될 정도이다.[6] 이런 상황에서 척계광이 물리친 왜구는 중화민족을 침략해 온 외적으로서의 의미만이 있을 뿐이다.

이로 인해 중국에서 일반적으로 인식되는 왜구(한국에서도 비슷한 면이 많다고 생각한다) 및 관련된 주요 관심사는 일본에서와는 사뭇 다르다. 또한 중국과 일본의 입장 차이는 일반인의 영역에만 머무는 것이 아니다. '중일역사공동연구위원회'에 참가했던 무라이 쇼스케(村井章介)는 중국의 학자가 일본 측에 대해 '왜구의 도덕적 책임'을 지속적으로 추궁하는 태도를 보이기도 했다며 "왜구의 다민족적·초국가적 성격에 주목하는 것 자체가 비난의 대상이 되는 것인가?"라며 반문했다.[7]

그렇지만, 중국학자의 입장에서도 일본학자들의 태도에 의문을 제기할 여지는 충분하다. 근래 후기왜구와 관련해 『倭寇圖卷』(도쿄대학사료편찬소장)과 『抗倭圖卷』(중국국가박물관장)에 대해 일본과 중국의 공동연구가 이루어지고 다수의 결과물이 발표되었다.[8] 그 연구 결과 자체는 중국·일본 학자들 사이에 이견이 있을 여지가 거의 없다. 다만, '왜구' 자체의 시각은 여전히 거리가 있어 보인다. 일본에서는 "가정 38년 王直의 죽음에 의해 왜구활동이 멈춘 것은 아니었지만「가정대왜구」는 왕직의 죽음으로써 종언되었다고 여겨지는 일이 많다."[9]고 생각할지 모르겠

---

5) 「〈펑어근인〉(시즌2) 제5회 애국심-고전 속의 지혜」, 國際在線(www.cri.cn) 2021년 4월 20일.
   https://korean.cri.cn/20210420/2b783cd5-f7b0-3e68-38f7-511ec626d9dc.html (2024년 11월 30일 검색)
6) 馮榮, 「戚継光抗倭与新時代民族精神傳承弘揚研究」, 『大學敎育』, 广西教育學院, 22-9.
7) 村井章介, 「倭寇とはだれか -十四~十五世紀の朝鮮半島を中心に」, 『東方學』119, 東方學會, 2010, 4~5쪽.)
8) 東京大學史料編纂所 編, 『描かれた倭冦 : 「倭冦図卷」と「抗倭図卷」』, 吉川弘文館, 2014.
   須田牧子 編, 『『倭冦図巻』「抗倭図卷」を讀む』, 勉誠出版, 2016.
   陳履生 主編, 『抗倭圖卷考』, 孔學堂書局出版社, 2020.

지만, 중국에서 왜구에 많은 관심을 쏟는 것은 오히려 왕직의 체포와 죽음 이후의 시기이다. 무엇보다 그 시기에 '항왜전쟁'을 승리로 이끈 중화민족의 영웅인 척계광이 본격적으로 활약했기 때문이다. 예를 들면 척계광의 승전 중에서도 잘 알려진, 12(혹은 9)번 싸워 12번 승리했다는 台州대첩은 가정 40년(1561)의 일이었다. 약탈자보다는 '밀무역자로서의 왜구'라는 시각이 강한 일본에 대해 중국의 학자들이 의혹을 제기할 여지는 충분하다고 보인다.

각국의 일반 대중에게 특정 '역사 사실(사건·인물)'이 서로 다르게 인식되고 받아들여진다면 당연하지만 그 이유가 있을 것이다. "왜 이런 차이가 나타나는가?"의 문제는 다소 역사연구의 범주를 벗어나는 영역이겠지만 '역사 현안' 및 '역사 갈등', 그리고 그로부터 자유롭지 않은 '역사관'의 발원을 발견하기 위해서는 이를 해결할 필요가 있다. 그리고 이를 위한 기초 작업은 먼저 그 차이를 분명히 아는 것에서 출발한다.

'왜구'라는 동일한 역사적 사실에 대해 한·중·일 삼국이 가지고 있는 '왜구 이미지'는 현격한 차이가 있다.[10] 차이가 발생한 것은 침략과 피침략, 가해자와 피해자라는 입장 차이가 크게 작용했기 때문이라고 할 수 있지만 단순히 과거의 역사사실 자체 만에서 기인한 것은 아니다. 사실상 한국의 왜구이미지는 상대적으로 크게 변화하지는 않았다. 그렇지만 중국에서는 이를 둘러싸고 최근 20여 년 동안 적지 않은 변화가 있었다. 중국에서 어떤 과정과 어떤 요인으로 현재의 왜구 이미지가 형성되어 일반인들에게 보급되는지 살펴보고 이를 통해 '왜구문제'의 본질이 어디에 있는가에 관해서도 생각해보도록 하겠다.

---

9) 東京大學史料編纂所 編, 『描かれた倭冠 : 「倭冠図巻」と「抗倭図巻」』, 吉川弘文館, 2014, 80쪽.
10) 桃木至朗 編, 『海域アジア史研究入門』 巖波書店, 2008, 89쪽.

II. 중화 민족영웅과 침략자 왜구

1. 2005년 이후 '가정왜구론'을 둘러싼 논쟁

중국의 왜구연구에 큰 전기가 되었던 것은 1980년대 개혁개방의 실시와 함께 중국 역사학계에서 자본주의 萌芽論이 부각되면서부터이다. 명의 전제주의 체제와 그에서 비롯된 海禁정책을 근대화의 장애요소로 파악하고 가정시기의 왜구는 이를 극복하기 위한 긍정적 측면의 활동으로 보려는 시각이 제기되었다. 이 새로운 시각에서는 왜구와 결탁했던 중국인 밀무역자들에 주목해 가정왜구는 일본인들에 의한 外侵이 아니라 국내문제, 즉 명 내부의 사회경제적 발전 및 계급투쟁의 성격이라는 주장이 펼쳐졌다.[11] 초기의 대표적 인물인 林仁川·戴裔煊은 왜구를 해금 대 반해금의 투쟁으로 규정했는데[12] 이런 새로운 주장은 많은 사람들에게 영향을 주었다. 특히 樊樹志는 더 나아가 왜구를 '세계화'적 시각과 접목해 「倭寇新論」을 제출하고 倭患의 근본 원인은 "명조의 엄격한 해금정책과 날로 늘어나던 해상무역 사이의 타협할 수 없었던 모순"에 있었다고 주장했다. 이런 인식하에 그는 왜구를 "中國海商"으로 개칭하기도 했다.[13] 「왜구신론」은 여러 면에서 일본에서 설명하는 16세기의 '후기왜구'와

---

11) 伊藤公夫, 「中國歷史學界における嘉靖倭寇史研究の動向と問題點」, 『史學』 53-4. 1984; 李小林·李晟文 主編, 『明史研究略覽』, 天津敎育出版社, 1988, 205~206쪽; 윤성익, 「21세기 동아시아 국민국가 속에서의 倭寇像」, 『명청사연구』 23, 2005. 참조.

12) 林仁川, 「明代私人海上貿易商人与"倭寇"」, 『中國史研究』 1980-4.
林仁川, 『明末淸初私人海上貿易』, 上海, 華東師范大學出版社, 1987.
戴裔煊, 『明代嘉隆間的倭寇海盜与中國資本主義的萌芽』, 北京, 中國社會科學出版社, 1982.

13) 樊樹志, 「"倭寇"新論 : 以"嘉靖大倭寇"爲中心」, 『夏旦學報』 2000-1, 37~45쪽.

유사하다. 일본의 연구 경향이 중국에 영향을 준 것은 분명하지만, 1980
년대 이후 왜구를 다민족·탈민족적으로 파악하려는 일본의 시각과는 조
금 다르다. 「신론」은 어디까지나 명대 상업자본의 성장과 중국인의 해외
진출을 "중국인이 주체였던 왜구"를 통해 설명하는 도리어 극히 민족적
입장에 서있었다.

왜구신론이 큰 반향을 일으켰지만, 그렇다고 전통적인 왜구관이 크게
퇴조한 것은 아니었다. 「신론」과 함께 「구론」의 왜구론이 병립되며 전개
되었다.14) 왜구가 중국인의 활동이었다는 「신론」은 중국 사회에서 긍정
적으로 받아들여질 수 있는 측면이 많았지만 그 반대 측면도 가지고 있
었다. 다음 절에서 논하겠지만 왜구가 외부침략이 아니라 내부 반란의
성격을 지닌 사건이었다면 더 이상 '대외항쟁'의 소재가 되지 못한다.
1990년대부터 중국정부에서 강력히 추진한 중화민족의 주장과 애국주의
역사교육의 영향은 왜구의 성격규정에도 크게 작용했다. 그 결과 2000년
대에 들어와서도 중·고등학교 역사교육 현장에서 왜구는 여전히 '일본인
의 침략'으로 서술되었고 일반적인 인식 역시 이에 가까웠다.15)

---

14) 주요 연구들은 다음과 같다.
陳抗生, 「嘉靖"倭患"探實」, 『江海學刊』 1980-3; 林仁川, 「明代私人海上貿易商人
与"倭寇"」, 『中國史研究』 1980-4; 戴裔煊, 『明代嘉靖間的倭寇海盜与中國資本主
義的萌芽』, 北京, 中國社會科學出版社, 1982; 陳學文, 「明代的海禁与倭寇」, 『中國
社會經濟史研究』 1983-1; 陳學文, 「論嘉靖時的倭寇問題」, 『文史哲』 1983-5; 田
培棟, 「明代后期海外貿易研究 : 兼論倭寇性質」, 『北京師院學報(社會科學版)』 1985-3;
李金明, 「試論嘉靖倭患的起因及性質」, 『廈門大學學報(哲學社會科學版)』 1989-1;
聶德寧, 「試論明代中叶徽州海商的興衰」, 『安徽史學』 1989-3; 晁中辰, 「王直評
議」, 『安徽史學』 1989-1; 唐力行, 「論明代徽州海商与中國資本主義萌芽」, 『中國經
濟史研究』 1990-3; 張聲振, 「論明嘉靖中期倭寇的性質」, 『學術研究』 1991-4; 樊
樹志, 「"倭寇"新論 : 以"嘉靖大倭寇"爲中心」, 『夏旦學報』 2000-1, 范中義, 「論嘉
靖年間倭寇的性質」, 『明史研究』 2003-8; 鄭樑生, 「私販引起之倭亂与徐海之滅
亡 : 1546- 1556」, 中國明史學會 等 主編, 『第十屆明史國際學術討論會論文集』, 北
京,人民日報出版社, 2005.

한동안 병립하던 「구론」과 「신론」16) 사이에 본격적인 논전이 펼쳐지게 된 것은 2005년의 한 사건이 계기가 되었다. 2005년 1월 上海의 『新民晚報』는 일본 고토(五島)시의 시민들이 기금을 모아 명대 왜구 수령 왕직의 고향인 안휘성 歙縣 柘林村에 '王氏祖墓'를 건립해 왕직의 공적을 기념했다고 보도했다. 이 소식은 인터넷 등을 통해 급속히 퍼지며 중국 국내에서 비난의 소리가 쏟아져 나왔다. 그러던 중 2월, 浙江麗水學院·南京師範大學의 두 대학교원이 歙縣까지 가서 야밤에 묘비를 파괴하는 사건이 발생했다. 이들은 "민족배신자[漢奸]의 묘를 일본인들이 정비하고 비석을 세운 것은 중국인을 우습게 보는 것"이라고 그 이유를 밝혔다고 한다.17)

이 사건은 하나의 해프닝으로 끝나지 않고 이를 계기로 명대의 '倭患'을 어떻게 볼 것인가라는 역사문제와 중국의 현실문제가 긴밀히 결부되어 언론뿐만 아니라 명대사 전문가가 개입된 토론이 한동안 전개되었다.18) 「신론」의 대표자인 樊樹志는 두 대학교원의 행동이 "일종의 無知의 표현이고 편협한 민족주의의 표현"이며, "왕직은 명대 武裝밀무역자인 해적 수령으로 그를 완전히 부정해서는 안 된다."는 입장을 내놓았다. 이에 대해 南炳文은 "가정이래 조정에서부터 연해의 향촌에 이르기까지 머리부터 발끝까지 기재된 그렇게 많은 왜구의 죄행과 관련된 역사를 설마 모두 잘못 알고 있습니까?"라고 반문하고 가정왜구 중 일본인이 소수였지만, "숫자만 볼 것이 아니라 眞倭·假倭 양자의 관계를 보아야 한다."

---

15) 윤성익, 위의 논문.
16) 예를 들어 「구론」을 채택했던 당시 고등학교 역사교과서의 교사용·지도서에는 중국의 왜구연구에 대한 연구경향을 「학술동태」라는 항목에서 「구론」과 「신론」을 3가지로 정리·소개만 하고 각 주장에 대해 시비를 가리지는 않았다. (윤성익, 위의 논문 참조)
17) 『동아일보 인터넷판』, 2005년 2월 6일자. 『光明日報 인터넷판』, 2005년 2월 2일자.
18) 任世江·何孝榮, 「明代"倭患"問題辨析」, 『歷史敎學』 2008-9, 5쪽.

고 반박했다.[19] 南炳文 주장의 핵심은 소수였지만 왜구활동의 주체는 '眞倭', 즉 일본인이었고 왜구활동도 일본인에 의한 침략이었다는 데 있었다.

대다수 전문가들은 일본인이 중국에서 왜구 수령 왕직의 묘에 비석을 세우고 공덕을 칭송하는 것은 타당하지 않다는 쪽으로 기운 듯한데[20] 이런 분위기는 당시 중국의 사회분위기와도 관계가 있었다. 2004년 일본 역사교과서 문제나 고이즈미 총리의 야스쿠니 신사 참배, 釣魚島[센가쿠 열도] 영유권 문제 등으로 반일 정서가 고조된 것이다. 왕직의 묘비를 파괴한 행동도 이런 분위기 속에서 일어났다. 이런 반일 정서는 더욱 심각해져서 2005년에는 중국 각지에서 반일 시위가 발생하고 일본 상품 불매운동 등이 펼쳐졌다.

이런 중국 내부의 사정에도 힘을 받아 「구론」, 정확하게는 「쇄신된 구론」이 다시 正論이 되었다. 사료상으로 왜구 구성원에 중국인이 다수였고 왕직을 대표로 하는 밀무역자 출신의 왜구 지도자가 존재했음은 부정할 수 없었지만, 南炳文의 주장과 같은 논리에서 '진왜'가 왜구활동의 주체이며 왜구의 성격은 '대외침략'이라는 논지가 이어졌다.[21] 특히 왜구 활동의 핵심 내지 그 목적은 약탈에 있었다는 점이 부각되었는데, 일본의 해적[22]상인·浪人·武士가 약탈을 목적으로 무장 침략 집단을 형성한

---

19) 위의 논문.
20) 李堅, 「王直到底是怎樣一个人―專家學者評"嘉靖倭寇"」, 『新民晚報』 2005년 2월 4일.
21) 張聲振, 「再論嘉靖中期的倭寇性質-兼与《嘉隆倭寇芻議》-文商権」, 『社會科學戰線』, 2008-1; 任世江·何孝榮, 「明代"倭患"問題辨析」, 『歷史敎學』 2008-9; 段坤鵬·王波·溫艶榮, 「嘉靖年間眞假倭問題探析」, 『東南大學學報(哲學社會科學版)』 2011-12; 宋烜., 「明代倭寇問題辨析」, 『國學學刊』 2013-4; 高超, 「明代嘉靖倭患興起的原因分析」, 『佳木斯大學社會科學學報』 2014-8; 范中義, 「戚継光在抗倭戰爭中沒"殺過一个日本人"嗎」, 『浙江學刊』 2015-2.
22) 중국에서는 보통 '海盜'라고 표기한다.

것이 왜구이고 중국 대륙에서 "덩달아 뛰놀던" 중국인도 적지 않았지만 그 결정적 역할은 '일본해도'에 있었고[23], 진왜가 왜구 약탈의 핵심이며 왜구의 성격을 설명하는 요소이기 때문에 가왜(중국인)의 수가 얼마인지 여부는 '진왜에 의한 약탈의 성격', 나아가 '왜구의 성격'을 규정하는 것 과 무관하다는[24] '실행주체'의 문제가 강조되었다.

반면 중국인 왜구 두목은 부수적 존재였다는 주장도 덧붙여졌다. 가정 32년(1553) 강남지역을 돌아다니며 약탈활동을 벌이던 蕭顯이 일본인 船主를 보면 '머리를 조아렸다(叩頭)'는 기록이 있는데, 이를 근거로 소현은 "매국노[漢奸]"이자 "앞잡이[奴才]"인 것을 알 수 있다며, 왜구를 이끌고 중국 연해를 겁략했던 매국노 두목의 배후에는 "상전[主者]"이 있어서 겉으로는 그들(한간두목)이 왜구를 파견하고 지휘한 것처럼 보이지만 실제로 그들의 운명은 "상전"의 지배를 받고 있었다고 주장한다.[25] 왕직에 대해서는[26] 마쓰라씨의 기록인 『大曲記』를 인용하며 왕직이 거처를 두었던 히라도(平戶)의 지배자 마쓰라 다카노부(松浦隆信, 1529~1599)가 왕직을 이용, 혹은 실질적으로는 고용했다는 취지의 주장도 제기되었다.[27]

---

23) 任世江·何孝榮, 「明代"倭患"問題辨析」, 『歷史教學』 2008-9, 61~62쪽.

24) 張聲振, 「再論嘉靖中期的倭寇性質-兼与《嘉隆倭寇芻議》-文商榷」, 『社會科學戰線』, 2008-1, 102쪽.

25) 段坤鵬·王波·溫艷榮, 「嘉靖年間眞假倭問題探析」, 『東南大學學報(哲學社會科學版)』 2011-12, 62쪽.

26) '현재의 국적법'을 기준으로 보면 왕직이 일본으로 건너가 '왕(王)'을 자처할 정도의 세력을 얻은 뒤에는 사실상 일본의 다이묘(大名)가 된 것으로 더 이상 '중국인'으로는 볼 수 없고 서해 등의 경우도 일본으로 건너가 '일본인'이 되었기 때문에 이들 두목은 중국인이 아니다(倭酋不是中國人)"는 지적도 있다.(張聲振, 「再論嘉靖中期的倭寇性質-兼与《嘉隆倭寇芻議》-文商榷」, 『社會科學戰線』, 2008-1, 102쪽.)

27) 潘洵, 「論明代中國海商的國際地位」, 『澳門學刊』 2019-4, 19~26쪽.

한편, 숫자의 문제에 대해서도 다소 새로운 주장이 제기되었다. 왕직·
서해 등 왜구와 결탁했던 '중국인 왜구 두목'들이 토벌된 이후에는 오히
려 진왜의 수가 많았다는 것이다.[28] 그 증거로 제시되는 것 중 하나는
다케코시(竹越與三郎)의 『倭寇記』(1938)에 인용된 고노(河野)씨의 家
傳[29]이다. 그 내용의 말미에는 "永祿 6년에 우리들 7黨 도합 1300여 명
으로 大明國 平海郡을 공격했을 때의 船備, 왼쪽에 그린다... 이 때의 선
박수는 대소 137척으로, 親船 9척, 戰船 28척, 기타 戰士 및 대명국의 浮
浪人도 가세해 乘組한 小船도 100여 척 있어서, 총 전사는 상하 1,352명,
별도로 漁士 등 600명이 승조했다고 한다. 그 수에는 대명국의 混賊 등
도 2~3백 명이나 편들었던 자가 있었다."[30]고 적고 있다. 마지막의 숫자

潘洵, 「從身份构成看"嘉靖倭患"的性質」, 『蘇州科技大學學報(社會科學版)』2022-5,
73~74쪽.
참고로 潘洵는 『大曲記』의 내용을 인용하며 "他利用了五峰"이라고 기술했는데,
이 부분은 王曉秋·大庭修, 『中日文化交流史大系·歷史卷』(浙江人民出版社, 1996,
192쪽)을 재인용한 것이다. 본래 『大曲記』에는 "とりへにして"로 되어있어서
"利用"과는 뉘앙스에 차이가 있다. 참고로 『中日文化交流史大系·歷史卷』에서는
해당 문장에 대해 "왕직이 藩主의 허가를 얻어 중국식 거처(住所)를 건축하고
이로부터 중국의 무역선이 끊이질 않았다"고 해설하고 있다.
潘洵, 「試論"后期倭寇"概念中所隱藏的意圖」(『樂山師范學院學報』 2020-2)에서는
"松浦隆信 등 일본지방 여러 제후의 조종을 받는 傀儡였을 뿐"이라고 표현하고
있다.

28) 段坤鵬·王波·溫艷榮, 「嘉靖年間眞假倭問題探析」, 『東南大學學報(哲學社會科學版)』
2011-12, 62쪽.
范中義, 「戚継光在抗倭戰爭中沒"殺過一个日本人"嗎」, 『浙江學刊』 2015-2, 93~94쪽.
한편, 黃明標, 「明朝女英雄瓦氏夫人的歷史考察」(『百色學院學報』 2021-3, 82쪽)에
서는 가정 33~34년(1554~1555) 절강지역에서 활동한 왜구집단에 대해 그 중
"약 90%는 일본 낭인·무사, 약 10%는 중국 연해에서 일본으로 도망친 건달·악
인(地痞惡人)"이었다고 설명하는데, 딱히 근거를 제시하지는 않았다.

29) 『倭寇記』에는 "小宮山綏介가 佐藤信継의 年記에 의해 기록한 것"으로 되어있는
데, 우와지마(宇和島)시 미시마신사(三嶋神社) 소장 『豫章記』라고 생각된다.

30) 竹越與三郎, 『倭寇記』, 白揚社, 1938, 58쪽.

만 보면 왜구 전체의 약 2,000명 중에 중국인은 2~3백 명, 10~15%정도
가 된다. 永祿 6년(1563)은 가정 42년인데, 실제로 이때 平海에는 왜구가
여러 차례 침범했고 척계광이 이를 물리치기도 했다.[31] 이 기록으로만
보면 이 때 왜구의 다수는 일본인이었을 뿐만 아니라 세토나카이의 대표
적 해상세력인 고노씨가 왜구의 주체였다.[32] 아울러 척계광이 토벌한 왜
구도 대부분이 '일본인'이었다는 유력한 증거가 된다.

　현재 중국에서 진왜와 가왜, 왜구집단의 형성 및 주체를 어떻게 보고
있는지는 최근 다수의 관련 논문을 발표하고 있는 潘洵의 다음과 같은
설명을 통해 잘 알 수 있다.[33]

> 眞倭 : 일본에서 온 武士와 海盜
> 假倭 : 왕직 등 일본으로 도망쳐 유랑하고 진왜와 결탁해 삭발하고(髡首)
> 　　　 왜복을 입은 중국의 武裝 밀수 집단
> 從倭 : 진왜·가왜가 침입한 뒤 그 여세를 타고 가입한 연해 奸民·流民 등

　결과적으로 "진왜가 없으면 가왜도 없고 종왜도 없으며, 倭患도 없
다."는 한 문장으로 왜구 문제는 정리된다. 겉으로는 진왜가 20~30% 정
도 밖에 안 되는 것처럼 보여도, 결국 왜환의 핵심세력은 그들이고 책임
도 그들에게 있었던 게 된다.

　「구론」의 공세와 거센 비판 속에서도 樊樹志는 자신의 입장을 바꾸지
않았고 여전히 「신론」을 지지하는 사람들도 있지만, 「신론」은 이를 주장

---

31) 관련 기사 : 明『世宗實錄』 가정 42년 2월 26일, 4월 13·25일, 5월 3일, 7월 16
　　일, 10월 6일.
32) 『왜구기』의 내용을 통한 이런 취지의 주장은 과거에도 있었다.(譙樞銘, 「古代上
　　海与日本交往」, 『史林』 1990-2, 38쪽)
33) 潘洵, 「從身份构成看"嘉靖倭患"的性質」(『蘇州科技大學學報(社會科學版)』 2022-5)
　　의 내용을 요약·정리.

하는 사람 스스로 "거짓말(謊言)"[34])이라고 제목을 붙여야할 만큼 입지를 잃었다. 특히 樊樹志는 명대사 연구가로서는 중국내에서 높은 평가를 받으면서도 왜구문제와 관련해서는 모욕적이라고까지 느껴지는 비판에 시달리고 있다. 樊樹志의 「신론」은 "일본학자들의 주장을 변별력 없이 그대로 수용한 것"으로 "인터넷상에서 그를 '漢奸 학자'라고 지칭하는 말도 무리는 아니다."[35])라는 비판은 단지 樊樹志 개인이 아닌, '왜구 신론'의 현재[36])를 잘 보여준다.[37])

---

34) 郭又惊, 「嘉靖倭寇入侵的謊言」, 『科學大觀園』 2014-14.

35) 潘洵, 「試論"后期倭寇"槪念中所隱藏的意圖」, 『樂山師范學院學報』 2020-2, 94쪽. 참고로 이 논문에서는 일본의 '후기왜구' 개념을 비판하면서, "일본학자들은 주체의 변화에 근거해 영파의 난 이후 밀무역자와 대왜구시대의 약탈자들을 연결시켜 그들 사이의 연계를 구축함으로써 가정대왜구의 주체가 중국인이라는 결론을 도출해 냈다. 이는 역사적 사실에 부합하지 않을 뿐만 아니라 진정한 왜구의 책임을 떠넘기는 것이라고 생각한다."고 하여 일본 학자들의 "책임전가"에 의해 의도적으로 사실이 왜곡되었다고 주장하고 있다.(92쪽)

36) 물론 「신론」이나 왕직에 대한 긍정적인 평가가 완전히 사라진 것은 아니다. 예를 들면 李睿, 「明代中叶倭寇問題探析」(『西部學刊』 2022-6, 132쪽)은 왜구의 약탈과 척계광 등의 왜구 토벌의 공적을 인정하면서도 "이 전쟁은 본질적으로 중국 海商을 중심으로 왜구와 결탁하여 이익을 도모하기 위한 反海禁戰爭"이라고 규정하고 있다.

37) 潘洵은 '왜구신론'의 모태가 된 일본 학자들의 주장에 대해 "야마네(山根幸夫)가 '후기왜구'의 주체가 일본인이 아닌 중국인이라는 것을 강조하고, 다나카(田中健夫)는 더욱이 약탈을 "밀무역강행"이라고 말했는데, 이는 전형적인 스스로를 기만하고 남도 속이는 문자유희다. 일본학자는 일반적인 폐단이 있어서 자기 민족의 역사범죄를 인정할 용기가 없는 것 같다."며 원색적으로 비판하고 있다. (潘洵, 「從身份构成看"嘉靖倭患"的性質」, 『蘇州科技大學學報(社會科學版)』 2022-5, 70쪽)

2. 중화민족 중심의 역사관과 민족영웅 척계광

1980년대 개혁개방이후 소련을 비롯한 동유럽 사회주의 국가들의 해체, 그 과정에서 발생한 민족분쟁 등을 목도한 중국은 '민족주의'를 새로운 대안 이데올로기로 삼고자 했다.[38] '중화민족주의'는 사회통합기제로서 한계성이 들어난 사회주의 이데올로기를 대신해 중화문명에 근거한 새로운 국민적 정체성 창안을 시도하려는 것이었다. 이에 따라 중화문명, 문화의 개념 등에 대한 접근방법을 논의하고 특히 개혁개방 정책과 관련하여 세계문화의 보편성 속에서 중국 문화를 재정립하려는 시도가 전개되었다. 이에 따라 56개의 민족을 통합한 '中華民族'의 개념이 정립되었고 새로운 이데올로기의 도입을 위한 "상징조작"[39]의 방안으로 '愛國主義' 및 '애국주의 교육'이 적극적으로 추진되었다.

'중화민족주의'를 강화하는 도구로서 '애국주의'는 이후 중국의 역사연구 및 역사교육의 중요한 키워드로 자리 잡았다.[40] '애국주의'는 중국이 개혁개방을 시행하면서 사회주의 이념을 대체하기 위해 대대적으로 진행한 국민교육이자 중국인 사이에 고양된 국민 이데올로기였다고 할 수 있다.[41]

習近平 시대의 중화민족주의 및 애국주의의 내용 역시 이전 시대와 크게 다르지는 않을 뿐더러 더욱 강조·강화되는 느낌이다. 習近平 정권의 핵심 키워드가 된 "중국의 꿈[中國夢]"이 처음 제시, 혹은 언급된 것

---

38) 조봉래, 「사상적 연원과 시대적 흐름을 통해 본 시진핑(習近平) 정부의 중화민족주의 강화」, 『민족연구 70호 특집-자민족 중심주의의 현장』, 70, 2017, 63쪽.
39) 김인희, 「중국의 애국주의교육과 역사허무주의-1988년 〈하상(河殤)〉의 방영에서 1994년 〈애국주의교육실시강요(愛國主義實施綱要)〉 선포까지-」, 『韓國史學史學報』 38, 2018, 355쪽.
40) 위의 논문, 343쪽.
41) 조봉래, 63쪽.

은 習近平이 2012년 11월 29일 국가박물관에서 개최된 「부흥의 길(復興之路)」이라는 전시회 참관 뒤, "각 사람마다 이상과 추구하는 바가 있고 꿈이 있다. 현재 여러분은 모두 중국의 꿈[中國夢]에 대해 논하고 있는데 내가 보기에는 중화민족의 위대한 부흥을 실현하는 것이 근대 이래로 중화민족의 가장 위대한 꿈이다."[42]라고 발언하면서부터였다. 그 전시회는 1840년 아편전쟁 이래 중국인민이 굴욕과 고난 속에서 분투하고 민족부흥을 실현하기 위해 수행한 다양한 탐색, 특히 중국공산당이 전국의 각 민족과 인민을 영도해 민족독립·인민해방과 국가부강·인민행복을 쟁취한 찬란한 여정을 회고하는 내용이었다.[43] 이를 통해 알 수 있듯이 '중국몽'에는 아편전쟁 이래 반제·반봉건의 민족·민주 투쟁, 공산주의 혁명과 중국 특색의 사회주의 건설 과정을 거쳐 오늘날 G2에 이르기까지 170년 동안의 지난한 '중화민족 부흥'의 열망이 녹아 있다.[44]

習近平 정권 하에서도 지속적으로 강화된 애국주의 교육의 내용은 2019년 11월 반포한 「신시대 애국주의 교육 실시 강요(新時代愛國主義教育實施綱要)」[45]를 통해 잘 알 수 있다. "애국주의는 중화민족의 민족심이자 민족혼이며 중화민족의 가장 중요한 정신적 재산이며 중국인민과 중화민족이 민족독립과 존엄성을 수호하는 강력한 정신적 원동력이다."로 시작하는 「(신)강요」에서 반복해 강조하는 점은 역시 '조국 통일'과 '민족 단결'이다. 2023년 6월 26일 14기 전국인민대표대회 상무위원회에서 심의한 「애국주의교육법안(초안)」[46]을 보면 이런 흐름은 더욱 강

---

42) 『人民日報』 2012년 11월 30일, http://cpc.people.com.cn/n/2012/1130/c64094-19746089.html (2024년 11월 30일 검색)

43) 위와 동일.

44) 김태만, 「시진핑의 '중국몽(中國夢)'과 문화강대국의 길」, 『동북아문화연구』 37, 2013, 6쪽.

45) 中共中央國務院印發 『新時代愛國主義教育實施綱要』(2019-11-12) https://www.gov.cn/zhengce/2019-11/12/content_5451352.htm

화할 것으로 예상된다.

애국주의의 가장 핵심적인 목표인 '중화민족 단결'에 매우 효과적인 역사소재라고 할 수 있는 것은 대외침략과 그에 맞선 항쟁과 승전의 역사라고 할 수 있다. 1994년 선포한 「애국주의교육실시강요(愛國主義敎育實施綱要)」에는 역사교육에서 다루어야하는 주제 및 내용으로 "중국 인민이 외세 침략과 압박에 반대해 온 역사를 이해하고, 부패한 통치에 반항하고 민족 독립과 해방을 쟁취하여 희생을 무릅쓰고 앞으로 돌진하며 피나는 투쟁을 한 정신과 업적, 특히 중국 공산당이 전국 인민을 영도하여 신중국을 건립하고 용감하게 분투한 숭고한 정신과 빛나는 업적을 이해시켜야 한다."[47]는 점을 명시했다. 여기서 '외세침략'은 비단 근대이후의 침략만을 의미하지 않는다.

이런 항전의 역사와 함께 중요시되는 것이 영웅, 더욱 정확히는 '民族英雄'이다. 「(신)강요」의 27조는 "영웅을 숭배, 영웅을 학습, 영웅을 수호, 영웅에 관심을 갖고 사랑하는 농후한 분위기"를 적극적으로 조성케 하고 있으며, 「법안(초안)」이 제시하는 9개 방면의 주요 내용에는 중화민족발전사와 더불어 영웅열사와 선진 모범 인물의 사적 및 구현된 민족정신·시대정신을 보급하도록 되어있다.

그런데, 중국의 '민족영웅' 개념은 한국과는 조금 다른 면이 있다. 넓은 의미의 '민족영웅'은 "평화·변혁기에 민족의 발전과 번영에 기여한 인물"을 뜻하지만, 좁은 의미로는 "외래 민족의 침략과 압박에 저항하는

---

46) 「愛國主義敎育法草案首次亮相」, 『檢察日報』 2023년 7월 3일.
https://www.spp.gov.cn/spp/zdgz/202307/t20230703_620468.shtml (2024년 11월 30일 검색)
「초안」의 대략적 내용은 다음 주소에서 확인할 수 있다.
https://baijiahao.baidu.com/s?id=1770037279073571682&wfr=spider&for=pc (2024년 11월 30일 검색)
47) 김인희, 359쪽.

투쟁에서 뛰어난 공헌을 한 인물로, 그 중에는 반항투쟁 중 강하고 포악함에 꺼리지 않고, 희생을 두려워하지 않은 사람도 포괄한다. 이상의 정의는 어떤 민족에게나 적합하고 지역과 역사시간에 구애 받지 않으며, 성공실패, 인물의 크고 작은 조건의 제한에 구애 받지 않는다."는 의미이다.[48] 즉, 좁은 의미의 '민족영웅'은 "외래 민족의 침략에 항거한 인물"이라고 짧게 말할 수 있는데, 이것이 현재 중국에서 공식적(?)으로 사용되는 '민족영웅'의 개념이다.

1) 악비 대 척계광

2002년, 중국의 동북공정으로 한국과 중국 사이에 고구려사를 둘러싼 문제 및 갈등이 터진 것은 잘 알고 있는 것처럼 중국에서 56개의 민족을 통합한 '중화민족'을 주체로 역사관을 재정립하고 역사서술과 역사교육을 추진·강화했던 것에서 기인한다. 중화민족 중심의 역사관은 고구려사의 문제에서 잘 나타났던 것처럼 주변 국가 및 민족들과의 마찰을 빚었지만, 중국 국내에서도 큰 마찰과 논쟁을 불러왔다. 가장 첨예한 문제는 종래의 민족영웅, 특히 대표적인 민족영웅으로 숭상 받던 岳飛의 민족영웅 지위 문제였다.

CCTV의 인기 강연 프로그램인 「百家講壇」에서의 "모종의 관점에서 악비는 민족영웅이 아니라고 할 수 있다."는 발언으로 시작된 논란은 2003년부터 사용될 중·고등학교 역사교과서에 악비와 원나라에 항거한 文天祥에 대해 '민족영웅'의 호칭을 사용하지 않는다는 사실이 알려지면서 들끓었고 학계의 논쟁으로 이어졌다. 漢族의 관점에서 민족영웅이었던 악비나 문천상은 중화민족적 관점에서 보면 민족 내부 간의 항쟁에서

---

48) 「百度百科」 '民族英雄 [mín zú yīng xióng]'
https://baike.baidu.com/item/民族英雄/2431579?fr=ge_ala (2024년 11월 30일 검색)

활약했던 인물들이기 때문에 더 이상 "외래 민족의 침략에 항거한 민족영웅"이 될 수 없었던 것이다.[49] '민족영웅이 아니다'라는 입장에 많은 비판이 쏟아졌지만, 2003년 역사교과서의 악비와 문천상 관련 내용에서 결국 '민족영웅'이 빠졌다. 宋(漢族)과 주변의 민족들이 대립했던 시기를 '민족정권 병립의 시대'라고 부르는 것에서도 알 수 있지만, 소수민족 문제를 중시하는 중국정부의 입장에서 과거의 한족 중심 역사관 및 역사서술은 조정될 필요가 있었다.

이렇다보니 "대외침략에 대해 항거"했던 종래의 "민족영웅" 대부분이 그 지위를 잃게 되어버렸다. 근대이후 서양 및 일본의 침략에 항거한 인물들은 문제가 없었지만, 전근대시기의 인물들은 대부분 중화민족의 내부 항쟁에서 활약한 것이 되기 때문이다. 그런 가운데 왜구, 즉 일본인의 침략을 물리친 척계광은 그대로 민족영웅의 지위를 유지할 수 있었다. 2003년 중국 중학교 역사교과서의 『교사교학용서』는 척계광의 '戚家軍'은 '岳家軍'과 싸운 대상이 비교된다면서, "척계광의 항왜투쟁은 중국 역사상 최초로 외래 민족의 침략에 반항하여 승리한 투쟁임과 척계광이 중화민족의 역사상 걸출한 민족영웅임을 명확하게 한다."[50]고 지침을 밝히고 있다. 중화민족사에서 척계광은 역사상 첫 번째의 민족영웅이 된 것이다.[51]

그러나 민족영웅의 지위를 둘러싼 논쟁은 여기서 끝나지 않았다. 악비의 민족영웅 문제에 대해서는 지금까지도 인터넷에서 뜨거운 논쟁거리

---

49) 윤성익, 「일본 역사교과서 문제를 둘러싼 중국에서의 시각-愛國主義·中華民族主義 敎育下에서의 對日本觀과 관련하여-」(『아태연구』 13-2, 2006)를 참조.

50) 人民敎育出版社 歷史室 編著, 義務敎育課程標准實驗敎科書 『中國歷史 七年級下 册敎師敎學用書』, 「第16課 中外的明交往与衝突」.

51) 윤성익, 「21세기 동아시아 국민국가 속에서의 倭寇像」, 『명청사연구』 23, 2005. 참조.

가 되어있는데[52] 악비를 옹호하는 측에서는 척계광이 중화민족의 '첫번째 민족영웅'이라는 게 마음에 들지 않았던 듯하다. 척계광에 대한 공격요소와 근거가 된 것은 「왜구 신론」의 주장 및 "왜구의 다수가 중국인"이라는 점이었다. 왜구가 실은 중국인의 활동, 특히 명조에 대항한 '해금 대 반해금의 투쟁'이었다면 왜구활동은 일종의 '민중반란', 중국식 표현으로는 '起義'가 되고 척계광은 이를 토벌한 것이 된다. 중국의 역사관에서 '기의'는 정의로운 행동이다. 당연하지만 이를 탄압한 사람이 좋은 평가를 받기는 어렵다. 척계광이 싸웠던 상대가 「왜구 신론」에서 말하는 왜구라면 척계광은 민족영웅이 될 수 없을뿐더러 더더군다나 "각 계층 인민을 압박·착취한 봉건 지주 계급과 그 해금 정책에 반대하는 투쟁(즉 기의)"을 탄압한 죄인이 된다.[53]

「구론」과 「신론」의 논쟁, 그리고 결과적으로 「구론」이 (공식적으로?) 승리한 것과 척계광을 비롯한 항왜영웅, 항왜전쟁의 선양은 직접적으로 관련이 있다. 현행 중국 역사교과서에는 "척계광이 영도한 항왜전쟁은 반침략전쟁이고 그는 우리나라 역사상 위대한 민족영웅이다."라고 서술되어있는데, 그 『교사교학용서』에는 "왜구는 우리나라 연해지구에 와서

---

52) 현행 중국의 중·고등학교 역사교과서에 악비의 '민족영웅' 칭호가 복권되었다고 생각하는 사람들이 있다. 그렇지만 실상은 조금 다르다. 고등학교 역사교과서에는 "민족영웅 척계광"이라고 본문에서 서술하고 있는 반면, 악비는 초상화 밑의 설명에 "악비의 抗金事迹은 수백 년 이래 사람들에게 전해 내려오며 칭송되어, 사람들은 악비를 민족영웅으로 간주한다.(人們視岳飛爲民族英雄)"고 되어 있다.(人民教育出版社, 『普通高中教科書 歷史 必修 中外歷史綱要(上)』, 人民教育出版社, 2019, 52쪽) 중학교 교과서에도 「생각해볼 문제[問題思考]」난에 이와 동일한 내용을 적은 뒤 "사람들은 왜 악비를 존숭하고 그리워할까?"라는 질문을 던지고 있다.(人民教育出版社, 『義務教育教科書 中國歷史 七年級 下冊』, 人民教育出版社, 2021, 40쪽) "민족영웅 척계광"과는 분명히 다른 어조이다.

53) 段坤鵬·王波·溫艷榮, 「嘉靖年間眞假倭問題探析」, 『東南大學學報(哲學社會科學版)』 2011-12, 61쪽.

무장약탈·살상 활동을 하였기에 연해주민의 정상생활과 우리나라 해양 방어와 안전에 심각한 위협이 되어 심각한 「倭寇之患」을 야기했다. 따라서 척계광 등의 사람이 영도한 항왜투쟁은 정의로운 민족자위전쟁이며, 외래침략에 반항한 전쟁이다. 척계광이 중화민족의 민족영웅으로써 기려지는 것은 그 이름에 부끄럽지 않다.(当之无愧)"[54]고 설명되어있다. 아울러 왕직 등 '海寇商人' 집단에 대해서는 그들이 "명조의 해금이행에 반항한 측면이 있지만, 또한 일본왜구의 入患을 포함하는 일면이 있으며", 그들을 과대평가하면 안 되는데, "그들의 활동은 자본주의 발전을 촉진할 수 없었을 뿐만 아니라 오히려 반대였고, 그들은 전형적인 海盜의 특성을 가지고 있었기 때문에 당시 왜구의 소란과 서로 결합해 동남해일대의 경제를 극심하게 파괴하였다."[55]고 평가한다. 중화민족의 일원이라도 민족을 분열하고 국가를 위태롭게 하는 사람들은 침략자=왜구일 뿐이다. 이런 인식은 習近平이 신장위구르의 분리주의 세력을 왜구에 빗대서 척결의 대상으로 삼았던 예에서도 잘 들어난다.[56]

「구론」의 설명, 즉 왜구의 주체는 '일본인'이고 그들의 활동은 '대외침략'이었다는 것은 척계광을 비롯해 '항왜영웅'·'항왜전쟁'의 정당성을 뒷받침한다. 그렇지만, 「구론」에서도 해결하기 어려운 문제가 남아있었다. 사료에 명기되어있는 '왜구의 다수는 중국인'이었다는 사실이다. 이 점은 여전히 일종의 약점으로 남아있었다.

실제로 "척계광은 99번의 전투에서 승리하고 수천수만의 사람을 죽였

---

54) 人民教育出版社, 『教師教學用書 中國歷史 七年級下册』, 人民教育出版社, 2017, 205쪽.

55) 위의 책, 190쪽.

56) 「'왜구에서 보물로'...신장 교화 끝낸 시진핑의 자신감」, 『한국일보』 2022년 7월 17일.
https://www.hankookilbo.com/News/Read/A2022071713580004974?did=NA (2024년 11월 30일 검색)

는데, 내가 역사서를 샅샅이 뒤져보니 도리어 척계광이 일본인을 한명이라도 죽였다는 기록은 찾지 못했다. 그가 죽인 것은 모두 중국인이다. 그러나 그는 도리어 민족영웅이 되었고 심지어 사람들은 악비와 문천상과 비교하며 더 위대하다고 말한다."[57]는 상당히 노골적인 비판이 있었다. 여기에 크게 반응을 보인 사람은 『明代倭寇史略』(2004, 공저)과 『戚継光傳』(2003)을 비롯한 다수의 척계광 관련 서적의 저자인 范中義였다.[58] 그는 「척계광은 항왜전쟁에서 "한명의 일본인도 죽이지" 않았습니까?(戚継光在抗倭戰爭中沒"殺過一个日本人"嗎)」[59]라는 글을 통해 반격했다.

"최근 일부 학자들은 잡지에 발표한 문장에서 공개적으로 항왜전쟁이 반침략전쟁이었다는 것을 부정하고 척계광이 외적의 침입에 맞서 싸운 전쟁에서 불후의 공훈을 세운 것을 부정했습니다."로 시작하는 이 글에서 그는 사료를 근거로 척계광이 '일본인을 죽였다'는 사실을 밝히고 있다. 예를 들어 앞에서 잠시 언급되었던 平海衛의 대첩에서는 도리어 "한 명의 중국인도 죽이지 않았고 그가 죽인 것은 모두 일본인"이었다고 『명실록』 등의 기록을 인용하며 주장한다.[60] 척계광의 승전 상황을 열거한 뒤 그는 "가정 35년(1556) 7월 寧紹臺 參將으로 부임하여 가정 43년(1564) 2월의 蔡丕嶺 싸움까지 7년 반 동안 '합계 80여 전에서 전승'을

---

57) 單之薔, 「大海, 爲何沒有撥動浙人的心弦?」, 『中國國家地理』 2012-2, 22쪽.

58) 참고로 范中義, 『戚継光評傳』(南京大學出版社, 2004)에 대한 한 서평의 제목은 "애국주의 전통은 영원히 빛난다."(魏艾民, 「愛國主義傳統永放光彩-范中義《戚継光評傳》評介」, 『政工學刊』, 1998-10)였다.

59) 范中義, 「戚継光在抗倭戰爭中沒"殺過一个日本人"嗎」, 『浙江學刊』 2015-2.

60) 위의 논문, 92쪽.
   명 『세종실록』 가정 42년 4월 24일에, 척계광이 유대유 등과 평해위에서 왜적을 물리치고 2,200여를 참수했다는 기록이 있다. 范中義는 이때의 2,200명이 모두 '眞倭', 즉 일본인이었다고 하는데, 그 구체적 증거로 삼는 것은 兪大猷 『正氣堂集』의 내용이다. 다만 『正氣堂集』의 내용으로 평해위의 왜구 2,200명이 모두 진왜였다고 설명 가능할 지는 의문이다.

거두었는데, 매 전투에서 참획한 것은 모두 '진왜'이며, 매 전쟁에서 죽인 것이 전부 중국인은 아니다. 특히 가정 42~3년에 이르러서는 그가 죽인 것은 거의 모두 '진왜'이다."라는 결론에 도달한다. 그리고 척계광은 "악비·문천상과 달리 그는 漢민족의 민족영웅일 뿐만 아니라 중화민족의 민족영웅이기 때문에 더 위대해 보인다."[61]고 악비·문천상과의 차별적 위상을 강조했다.[62]

1절에서 언급했던 왜구의 구성원에 대한 새로운 주장, 즉 왕직 사망 후의 '가정왜구 후반기'에 진왜=일본인이 다수였다는 설명은 이와 같이 더욱 완벽한 민족영웅을 만들기 위해서였다고 생각할 수 있다. 항왜영웅이 무찌른 적은 일본인 침략자여야 여러 면에서 정당성이 강화된다. 사료상으로는 명확하게 진왜가 적었던 1555년 이전의 왜구에 대해서 딱히 근거도 없이 진왜가 더 많았다는 무리한 설명이 덧붙여지는 현상[63]도 이런 이유 때문일 것이다.

그런데, 덧붙여서 생각해봐야할 점이 있다. 앞서 언급했지만 현재 일본에서는 척계광이 본격적으로 활약한 시기의 왜구에 대해서는 그다지 중요하게 생각하지 않는 태도를 취한다. 또한 앞서 소개한 고노(河野)씨의 家傳 외에도 적기는 하지만 일본인이 주체가 되어 중국에서 약탈활동-즉 왜구-을 했다는 기록이 있지만[64] 이런 기록들이 적극적으로 이용되

---

61) 위의 논문, 94쪽.

62) 중국사학회 전회장 張海鵬이 주편을 담당한 南京出版社의 『抵御外侮中華英豪傳奇叢書』(전10책, 2016)는 총서의 제목처럼 "중국 역사상 각 시기에 외모(外侮;외국으로부터 받은 모멸)를 방어한 영웅 호걸을 청소년들에게 알리기 위해" 출판된 이야기 독본이다. 이 책에서 시기가 가장 앞선 인물, 즉 중국 역사상 첫 번째 영웅은 척계광(『抗倭名將(戚継光)』)이다.

63) 黃明標, 「明朝女英雄瓦氏夫人的歷史考察」(『百色學院學報』 2021-3, 82쪽의 주24) 참조.

64) 윤성익, 『명대 왜구의 연구』, 경인문화사, 2007, 84~88쪽.

는 경우도 볼 수 없다. 1945년 이전의 제국주의 시기에 해외발전의 선구자로서 왜구를 서술할 때와는 전혀 다른 태도이다. 상황이 뒤바뀌어 '일본인의 침략'으로 왜구를 설명할 때 이들 사료가 중국에서 적극적으로 이용되는 것은 지극히 당연해 보인다. 아울러 현재 일본에서 왜구에 대해 왜 이런 태도를 취하는지에 대해 의혹을 제기하는 중국학자들의 목소리에도 한번쯤은 귀기울여볼 필요는 있을 것이다.

2) 유대유와 척계광, 그리고 瓦氏 부인

가정왜구에 대응한 항왜전쟁에서 큰 공적을 세운 인물이 척계광만은 아니었다. 대표적으로 왕직을 투항시킨 뒤 처형하고 徐海집단을 내분시켜 토벌했던 胡宗憲, 척계광 못지않게 여러 승전을 거둔 兪大猷와 같은 인물이 있다. 그렇지만 이들 인물은 '민족영웅'으로 척계광 만큼 현양되지 않아왔다. 이유는 어디에 있었을까?

가정왜구의 평정과 관련해 호종헌의 공적을 부정하기는 어렵다. 그렇지만 그는 이미 당대부터 권신 嚴嵩 父子와 그의 수하격인 趙文華-두 명 모두『明史』「佞臣傳」에 들어가 있다-와 관련되어 있다며 비난받았고 결국 이 때문에 자살했던 것처럼 부정적인 평가가 많았다.[65]『명사』에는 "권모술수(權術)가 많았고 功名을 좋아했다."[66]고 되어있는데, 그 외에도 재물의 횡령·낭비나 도덕적 해이 등의 행실은 항왜의 공적을 덮는데 충분했다고 할 수 있다. 특히 청백리로 유명한 海瑞의 청렴결백함은 호

---

65) 호종헌은 '항왜'와 관련된 다른 사람의 공적을 자신의 것으로 삼았다는 비판도 받는다. 그는 왜구연구의 바이블이라고도 할 수 있는『籌海圖編』의 편자로도 알려져 있는데, 이것도 본래의 저자인 鄭若曾-호종헌의 막료였다-의 공을 가로챈 것처럼 여겨지기도 한다. 그러나 '호종헌 편찬『주해도편』'이 간행된 것은 그가 죽은 뒤 그의 후손에 의한 것으로 호종헌 자신의 책임은 아니다.

66)『명사』「열전」 92.

종헌의 탐욕과 무도함에 대비되어 호종헌의 평판을 더욱 낮추는데 한몫
했다.[67]

이런 평판은 명·청대 왜구를 소재로 한 문학작품에도 반영되었다. 명·
청대 소설·희곡은 모두 40여 편에 이르는데 그 가운데 절반 가까이가 호
종헌이 서해를 회유하고 결국 살해하는 내용과 관련 있다.[68] 서해의 연
인 王翠翹가 주인공이라서 더욱 그랬겠지만, 이들 작품에서 호종헌은
'신의를 저버린 小人'과 같이 부정적으로 묘사되었다.[69]

이처럼 부정적인 요소가 많은 호종헌이었기 때문에 비록 '항왜'와 관
련해서는 공적을 인정하면서도 적극적으로 추켜올리기에는 한계가 있을
수밖에 없다.

척계광의 선배격인 유대유는 왜구토벌에 척계광 못지않은 공적을 거
두어 민간에서는 "俞龍戚虎"[70]로 불릴 정도로 척계광과 어깨를 나란히
하는 명장으로 당시부터 평판이 높았을 뿐만 아니라 오히려 척계광보다
높이 평가되기도 했다.[71] 척가군에 대해 그가 이끄는 군대는 俞家軍으로
불렸고 문장실력도 뛰어나 퇴직 후에는 조정으로부터 「昭代儒將」의 편

---

67) 李逢迅, 「抗倭英雄的悲哀-演胡宗憲有感」, 『文化月刊』 2017-05 참조.

68) 郭爾雅, 「從東亞學視域看日本的倭寇史研究及倭寇文學」, 『社會科學研究』 2020-2,
31쪽.

69) 郭爾雅, 「倭寇史核心人物徐海与倭寇題材文學-從明淸小說到当代中日文學的比較分
析」, 『東北亞外語研究』 2022-3, 97쪽.

70) 趙英·馮媛媛, 「"南倭北虜"時代危机背景下的制胜思想探要-以俞大猷對戚継光的影
響爲中心」, 『管子學刊』 2020-2, 54쪽.

71) 『명사』 「열전」 100. "譚綸嘗與書曰, '節制精明, 公不如綸. 信賞必罰, 公不如戚. 精
悍馳騁, 公不如劉. 然此皆小知, 而公則甚大受.' 戚謂戚繼光, 劉謂劉顯也... 贊曰, 世
宗朝, 老成宿將以俞大猷爲稱首, 而數奇屢躓."
"유룡척호(俞龍戚虎)"도 중국의 민간고사 "용호상쟁(龍虎相爭)"에서는 결국 '용'
이 승리하기 때문에 유대유가 척계광보다 앞선다고 해석되기도 한다.(冰馬, 「歷
史人物傳記的主觀性·客觀性与表現力-以曾紀鑫《抗倭名將俞大猷》爲思考起点」, 『傳
記文學』 2023-6, 151쪽)

액을 내려 받았다.

그렇지만 중국에서는 언제부터인지 척계광에 비해 유대유는 덜 알려지게 되었다.[72] 아울러 百度에서 '兪大猷'를 검색하면 상관어(주제)에 "유대유는 왜 민족영웅이 아닌가(兪大猷爲什么不是民族英雄)"가 있을 정도로 악비만큼은 아니지만 그의 민족영웅 지위는 논란거리가 되어있다.

유대유와 관련해서는 최근 국가1급작가인 曾紀鑫의 『抗倭名將兪大猷』(宁波出版社, 2020)를 계기로 다시 관심이 모아졌다. 曾紀鑫은 유대유가 문무 양면을 모두 갖춘 인물로 "명대 300년간 그에 필적할 인물은 王陽明 뿐이다."[73]라고 높이 평가하면서 그동안 저평가되었던 이유를 다음과 같이 들고 있다.

1) 『籌海圖編』은 호종헌의 공적을 과장하고 호종헌의 모함을 받았던 유대유에게는 인색했다.

2) 후대에 큰 영향을 미친 『戚少保年譜耆編』의 편찬자는 척계광의 장자인 戚祚國 등 자손들로 척계광에 대해서는 과분한 칭찬을 하면서도 유대유와 관련해서는 종종 소홀하거나 과소평가했다.

3) 유대유는 동남지역의 항왜와 북방토벌 외에도 湖南·廣東·江西·海南 등의 임지를 전전하며 安南을 정벌하고 농민폭동을 여러 차례 진압했는데, 해당 지역의 黎族·苗族·壯族·瑤族 등 소수민족 기의에 대해 혹은 토벌해 섬멸하거나 혹은 초무해 주모자를 처벌하고 敎化를 베풀었다. 유대유의 폭동을 평정한 행위는 자연히 농민기의를 압제한 "망나니(劊子手)"로 간주되어 폄하되고 탄압되었다.

4) 학교 교재에서 항왜를 다루면서 유대유에 대해 언급하지 않거나 겉핥기만 한다. 학생들은 유대유의 항왜공적을 알 수 없었고 대대로 서서히 은폐되었다.[74]

---

72) 孫永慶, 「還原歷史遮蔽人物的探索-讀曾紀鑫的《抗倭名將兪大猷》」, 『福建鄉土』 2021-2, 62쪽

73) 黃文虎, 「抗倭名將兪大猷-讀歷史人物傳記《抗倭名將兪大猷》」, 『書屋』, 2021-5, 62쪽.

위의 내용 속에서 유대유가 중화민족의 영웅이 될 수 없는 결정적인 이유도 알 수 있다. 바로 세 번째의 사실 때문이다. 농민기의 및 소수민족에의 탄압은 사회주의 역사관뿐만 아니라 중화민족 역사관에서도 치명적인 결점이다. 曾紀鑫은 유대유를 왕양명과 비교하며 높이 평가했지만, 우연인지 두 사람은 과거 왕양명이 "농민기의 진압의 망나니(劊子手)"·"소수민족기의 진압의 망나니"[75]라고 불리며 크게 비난받았던 점에서도 닮아있다. 왕양명의 이른바 「三征」 중 正德 13년(1518)의 민변 진압, 특히 가정 7년(1528) 廣西의 瑤·壯族 기의의 진압은 그의 사상인 "心學"조차도 부정될 만큼 크게 비난받았다.[76]

척계광도 왜구가 평정된 뒤에는 북방의 몽골족-중화민족의 하나- 평정에도 공을 세웠는데, 그것은 외래침략에 대한 방어 전쟁이었기 때문에 내부의 기의, 특히 소수민족 기의와는 큰 차이가 있다. 비록 중화민족의 영웅이라는 칭호를 얻을 수 없다고 해도 악비의 杭金이나 문천상의 抗元은 외래민족의 침략으로부터 자국민(漢族)을 보호한 '정의로운 행동'으로 평가되지만,[77] 중국의 현재 역사관에서 유대유의 소수민족 기의 진압은 '정의로운 행동'으로 인정될 수 없다. '기의 진압'에 대한 비난이 너무 '현재적인 관점'에서 이루어졌다며 유대유의 행위를 당시 상황에서는 "어쩔 수 없었던 것"이라는 두둔[78]도 이 점을 해소하기는 어렵다.[79]

---

74) 孫永慶, 62쪽.
75) 余怀彦, 『良知之道:王陽明的五百年』, 中國友誼出版公司, 2016, 제1장 참조.
76) 庄宁, 「王陽明的反革命兩手及其"心"學-揭露王陽明鎮壓广西瑤·壯族人民起義的罪惡面目」, 『歷史研究』 1975-4.
　　治勛·志堅, 「王陽明的"心學"和他鎮壓農民起義的反革命"事功"」, 『南京大學學報 : 哲學·人文科學·社會科學』 1976-1.
　　庄宁의 글에서는 왕양명에 대해 수차례 반복하며 "劊子手"라고 비난하고 있다.
77) 人民教育出版社, 『教師教學用書 中國歷史 七年級下冊』, 人民教育出版社, 2017. 악비 관련 : 110·111·112쪽, 문천상 관련 : 145쪽.
78) 冰馬, 151쪽.

유대유의 약점과 대비되어 항왜영웅으로 주목되는 인물은 瓦氏夫人 (1496?~1555?)이다. 와씨부인은 廣西의 田州府 土官인 岑猛의 처로 소수민족인 壯族이다. 1554년(가정 33) 왜구의 침입에 대응해 명군은 각 지역의 병사를 모집했는데 田州의 세습토사 岑大壽·岑大祿 형제는 나이가 어려 증조모인 와씨부인이 그들을 대신해 사졸 6,000여 명을 이끌고 출정해 절강 일대에서 왜구토벌에 일조했다. 유대유의 지휘 하에서 활약하기도 했는데, 명조에서는 그녀의 공을 인정해 '二品夫人'에 봉했고 사람들은 그녀를 "寶髻80)將軍" "石柱女將軍"으로 칭송했다.81) 뮬란으로 잘 알려진 花木蘭 이야기를 민간에 확산시킨 것으로 알려진 徐渭(한때 호종헌의 막하에 있었다)의 희곡『雌木蘭替父從軍』은 와씨부인의 영향을 받은 것이라는 주장도 있다.82)

'소수민족 여성'으로 외래침략에 대항해 활약했던 와씨부인은 중화민족주의 및 애국주의에 걸맞은 인물이라고 할 수 있다. 와씨부인과 관련된 연구는 꽤 오래전부터 있었고83) TV드라마84)나 장족의 민족극[壯劇

---

79) 人民敎育出版社,『義務敎育敎科書 中國歷史 七年級 下冊』(人民敎育出版社, 2021, 74쪽)에는 척계광의 이름만 서술하면서 "그는 우리 나라 역사상 한명의 위대한 민족영웅"으로 되어있고, 人民敎育出版社,『普通高中敎科書 歷史 必修 中外歷史綱要(上)』(人民敎育出版社, 2019, 74쪽)에는 "民族英雄 戚繼光"에 대해 "抗倭將領 兪大猷"로 되어있다.

80) 중국 고대 부녀자가 튼 상투의 일종. 즉 '여성'을 의미한다.

81) 와씨부인의 항왜활동에 대해서는 黃明標,「明朝女英雄瓦氏夫人的歷史考察」,『百色學院學報』2021-3을 참조.

82) 吳孝斌,「花木蘭与瓦氏夫人」,『史海鉤沉』2022-8.

83) 覃彩鑾·黃明標 主編,『瓦氏夫人論集』, 廣西人民出版社, 1992.
   黃明標,『瓦氏夫人硏究』, 廣西民族出版社, 2008.

84) 2008년 자치구 성립 50주년을 기념해 '壯民族英雄' 와씨부인의 TV드라마가 제작·방영되었다.
   「電視連續劇《瓦氏夫人》展示壯族精神」,『廣西日報』2008년 5월 5일.
   http://www.gxcounty.com/society/kjww/20080505/34832.html (2024년 11월 30일 검색)

「瓦氏夫人」]으로 제작되는 등 중국의 일반인들에게도 어느 정도 알려져 있었는데 특히 2014년부터 많은 주목을 받게 되었다.[85] 그 이유는 역시 중국의 중화민족 및 애국주의 강조와 관련이 있다고 생각된다. 習近平이 말한 "中國夢은 민족의 꿈(夢)이고 또한 매 중국인의 꿈이다."라는 것과 연결 지어 와씨부인을 "애국주의를 핵심으로 하는 민족정신을 전달하고... 가족·사회·국가의 화합을 효과적으로 촉진하며 중국민족의 조화로운 사회건설과 민족몽 실현에 적극적 공헌을 했다."[86]고 평가하는 것은

---

85) CNKI에서 '瓦氏夫人'으로 검색하면 총78건 중 절반가량인 36건이 2014년 이후의 것이다.

2014년 이후의 주요 논저는 다음과 같다.

黃明標, 『瓦氏夫人抗倭故事歌影印譯注』, 广西民族出版社, 2022.

黃中習·溫穗君, 「基于《瓦氏夫人研究》的瓦氏夫人年譜大事記」, 『名作欣賞』 2022-27; 李瑜玲, 「承襲制度与地方習俗 : 明代女土司瓦氏夫人研究」, 『遵義師范學院學報』, 2021-10; 韋穎琛, 「瓦氏夫人抗倭 : 若有戰, 召必往」, 『中國民族報』 2021년 07월 27일; 黃明標, 「明朝女英雄瓦氏夫人的歷史考察」, 『百色學院學報』 2021-3; 歐冬春·何湘桂·鄧芸芸, 「壯族瓦氏夫人民間故事的文本變遷及內涵演變」, 『牡丹』. 2020-8; 韋美兵, 「試論明代抗倭壯族英雄瓦氏夫人」, 『中國民族博覽』 2019-10; 韋曉康·張延慶·胡雪鳳·唐曲·黃家勇, 「從瓦氏夫人抗倭探析广西狼兵武術」, 『百色學院學報』 2019-1; 陸照德, 「广西岑氏土司:一个家族的傳奇」, 『文史春秋』, 2018-1; 杜曉杰, 「民族叙事的世界意義-以壯族《瓦氏夫人》爲中心的探討」, 『名作欣賞』 2018-10; 陳金文·孫夢梅, 「壯族瓦氏夫人傳說的口述史价值」, 『河池學院學報』 2017-8; 馬明達, 「抗倭英雄瓦氏夫人」, 『少林与太極』 2015-12; 李紅香·李中麒, 「彝族女土司奢香夫人研究概述-兼与秦良玉·瓦氏夫人之比較」, 『人文世界』 2015; 秦炜棋, 「管窺瓦氏夫人尚武思想發展歷程」, 『百色學院學報』 2015-5; 陳文俊, 「歷史成因 : 瓦氏夫人崇拜研究之二」, 『桂林師范高等專科學校學報』 2015-4; 陸鋒銳, 「芻議瓦氏夫人抗倭中途班師回田之因」, 『山東農業工程學院學報』 2015-2; 陸鋒銳, 「壯文化視閾下的瓦氏夫人優秀品質成因分析」, 『广西教育學院學報』, 2015-1; 陸鋒銳·陳鷹, 「明代广西土司瓦氏夫人政治才能初論」, 『蘭台世界』 2014-36; 陸鋒銳, 「漫談壯族女杰瓦氏夫人對社會的几点貢獻」, 『黑龍江史志』 2014-8; 陸鋒銳, 「試論瓦氏夫人的勇武精神」, 『广西教育學報』 2014-4; 陸鋒銳, 「民族夢 : 壯族女英雄瓦氏夫人精神內核新論」, 『柳州師專學報』 2014-2.

86) 陸鋒銳, 「民族夢 : 壯族女英雄瓦氏夫人精神內核新論」, 『柳州師專學報』 2014-2, 57쪽.

그 좋은 예이다.

"와씨부인이 참가한 항왜전쟁은 '중화민족'이 외족의 침략에 맞서 싸운 애국전쟁으로, 중화 자녀들의 강렬한 애국주의와 민족단결 정신을 반영한다."[87] "田州는 광서의 외딴 소수민족 지역이지만, 국가가 외침을 당해 조정의 명령만 있으면 즉시 변경으로 출병하는'忠靖報國'이라는 애국전통이 있는 곳이다."[88] 등과 같은 언설은 너무나도 현재적 관점이지만 왜 와씨부인이 현재 각광을 받는지 잘 보여준다. 2019년 9월 習近平은 전국민족단결진보표창대회(全國民族團結進步表彰大會)에서 중화민족의 단결을 강조하며, "중국의 위대한 정신은 각 민족이 공동으로 육성한 것"으로 역사상 끊임없이 "중화민족의 특질과 품성을 주입하여 애국주의를 핵심으로 하는 위대한 민족정신을 공동으로 주조했다."고 하고 역사상의 미담으로 王昭君의 出塞, 文成公主의 進藏, 凉州會盟, 와씨부인의 항왜, 토르구트(土爾扈特)의 萬里東歸, 시버족(錫伯族)의 萬里戍邊 등을 예로 들었다.[89] 習近平이 예로 든 사건들은 와씨부인을 제외하고는 변경의 소수민족과 중원의 민족이 화합하거나 귀순·통합과 관련된 것들이다.

한족과 소수민족이 힘을 합쳐 하나의 '중화민족'으로써 외래민족의 침략에 항거한 전근대의 사건은 항왜전쟁이 거의 유일하고 이 때문에 와씨부인은 더욱 특별한 존재가 된다. 현재 중국에서 척계광 이외에 가장 뜨거운 '항왜영웅'은 와씨부인이라고 해도 과언이 아닐 것이다.[90] 중화민

---

87) 吳孝斌, 「花木蘭与瓦氏夫人」, 『史海鉤沉』 2022-8, 22쪽.

88) 黃明標, 明朝女英雄瓦氏夫人的歷史考察」, 『百色學院學報』 2021-3, 77쪽.

89) 「習近平在全國民族團結進步表彰大會上的講話」(2019年9月27日)
   『光明日報』 2019년 9월 28일. https://m.gmw.cn/baijia/2019-09/28/33195424.html
   (2024년 11월 30일 검색)

90) CNKI에서 '抗倭'의 검색 결과에 대한 연관주제어 1위는 척계광(90), 2위는 항왜전쟁(36), 3위가 와씨부인(28)이었다. 호종헌(18)·유대유(14)와 비교해 월등한 수

족의 단결을 무엇보다 중시하는 현재의 중국에서 한족과 소수민족이 연합한, 외침에 대한 저항운동은 더욱더 중시될 것이고 새로운 사례·인물도 발굴될 것으로 예상된다. 그것은 단순히 한 인물·한 가문에 대한 찬양이 아니라 "민족영웅에 대한 찬양"이며, 한 집안의 영예가 아니라 "(그 인물이 속한) 소수민족의 영예이자 동시에 중화민족의 영예"[91]가 되기 때문이다.

3) 척계광의 적: 일본의 영주·무사

전기왜구에 대해 보통 '왜구는 일본인 주체의 활동'이라고 인식되지만, 어떤 일본인이었는가의 문제는 여전히 논란거리이다. 가정왜구에 대해 중국에서 '일본인 주체의 활동'이라는 「구론」이 우세해졌지만, 그와 관련해 구체적으로 일본의 어떤 사람들이 왜구가 되었는가? 활동의 실체 혹은 배후세력은 누구였나? 에 대해서도 다소 독특한 주장들이 제기되었다.

후기왜구의 구성원에 대한 일본 학자들의 설명은 "후기왜구의 실태는 母語나 民族, 출신지를 달리하는 사람이 雜居聯合한 해상집단이라고 보는 것이 타당할 것이다."[92]와 같이 주로 "왜구는 다민족집단"이라는 데 초점이 맞추어져 있다. 또한 중국의 밀무역상인들의 동향을 중심으로 왜구를 서술하는 경향이 강하다보니 '眞倭'의 문제, 특히 어떤 일본의 사람이 왜구가 되었는지에 대해서는 상대적으로 설명이 소홀해졌다. 1945년 이전, 대륙침략과 연관시켜 왜구를 '일본인 해외진출의 선례'로 보고 후기왜구의 주체를 일본인으로 서술할 때는 적극적으로 (일본의) 어떤 사람들이었는가를 밝혔던 것과는 대조적이다.

이다.

91) 韋美兵, 「試述抗擊倭寇的韋氏祖孫四代土官」, 『中國民族博覽』, 2020-2, 85쪽.
92) 桃木至朗 編, 『海域アジア史研究入門』, 岩波書店, 2008, 86쪽.

　왜구의 주체에 대한 일본에서의 설명은 시대에 따라 조금씩 변화했다. 일본교과서의 내용을 보면 근대부터 戰中期에 이르기까지 규슈지역 不逞의 무리(혹은 邊民), 海賊을 왜구의 주체(즉 眞倭)라고 하다가 어느 시점부터 國民이라고 변하는데 때로는 '商人'·'豪傑'·'八幡船'이 언급되기도 했다.93) 그 중 발생 초기 왜구를 '사무역상인'으로 보는 경향이 강했다.94) 거기에 일본의 혼란기, 즉 전기왜구 때는 남북조시대, 후기왜구는 전국시대의 혼란 속에서 "뜻을 이루지 못한 무사", 즉 "浪人"들이 왜구에 참여했다는 설명이 보편적으로 이루어졌다.95) 또한 해적이라고 불렸던 사람들도 오늘날의 海軍과 같은 것이며 결국에는 '일본의 무사'였고96) "남의 눈을 피하는 海賊이 아니라 四國·九州·中國의 지방정권이 공공연히 출동한 것이다."97)라고 하여 왜구의 배후, 혹은 실제 파견자를 일본의 지방 유력자라고 주장하기도 했다.

　그러나 戰後에 이런 주장들은 대부분 사라졌다. 특히 후기왜구는 일본과 중국의 사무역상인, 혹은 海民들 사이의 교류를 통해 형성된 집단으로 보는 인식이 강해졌다. "(중국인 상인을) 중심으로 중국해를 둘러싼 지역에서 활동하는 교역자들이 결집한 집단, 이것이 왜구의 실체로 되어 간 것이다."98)는 설명과 같이 사무역 활동을 왜구의 가장 큰 특징으로 보는 경우가 많아졌다. 아울러 자연스럽게 무장집단·약탈자로서의 왜구 이미지는 약화되었다.99)

93) 윤성익, 「戰前·戰中期 日本에서의 倭寇像 構築」, 『한일관계사연구』 31, 2008, 223~225쪽.
94) 辻善之助, 『國史參照地圖備考』, 金港堂書籍, 1928, 112쪽.
95) 윤성익, 「帝國 日本의 中國侵略과 倭寇像의 變用」, 『인문학연구』 29, 2015 참조.
96) 大山覺威, 「倭寇物語」, 『文藝春秋』 1927년 8월호.
97) 竹越與三郎, 『三叉小品』, 立命館出版部, 1940, 118~119쪽.
98) 村井章介, 『海から見た戰國日本』, ちくま新書, 1997, 30쪽.
99) 윤성익, 「21세기 동아시아 국민국가 속에서의 倭寇像」, 『명청사연구』 23, 2005.

과거 중국에서도 왜구는 '일본의 海盜'로 규정되는 것이 보통이었다.[100] 현재 중국의 백과사전 등에서 왜구를 정의할 때도 "일본의 해도"[101]라고 되어있다.[102] 그런데 1980년대에 「왜구신론」이 제기된 이후 학자에 따라서는 일본의 "파산한 농민"이 海寇가 되었고 이들은 중국인의 인도 하에 중국 연해로 가서 약탈을 하게 되었다는 주장[103]도 나오게 되었다. '농민'과 '약탈'을 말하면서도 왜구활동이 비권력층, 혹은 권력층에 압박을 받던 피억압민이 주체가 된 행동이었다는 견해라고 할 수 있는데, 이 점은 일본에서 '후기왜구'의 활동을 기본적으로 비권력층의 다양한 사람들에 의한 교류의 결과로 보는 것과 닮아있다.

진왜가 왜구활동의 주체라고 하더라도 그들이 본국의 어쩔 수 없는 상황에서 바다를 건너게 된 피억압민이라면 반침략전쟁으로서의 항왜전쟁과 항왜영웅이 갖는 의의가 다소 퇴색할 수밖에 없다. "노동자에게 조국은 없다."는 『공산당선언』의 문구에서 잘 나타나듯이 마르크스주의에서는 민족이나 국가보다 프롤레타리아 인터내셔널에 더 큰 비중을 둔

참조.

100) 윤성익, 『명대 왜구의 연구』, 경인문화사, 2007, 3~4쪽.

101) 예) 倭寇 : 14-16세기 여러 차례 조선과 우리나라 연해를 소요·겁략한 日本海盜. 항일전쟁시기 또한 일본침략자를 왜구라고 칭했다.(中國社會科學院語言研究所 編, 『現代漢語詞典』(7판), 商務印書館, 2021.)

102) 참고로 2023년 중국의 대표적인 사전인 『新華字典』(商務印書館)의 신판에 '倭寇' 항목이 삭제되었다고 알려져 인터넷을 중심으로 작지 않은 소동이 일어났다. '잘못된 소식'이라고 출판사가 해명하고 언론기관에도 보도되었지만, 여기에 '애국주의' 문제가 개입되어 쉽게 진정되지 않았다. 현재 중국에서 애국주의와 왜구의 관계를 알 수 있는 실례라고 할 수 있다.
관련 기사 「新版新華字典删除"倭寇"? 假消息」, 『長江日報』 2023년 6월 27일; 「新版《新華字典》删除"倭寇"一詞？出版社回應」, 『濟南時報』 2023년 6월 28일; 「《新華字典》删除"倭寇"？情緒不能凌駕于事實之上」, 『中國靑年网(中國靑年報)』 2023년 6월 30일.

103) 李金明, 「明代海外貿易史」, 中國社會科學出版社, 1990, 100쪽.

다.104) 일본의 봉건영주에게 압박을 받은 일본의 농민, 혹은 해민이 명조의 압박에 저항한 중국의 사무역상인들과 연합한 것이 왜구라면 이것은 마치 과거 역사에서의 '인터내셔널'과 같은 것이 된다. 당연하겠지만 마르크스주의를 기조로 하는 중국에서 이런 왜구에 '침략성'을 부각시키기는 어렵다. 북한에서 '봉건영주와 결탁한 상업자본'을 왜구의 발생배경, 혹은 실행주체로 보는 것도 이런 문제와 관련 있다.105)

앞에서 소개했던 「쇄신된 구론」에서 왜구의 주체를 眞倭라고 하면서 일본의 봉건제후·지방영주가 배후에 있었다거나 혹은 직접 파견했다는 주장이 강화된 것도 이 때문이라고 생각된다. 그 중에서도 潘洵은 매우 독특한 주장을 한다. 앞서 소개한 것처럼 그는 진왜-가왜-종왜를 구분하고 "가정왜환은 진왜의 침략으로 촉발된 사회대동란으로 표면적으로는 명조의 '奸民'이 주를 이루었지만", "실제로는 일본 지방봉건주의 조정을 받고 무사집단이 직접 참여한, 재물을 약탈하는 것을 목적으로 한 사회대동란이었다."106)고 결론을 내린다. 그는 "진왜"에 파산한 농민도 참여했을 가능성이 있다고 하면서 "진왜"를 다시 "有名眞倭賊首"와 "眞倭從賊"으로 구분한다. 그리고 "유명진왜적수"는 고급무사나 대소봉건영주, "진왜종적"은 일반 평무사나 파산농민을 지칭한다고 주장한다.107) "有名眞倭賊首"는 『주해도편』의 문구를 그대로 사용한 것인데, 그가 이것을 고급무사라고 주장하는 근거는 "有名"이다. 일본은 무사계층이어야만 姓氏108)를 가질 수 있었고 일반 백성은 단지 이름[名字]만 있고 성씨가 없

---

104) 진덕규, 「마르크스주의의 민족관과 민족주의 인식논리」, 『國際政治論叢』 23, 1983, 44~46쪽.

105) 윤성익, 「北韓의 倭寇觀」, 『東國史學』 46, 2009. 참조.

106) 潘洵, 「從身份构成看"嘉靖倭患"的性質」, 『蘇州科技大學學報(社會科學版)』 2022-5, 74쪽.

107) 潘洵, 從身份构成看"嘉靖倭患"的性質」, 『蘇州科技大學學報(社會科學版)』 2022-5, 70~71쪽.

는데, "有名"은 성씨를 가진 무사를 가리킨다는 것이다.

"이름을 가진" 倭賊首를 이렇게 해석할 수 있는지는 큰 의문이다. 사료에 기록된 일본인 왜구 두목으로는 서해의 副將으로 유명한 辛五郎(혹은 新五郎)를 비롯해 '高贈烏魯美他郎'[109], '種島의 夷 助才門, 즉 助五郎'·'薩摩夥長掃部'·'日向彦太郎'·'和泉細屋'[110] 등이 있는데 이들의 공통점은 성씨가 없다는 점이다.[111] 이것은 그동안 왜구에 참여했던 일본인의 신분이 높지 않았다는 근거가 되어왔는데, 潘洵도 이런 사람들은 '野島小夷'-일본 주변 小島의 농민-라고 하여 "有名眞倭賊首"와 분리했다.[112] 사료에 기록된 진왜의 두목 중 가장 신분이 높았다고 생각되는 辛五郎조차 성씨가 없는 데 과연 어떤 사람이 성씨를 가진 고급무사라고 할 수 있을까?

앞 절에서 소개했던 것처럼 왜구의 배후나 실행 주체가 진왜나 혹은 일본의 지방영주였다는 주장에는 어느 정도의 사료가 근거로 제시된다. 일본에서도 왕직과 松浦隆信·大內義隆 사이에 모종의 관계가 있었을 것으로는 추정한다.[113] 그렇지만, 왕직 등 왜구의 두목과 일본의 지방영주

---

108) 논문의 본문에는 "일본어로는 "名字" 혹은 "苗字"라고 한다"는 설명이 붙어있다.

109) 『籌海圖編』 권5 「浙江倭變紀」, 嘉靖 34년 8월. '高贈烏魯美他郎'가 1명인지 '高贈'과 '烏魯美他郎'인지는 불명.

110) 田中健夫, 『倭寇-海の歴史』, 敎育社, 1982, 147쪽.

111) 『日本一鑑』에는 가정 24년 왕직이 일본에 도항한 뒤 雙嶼에 돌아올 때 "博多津倭助才門" 등 3명과 동행했다고 되어있는데, 이에 대해 중국에서는 '博多津'·'倭助'·'才門'의 3명으로 보기도 했지만, 일반적으로는 "博多津의 倭 助才門"이라고 이해된다.(田中健夫, 『倭寇-海の歴史』, 敎育社, 1982, 133쪽)

112) 潘洵, 「從身份构成看"嘉靖倭患"的性質」, 『蘇州科技大學學報(社會科學版)』2022-5, 74쪽.

113) 米谷均, 「後期倭寇から朝鮮侵略へ」, 『天下統一と朝鮮侵略』, 吉川弘文館, 2003, 140~141쪽.
　　桃木至朗 編, 『海域アジア史研究入門』, 岩波書店, 2008, 88쪽.

와의 관계를 구체적으로 알 수 있는 사료는 아직 없다. 반면, 중국의 망명자, 즉 사무역자들이 '勇悍한 倭奴'를 부린다[114]라든지 소현 집단이 활동하던 가정 34년의 왜구에 대해 "그 중 진왜는 10분의 3에 불과한데 고용하고 모집해(雇募) 온 것이다."[115]라는 등 진왜와 가왜에 대한 정반대의 관계를 말해주는 사료들이 많다. 즉 앞에서와 같은 주장은 전체 왜구를 설명하는 데 부적합하다고 할 수 있다.

그런데, 지방영주의 관계는 몰라도 왜구에 무사가 참여했다는 주장은 고려할 필요가 있다. 왜구가 너무 강했기 때문이다. 왜구 사건 중 가장 유명하다고 할 수 있는 가정 34년(1555) 60~70명의 왜구가 江蘇·浙江·安徽를 돌아다니며 80여 일 동안 수천 명의 군민을 살상한 사건에서는 12차례의 명군과의 싸움에서 마지막에 전멸을 당하기 전까지 패전이라고 할 수 있는 것은 딱 1번인데 모든 전투에서 병력의 수로는 압도적으로 왜구의 수가 적었다.[116] 명군이 속절없이 패배한 이유로는 병력 부족·전력의 저하·방어시설의 미비를 들 수 있겠지만[117] 기본적으로는 왜구가 그만큼 강했기 때문이다.

강했던 이유는 이들이 싸움에 경험이 많은 사람들, 즉 무사였기 때문으로 귀결된다. 왜구 1명에게 명군의 병사들이 槍을 모아 찔렀는데, 왜구가 칼을 한번 휘두르자 십여 개의 창이 모두 부러졌다[118]는 무협영화에

---

114) 王世貞 撰, 「倭志」, 『御倭史料匯編 制1册』, 全國圖書館文獻縮微夏制中心, 2004, 3쪽.

115) 王士騏 撰, 『皇明馭倭彔』 권8 「再答倭情 諭一 嘉靖34年5月17日」, 『御倭史料匯編 制3册』, 全國圖書館文獻縮微夏制中心, 2004, 276쪽.

116) 예를 들어 9월, 5,000여 명의 明軍이 세 갈래로 나뉘어 왜의 소굴을 공격했는데, 왜 200여 명이 이를 迎擊하자 모두 흩어져 도망갔다고 한다.(王万盈, 「明代倭亂与倭寇恐慌探賾」, 『社會科學戰線』, 2016-10, 105쪽) 이 왜구집단의 戰果만 놓고 보면 "세계 軍事史 상에서도 기적"이라고 할 수 있다.(芮趙凱, 「嘉靖"大倭寇" 初期明廷海防困境硏究-以"倭寇南京"事件爲例」, 『蘇州文博論從』 2021-12, 85쪽)

117) 芮趙凱, 「嘉靖"大倭寇"初期明廷海防困境硏究-以"倭寇南京"事件爲例」, 『蘇州文博論從』 2021-12 참조.

나 나올 법한 모습이나, 척계광이 『紀效新書』에서 '長刀'를 "이것은 왜
가 중국을 침범할 때부터 있었다. 그들이 이를 가지고 휘둘러 춤추며 번
쩍거리고 뛰어 들어오면 우리 병사들은 이미 용기를 잃어 버렸다."[119]고
설명하고 그것을 익히는 방법[習法]은 "이것은 倭夷의 原本인데 辛酉
年[120] 진중에서 얻었다."[121]고 한 것을 보면 왜구가 長刀, 즉 일본도에
능숙했다는 점을 알 수 있다. 그 외에도 전투의 모습을 보면 陣法을 사
용하는 등 왜구가 전투에 익숙했던 사람들이었다는 것을 알 수 있으며,
특히 부채를 들고 지휘하는 왜구두목[倭酋]의 모습은 일본 전국시대의
지휘관을 연상케 한다.[122]

'고급무사'나 '지방영주'급은 아니더라도 전투에 능했던 일본의 무사
들이 왜구에 참여했을 가능성은 충분하다고 할 수 있다. 바다의 무사단
이라고 할 수 있는 세토나이카이나 壹岐·松浦지역의 海賊衆이 후기왜구
와 같은 종류의 행동, 혹은 連携했었음이 거의 확실하다는 일본의 견
해[123]도 어느 정도 이를 긍정하는 것이다.

다만, 중국에서는 무사에 대해 간혹 오해하는 것 같다. 앞에서 간혹 언
급되었는데, 중국에서는 왜구를 이룬 구성원을 말하며 '武士'·'浪人'을
병칭하는 경우가 많다.[124] 范中義조차도 "가정연간에 연해를 겁략한 진

---

118) 采九德, 『倭變事略』, 가정 34년 5월 초4일.
119) 척계광, 『기효신서』, 권4 '장도해(長刀解)', 대한전통무학회 편역, 『무예문헌자
    료집성』, 국립민속박물관, 2004, 304쪽.
120) 가정 40년(1561). 이해의 台州대첩에서 왜구 천여 명을 섬멸하고 칼(刀)·총 등
    병장기를 3,870여 개 노획했다고 한다. (范中義, 「戚継光在抗倭戰爭中没"殺過一
    个日本人"嗎」, 『浙江學刊』 2015-2. 90쪽)
121) 위의 책, 306쪽.
122) 윤성익, 『명대 왜구의 연구』, 경인문화사, 2007, 151~158쪽.
123) 桃木至朗 編, 『海域アジア史研究入門』, 岩波書店, 2008, 88쪽.
124) 譙樞銘, 「古代上海与日本交往」, 『史林』 1990-2 38쪽; 段坤鵬·王波·溫艶榮, 「嘉靖
    年間眞假倭問題探析」, 『東南大學學報(哲學社會科學版)』 2011-12, 61쪽; 韋美兵,

왜는 國王·名主와 밀접히 연계한 商人·浪人·武士 등으로 구성되었다."125)고 쓰고 있다. 浪人과 武士를 병칭하는 이유는 서술자가 이들이 별개의 존재라고 생각해서일 것이다. 보통 일본 전국시대의 浪人이라면 "主家를 스스로 떠나거나 혹은 잃은 武士"126)를 떠올리게 된다. 그렇지만 중국에서 왜구를 말할 때의 浪人은 이와 달라 보인다. '浪人'에는 '浮浪人'의 의미도 있으니 이쪽일 수도 있겠지만 사용례를 보면 '부랑인'의 의미는 아니라고 보인다. 潘洵은 '落魄武士'라는 용어를 쓰며 "전쟁에서 패배한 무사는 원래의 영지를 잃고 생활의 터전을 상실했다. 이에 그들은 탈바꿈해 海盜倭寇가 되어 창끝을 중국으로 향했다."127)라고 설명한다. 이 설명만 보면 '落魄武士'란 '浪人'을 의미하는 것 같은데 潘洵은 '浪人'이라는 말은 사용하지 않는다.

정리되지 않은 용어나 개념의 사용은 혼란128)을 줄 수 있다. 예를 들어 『척계광 항왜』에 대한 중학교 역사교육의 한 교학안은 "무사는 일본 법률의 규정에 따라 토지를 점유하는 것이 허락되지 않고 단지 봉건영주에게 의지해 따랐다. 만약 봉건영주가 전쟁에서 패하면 생존을 위해 일

「試述抗擊倭寇的韋氏祖孫四代土官」, 『中國民族博覽』, 2020-2, 84쪽; 黃明標, 「明朝女英雄瓦氏夫人的歷史考察」, 『百色學院學報』 2021-3, 82쪽.

125) 范中義·仝晰綱, 『明代倭寇史略』, 中華書局, 2004, 24쪽.
   아울러 그는 여기서의 '商人'은 순수한 상인이 아니라 '海盜 겸 商人'이라고 보충 설명한다.

126) 小學館, 『デジタル大辭泉』(인터넷 판), "浪人" https://kotobank.jp/word/浪人-152523 (2024년 11월 30일 검색)

127) 潘洵, 「從身份构成看"嘉靖倭患"的性質」, 『蘇州科技大學學報(社會科學版)』 2022-5, 71쪽.

128) 이 무렵 일본 전국시대의 지방영주에 대해 중국에서는 종종 '藩'·'藩主'와 같은 용어를 사용한다. 그런데 이것은 일본 에도시대의 지배기구를 의미하는 고유 용어로서의 '藩(han)'이 아니라 중국에서 일반적으로 영지나 지방 세력에 대해 사용하는 일반용어이다.

부의 무사는 海上과 연해에서 약탈에 종사하는 海盜가 되었다."고 무사가 왜구가 되는 과정을 소개한 뒤, "학생들에게 비교적 친숙한 일본의 무사를 소개하고『무사와 칼』의 사진을 내보여 무사가 큰 싸움을 잘 한다는 것을 알리고, 그 다음 소수의 무사가 다수의 명군을 이길 수 있었던 밑바탕을 설명한다."[129]는 교수법을 제시한다. 이 교학안에서 설명하는 '왜구가 된 武士'는 潘洵의 '落魄武士'나 '浪人'과 같다. 후술할 영화나 드라마의 왜구 묘사에 이와 비슷한 혼란이 나타나는 것도 이 때문으로 보인다.

III. 중국 대중 매체의 왜구

1. 중국의 '왜구문학'과 그 영향

가정시기의 왜란은 중국 동남지역의 사회·경제에 큰 영향을 주었다. 또한 해당 지역 사람들에게 "중국인은 호랑이처럼 왜를 두려워한다(唐人畏倭如虎)"는 "倭寇恐慌"의 심리가 형성되었다.[130] 그 단적인 예 중 하나가 민중의 심리를 전해주는 童謠인데, 왜구 활동이 극심했던 寧波 지역에서는 "倭倭來, 洞洞來, 阿拉寶貝睏覺來."와 같은 자장가가 만들어졌다.[131] 또한 명·청대에는 '抗倭童謠'라고 할 수 있는 내용의 동요가 만들어졌는데, 이런 동요에는 척계광이 백성을 보호해줄 것이라는 갈망이 들어있기도 했다.[132] 왜구에 대한 두려움과 함께 분노의 마음이 담겨있

---

129) 鄭藝惠, 「《戚継光抗倭》片段敎學案例」, 『新課程(中學)』 2014-12.

130) 王万盈, 「明代倭亂与倭寇恐慌探賾」, 『社會科學戰線』, 2016-10, 106쪽.

131) 위의 논문, 107쪽.

132) 韓麗梅, 「明淸抗倭童謠的傳播价值」, 『靑年記者』 2015-11, 95쪽.

는 이런 동요와 이야기133)는 일반인들에게 '침략자로서의 왜구' 이미지
를 기억하고 전승하는 데 일조하였다.

특히 큰 영향을 주었다고 생각되는 것이 왜구를 소재로 한 문학작품
들이다. 왜구 소재 문학작품은 왜구가 활동했던 시기부터 여러 참상을
직접 목격한 사람들에 의해 창작되기도 했다.134) 문학작품 중에서도 일
반 서민에게 많은 영향을 준 것은 소설·희곡 작품이다. 주지하듯이 명·
청 시대 서민문화의 발달을 상징하는 것이 소설이다. 당시의 소설은 일
반인의 오락거리이면서 한편으로는 지식을 공유케 하는 일종의 미디어
와 같은 역할을 했다.

지금까지 알려진 '가정시기 왜구'를 소재로 한 명·청시대의 소설·희곡
은 모두 40여 편135)인데 그 중 대표적인 소설작품은 다음 표와 같다.136)

예를 들면 다음과 같은 동요가 있다. "天皇皇, 地皇皇, 莫惊我家小儿郎, 倭倭來,
不要慌, 我有戚爺會抵擋."

133) 대표적인 이야기로 들 수 있는 것이 '烈女'와 관련된 고사이다. 절강지역에는
왜구와 관련된 열녀의 이야기가 15편 전하는데, 그 중 1편은 영락연간의 일이
고 나머지 14편은 모두 가정연간의 왜구와 관련된 이야기이다. 특히 가정 35년
(1556)이 가장 많다.(鄭頤韜·李广志, 「明代東南海疆倭亂記憶中的烈女故事-以浙
江方志書寫爲中心」, 『浙江海洋大學學報(人文科學版)』 2018-6, 7쪽)

134) 邵金金·梁韶娜, 「論茅坤抗倭文學創作」, 『陝西理工學院學報(社會科學版)』 2014-2;
吳漢平, 「論歸有光的抗倭文學創作」, 『文學教育』 2022-9 참조.

135) 郭爾雅, 「從東亞學視域看日本的倭寇史研究及倭寇文學」, 『社會科學研究』 2020-2,
31쪽.
遊佐 徹는 明淸古典戲曲作品을 조사해 모두 32편의 '왜구희곡'을 발견했다. 지
방희곡 작품까지 조사한다면 더 많은 작품의 발견도 예상된다.(遊佐 徹, 「倭寇
戲曲作品あらすじ-明淸古典戲曲版-」, 『文化共生學研究』 19, 岡山大學大學院社會
文化科學研究科, 2020)

136) 劉曉婷, 「明嘉靖時期的倭寇及嘉靖倭寇題材小說研究」, 『中國古代小說戲劇研究』 10,
2014; 遊佐 徹, 「小說に描かれた倭寇-明淸'倭寇小說'槪論」, 須田牧子 編 『'倭寇図
卷'と「抗倭図卷」をよむ』 勉誠出版, 2016 참조.

〈표 1〉 가정시기의 왜구 문제를 반영한 명·청대 소설137)

작품명	작자	성립시기
『續艷异編』의 『王翹兒』	王世貞 (1526~1590)	만력연간(1573~1620)
『戚南塘剿平倭寇志傳』	미상	만력연간(1573~1620)
『型世言』 제7회 『胡總制巧用華棣卿王翠翹死報徐明山』	陸人龍	숭정시기(1628~1644?)
『西湖二集』 권34 『胡少保平倭記』	周淸原	명말 숭정연간(1628~1644)
『鴛鴦針』의 『打關節生死結冤家做人情始終全佛法』	華陽散人	명말
『醉醒石』 제5회 『矢熱血世勳報國全孤祀烈婦捐軀』	東魯古狂生 등	명말·청초
『金雲翹傳』	靑心才人	순치·강희연간
『綠野仙踪』	李百川 (1719~1771)	건륭 27년(1762)
『玉蟾記』	崔象川 (*通元子)	광서 원년(1875)
※『古今小說』(『喩世明言』) 권18 『楊八老越國奇逢』	馮夢龍 (1574~1646)	만력 48년(1620)

위의 작품 중『楊八老越國奇逢』의 무대는 원말로 되어있지만, 내용에서 다루는 왜구 및 사건들은 가정왜구를 모티브로 한 것이다.138) 특히

---

137) 劉曉婷, 「明嘉靖時期的倭寇及嘉靖倭寇題材小說研究」, 『中國古代小說戲劇硏究』 10, 2014, 93쪽의 표를 옮김. *'성립시기'의 "年間"·"時期"는 원문의 표현을 그대로 사용함.
※『楊八老越國奇逢』는 추가 기재.

138) 『楊八老越國奇逢』에 대해서는 다음 논문을 참고
劉濤, 「"眞倭"与"假倭"文本書寫背后的故事-馮夢龍《楊八老越國奇逢》創作過程考」, 『區域文化与古代文學硏究集刊』 2020-2.
潘興, 《楊八老越國奇逢》考論」, 『漢字文化』 2022-16.
遊佐 徹, 「馮夢龍と倭寇物語(下)—「楊八老越國奇逢」を中心に—」, 『岡山大學大學院社會文化科學硏究科紀要』 54, 2022.

포로로 잡힌 중국인이 假倭가 되는 과정이나 왜구의 전술 등이 구체적으
로 묘사되어있는데 주인공인 楊八老도 실재 인물을 모델로 한 것이라고
한다.[139) 이 소설에도 가정왜구로 인한 민중의 공포와 원한이 잘 묘사되
어있다.[140)

　이와 같은 작품은 시간이 흘러 가정왜구에 대한 기억이 흐릿해졌을
때 과거의 사건을 다시 떠올리게 하는 한편, 시대의 상황에 맞추어 왜구
를 다시 정의하게끔 하는데 큰 작용을 했다. 즉, 임진왜란-만력왜구-로
잊혀졌던 '왜의 침략'이 다시 일깨워졌을 때 가정왜구를 소재로 한 서적
의 판매와 유포는 사회전반에 가정왜구와 만력왜구를 동일한 '일본인의
침략'으로 인식토록 하였다.[141)

　그런데 시대의 흐름과 함께 왜구는 다시 사람들의 관심에서 벗어났다.
특히 남명정권의 士人들은 일본으로의 원병요청을 위해 왜구문제에 관
해 "집단 기억상실"을 택해 왜구 및 일본에 대한 도덕적 책임을 일부 해
소시켰다.[142) 많은 사람들에게 왜구사건은 잊혀 지거나 더 이상 흥미로
운 주제가 아니게 되었고 실제 왜구사건을 바탕으로 한 내용이나 영웅
전기는 격감했다. 왜구의 발생도 실제 사실을 바탕으로 하지 않고 작가
의 창작으로 이야기를 구성하고 왜구를 제대로 묘사하지 않게 되었다.
소설 창작의 의도도 왜구 자체가 아니라 '才子佳人'을 드러내기 위한 것
으로 왜구는 들러리에 불과했다.[143)

139) 劉濤, 「"眞倭"与"假倭"文本書寫背后的故事-馮夢龍《楊八老越國奇逢》創作過程考」,
『區域文化与古代文學研究集刊』 2020-2. 참조.

140) 王万盈, 「明代倭亂与倭寇恐慌探賾」, 『社會科學戰線』, 2016-10, 107쪽.

141) 吳大昕, 『海商·海盗·倭-明代嘉靖大倭寇的形象』, 科學出版社, 2020, 106~107쪽.

142) 劉曉東, 『"倭寇"与明代的東亞秩序』, 中華書局, 2019, 「第四章 明末淸初"日本乞
師"叙事中的"倭寇"記憶—以南明隆武朝周崔芝乞師日本之爭爲中心」 참조.

143) 郭爾雅, 「從東亞學視域看日本的倭寇史研究及倭寇文學」, 『社會科學研究』 2020-2,
32쪽.

　왜구소설의 절반가량은 호종헌이 서해를 誘殺했던 역사사건을 배경으로 하지만, 이야기의 중심은 주인공인 王翠翹의 파란만장한 삶에 있다. 그 중 가장 유명하고 주변 국가에도 많은 영향을 준 靑心才人의 『金雲翹傳』은 명대 문인들에게는 단순히 '왜구의 우두머리'에 불과했던 서해를 용감무쌍하고 의리를 중시하는 '초야의 영웅(草莽英雄)'으로까지 만들었다.[144] 그러나 이것이 왜구를 정당화하려는 목적은 아니었다. '서해의 영웅화와 왕취교의 의거'는 명 관리들의 부패와 무능, 나약함과 간교함을 나타내기 위한 것으로 명·청시대 지식인들의 정치와 사회에 대한 불만과 비판을 간접적으로 표현한 것으로 이해된다.[145]

　따라서 왜구를 영웅화하는 현대 일본의 '왜구문학'[146]과는 차이가 있다.[147] 기본적으로 침략과 반침략의 시각, 즉 왜구침입의 잔학함과 중국

---

144) 郭爾雅, 「倭寇史核心人物徐海与倭寇題材文學—從明清小說到当代中日文學的比較分析」, 『東北亞外語研究』 2022-3, 97쪽.
　최용철, 「「왕취교고사(王翠翹故事)의 변천과 「금운교전(金雲翹傳)」의 작품 분석」, 『중국어문논총』 16, 중국어문연구회, 1999, 317~319쪽.
145) 郭爾雅, 「倭寇史核心人物徐海与倭寇題材文學—從明清小說到当代中日文學的比較分析」, 『東北亞外語研究』 2022-3, 99쪽.
146) 郭爾雅·王向遠, 「東亞海域的倭寇与賊商-南條范夫《海賊商人》的經濟化傾向与審美化描寫」, 『華夏文化論壇』 2019-1, 276쪽.
147) 郭爾雅은 일본 작가들이 국가주의적 입장에서 왜구 및 왜구의 행위를 정당화하고 미화하는 데 주안점을 두고 있다고 비판하고 왕직·서해 등 '중국인 왜구 두목'이 두 국가의 문학작품에서 어떻게 다루어지는지 분석했다. 그에 따르면 명·청 소설이 주를 이루는 중국에서는 왕직이 주로 일본과 작당해 살상과 약탈, 부녀자를 능욕하는 왜구 두목으로 묘사되는 반면, 일본의 현대 소설에서는 "왜구왕"이라는 오명을 씻어주고 성품과 행실이 아름다운 "仁義志士"로 묘사된다고 한다.(郭爾雅, 「"倭寇文學"中王直形象的歷史与想象—以瀧口康彦《倭寇王秘聞》爲中心」, 『中國語言文學研究』 2019-2) 반면 서해는 왕취교와 관련해 중국에서 긍정적으로 연출하는 것에 반해 일본에서는 서해를 폄훼하는 태도를 보인다(郭爾雅, 「倭寇史核心人物徐海与倭寇題材文學—從明清小說到当代中日文學的比較分析」, 『東北亞外語研究』 2022-3)며 양자를 비교하고 있다. 이런 차이가 나

인민의 항왜투쟁을 반영한다는 것이 중국 왜구문학의 주요 모티브이다. 그리고 이것은 명·청시대의 소설·희곡이나 현대의 문학작품 모두에 해당한다.[148] 청대에 무관심해졌던 왜구가 근대 일본의 침략과 함께 다시 되살아난 것이다.[149] 1930년대의 중국 교과서에는 왜구에 대한 고사와 함께 "척장군이여 경은 지금 세상사를 어떻게 보십니까?"라고 시작하는 「弔戚將軍」이 실렸다.[150] 당시 일본에서는 이것을 "排日기사"의 대표적인 사례로 보았는데, 중국의 입장에서는 일본의 침략에 대응하는 민족교육으로서 너무나도 당연한 일이었다. 중국 각지에서는 '항왜'의식의 고취를 위해 척계광의 사당이 곳곳에 건립되었다. 척계광이 왜구를 물리치는 내용의 문학작품은 다시 각광을 받게 되었고 또 반대로 그런 작품이 대중에게 영향을 미치는 일종의 상호작용이 일어났다.

2. 왜구 소재 드라마와 영화의 왜구

1) 작품의 현황 및 특색

현대 중국의 왜구문학·문예는 왜구를 소재로 한 영화·드라마가 위주로 1970년대 이후 홍콩과 중국대륙에서 관련 작품이 제작되었는데, 근대 이후의 '抗日'을 소재로 한 영화·드라마가 대거 제작되어 인기를 얻었던 것과도 관계있다.[151] '항왜 영화·드라마'의 출현과 존재의의 역시 항일

타나는 이유 중 하나로 생각할 수 있는 것은 왕직이 "互市派"였던 것에 대해 서해는 "掠奪派"였다는 점이다.(앞의 논문, 95쪽)

148) 郭爾雅, 「從東亞學視域看日本的倭寇史研究及倭寇文學」, 『社會科學研究』 2020-2, 32쪽.

149) 참고로 일본침략자의 의미로 중국에서 사용되는 "東洋鬼子"·"日本鬼子"의 '鬼子'는 왜구의 약탈과 침략으로 인한 민중의 심리에서 유래된 용어라는 주장도 있다.(韓麗梅, 「明淸抗倭童謠的傳播价値」, 『靑年記者』 2015-11, 95쪽)

150) 東亞経濟調查局 譯編, 『支那國定排日讀本』, 東亞経濟調查局, 1931, 10~12쪽.

영화·드라마의 그것과 일치하는데, 외래침략에 대한 비판과 중국 軍民이 외래침략에 용감하게 저항한 것을 찬양하여 주류 이데올로기를 선전하고 국민의 애국주의 정신을 배양하기 위함이다.[152)

　다만, 중국대륙에 비해 홍콩·타이완은 조금 다른 성향도 나타난다. 예를 들어 중국문단에서 무협소설가 金庸과 쌍벽을 이룬다고 일컬어지는 타이완의 역사소설가 高陽(1922~)의 『草莽英雄』(1981)은 서해를 주인공으로 하는데, 큰 줄거리는 명·청소설과 동일하지만 사회비판적인 요소가 없이 서해의 영웅화에 치중하는 등 왜구를 영웅시하는 일본의 왜구문학과 유사하다고 지적된다.[153) 타이완과 홍콩의 역사학자들이 일본의 연구경향에 많은 영향을 받았고 일본 현대 소설이 당시 홍콩과 타이완에 상당한 영향을 미쳤다는 점을 감안할 때 高陽의 『草莽英雄』도 일본의 왜구서술에 영향받았을 가능성이 많다.[154)

　이런 영향 및 중국과 홍콩·타이완 사이의 인식차이는 영화·드라마에도 어느 정도 반영되었다고 할 수 있다. 1970년대부터 최근에 이르기까지 중국(타이완·홍콩포함)에서 제작된 왜구관련 영화·드라마는 〈표 2〉와 같다. 그 중 1960·70년대 홍콩영화를 대표하는 감독인 胡金銓(King Hu, 1932~1997)의 『忠烈圖(The Valiant Ones)』(1975)는 가정 27년(1548) 朱紈과 俞大猷가 雙嶼를 괴멸시킨 사건이 배경이다. 역사 사실과 같이 이

때의 왜구(밀무역집단) 두목으로는 許棟이 등장하는데 그와 연합한 일본인 두목, 아울러 최후의 보스로 '博多津'이라는 인물을 만들었다. '博多津'은 각주111)에서 언급한 것처럼 실제 일본인의 이름일 수도 있기 때문에 완전한 창작은 아니라고 할 수 있다. 또한 지금 보면 복장이나 분장이 엉성하지만155)『倭寇圖卷』의 왜구복장을 참고하고 假倭의 숫자가 더 많았다는 사실을 근거로 왜구를 묘사했다고 한다. 여기서 등장하는 왜구는 일본에서 말하는 후기왜구에 가까워보인다.

최후의 보스가 '일본인 왜구=眞倭'이고 영화에서 전하는 메시지도 왜구의 침입에 맞선 이름 없는 영웅의 활약과 희생을 통한 '애국·애족' 정신의 현양과 고취에 있었지만156) 결과적으로 주인공인 伍繼元 부부의 희생에도 불구하고 주환은 모함당해 자살하고 유대유는 강등당하는 비극이라고도 볼 수 있는 결말을 맞는다. 더군다나 가정대왜구는 이 사건 이후 본격화한다. 이런 점들은 항왜전쟁의 최종적 승리를 묘사하는 그 뒤의 작품들과는 대비된다. 이름이 남겨지지 않은 영웅들의 희생을 다루는 영화나 드라마들은 그런 희생이 발판이 되어 항왜전쟁의 승리를 가져왔다는 메시지를 전하려고 하는데 『忠烈圖』는 조금 다르다.

『忠烈圖』에서는 왜구와 명의 관리·환관들이 내통하여 좀처럼 진압되지 않는 상황을 묘사하는데, 이 내용은 결말과도 연결된다. 즉, 왜환의 발생과 확대는 명 관리들의 부패·무능에 있었다고 비판한 것이다. 이런 점에서 『忠烈圖』는 명·청소설의 주제의식을 충실히 계승한다고 할 수 있다. 왜구의 침략과 그 참혹한 피해를 알리며 스크린 밖의 대중에게 安危를 일깨워주는 경종의 의미도 있는 것이다.157)

---

155) 홍금보가 분한 博多津은 가부키 배우와 같은 분장을 하고 있다.
156) 陳曉宇, 「儒家思想視域下的胡金銓武俠電影研究」, 『影視』 2021-2, 96~97쪽.
157) 杜梁·聶偉, 「《蕩寇風云》:夾縫英雄的歷史傳奇与地緣影像書寫」, 『電影新作』 2017-3, 100쪽.

『忠烈圖』의 메시지 및 영화가 만들어진 배경은 당시 정세와 관계가
있다. 1970년 주일미국대사관은 류큐열도가 1972년 일본에 '귀환'한다고
발표했는데, 여기에 釣漁島(센카쿠열도)가 포함된다는 것이 알려지면서
홍콩에서 먼저 釣漁島를 지키자는 학생운동이 발생하고 1971년에는 타
이완 대학생들의 시위가 발생했다. 그리고 1972년 미·일의 "오키나와 귀
환" 과정 중에 釣漁島에 부속된 두 섬을 미군이 계속 사용한다는 내용이
있음이 알려졌다. 이런 사회·국제 배경 속에 영화가 제작된 것이다.[158]

그 이후의 작품들도 당시의 정세와 밀접한 관련이 있다고 할 수 있다.
특히 釣漁島 영유권 문제가 자주 거론되는데, "미일의 중국 영토와 주권
침해는 전 세계 중국인들의 강한 분노를 일으켰고 동시에 명대의 왜란,
갑오해전(청일전쟁), 항일전쟁과 같은 중요한 역사적 기억을 촉발시켰으
며, 대부분의 왜란영화는 이러한 정치적 배경에서 준비되어 제작"되었
다.[159] 釣漁島 문제 및 중국의 반일운동이 격화되었던 시기와 '항왜극'
의 제작·공개시기가 겹치는 것은 우연이 아니다. '抗倭名臣 호종헌'이
편찬한 『籌海圖編』의 「沿海山沙圖」에 釣漁島가 들어가 있고 이곳을 척
계광이 항왜의 방어선으로 삼았다는 주장[160]은 좋은 역사적 근거가 되
었을 것이다.

이들 작품들은 역사를 복원하고 침략자와 항일영웅의 이미지를 부각
시켜 민족역사의 기억과 인지적 계보를 구축하는 데 중점을 둔다.[161] 이

158) 晴川·万思蔚, 「在歷史記憶建构与娛樂兼顧之間徘徊—近五十年來明代倭亂題材影
視劇綜論」, 『電影文學』 2019-16, 8쪽.
『百度百科』「忠烈圖」 https://baike.baidu.com/item/忠烈圖?fromModule=lemma_search-box
(2024년 11월 30일 검색)
159) 晴川·万思蔚, 「在歷史記憶建构与娛樂兼顧之間徘徊—近五十年來明代倭亂題材影
視劇綜論」, 『電影文學』 2019-16, 8쪽.
160) 朱巍, 「歷史上的釣魚島:戚継光曾作爲抗倭防線」, 『中國故事』 2012-9, 12~13쪽.
161) 晴川·万思蔚, 「在歷史記憶建构与娛樂兼顧之間徘徊—近五十年來明代倭亂題材影視

를 통해 국민의 애국심 및 자신감을 증진시키는 한편, "일본의 중국에 대한 야심이 오래되었으나 항상 실패"했다는 역사적 경고 내지 교훈을 깨우치는 효과도 있다.[162] 그렇지만 상업화와 오락화의 영향으로 대부분이 액션·무협극으로 만들어져 역사적 현실성이 결여되거나 역사성을 희석시키기는 부정적인 면이 나타나기도 한다.

〈표 2〉1970년대 이후 왜구를 소재로 한 중국의 영화·드라마[163]

제작지	편명(별제)	연도	형식	감독	출연
홍콩	戰神灘	1973	영화	王羽	龍飛·王羽·田野 등
홍콩	忠烈圖	1975	영화	胡金銓	白鷹·喬宏·徐楓·元彪·洪金宝 등
타이완	戚継光	1979	영화	丁重	孟飛·樊梅生·柯俊雄·王莫愁
중국	東瀛游俠	1991	영화	張鑫炎	于海·靳德茂·于榮光·楊麗青
중국	少林武王	2002	TV극(27집)	劉家成 吳家駘	吳京·法提麥·雅琦·計春華·于承惠
중국	刺寇 ("江南平寇記")	2007	영화	李玉	徐小龍·洪天明·車永莉
중국	新忠烈圖	2007	영화	劉新	吳奇隆·黃奕·元華等
중국	抗倭恩仇泉	2009	영화	司小冬	王冰·商容
홍콩	少林僧兵	2009	TV극(34집)	李惠民	洪金宝·崔林·李銘順·李曼
중국	少林寺傳奇	2010	TV극(120집)	都曉	鮑國安·李淵·謝苗
중국	戚継光英雄傳	2012	애니메이션		
중국	千洞島抗倭記	2012	영화	吳樾	吳樾·苗雅宁·施艷飛
중국	南少林蕩倭英豪	2013	TV극(48집)	林楠	張正陽·張磊·張帆·張晋 등
중국	抗倭奇俠傳 ("大明抗倭記")	2014	TV극(35집)	曹華	謝苗·金珈·白雨·文江 등

劇綜論」,『電影文學』2019-16, 9쪽.
162) 앞의 논문, 12쪽.
163) 万晴川·万思蔚, 「在歷史記憶建构与娛樂兼顧之間徘徊—近五十年來明代倭亂題材影視劇綜論」,『電影文學』2019-16, 7~8쪽의 표를 일부 수정·보완. 원표에서 제작지의 표현은 大陸·香港·台湾.

제작지	편명(별제)	연도	형식	감독	출연
중국	戚継光	2014	애니메이션	李嚴	朱業等
중국	抗倭英雄戚継光	2015	TV극(30집)	李惠民	朱曉漁·李立群·顏丹晨·于榮光
중국	倭寇的踪迹164)	2015	영화	徐浩峰	于承惠·宋洋·趙圓圓
중국	蕩寇風云	2017	영화	陳嘉上	趙文卓·洪金宝 等
중국	戚継光*	2019	다큐멘터리(5집)		
중국	少林寺十八羅漢	2019	IP영화	張著麟 李希杰	謝苗·谷尙蔚·徐紹航
중국	抗倭傳奇	2021	영화	徐藝華	鮑丹·鄭文森·宋愷
중국	大明奇將之荊楚劍義165)	2023	IP영화	朱迅	李明軒·崔眞眞·詹妮 等

　　2020년 중국 국가방송총국 사무국은 「주요 방송 프로그램, 다큐멘터리, 애니메이션 제작 및 방영에 관한 통지」166)에서 항일전쟁 승리 75주년, 중국 공산당 창립 100주년 등을 맞이해 "각급 라디오 및 텔레비전 제작 및 방송 기관은 習近平의 신시대 중국 특색 사회주의 사상의 지도를 견지하고 정치적 입지 제고를 효과적으로 개선하며 주요 주제를 중심으로 중점 작품의 창작을 가속화하고 관련 작품의 편성과 방송을 늘리도

164) 徐浩峰 감독의 『倭寇的踪迹』(한글제목:무사 4대 문파와의 혈투, The Sword Identity)은 제목과 달리 왜구가 등장하지는 않는다. 주인공의 무기-長刀가 왜구의 무기(일본도)로 오해받는 일에서 연유하는데, 알고 보니 주인공은 척계광의 호위무사였고 무기는 일본도에 대응하기 위해 만든 抗倭刀라는 사실이 밝혀진다. 왜구와는 직접 관련이 없지만 일본도의 위력과 왜구가 刀法에 뛰어났다는 인식이 저변에 깔려있다는 점에서 '왜구관련 영화'로 볼 수도 있을 것이다.
165) 젊은 시절의 유대유를 주인공으로 한 사극무협영화. "애국주의 정서가 짙은 무협영화"라는 평이 있는데, 해적이나 왜구와의 전투 등이 나오지는 않는다.
166) 「國家广播電視總局辦公廳關于做好重点广播電視節目·紀彔片·動畫片創作播出工作的通知」(2020년 8월 4일) http://www.nrta.gov.cn/art/2020/8/4/art_113_52355.html (2024년 11월 30일 검색)

록"하고 특히 애국심을 소재로 한 작품의 편성과 방영에 힘쓰도록 지시했다. 이와 함께 국가방송총국은 그동안 제작된 애국주의 다큐멘터리 및 애니메이션 중 우수작품 16편을 선정해 이들 작품을 적극적으로 편성·방송하도록 했는데, 2014년 제작의 애니메이션『척계광』이 선정되었다. 그에 앞서 2019년에는「신중국 성립 70주년을 경축하여 방영을 추천하는 다큐멘터리·애니메이션 목록에 애니메이션『척계광』(2014)과 다큐멘터리『척계광』(2019)이 각각 선정되었다.

블록버스터급으로 제작된『蕩寇風雲』(풍운대전·God of War, 2017)도 "항일전쟁시기에 이른바 무사도 정신을 답습한 일본군대는 "대동아공영" 구호의 엄폐 하에 국가통치자가 지휘·시행한 왜구행위에 다름 아니다. 盧溝橋 사변 80주년을 맞아『탕구풍운』이 민족의 고난에 대해 재차 강조한 것은 의심의 여지없이 강렬한 경고의 의미를 구비하고 있다."[167]고 평가되는 것처럼 현재 중국에서 척계광 및 항왜전쟁을 소재로 한 작품들은 애국주의와 밀접하게 관련되어 있다.

2023년 초 악비와 관련된 영화『滿江紅』이 다시 한 번 중국사회에 애국주의 열풍을 불러 일으켰고[168]『특수부대 전랑2[戰狼Ⅱ]』(2017)는 '戰狼外交'라는 용어를 만들어낼[169] 정도로 중국에서 매스미디어가 미치는 영향력은 대단하다. 얼마 전(2023년 6월) 중국영화인협회는 "중화민족의

---

167) 杜梁·晶偉,「《蕩寇風云》:夾縫英雄的歷史傳奇与地緣影像書寫」,『電影新作』2017-3, 102쪽.

168) 「[월드리포트] 시 읊고 동상 때리고⋯중 극장가 휩쓴 '애국주의'」『SBS뉴스』 2023년 2월 6일.
    https://news.sbs.co.kr/news/endPage.do?news_id=N1007069342 (2024년 11월 30일 검색)

169) 안영은,「〈전랑(戰狼)2〉연구:주선율영화(主旋律電影)에서 블록버스터급 신주류영화(新主流電影大作)로」,『중국연구』, 82, 2020, 59쪽.
    참고로『전랑2』가 내세운 슬로건은 "우리 중화를 범하는 자는 멀리 떨어져있어도 반드시 응징한다.(犯我中華者, 雖遠必誅)"였다.

위대한 부흥이라는 중국의 꿈(中國夢)"을 실현하는 데 기여하기 위해 「영화인 직업 윤리강령」을 마련하고 "애국주의를 핵심으로 하는 민족정 신과 개혁·혁신을 핵심으로 하는 시대정신을 고양하고, 중국의 이야기를 잘 들려주며 중국의 정신을 널리 알리고 중국의 가치를 전파하겠다고 다 짐했다."[170] 현재 중국의 이러한 분위기를 보면 매스미디어와 애국주의 의 밀접한 관계는 더욱 강화될 것으로 예측된다.

왜구에 대한 중국 학계의 설명은 중국의 내부 사정 및 사회상황을 반 영해왔다. 일반대중을 상대로 한 영화·드라마 등에 묘사되는 왜구는 역 사적 사실을 어느 정도 반영하겠지만 앞서와 같은 강한 목적성(애국주 의)에 영향을 받을 수밖에 없다. 과거와 현재의 상황을 알고 앞으로의 전 망을 생각해보기 위해 그동안의 작품들 속에서 왜구가 어떻게 그려졌는 지를 살펴보는 것은 가치가 있을 것이다.

이하 '왜구 구론'이 정론화 되고 '중국몽'이 제기된 시기 이후에 제작 되었던 작품을 중심으로 각 작품에서 왜구가 어떤 존재로 나타나는지 살 펴보겠다.

2) 각 작품에서 묘사되는 왜구 및 관련 내용

① 『抗倭恩仇錄』(2009)

실존 인물인 吳時來(1527~1590)[171]를 주인공으로 가정 34년(1555) 松 江府(현재의 上海市 吳松江 남쪽지역)의 방어전을 소재로 한다.

영화 시작 시 "명조 가정연간, 조정은 부패해 뇌물수수가 성행하였는 데 中華民族은 역사상 가장 엄중한 외환을 맞이한다." "일본국내 전쟁

---

170) 「애국주의 中영화계 "사회주의 가치관 드높일 것"…윤리강령 마련」, 『연합뉴스』 2023년 6월 9일.
　　https://www.yna.co.kr/view/AKR20230609065600083 (2024년 11월 30일 검색)
171) 『明史』 「열전」 권98.

중 궤멸(潰敗)한 무사와 낭인은 기회를 틈타 중국의 불법상인과 결탁해 강대한 海盜집단을 조성해 대거 우리의 동남연해를 침략했다.”라는 내레이션으로 시작하면서 평화로운 마을을 습격해 살인을 저지르는 왜구의 모습이 묘사된다.

『百度百科』의 영화 소개에는 “16세기 중·후반 일본 서남부의 다이묘(大名)와 海盜가 국내 전란으로 패망해, 패망한 무사와 낭인이 부대를 결성하고 중국 불법 상인들과 결탁하여 중국 동남해안을 침략했는데, 이를 ‘왜구’라고 한다.”[172]고 되어있지만 영화에서 시종 왜구를 지휘하는 것은 일본인(?)이고 중국인 왜구(假倭)가 어떤 역할인지는 알 수 없다.

Cast에는 왜구의 최고 지도자 이름이 佐藤一夫(Zuo Tengyifu), 그 외 왜구 인물로 宋井(Song Jing), 山立本(Shan Liben)로 되어있다. 극중에서는 일본어를 사용하지 않기 때문에 각 인물의 이름도 일본식으로는 호칭되지 않는다.

전투 시에 왜구 지도자들은 일본식 갑옷(?)을 착용하는데, 일반 왜구는 갑옷을 착용하지 않고 일본식 복장(에도시대 복장에 가깝다)의 모습이다. 또한 왜구의 진중에는 일본여성이 유흥을 돕고 일본풍의 장식이 되어있다.

왜구 최고 지도자를 부를 때의 호칭은 “將軍閣下”인데, 이들이 일본의 어느 지역에서 왔는지, 구체적인 목적이 무엇인지 등에 대해서는 아무 언급이 없다.

참고로 후반에는 와씨부인도 등장해 狼兵을 지휘하며 송강 방어전에서 큰 활약을 펼친다.

영화는 전투에서 희생된 사람의 무덤에서 그들을 기리는 것으로 끝을 맺는데, “抗倭英雄”이라는 묘비명은 이 영화의 내용과 메시지를 상징한

---

172) https://baike.baidu.com/item/抗倭恩仇录/2794146?fr=ge_ala (2024년 11월 30일 검색)

다고 할 수 있다.

②『少林僧兵』(2009)

소림사 및 소림사와 관련된 인물은 중국영화의 단골 소재인데, 소림사
의 승려가 항왜활동에 참여했다는 것은 역사 기록에 남아있으므로 완전
한 허구는 아니다.[173] 또한 유대유가 소림사에서 棍法을 배웠다는, 즉
소림사의 제자였다는 이야기도 전해지기 때문에 소림사는 여러 면에서
항왜활동과 관련 있다고 할 수 있다. 특히 소림사 승려들의 항왜활동은
민간의 이름 없는 영웅들의 활동과 희생이라는 면이 있어서 애국주의를
강조하는 데도 좋은 소재가 된다.[174]

TV 드라마『少林僧兵』의 스토리를 한 줄로 말한다면 "소림승병이 척
계광을 도와 왜구의 침략을 막아낸다."고 할 수 있지만, 왜구와 관련된
부분은 다소 복잡하고 특별한 인물관계를 만들어내어 이야기는 꽤 예측
불허로 전개된다.

척계광·유대유 등이 등장하지만 어렸을 때 왜구에게 부모를 잃고 소
림사에 들어간 두 명의 소림사 승려가 주인공격이다. 최대의 敵役은 바
로 왕직인데, 주인공 중 한명의 친아버지라는 설정이다. 왕직은 악역이
기는 하지만 다소 긍정적인 면도 묘사되는데, 엄숭 부자의 거짓과 변심
때문에 어쩔 수 없이 왜구의 두목이 되어 밀무역과 약탈을 하게 된 것처
럼 비추어진다. 왕직에 대해 "憂國憂民의 사람"이라는 표현이 나오기도
한다.

---

173) 梁永杰,「明代嘉靖年間少林僧兵沿海抗倭考述」,『蘭台世界』 2013-8 참조.
174) 가정 33년(1554) 蕭顯이 이끄는 왜구가 浙江의 吳淞江에 침입했을 때 僉使 任公
環이 民兵 300명과 僧兵 80명을 이끌고 왜구와 접전을 벌였는데 지원병이 제때
도착하지 않아 21명의 승병이 희생되었다.(梁永杰,「明代嘉靖年間少林僧兵沿海
抗倭考述」,『蘭台世界』 2013-8, 28쪽)

왕직은 "해적은 내가 뜻하는 바가 아니다."라고 말하기도 하는데, 자신이 원하는 것은 자유로운 互市이고 이를 실현하기 위한 수단으로 정식 관원이 되려고 한다. 뇌물을 받치며 엄숭 부자에게 접근해 관원이 되려 하지만 그의 시도는 좌절된다.

왜구에는 일본인 두목(佐佐木)도 존재한다. 왕직과 일본인 두목과의 관계는 대등해보이기는 해도 대부분은 왕직이 주도적인 관계에 있다. 왜구들은 기본적으로는 "일본인"인데 무사 혹은 해적처럼 묘사된다. 두목 외에는 특별히 갑옷 같은 것을 착용하지는 않는데 왜구들이 간혹 일본어를 사용하는 장면이 있다. 드라마의 중반에는 왜구가 포르투갈인에게 조총과 佛朗機를 구입해 전력을 강화하는 모습도 묘사된다.

소림사 승려의 활약과 희생으로 마지막 격전에서 척계광은 승리를 거둔다. 전투에 패한 왕직은 쓸쓸이 일본으로 도망가는 것으로 드라마의 주요 이야기는 끝나고 소림사 승병들을 기리는 장면과 함께 "그 이후 척계광·유대유·호종헌이 공동으로 중국 연해에서 왜구를 몰아내 항왜민족 영웅이 되고 청사에 이름을 올렸다."는 내레이션이 흐른다.

보통의 항왜극이라면 이런 감동스러운 장면으로 끝났을 법한데, 이 드라마에서 진짜로 전하려는 메시지가 더해진다.

노년의 척계광이 소림사를 방문해 왜구와의 전투에서 불구가 된 승려와 대화를 나누면서 "비록 지금은 왜구가 이미 우리 국가에서 쫓겨났지만, 그들은 아직 호시탐탐... 만약 다시 전쟁이 발생한다면 너는 또 갈 수 있겠는가?"라는 질문을 던지는 것이다. 이 질문은 아마도 방송을 보고 있는 중국의 시청자를 향한 것이기도 했을 것이다.

이 드라마에서는 척계광을 비롯해 다수의 실제 역사인물이 등장하지만, 실제 역사에서는 왕직이 일본으로 도피하기 전 척계광은 아직 山東에 있었고 浙江에 부임하는 것은 가정 34년(1555)이기 때문에 왕직(혹은 왕직이 이끄는 왜구)과 대결하는 것은 사실과 많은 차이가 있다.

③ 『南少林蕩倭英豪』(2013)

가정 29년(1550) 福建에 왜구가 침입했을 때 서로 헤어지게 된 林씨 삼형제가 겪는 (비극적?) 운명을 그린 영화이다. 삼형제 중 첫째와 셋째는 승병에게 구출되어 남소림에 맡겨지고 둘째는 왜구에 끌려간 뒤 왜구의 수령 三枝圖田의 양자가 되어 三枝亂步로 개명한다. 三枝亂步는 검술이 뛰어나 점차 두각을 나타내고 나중에는 양아버지인 三枝圖田을 죽이고 왜구의 수장에까지 오른다.

시대적 배경과 전쟁 장면의 박진감을 살리기 위해 촬영장을 세우고 소품, 의상 등에도 많은 신경을 썼다고 하는데, 특히 왜구의 갑옷에는 상당한 비용을 들었다고 한다. 왜구는 보통 '왜병'이라고 불리는 것처럼 일종의 군대로 표현되었는데, 일반 왜병의 복장과 장비의 복원은 소홀한 부분이 많다.

왜구 두목인 三枝圖田를 비롯해 直江措·直江源, 上杉長野, 柴羽利信, 足利義石, '왜구 제일검객(倭寇第一劍客)'으로 불리는 上泉重次, 여성으로는 足利富子 등 일본인으로 설정된 인물이 다수 등장한다. 왜구의 수뇌부 인물들을 부하들이 부를 때는 이름 밑에 '將軍'을 붙이는 경우가 많지만 일본어를 사용하지 않기 때문에 각 인명을 일본어로 어떻게 읽는지는 알 수 없다.

이 영화는 이른바 무협영화로 왜구는 단순히 이야기의 배경으로만 이용된다. 실제인물은 등장하지 않고 왜구가 어디에서 어떻게 왔는지, 목적이 무엇인지 등도 알 수 없다. 다만, 왜구의 모습은 해적이나 도적이 아닌 군대로서의 모습인데 이 점은 주목할 만하다. 중국에서는 왜구가 단순히 도적이 아닌 '일본의 군대'·'군인'이었다는 시각도 강하기 때문이다.[175] 드라마에서 묘사되는 '왜군'이나 장군으로 불리는 왜군 지도자들

---

175) 王万盈, 「明代倭亂与倭寇恐慌探賾」, 『社會科學戰線』, 2016-10, 109쪽.

의 모습은 왜구의 침략성을 강하게 나타내기 위해서였다고 생각해볼 수 있다.[176)

    ④ 척계광에 대한 애니메이션 : 『戚繼光英雄傳』(2012)과 『戚繼光』(2014)

    『戚繼光英雄傳』(2012)은 척계광이 浙江 寧紹의 參將이었던 때를 중심으로 한 내용인데, 척계광이 "외적을 물리치고 용감하게 싸우며 나라를 지키는 역사를 보여주고", 척계광이 주둔해 지켰던 "臨山衛(浙江省 余姚縣)의 장구한 역사와 인문 자원을 발굴하여 위대한 애국주의 정신을 더욱 발전시킨다."[177)는 영화소개와는 달리 엉성한 애니메이션과 내용 때문에 큰 비난을 받았던 작품이다. 중국을 침략하는 왜구의 모습도 어딘가 매우 이상해 보인다.

    반면, 2014년 3D 애니메이션으로 제작된 『戚繼光』은 앞서 소개했던 것처럼 중국에서 높은 평가를 받았다. CCTV의 작품 소개에서는 "애니메이션 『척계광』은 명 가정 연간 척계광이 이끄는 척가군이... 新河·台州·福建 등지를 전전하며 왜적을 소탕하는 영웅고사이다. 척계광이 이상과 포부를 가진 열혈 청년에서 일편단심(赤胆忠心)하며 천하를 품은(心怀天下) 민족영웅으로 성장하는 전설적인 여정은 개인의 성공일 뿐 아니라 중화민족 대외항쟁의 용기와 역량의 표현이기도 하다."[178)라고 되어있다.

세계적 석학인 레이 황(중국명:黃仁宇)의 동일한 견해는 중국에서의 주장에 힘을 실어주는 좋은 예가 되고 있다.
레이 황 저, 박상이 역, 『1587(만력 15년) 아무 일도 없었던 해』, 가지않은길, 1997, 238~259쪽.

176) 중국에서도 영화와 드라마에서 명군과 왜구의 충돌을 중일 양국의 정규군의 대결로 확장시켜 묘사하는 것은 "현실정치의 영향과 민족감정에 의해 유도된 문학적 허구"라고 보기도 한다.
(万晴川·万思蕴, 「在歷史記憶建构与娛樂兼顧之間徘徊—近五十年來明代倭亂題材影視劇綜論」, 『電影文學』 2019-16, 9쪽)

177) https://baike.baidu.com/item/戚継光英雄傳/7084233?fr=ge_ala (2024년 11월 30일 검색)

1화의 시작은 일본 전국시대 및 왜구 침략의 정황을 설명한다. 일본에서 패망한 무사들이 배를 타고 바다를 건너오는 모습이 내레이션과 함께 묘사된다. 이후 왜구가 상륙해 방화·약탈행동을 하고 마을 사람들을 잡아간다. 이 때 "吉田·小川"라는 왜구의 이름이 나오는데, 이들을 지휘하는 배 위에서 뒷짐을 지고 있는 베일에 싸인 '진짜 두목'의 정체는 나중에 밝혀진다.

9집에서는 전후의 내용 설명 없이 '五峰船主'가 처형되는 장면이 나온다. 처형당하는 '五峰船主'의 모습은 일본인의 형상·복장을 하고 있다. 정황상 왕직의 처형인 것처럼 보이지만 그 뒤 "平吉峰이 새로운 五峰船主가 되어 (복수를 위해) 마을을 피로 씻기로 결정한다."는 것을 보면 '五峰船主'는 일종의 지위처럼 사용되는 것이고 특정인-왕직을 지칭하는 것이 아님을 알 수 있다. 본편에서도 왕직이라는 인명은 등장하지 않는다.

마지막 편의 제목은 「仙游의 결전」으로 실제 역사에서는 가정 43년(1564)의 일이었다. 그런데, 척계광은 가정 44년(1565) 유대유와 함께 吳平을 토벌했기 때문에 실제로는 仙游의 결전이 마지막 抗倭전투가 되는 것은 아니다. 베일에 감추어져 있던 왜구의 진짜 두목은 松浦隆介로 그는 화포를 갖춘 군대를 직접 지휘하며 척계광과 싸운다. 참고로 왜구들은 그를 '松浦大人'이라고 부른다.

접전 끝에 척계광이 왜구를 물리친 뒤 본편이 끝난다. 그 후 척계광의 시를 읊은 뒤 항왜전쟁의 공적 등을 소개하고 마지막 문구인 "(척계광은) 걸출한 애국장령이며 민족영웅이다."로 끝을 맺는다.

이 작품에서는 일본인의 침략을 더욱 부각시키기 위해서인지 假倭나 從倭가 나오지 않고 松浦隆介를 왜구의 두목, 실행자로 설정하는데, 이것은 松浦隆信를 모델로 한 것으로 생각된다. 왕직과 松浦隆信의 관계에

---

178) https://tv.cctv.cn/2015/01/07/VIDA1420610259628656.shtml (2024년 11월 30일 검색)

대한 중국의 견해가 반영된 것으로도 볼 수 있다.

⑤ 영화『千洞島抗倭記』(2012)와 드라마『抗倭奇俠傳(抗倭奇俠)-大明
   抗倭記』(2014)

이 두 작품은 왜구를 소재로 한 무협극으로 민간인에 의한 항왜활동
과 희생, 그리고 승리로 마무리 된다는 공통점이 있다. 척계광 등 실제
인물이 등장하지만 역사 고증 등은 허술하고 실제 사건을 바탕으로 한
것인지도 확실하지 않다. 특히 왜구 및 왜구 두목의 설정 근거도 알 수
없다.

『千洞島抗倭記』는 가정 40년(1561) 왜구가 浙江 연안의 千洞島를 점
거하고 주변을 지나는 상선 등을 약탈한다는 설정 하에서 이야기가 전개
된다. 왜구는 화포와 조총을 장비하고 있는데, 복장만 보아서는 어떤 성
질의 집단이었는지 조차 알기 어렵다. 왜구의 두목의 이름은 Cast에 "齋
藤元直(Saito Yuzi)"로 되어있다.

『抗倭奇俠傳』의 왜구 혹은 일본병의 묘사는 그나마 조금 나은 편이
다. 호종헌·유대유·척계광 등 주요 항왜장령이 등장하지만 왕직 등 역사
에 기록된 왜구 수장은 나오지 않는다. 왜구의 수장으로는 肥源一朗, 肥
原次郎의 형제가 등장하는데, 이들 역시 일본의 어느 지역에서 온 어느
정도 지위의 사람인지는 알 수 없다. 다만, 이들이 왜구-일본병을 지휘하
는 모습이나 복장 등을 보면 무사 내지 영주를 염두에 둔 설정임을 알
수 있다.

흥미로운 점은 주인공들의 최대의 적인 '九如法王'이 중원의 무림을
장악하기 위해 왜구와 결탁하고 이에 대해 肥源은 명의 땅을 침략해 점
령하려는 야심을 품고 있다는 점이다. 항왜극에서 왜구를 지방영주가 이
끄는 일본의 군대로 설정하는 경우 그들의 목적이 무엇인지 불분명한 경
우가 많은데, 이 드라마는 무협드라마임에도 왜구의 침략목적을 '영토의

점령'으로 설정해 왜구의 침략성을 더욱 강조했던 것으로 보인다.

⑥ 드라마 『抗倭英雄戚継光』(2015)

『抗倭英雄戚繼光』은 척계광의 소년기에서 시작해 항왜전쟁에서 마지막 승리를 거두기까지의 과정을 그린 본격 역사극이다. 비교적 사실에 충실하고 대규모 전투장면과 해전이 재현되는 등 기존의 항왜를 소재로 한 무협드라마들과는 많은 차별성을 보여준다. 2017년 제11회 전국 TV 프로덕션(電視制片業) TV드라마 우수작품상을 수상하는 등 중국에서 좋은 평가를 받았고 역사수업의 부교재[179]로도 추천되고 있다.

호종헌·유대유·譚綸 등의 실제 항왜장령과 王直·徐海·蕭顯 등 역사에 기록된 중국인 왜구두목도 다수 등장하는데, 척계광의 상대역이자 왜구 최고의 두목으로는 長谷勘助라는 가공의 인물이 등장한다. 長谷은 일본인 배우(三浦研一)가 담당했는데, 극중에서도 종종 일본어를 사용한다.

이야기는 가정 2년(1523) 일본의 左京兆大夫(大內義興)와 右京兆大夫(細川晴元)의 조공단이 충돌한 영파의 난을 언급하면서 시작한다. 왜구의 발생에 대해서는 "일본 국내의 혼란시기, 각지 봉건영주가 잔혹하게 착취하고(殘酷剝削) 끊이지 않는 전쟁으로 일본의 파산한 농민, 실직한 관리, 실업한 유민, 戰敗한 무사 등이 각지 영주의 지지 하에 분분히 해외를 향해 出路를 구했다. 연속된 다년의 왜구의 禍는 가정연간에 전대미문의 高峯에 도달했다."는 내레이션으로 설명한다.

'海盜'로 표현되는 왕직은 일본으로 가 '倭酋' 長谷勘助와 동맹을 맺는다. 왕직 일행은 長谷에게 다소 뻣뻣한(?) 자세를 취하는데, 명의 海防을 돌파하고자 그에게 재물을 주는 대신 일본의 무사와 낭인을 청한다.

---

179) 人民教育出版社, 『教師教學用書 中國歷史 七年級下册』, 人民教育出版社, 2017, 207쪽.

이에 대해 長谷은 자신들의 목적 역시 교역(조공)을 거부하는 명조의 海防 돌파가 목표라며 왕직과 협력할 것을 약속한다. 長谷은 왕직에게 우리는 "主와 客이 아니라 친구(朋友)", "우리의 적은 朱紈"이라고 말하기도 한다.

보통 왕직과 관계된 일본 지방영주나 지역은 애니메이션 『척계광』에서와 같이 '松浦'가 언급되는데, 이 드라마의 長谷勘助는 자신의 領國을 "豊後藩"이라고 말하므로 이 인물의 모델이 松浦隆信가 아니라는 것을 알 수 있다. 豊後라면 大友씨라고 생각할 수 있는데, 뒤에 소개할 다큐멘터리 『戚繼光』(2019)의 내용에서처럼 大友씨가 왜구의 실제 실행자라는 견해에서 영향을 받았을지도 모른다.

왕직과 長谷은 동등한 관계였는지 모르겠지만, 드라마에서 주적은 長谷이다. 주요 전투에서 왜구를 지휘하는 것은 長谷이고 마지막 해전에서 長谷을 물리치는 것으로 항왜전쟁의 승리를 장식한다. 왕직 이외의 서해나 소현과 같은 유명한 왜구 두목들도 모두 長谷의 수하로서 행동한다.

왜구의 묘사 중 조금 이상한 점은 長谷 등 왜구의 수뇌들은 일본식 갑옷을 착용하는데, 일반 왜병들은 승병을 연상시키는 복장이라는 부분이다. 그렇지만 드라마에서 묘사되는 왜구들은 많은 면에서 지방의 영주가 이끄는 일본의 군대로 보인다.

왜구와 관련해 또 하나 주목할 점은 왕직 등 사무역자들의 행위에 대한 평가 부분이다. 왕직이 호종헌의 회유로 귀순한 뒤 그를 어떻게 처리할지 논의가 되던 중 옥중의 왕직을 척계광이 방문해 그와 대화를 나눈다.(물론 픽션이다.) 이 때 왕직은 "자신은 본래 '良民'인데 명조가 海商들의 생사는 무시하고 해금정책을 시행해 어쩔 수 없이..."라고 변명하는데 이에 대해 척계광은 그의 논리를 설파하고 "당신은 우리 중화의 자식이 아니라 주인을 버린 개일 뿐!"이라고 단죄한다.

이 장면은 왜구에 참여한 사무역자들에 대한 평가인 동시에 「왜구 신론」에 대한 비판·부정의 의미도 담고 있다. 반복해 말하지만, 왜구에 대한 긍정적인 시각은 척계광의 민족영웅 지위를 훼손할 수 있다. 드라마에서 이런 장면을 연출한 것도 이 때문이라고 생각된다.

드라마는 다음과 같은 내레이션으로 막을 내린다.

"원나라 때부터 200년간 왜란이 이어졌지만, 문무장관이 몸을 바쳐 민족 단결을 이루고 마지막으로 침략한 왜구를 조국 땅에서 쫓아내 왜란을 깨끗이 종결짓는다. 척계광은 왜구를 소탕해 왜란을 종결하고 북방의 국경을 공고히 하였다. 척계광은 평생 조국에 충성하며 뜻을 굽히지 않은 중화 민족 불후의 민족영웅이다."

마지막의 이 몇 마디 말은 왜구 및 척계광에 대한 현재 중국의 견해를 간결하게 보여준다고 할 수 있다.

⑦ 『蕩寇風雲』(2017) - 한글제목 : 풍운대전 God Of War(戰神戚継光)

블록버스터급 영화인 『蕩寇風雲』은 제작단계부터 큰 관심을 받았는데, 당초 예정된 제목은 『전쟁의 신 척계광(戰神戚継光)』이었던 것 같다.[180] 감독인 陳嘉上은 영화의 목적이 "더 많은 젊은이들이 민족 영웅 척계광과 중국의 역사를 이해하도록 하기 위해서"[181]라고 인터뷰에서 밝혔는데, "척계광은 중국 역사상 저명한 항왜대장으로, 중국은 지금까지 수많은 민족영웅이 있었는데 척계광은 바로 그 한 사람이다. 캡틴 아메리카나 아이언 맨과 같은 할리우드 인물들과 비교해 우리 민족영웅은

---

180) 관련기사 https://www.163.com/ent/article/B7IVSDIH000300B1.html (2024년 11월 30일 검색)
"척계광은 중국 역사에서 주목받는 이름이며 중화민족이 외세 침략에 저항하는 용기와 힘을 상징하는 인물로 후세 사람들은 그를 전투에서 진 적이 없는 '戰神'이라고 부른다."
181) 「《蕩寇風云》制作團隊揭秘 國際視角傳承民族精神」, 『1905電影网』2017년 5월 28일. https://www.1905.com/news/20170528/1187535.shtml (2024년 11월 30일 검색)

피와 살이 있을 뿐만 아니라 찾을 수 있는 역사 사적을 가지고 있다."[182]
며 할리우드 영화의 '영웅'과 차별화했다. 또한 영화가 개봉된 2017년 단
오절 연휴에 할리우드 영화 『캐리비언의 해적 5』와 『蕩寇風雲』이 흥행
경쟁을 하게 되자 할리우드 영화 대 중국영화의 대결이라는 은유로 "해
적의 침입"과 "영웅의 방어"라는 도식이 형성되기도 했다.[183]

감독 陳嘉上은 영화를 준비하며 척계광의 고향 및 척가군의 모든 전
장을 답사하고, 관련 자료를 수집하고 역사가에게 자문을 구했다고 한
다.[184] 특히 왜구-일본군에 대한 연출에도 이전의 중국영화-드라마에서
는 볼 수 없을 정도로 세심한 부분까지 고려해 '일본인 왜구(왜병과 낭
인)'의 주요 배역은 모두 일본인 배우들이 담당했고 구로사와 감독의

---

182) 「《蕩寇風云》震撼上映 導演陳嘉上鄭州談片」, 『河南日報』 2017년 6월 2일.

183) 杜梁·暈偉, 「《蕩寇風云》:夾縫英雄的歷史傳奇与地緣影像書寫」, 『電影新作』 2017-3, 102쪽.

184) 영화의 역사고문은 南京사범대학 교수인 酈波로, 그는 2010년 7월 방영된 CCTV
의 「百家講壇」에서 「大明名臣—抗倭英雄戚継光」(전14집)을 강연했는데, 높은
시청률을 기록했다고 한다.
CCTV에서는 해당 방송에 대해 "酈波는 척계광의 군사적 업적에 대해 새로운
의미를 설명하고 척계광의 항일영웅으로서의 역사적 평가를 다시 부여했다. 더
불어 그 비장한 역사 속의 민족감을 되새기고 강렬한 애국심을 불러일으킨다."
고 소개하고 있다.
(http://kejiao.cntv.cn//C20903/videopage/index.shtml 2024년 11월 30일 검색)
그는 강연의 마지막에 척계광에 대해 "척계광, 이 민족영웅을 부르짖는 것은,
척계광, 이 민족의 중추(脊梁)를 부르짖는 것이고, 척계광, 우리 중화민족의 역
경에 굴하지 않는 튼튼한 기둥(中流砥柱)을 부르짖는 것입니다. 국가가 극심한
재난을 마주했을 때, 민족이 극심한 재난을 당했을 때, 또한 혹은 우리들이 기
대하는 중화민족의 위대한 부흥의 시기를 맞아, 누가 생각하지 않고 누가 그리
워하지 않으며, 누가 척계광, 이 민족영웅을 부르짖지 않겠습니까?"라고 강조
한다. 그 뒤 항일전쟁기의 인물들과 척계광은 모두 "민족의 국혼(國魂)"이라고
강조하고 시청자들에게 영원히 항왜영웅 척계광을 그리워하자는 말로 강연을
끝마친다.(YouTube, 'CCTV百家講官方頻道' 「抗倭英雄—戚継光(十四)將星隕落」
에서 확인할 수 있다.)

『亂』(1985)으로 미국 아카데미상 의상디자인상을 수상한 와다 에미(和田惠美,ワダ·エミ)를 기용해 왜구의 복장을 재현했다. 이 때문에 영화에 등장하는 왜구, 정확히는 왜병의 모습은 일본 영화나 드라마에 못지않다. 또한 상대인 왜구를 희화화하지 않고 무조건적인 악인으로 묘사하지 않은 것도 큰 특징이라고 할 수 있다.

영화의 시작은 배경을 설명하는 다음과 같은 내레이션으로 시작한다.

> "명 가정연간, 조정의 해금으로 지방관부가 부패하여 연해왜구가 봉기했는데, 그 중에는 왜구의 수령으로 인식되는 安徽人 왕직이 누차 연해를 침범했다.
> 가정 36년, 절강총독 호종헌이 왕직의 투항을 설복해 왜구의 환을 딜고자했는데,
> 어찌 알았으랴? 왕직은 곧 杭州에서 巡按史 王本固에 의해 구금되었다.
> 왜구는 항복하지 않고 도리어 도처에서 일을 일으키고 절강 연해를 공격했다.
> 이때 왕직의 양아들 毛海峰은 1천명이 넘는 왜구부대와 절강의 岑港를 점거했다."

내레이션의 내용처럼 영화에서는 척계광의 첫 승전(정확하게는 浙江에서의 첫 승전)이라고도 할 수 있는 岑港의 전투와 최대 승전인 台州대첩을 중심으로 전개된다. 다만, 내레이션의 내용과는 달리 왜구를 실제로 지휘하는 인물은 모해봉이 아니라 熊澤(Kumasawa)[185]이다. 구마사와는 지략과 전술이 뛰어난 노련한 장수로 묘사되는데, 그가 와카(若)라고 부르는 山川(Yamagawa)[186]가 신분으로는 상위라고 할 수 있다. 다만 다른 사람들은 山川를 와카사마라고 존칭하는데 山川은 熊澤을 '스승님(師

---

185) 일본인명의 영문표기는 영화의 Cast 표에 의거함.

186) 참고로 일본인명에서 山川의 발음은 やまかわ(Yamakawa)의 경우가 많다.

匠)'이라고 부른다. 척계광이라는 슈퍼히어로에 대응하는 빌런에 해당하는 인물은 熊澤이라고 할 수 있다. 다만 영화 본 편에서도 그렇고 Cast 표에서도 일본인은 姓만 밝혀져 있을 뿐이다.

왜구의 정체는 초반에 밝혀지는데, 모해봉이 熊澤에게 "왜 내지로 공격하지 않느냐?"고 따지면서 "松浦 大人의 말을 잊었는가?"라며 '松浦'라는 명칭을 들먹인다.[187] 이에 대해 熊澤은 일본어로 "왕직님[도노]의 마쓰우라번에의 공적은 잘 알고 있다. 그렇지만 마쓰우라의 도노(殿)에 대해 여기서는 말하면 안 된다. 우리는 왜구이며 도적이지… 두령은 왕직님[도노]이다."라고 대답한다. 또한 熊澤은 "우리가 마쓰우라번이라는 것이 明軍에 알려지면 마쓰우라번이 위험해진다. 여기서 우리는 어디까지나 왜구여야 한다."는 말도 한다.

이런 왜구의 설정은 앞에서도 몇 차례 언급한 왕직과 松浦隆信의 관계를 염두에 둔 것임을 쉽게 알 수 있다. 그런데, '와카'라고 불리는 젊은 주군이 왜 야마가와(山川)인지는 알 수 없다. 오우치(大內)라는 인물이 있기는 하지만 副將정도의 역할일 뿐 중요한 인물은 아니다.

왜구의 구성에 대해서는 잠항의 전투에서 승리한 뒤 유대유(홍금보 분)와 척계광(조문탁 분)의 대화를 통해 알 수 있다.

유 : 적병 가운데 대부분은 해금으로 인해 왕직에게 의탁한 漢人이다.
척 : 당신의 말은 우리가 공격한 게 왜구가 아니라는 것인가요?
유 : 또 낭인이 있지.
유 : 그렇지만 가장 전투력을 가지고 있는 것은 배치된 한 무리의 精良한 倭兵이야.
척 : 왜병?!

---

187) 영화에서 모해봉은 松浦를 중국어 발음인 Songpu로 호칭하고 熊澤은 마쓰우라 라고 말한다.

대부분이 漢人이었다는 말에 척계광이 놀라는 것은 그가 왜구의 정체를 제대로 몰랐다는 것이 된다. 그리고 유대유의 말을 통해 진왜는 왜병(무사)과 낭인으로 구분된다는 것도 알 수 있다. 다만, 실제 역사에서는 잠항의 왜구를 주도했던 것은 모해봉이었다.[188]

그러나, 모해봉 등 漢人은 영화에서 그다지 존재감이 없다. 특히 전반부의 잠항 싸움에서는 모해봉과 그의 수하들이 때때로 등장하지만, 그 이후에는 줄곧 熊澤이 지휘하는 왜구와 명군의 대결이 그려진다. 유대유의 말이라면 수적으로는 가장 적은 것이 '왜병'이지만, 이들이 왜구를 실제로는 주도하는 게 된다. 혹은 왕직의 죽음(영화에서는 언급되지 않는다)이후에는 진왜의 수가 더 많았다는 주장에 근거한 것일 수도 있다. 여하튼 영화 포스터의 "2만 왜구에 맞선 명의 3천 군대"라는 문구에서 '2만의 왜구'는 영화에서 묘사되는 장면만을 보면 모두 '진왜'인 것처럼 생각될 수밖에 없다.

무사와 낭인의 차이는 왜구 수뇌부(무사)들의 대사를 통해서 잘 나타난다. 熊澤은 무사와 낭인은 다르다며, 우리(무사)의 목적은 재물을 얻어 그것을 통해 무기를 구하고, 우리 번(마쓰우라)이 천하통일을 하기 위해서이며, 낭인은 단지 '여자와 돈' 때문이라고 말한다.

낭인들은 왜병에 비해 규율도 없고 복장을 제대로 갖추지 못한 모습으로 묘사되는데 그들 스스로 "여자와 돈이 전부"이고 "돈을 벌어서 집에 가서 술이나 마시는 게" 목적인 것처럼 말한다. 그런데 낭인들의 대장인 小幡(Kohata)가 "나는 진짜 무사가 되고 싶어!"라고 말하는 장면이 있는데, 이를 통해 생각해보면 이 영화에 등장하는 낭인은 '패망한 무사'와는 다른 부류가 된다. 앞 장에서 지적한 것처럼 무사와 낭인을 완전히

---

188) 『명 세종실록』 가정 38년(1559) 5월 12일, "福建浯嶼倭始開洋去, 此前舟山寇隨王直, 至岑港者也屯浯嶼, 且經年至是乃遯其毛海峯者, 復移衆南麂, 建屋而居."

별개의 존재처럼 서술하는 중국의 경향이 영향을 주었다고 보인다.

영화는 불타는 왜선에 홀로 남은 熊澤이 척계광 등과 대결하는 것으로 마지막을 맞는다. 그 직전 熊澤은 山川에게 마지막 말을 남기며 (마쓰우라 도노에게) "우리 마쓰우라번은 두 번 다시 이런 야심(중국어로는 '妄想')을 갖지 말라"고 전해달라고 부탁한다. 척계광은 熊澤에게 이름을 묻지만 熊澤은 이름을 밝히지 않고 다만 "왜구"라고 답한 뒤 자결한다.

熊澤의 마지막 말은 '헛된 망상을 가지고 중국을 침략하지 말라'는 의미처럼 들리기도 하는데, 반대로 왜구가 왜 중국을 침입했는가? 에 대한 의문점도 남긴다. 영화의 초반에 그들-마쓰우라의 군대-의 목적은 중국에서 재물을 얻어 그것으로 무기를 구매한다는 것이라고 했지만, 그것이 그 이후 태주를 비롯한 여러 지역을 공격해 점령하려는 이유는 되지 않는다. 가정 37년(1558) 잠항의 패배부터 가정 40년(1561) 태주대첩까지 계속 중국에 머물러있는 점도 설명되지 않는다. 이것은 왜구가 단순한 도적이 아닌 일본의 군대라는 견해에서 나타나는 문제점이기도 하다.

반면 熊澤이 자신들의 정체-마쓰우라번-가 알려져서는 안 된다고 하고, 끝까지 자신의 이름을 밝히지 않은 것은 진왜, 특히 신분이 높은 무사계급이었던 왜구 두목들의 이름이 왜 역사 기록에 남지 않았는가에 대한 하나의 해석이라고 할 수 있다. 무사들이 명예를 중요하게 여겨서 포로로 잡히는 것보다는 죽음을 택하는 경우가 많아서 그들의 이름이 중국의 역사서에 기록되지 않았다는 중국학자의 주장을 적용한 것으로도 보인다.

⑧『少林寺十八羅漢』(2019)

소림사 시리즈의 첫 번째 IP영화『少林寺十八羅漢』는 소림승의 희생 속에서 관군과 일반백성이 힘을 합쳐 왜구를 무찌른다는 전형적인 항왜 영화이다. "역사의 실제(眞實) 사건을 근거로 개편함"이라는 문구와 함께 영화가 시작되는데, 곧이어 내레이션으로 "가정 31년 왜구가 중국 杭州 만에 상륙하여 모두 북상해 浙江을 쓸어버렸다. 安徽·江蘇는 무인지경에 들어간 듯했다. 왜구가 이르는 곳은 살육과 약탈 등 온갖 만행이 저질러졌다. 연안백성의 고난은 이루 말할 수 없었다. 조정은 격문을 반포했고 소림승려는 그 호소에 응했다."라는 설명이 이어진다. 이 부분은 어느 정도의 사실을 반영했다고 할 수 있다.

그렇지만, 이 무렵의 왜구는 일반적으로 '소수의 진왜+다수의 가왜'라는 구성원으로 이루어진 집단이었지만 이 영화에서는 진왜, 그것도 '일본의 군대'를 연상시키는 왜구만 등장한다. 왜구의 두목으로는 小西藤·小西信 의 쌍둥이 형제(信은 초반에 소림승려에게 죽는다), 宮本一郎이라는 무사도를 중시하는 무장, 그 외에 닌자도 등장한다.

왜구들은 기본적으로 일본어로 대화를 나누고, 일본식의 복장을 하고 있다. 최대의 적인, 왜구두목 小西藤은 "연해 일대에서 가장 용맹하고 날쌘 왜구의 두목으로, 그는 야심이 매우 커서 별명이 曹操"라고 불린다.

이 영화에서도 낭인(극 중에서는 野武士라고 부른다)이 존재하는데, 정규병과는 갑옷과 투구와 같은 복장에 차이가 있다. 『蕩寇風雲』에 비해서는 왜구의 모습이나 장비 등에 고증이 부족하지만 다른 영화-드라마에 비해서는 나은 편이다.

이 영화에서도 왜구는 일본의 군대처럼 묘사되지만 그들의 출신지나 중국에 와서 살육과 약탈을 하는 목적이 무엇인지는 설명이 없다.

3. 다큐멘터리 『戚繼光』(2019)의 왜구

절강 위성방송(浙江衛視)에서 제작한 다큐멘터리 『척계광』은 총 5편, 각 25분으로 구성되어있다.[189] 각 편의 제목은 「참장(參將)」·「왜환(倭患)」·「신병(新兵)」·「철군(鐵軍)」·「전신(戰神)」이다. 방송국 홈페이지의 관련 기사는 "희망이 있는 민족은 영웅이 없을 수 없다.(一个有希望的民族不能沒有英雄)"[190]는 문장으로 시작하며 프로그램을 소개하고 있다.[191] 2019년 신중국성립 70주년을 경축하는 다큐멘터리(慶祝新中國成立70周年紀錄片展播片目)에 입선하는 등 여러 상을 수상한 데서도 알 수 있듯이 중국내의 평가도 높다.

현장감을 살리기 위해 중국 국내의 관련 유적지는 물론 일본·한국에서도 촬영하였고 무엇보다 중국·일본·한국 전문가들의 목소리도 담았다.(한국에서는 이영 교수님이 출연) 특히 역사고문들에게 자문을 구해 TV각본을 반복해서 수정했다고 한다. 다만, 역사 고문으로 위촉되었던 사람은 范中義(中國人民解放軍 軍事科學院 研究員)와 王玮(中國人民解放軍 軍事科學院 中國歷代軍事思想研究室 副主任)이었기 때문에 다큐멘터리의 내용이 왜구의 「구론」과 「신론」 어느 쪽으로 기울어져있을 지는 명확했다.

제1편에서 왜구의 의미에 대해 먼저 "일본인의 侵襲"을 가리킨다고 정의하고 "많은 왜구에는 일본 국내의 戰敗한 落魄 武士가 있었는데, (그들은) 산을 의거해 賊이 되고 바다에 나가 盜가 되어" 동아시아에서 학살과 파괴를 자행했다고 설명한다. 그리고 그런 실례로 가정 34년(1555) 60~70명의 왜구가 南京을 공격하는 등 강남지역 일대를 휘졌고 다녔던 사건을 다룬다.

---

189) YouTube의 절강위성TV 채널인 「中國浙江衛視官方頻道(Zhejiang STV Official Channel)」에 전편이 공개되어있다.

190) 2015년 9월 2일, 중국인민 항일전쟁승리 70주년 기념식에서 시진핑이 했던 연설 문구이다.

191) 「紀錄片《戚継光》的全新視野 : 一个有希望的民族不能沒有英雄」, 『浙江衛視』 2019년 10월 14일.
https://baijiahao.baidu.com/s?id=1647336844073930482&wfr=spider&for=pc (2024년 11월 30일 검색)

척계광이 상대한 왜구가 구체적으로 어떤 사람들이었는지는 제2편 「왜환(倭患)」에서 다루고 있다. 2편의 초반에는 "명조 중후기 일본은 엄중한 내란에 빠져들고 왜구의 약탈 규모 또한 점점 확대되었다. 또한 海盜商人·무사·낭인으로 구성된 무장침략집단을 형성했다."라고 설명하고 도쿄대 사료편찬소 소장 『倭寇圖卷』의 소개 후 이 그림을 통해 근래 새롭게 밝혀진 사실이 있다며 일본의 가게 도시오(鹿毛敏夫) 나고야학원대학(名古屋學院大學) 교수가 '왜구의 실체'에 대해 말한다.

그는 왜구의 "진정한 주인"에 대해 오우치 요시나가(大內義長)와 오토모 요시시게(大友義鎭, 宗麟)가 중국으로 遣明船을 파견했는데, 『항왜도권』에 그려진 왜구의 "幕後主使"가 오토모 소린이 된다고 설명한다.(이 부분은 가게 도시오의 말과 내레이션이 섞여 있다.)

그리고, 그는 "지방정치를 행하던 지배자 하에서 조직되었던 '바다의 무사' 집단이 16세기 왜구의 실체입니다. 가정대왜구라고 일컬어진 1550년 전후, 왜구가 가장 영향력이 강했던 시대의 일본 측 구성원의 톱이 오우치와 오토모씨라는 다이묘입니다."라는 꽤 놀랄만한 발언을 한다. "왜구의 실체는 일본의 다이묘가 파견한 무사 집단"이라고 요약할 수 있는 가게 도시오의 말은 왜구가 단순한 해적이 아니었다는 것을 일본의 전문학자가 인정했다는 것으로 받아들여져 큰 반향을 일으켰다.

그런데 문제는 가게 도시오(鹿毛敏夫)의 관련논저[192]에서 그가 직접 발언한 내용과 일치하는 부분을 찾을 수 없다는 점이다. 먼저 오우치·오토모씨와 왜구에 대해 그가 서술한 관련 내용을 보면 다음과 같다.

---

192) 鹿毛敏夫, 「『抗倭図巻』·『倭寇図巻』と大內義長·大友義鎭」, 『東京大學史料編纂所研究紀要』 23, 2013- 3 ; 「コラム 大內·大友氏の「弘治」遣明船」, 『描かれた倭寇 『倭寇図巻』と『抗倭図巻』』, 東京大學史料編纂所編, 吉川弘文館, 2014;『戰國大名大友氏の館と權力』, 吉川弘文館, 2018;『戰國大名の海外交易』勉誠出版 2019.

"(大內義長가) 독자적으로 견명선을 꾸리고 있었는데, 그 통교가 명조에 공인받는다면 전혀 다른 흐름이 생길 가능성도 있었다. 물론, 입공을 인정받지 못하면 밀무역을 할 가능성도 있었다. 그런 의미에서 이 시기·이후의 견명선은 후기왜구와 표리일체의 관계에 있었다고 할 수 있을 게다."

"그들은 왕직과 행동을 함께 하는 일종의 왜구집단으로 간주되었던 것이다. 특히 홍치 3년의 [오토모씨의 使僧] 德陽·善妙 등은 그 후 舟山의 岑港에서 공방전을 전개해 선박이 불태워졌지만 놀랍게도 그 곳에서 새로운 배를 건조, 福建省 浯嶼로 이동해 밀무역을 행하고... 이 倭寇的 견명선단은 근년 「弘治四年」이라는 旗號의 존재가 판명난 『왜구도권』의 모티브가 되었을 가능성조차 지적되고 있다."[193]

"『명 세종실록』·『日本一鑑』이나 일본에 잔존하는 일명교섭관계의 사료에 의하면 이 기간에 수차례에 걸쳐 중국에 渡航船을 파견해 대규모로 倭寇的 活動을 행한 것은 일본의 전국 다이묘 大內義長와 大友義鎭에 의한 파견선단이었다. 「巨舟」를 조종하고 「弘治」년 서명의 증서를 첨부한 「日本國王之印」印影을 사용하며 조공을 청해온 그들의 선단은 명의 해방담당자에게 큰 위협이었다. 실제로, 조공이 거절된 순간부터 그들은 倭寇的 勢力으로서의 실상을 나타내 연안경비가 허술한 지역에 들어가 王直 등과 결탁해 밀무역활동을 행하고 또한 상거래가 막혔을 때는 강탈행위에 이르렀다."[194]

위의 내용 중 마지막 문단은 "大內義長와 大友義鎭가 왜구를 파견했다."고 이해할 수도 있겠지만, 그 내용을 자세히 살펴보면 가게 도시오는 어디까지나 '왜구적 활동'이라고 할 뿐이다. 일본의 「후기왜구」의 개념에서 왜구와 왜구적 활동은 차이가 있다. 가게는 다나카 다케오의 다음과 같은 말을 인용한다. "조공선 이외의 외국선은 모두 밀무역선 즉 왜구로 취급하는 중국 측의 상식에 서서보면, 不知火海의 渡唐船은 일본

193) 鹿毛敏夫, 『戰國大名大友氏の館と權力』, 吉川弘文館, 2018, 263~265쪽.
194) 鹿毛敏夫, 『抗倭図卷』·『倭寇図卷』と大內義長·大友義鎭」, 『東京大學史料編纂所研究紀要』 23, 2013-3, 301쪽.

측에서는 비록 그것을 보통의 통상무역선이라고 생각하고 있었다고 해도 중국 측에게는 틀림없는 왜구선이었다." 그리고 같은 취지에서 "그(왕직)에 동행해 입항했던 大友義鎭의 선단도 명정부로부터는 해적선단의 일당(틀림없는 왜구)으로서 취급받았던 것이다. 그것을 교묘하게 회피해 華南지역에서 상거래를 행하려고 하는 이 선단의 모습이야 말로 16세기 왜구 조직실체의 一端 그 자체나 다름없다."라고 말한다.[195]

가게가 말하는 왜구는 중국의 「구론」에서 부정하는 다나카 다케오 등이 말해왔던 '후기왜구'의 개념이다. 그의 논저에 서술된 내용과 다큐멘터리의 내용은 분명히 큰 온도차가 있다. "지방정치를 행하던 지배자 하에서 조직되었던 "바다의 무사" 집단이 16세기 왜구의 실체"라는 발언과 관련 있는 논저의 내용도 『왜구도권』에 묘사된 「弘治」 遣明船과 관련된 설명[196]일 뿐 중국에서 '약탈활동에 종사하던 왜구' 전체를 염두에 둔 것은 아니다.

그렇다면 다큐멘터리에서 한 그의 발언은 어떻게 된 것일까? 중국의 한 네티즌이 그 내용에 반박하며 쓴 글이 있는데, 그 제목이 힌트가 될 것 같다.

"鹿毛선생님이 정말 그렇게 그렇게 말하였는가? 동영상 『단장취의(斷章取義;문장의 일부를 끊어 저자의 본의와는 달리 제멋대로 사용하는 일)의 속임수를 언제까지 계속할 것인가?』에서 논할 가치가 있는 부분에 대해 평론한다."[197]

---

195) 앞의 논문, 300쪽.

196) 앞의 논문, 300~304쪽.

197) 「鹿毛先生眞的這么說了么？兼論視頻《斷章取義的把戲、還要玩多久。》中值得商榷之處」
https://www.bilibili.com/read/cv14533167/ (2024년 11월 30일 검색)

IV. 맺음말

2015년 '항일전쟁 승리 70주년'을 기념하기 위해 河南理工大學 음악학원이 주도해 음악극 『抗倭英雄戚繼光』이 창작되어 그해 9월 두 차례 공연했다. 그 뒤 이 작품은 중국 교육부의 대학 오리지널 문화 홍보 프로젝트에 선정되어 각 대학을 순회하며 공연하는 등 좋은 평가를 받았다.[198] '항일전쟁 승리'를 기념하는 인물이 왜 척계광인가라는 점은 본문에서 여러 차례 보아왔으므로 굳이 다시 설명할 필요는 없을 것이다. 이 음악극에서 왜구가 어떻게 그려졌을까도 충분히 상상 가능하겠지만 본고의 내용을 정리하는 의미에서 제1막에 나오는 「늑대의 자백(狼的自白)」 가사를 통해 왜구의 모습을 확인해보자.

> "내 둥지는 너무 작고 주위는 거친 파도, 나는 大海 위에서 일어났다 누웠다 밤낮으로 잠을 이루지 못한다. 오직 중국만이 나를 배부르게 할 수 있다. 땅은 광활하고 재보가 널려있다. 나는 그곳에서 자유롭게 거니는 꿈을 꾼다."

이 가사에는 늑대로 표현되는 왜구의 중국영토를 침략하려는 비할 바 없는 열망과 유쾌한 듯이 보이는 감정이 잘 드러나 있다. 그 이후에 이어지는 장면은 왜구의 약탈과 잔인한 만행, 그리고 안타깝게 희생되는 백성들의 모습이다.[199]

이 음악극이 기획된 계기 및 목적, 내용, 그리고 평가를 종합해보면 현재 중국의 매스미디어에서 왜구가 어떤 필요성에서 어떻게 소비되는 지

---

198) 沈佳麗, 「淺析原創大型情景淸唱劇《抗倭英雄戚継光》的藝術特色」, 『音樂時空』 2021 참조
199) 앞의 논문 참조

를 잘 알 수 있다. 왜구는 ‘침략자’로서 부동의 가치를 갖는다.「왜구 신론」에서 제기하는 다른 가치·의의는 현재 중국에서는 이에 미치지 못한다. 이 때문에 침략자로서의 왜구를 더욱 강화하려는 경향이 나타난다. 일부 중국의 학자들이 주장하는 왜구는 일본의 유력자가 파견한 ‘군대(정규군)’라는 관점이다. 침략자를 어렵게 물리치고 마침내 승리를 거둔다는 항왜극에서 ‘강한 왜구’·‘강한 침략자’의 존재는 그 의미를 높이는 데 효과적이다.

물론 이런 설정 및 설명은 모순을 낳기도 한다. 사료에 직접적이고 구체적으로 그런 예나 관련된 사람의 이름이 나오지 않을 뿐만 아니라 일본의 유력자가 직접 군대를 이끌고 중국에 와서 무엇을 하려는 것이었을까? 라는 의문에 대해 합리적인 답변을 제시하기 어렵다. 그렇지만, 침략자를 물리쳤다는 것에만 집중해서인지 이런 의문이나 모순점 등은 중국에서 그다지 중요한 것 같지 않다. 전통적인 사회주의 가치관에서 본다면 역시 모순된 “소수(眞倭)가 주체”였다는 시각에 그다지 비판이 제기되지 않는 것도 왜구는 어디까지나 ‘일본인의 침략’이어야한다는 결정사항이 무엇보다 우선되기 때문일 것이다.

아이러니한 점은 현재 중국의 왜구관과 1945년 이전 (중국을 침략하던) 일본의 왜구관이 상당히 유사하다는 것이다. 일본의 대륙진출은 중국의 입장에서 역으로 표현하면 대륙침략이 된다. 목적은 반대이겠지만 왜구의 진출=침략을 강조하려는 자세는 동일하다. 결국 1945년 이전의 일본에서 왜구의 주체를 소수이지만 일본인, 특히 무사라고 주장하는 내용과 현재 중국의 주장은 거의 일치한다. 지방의 영주가 왜구 파견의 배후라는 주장도 양쪽 모두 동일하고, 왜구로부터 식민지배의 선구성을 구했던 것은 말만 조금 바꾸면 영토를 빼앗아 지배하려고 했던 왜구의 침략성을 증명하는 것이 된다. 다른 점이라면 살인·약탈 등 ‘나쁜 행위’의 책임을 상대방에게 전가하는 정도인 것 같다.[200]

　　물론 과거 일본에서도 그랬지만 중국의 모든 사람들이 「구론」과 같은
시각으로 왜구를 보는 것은 아니다. 「왜구 신론」이 완전히 사라진 것은
아니며 전통적인 중국 내부의 시각만이 아니라 동아시아사적 혹은 세계
사적 시각으로 왜구를 파악해야한다는 지적201)도 있다. 과거의 상황을
돌아보면 중국 혹은 그 외의 환경변화로 현재 중국에서 통용되는 왜구론
이 또다시 변화할 가능성이 전혀 없다고는 할 수 없다.

　　중국의 왜구론을 살피다 보면 한 계통으로 정리가 잘 안 되어 있다는
생각이 들 때도 있다. 예를 들면 '명대왜구'에 만력왜구-임진왜란도 포함
시키는 경우202)가 있는가 하면 그렇게 해서는 절대 안 된다는 사람도 있
다.203) 사람이 많으면 의견도 많은 게 당연하지만, 이렇다 보니 무비판적

---

200) 윤성익, 「戰前·戰中期 日本에서의 倭寇像 構築」, 『한일관계사연구』 31, 2008 및
　　「帝國 日本의 中國侵略과 倭寇像의 變用」, 『인문학연구』 29, 2015 참조.

201) 郭爾雅, 「"倭寇文學"中王直形象的歷史与想象—以瀧口康彥《倭寇王秘聞》爲中心」,
　　『中國語言文學硏究』 2019, 199쪽.
　　戴昇, 「商人·盟主·倭寇 : 王直不同形象分析」, 『經濟社會史評論』 2019-1, 70쪽.
　　郭爾雅, 「從東亞學視域看日本的倭寇史硏究及倭寇文學」, 『社會科學硏究』 2020, 31쪽
　　陳賢波, 「吳大昕:《海商·海盜·倭—明代嘉靖大倭寇的形象》」, 『海交史硏究』 2021-3,
　　120~121쪽.
　　특히 최근 출간된 두 서적도 동아시아사적 시각의 필요성을 강조한다.(劉曉東,
　　『倭寇与明代的東亞秩序』, 中華書局, 2019; 吳大昕, 『海商·海盜·倭-明代嘉靖大倭
　　寇的形象』, 科學出版社, 2022)

202) 芮趙凱, 「嘉靖"大倭寇" 初期明廷海防困境硏究-以"倭寇南京"事件爲例」, 『蘇州文
　　博論從』 2021-12, 83쪽에서는 명대 왜구의 분기를 3기로 잡는 경향이 강하다면
　　서, 전기 : 홍무·영락연간의 왜구, 중기 : 가정연간의 왜구, 후기 : 만력연간의
　　"임진왜란"으로 나눈다고 되어있다.
　　范中義·仝晰綱, 『明代倭寇史略』, 中華書局, 2004에도 隆慶後의 倭患에 「抗倭援
　　朝戰爭」, 즉 임진왜란을 포함해 서술하고 있다.

203) 예를 들면, 潘洵, 「試論'后期倭寇'槪念中所隱藏的意圖」, 『樂山師范學院學報』 2020-2.
　　참고로 그는 일본 학자들이 의도적으로 도요토미 히데요시의 조선침략전쟁을
　　'후기왜구'에 포함시켰다고 비판하는데,(93쪽) 이것은 潘洵의 오해이다.

으로 다른 사람의 주장을 그대로 받아들이는 경우가 나타난다. 앞서 보 았지만 중국에서는 일본 학자의 견해에 대해 많은 비판이 이루어 지지만 중국과는 무관하다고 생각하는 부분은 여과 없이 그대로 들여와 사용하 는 경우도 많다. 한국과 일본 간에서는 아직도 첨예한 '조선인 왜구' 문 제가 대표적인 경우이다. 이번 논고를 준비하며 왜구에는 일본인뿐만 아 니라 중국인도 있었고 또는 조선인이나 포르투갈인도 참여했다는, 일본 의 서적에서 많이 보던 문구가 언어만 중국어로 바뀌어 그대로 사용되는 경우를 몇 번인가 볼 수 있었다.[204]

여전히 일본 학계가 중국에 미치는 영향이 커서일 수도 있겠지만, 조 금은 다른 이유일 수도 있다. 내가 다른 이유가 있을 수 있다고 생각하게 된 것은 2023년 초 세간에서 크게 이슈가 되었던 ChatGPT와의 질의·응 답 때문이다. 단순한 흥미본위로 AI가 어떻게 답변할지가 궁금해 東海의 표기 문제, 독도의 영유권 문제와 같이 첨예하게 입장이 대립하는 문제 에 대해 물었더니 AI는 한국과 일본의 양쪽 입장을 어느 정도 공평하게 담아서 대답했다. 그래서 혹시나 해서 "What were the members of the Japanese pirates?(왜구의 구성원은 어떻게 되어있었나?)"라고 물었더니 그 대답은 다음과 같은 문단으로 시작했다.

The members of Japanese pirate groups, or Wokou, were typically a mix of Japanese, Chinese, and Korean sailors. These sailors were often impoverished and turned to piracy as a means of supplementing their income.
(일본 해적 집단 혹은 왜구의 구성원들은 전형적으로 일본인, 중국인 그 리고 한국인 선원들이 섞여있었다. 이들 선원들은 종종 가난했고 그들의 수입을 보충하기 위한 수단으로 해적질에 의존했다.)[205]

---

204) 高超, 「明代嘉靖倭患興起的原因分析」, 『佳木斯大學社會科學學報』 2014-8, 132쪽.
任世江·何孝榮, 「明代"倭患"問題辨析」, 『歷史教學』 2008-9, 11쪽.

사실 AI의 답변에 전체적으로는 엉터리 내용이 많았지만, 관련 내용에 대한 지식이 없는 대부분의 사람들에게는 그대로 받아들여질 수밖에 없을 것이다. ChatGPT의 한계성과 문제점은 많이 지적되고 있는데 무엇보다 질문에 대한 대답은 AI가 사용할 수 있는 데이터베이스에 기반 한다는 것에 유의해야 한다. 즉 ChatGPT가 활용하는 데이터베이스에 조선인이 왜구에 참여했다는 내용이 들어있었던 반면, 그것을 부정하는 논리의 정보는 없었거나 부족했기 때문에 위와 같은 결과가 된 것이다. '東海 표기문제', '독도의 영유권 문제'가 그렇지 않은 것은 정보의 양이 그만큼 충분했기 때문일 것이다.

ChatGPT가 가진 지식의 수준은 사회 일반에서 획득할 수 있는 평균 이상으로 평가된다. 결국 현 세계의 일반인들이 관련 지식을 얻을 수 있는 접근 가능한 '정보의 세계'에서는 '조선인 왜구론'의 주장이 훨씬 우세한 상태였다는 것이 된다. 즉 중국에서만 그런 것이 아니다. 이와 같은 왜곡된 상황의 조정, 여러 지역·사회에 미치는 영향력 提高 등은 연구자 개인이나 학계의 역량만으로 해결할 수 있는 문제는 아닐 것이다.

---

205) 2023년 10월의 답변. 2024년 11월 30일 다시 문의한 답변에서는 "The Wokou were a diverse group consisting mainly of Japanese, Chinese, and Portuguese pirates, and they were active primarily during the 14th to 16th centuries."라고 'Korean' 대신 포르투갈인이 들어가 있었다. 전체 답변에도 '한국인'이 왜구에 포함되어 있었다는 내용은 없었다. 또한 한글로 적은 "조선인 왜구는 존재했는가?"라는 질문에 대해서도 ""조선인 왜구"라는 개념은 역사적으로는 정확하지 않지만, 일부 조선인이 왜구와 협력하거나 일본 해적 활동에 가담한 사례는 있었을 수 있습니다. 그러나 왜구 자체는 일본에서 온 해적들이었고, 조선은 이들을 상대로 방어와 대응을 강화한 역사를 가지고 있습니다."라고 결론을 내리고 있다. (2024년 11월 30일 검색)

『정한위략(征韓偉略)』과 임진전쟁

김문자*

1. 머리말

　근세 한일관계를 언급할 때 '임진전쟁' '통신사' '왜관' 은 빼놓을 수 없는 중요한 주제이다. 이 문제가 차지하는 비중과 영향, 평가에 대해서 양국 학계에는 많은 논쟁이 있다. 먼저 임진전쟁의 경우는 전쟁의 명칭과 발생 원인, 전쟁 이후의 국교 재개 문제, 통신사의 경우는 통신 사행의 명칭, 통신사의 시대구분, 통신사 단절에 대한 재평가 등이 있다. 왜관의 경우는 왜관의 실태 및 운영 방법(약조 해석문제), 왜관 내외의 건물 수리 문제, 왜관 무역 및 인식 등이 주된 논제였다.

　임진전쟁의 명칭과 관련해서는 전쟁의 성격을 국제적 전쟁으로 보려는 시각이 최근 한일 양국의 연구자들 사이에서 정착되어 가고 있다. 지금까지 한국에서 '임진왜란'이라는 명칭이 흔들림 없이 사용되고 있었는 것은 이 전쟁을 국난극복사 측면에서 바라보는 풍조와도 무관하지 않다.[1] 이 전쟁이 약탈적 성격을 띤 국가적 규모의 왜구 침입으로 본다면

---

* 상명대학교

1) 이 점에 대해 하우봉은 "일본에 대한 전통적인 비하 의식과 함께 일제의 강점에 대한 적개심, 해방 후에도 과거사에 대한 반성과 청산을 하지 않은 일본의 자세에 대한 비판적 의식 등이 작용하였기 때문"이라고 지적하였다. 하우봉, 「동아시아 국제전쟁으로서의 임진전쟁」, 『한일관계사연구』 39, 2011, 334~337쪽.

임진왜란 또는 壬辰倭禍라는 명칭은 적당하다.[2] 그러나 '전쟁'이라는 용어를 사용한다고 해서 침략이란 본질이 없어지는 것은 아니며, 이것은 국가 간의 전쟁으로 '일본'이라는 국호가 있음에도 '倭'라는 표현을 사용하여 상대방에 대한 멸시와 우월감을 나타내는 것은 적절하지 않다고 본다.

일본에서는 2020년 11월 '임진전쟁 연구회'가 발족되어 '協働型アジア研究の據點形成'을 목표로 연구 활동이 다양하게 진행되고 있다. 그 결과물로『壬辰戰爭と東アジア - 秀吉の對外侵攻の衝擊』이 출간되어 임진전쟁 연구의 현황과 과제를 포함해서 사료연구, 임진전쟁과 관련한 대외 접촉과 교섭에 관한 연구, 임진전쟁에 대한 기록 및 기억에 관한 연구 등을 정리 발표했다.[3]

한편 한국 학계에서는 최근 임진전쟁 관련 박사학위 논문과 단행본이 다수 출간되었다. 예를 들어 김한신『임진전쟁기 柳成龍의 군사·외교활

---

2) 전쟁 명칭과 관련해서 최근 가와니시 유야(川西裕也)는 "1904~05년의 러일전쟁을 거쳐 1910년의 한일 합방이 실현되자 … 지금까지 적으로 보았던 조선인이 일본의 동포가 되었기 때문에 … '征伐'이나 '征韓'이라는 표현을 회피하고 '文祿·慶長의 役'이라는 호칭이 정착되었다"고 하는 통설에 대해 재검토를 제안하였다. 즉 그는 1894년에 이미 '文祿·慶長 朝鮮役' (北豊山人) 제목의 서적에서 보이는 것처럼 당시에도 '文祿·慶長의 役'명칭이 자주 쓰였으며, 무엇보다도 이 전쟁의 목적이 '征明'이었기 때문에 당시 '조선'이라는 지명을 피하려 했다고 강조했다. 따라서 '征韓' '朝鮮征伐'이라는 용어 대신 '豊太閤征外' 또는 '文祿·慶長의 役'이라는 명칭을 사용하였다고 파악했다. 즉 당시 전쟁을 '조선정벌'이라고 부른다는 것은 오히려 이 전쟁을 일으킨 히데요시의 의도를 '과소'평가하는 결과를 낳았기 때문에 오히려 '文祿·慶長의 役'이라는 명칭을 사용했다는 것이다. 가와니시는 "「內地(일본 국내)」의 연구자들이 한일병합을 계기로 한국인에 대한 '인정'을 배려해서 '文祿·慶長의 役'호칭을 사용하려는 풍조가 있었다고 보는 통설에 찬동할 수 없다"고 하였다. 川西裕也, 「文祿·慶長の役呼稱の再檢討」, 『韓國朝鮮文化硏究』 21, 2022, 64~65쪽.

3) 川西裕也·中尾道子·木村拓, 『壬辰戰爭と東アジア - 秀吉の對外侵攻の衝擊』, 東京大學出版部, 2023.

동 연구』, 김준배『일본 문헌 속의 이순신 표상(表象) 연구』, 조인희『임
진왜란기 조선의 대외교섭과 조일 국교 회복에 대한 연구』등이 대표적
이다. 이와 같은 연구는 전쟁에 대한 호칭은 물론 유성룡과 이순신이라
는 대표 인물을 소재로 전쟁 중의 군사·외교 활동을 밝혔고, 전쟁이 끝
난 이후 국교 회복 문제에 대해 주목한 것은 의미 있는 결과이다.

  또한 2020년 들어와서 임진전쟁 관련 단행본과 사료를 역주한 작업은
큰 성과라 할 수 있겠다.[4] 우선 김영진『임진왜란, 2년 전쟁 12년 논쟁』,
김문자『임진전쟁과 도요토미 정권』, 이계황『임진왜란 - 동아시아 국제
전쟁』, 김동철,『엽서가 된 임진왜란』, 구범진외「명나라의 임진전쟁
『경략복국요편(經略復國要編)』」(1~5), 김경록『조선중기 한중군사관계
사』를 들 수 있다.[5] 국제 정치적인 차원에서 한·중·일 삼국의 전면전을

----

4) 김한신,『임진전쟁기 柳成龍의 군사·외교활동 연구』, 고려대학교대학원 한국사
   학과 박사학위논문, 2020 ; 김준배,『일본 문헌 속의 이순신 표상(表象) 연구』,
   고려대학교대학원 중일어문학과 박사학위 논문, 2020 ; 조인희,『임진왜란기 조
   선의 대외교섭과 조일 국교 회복에 대한 연구』, 연세대학교대학원 사학과 박사
   학위논문, 2022.
5) 김영진,『임진왜란, 2년 전쟁 12년 논쟁』, 성균관대학교 출판부, 2021 ; 김문자,
  『임진전쟁과 도요토미 정권』, 경인문화사, 2021(서평, 김경태,「국제관계의 구조
   속에서 임진전쟁을 재조명하다 - 김문자 저,『임진전쟁과 도요토미 정권』-」,
  『軍史』120, 2021, 225~242쪽. 서평, 윤병남,「임진전쟁의 천착과 다양한 각도에
   서 바라보는 새로운 임진전쟁 상의 구축 - 김문자 저,『임진전쟁과 도요토미 정
   권』」,『日本歷史研究』56, 2021, 203~211쪽). 이계황,『임진왜란 - 동아시아 국제
   전쟁』, 혜안, 2023(서평, 김경태,「한국의 임진왜란 연구는 어디로 가야 할 것인
   가 - 이계황 저,「『임진왜란 - 동아시아 국제전쟁』」,『역사학보』258, 2023, 277~
   287쪽) ; 김동철,『엽서가 된 임진왜란』, 선인, 2022 ; 구범진외,「명나라의 임진
   전쟁『경략복국요편(經略復國要編)』」(1~5), 국립진주박물관, 2021(서평, 박민수/
   김영진,「임진왜란을 보는 '새로운' 창 -『經略復國要編』의 재조명과 사례 분석
   -」,『軍史』127, 2023, 35~75쪽) ; 김경록,『조선중기 한중군사관계사』, 국방부
   군사편찬연구소, 2022(서평, 홍성화,「동아시아 국제질서를 통해서 본 조선 중
   기와 임진왜란 - 김경록 저,『조선중기 한중군사관계사』」,『지역과 역사』51,

담은 내용에서부터 명 관련 자료의 역주·소개, 그리고 일본의 연구성과를 전반적으로 정리·비판한 부분까지 다양한 시각의 실증적인 연구가 발표되었다.[6]

이상 최근의 한·일양국의 연구성과를 토대로 본고에서는 에도 말기 1831년 간행되어 이후 임진전쟁 연구에 지대한 영향을 미친 가와구치 조쥬(川口長孺)의 『정한위략(征韓偉略)』에 대해 검토하고자 한다.[7] 명치유신을 전후로 일본은 국방과 군사적 대응의 일환으로 조선과 임진전쟁에 대한 관심이 높아졌다. 이때 일본 지식인들에게 임진전쟁에 대한 관심과 인식에 영향을 미쳤던 것이 『정한위략』이다.

이 책은 당시 일반적으로 알려진 史籍·軍記類를 명시적으로 인용하고, 조선·명 등 해외 문헌을 상호 대조하면서 그 출전을 기록하는 등 체계적이고 실증적인 서술을 하였다.[8] 당시 임진전쟁 관련 문헌과 자료는 전쟁 참가자의 견문담이나 조선군기물 혹은 상업 출판물인 통속소설 등이 대부분이었다. 그래서 이것들은 과장된 기술과 참전 무장들의 현창을 위해 기록된 것이 적지 않았고, 단편적이고 주관적인 내용이 다수 포함되어 있었다. 이러한 부류의 자료들과 차별화하기 위해 광범위한 자료와 근거를 제시하여 작성된 것이 『정한위략』이다. 이 책은 1586년(天正 14)

2022, 507~514쪽).

6) 이외에도 이계황, 『인물로 보는 일본 역사 4, 도요토미 히데요시』, 살림, 2019. 이수열, 「'바다의 역사'와 도요토미 히데요시 정권론: 대외관계사를 중심으로」, 『韓日關係史研究』 75, 2022, 99~135쪽도 참고할 만하다.

7) 본 발표에 활용된 『정한위략』은 일본국립공문서관 내각문고본을 이용하였다(和 22504, 5(1~5)). 최근 국방부 군사편찬연구소에서 『군사문헌번역자료 정한위략(征韓偉略)』이 2022년 발간되었다. 『정한위략』에 대한 서지적인 내용은 최관·김시덕, 『임진왜란 관련 일본 문헌 해제』, 도서출판 문, 2010, 402~403쪽을 참조하였다.

8) 中野等, 「文祿·慶長의 役 연구의 학설사적 검토」, 『제2기 한일역사공동연구보고서』, 한일역사공동연구위원회 3권, 2010, 245~246쪽.

부터 1598년(慶長 3)까지의 외교·전쟁 상황을 한문으로 정리하였고, 히데요시의 外征을 '偉業'으로 찬양하면서 조선 침략을 높게 평가한 것이 특징이며 몇 가지 한계도 보인다.9)

이 책의 서술방식은 일본에 근대 실증적인 방법론이 도입되면서 근대 사학에 계승되었고, 여기에서 언급된 임진전쟁 관련 줄거리는 이후 답습되면서 히데요시 및 임진전쟁의 표상이 만들어졌다. 서양 세력을 물리치고 주변 국가를 공격해야 한다고 주장했던 근대 역사학자들에게『정한위략』은 대외침략의 선구적인 문헌이었다고 할 수 있다. 본고에서는『정한위략』에 드러난 임진전쟁의 배경과 강화교섭, 그리고 일본군의 점령정책을 중심으로 에도막부 말기 이후 당시 지식인들이 임진전쟁을 어떻게 이해하고 영향을 미쳤는지 살펴보고자 한다.

2.『정한위략』에서 보이는 임진전쟁 배경

『정한위략』은 미토번(水戶藩)에서 만든 역사편찬소 쇼고간(彰考館)의 편수 총재였던 가와구치 조쥬(川口長孺)가 1831년에 편찬한 것이다.10) 총 5권 5책으로 구성되어 있으며 19세기 전반기에 편찬된 일본 최초의 본격적인 임진전쟁 통사로서 조선 침략에 대해 연도별로 정리한 것이다.

---

9) 이러한 경향은 근대 시기 노골적으로 드러났지만 이미 에도 후기에 선구적으로 히데요시를 재평가하는 역사서를 출간한 것이다. 김광옥, 「근대 일본의 豊臣秀吉·임진왜란에 대한 인식」, 『역사와 경계』 64, 2007, 210~216쪽.

10) 가와구치 조쥬(川口長孺)는 제9대 미토 번주였던 도쿠가와 나리아키라(德川齊昭)시기의 쇼고간 총재였으며 미토 번의 3대 저술가 가운데 하나로 일컬어지는 사람이었다.『대일본사』편찬에 참가하였고 총재라는 위치에 있었기 때문에 쇼코간의 방대한 문헌을 열람할 수 있었다. 김시덕, 『일본의 대외 전쟁』, 열린 책들, 2016, 271쪽 참조.

즉 권①은 1586년~1592년 5월, 권②는 1592년 6월~1593년 1월, 권③은 1593년 2월~1593년 12월, 권④는 1594년 1월~1597년 7월, 권⑤는 1597년 7월~1598년 12월로 구성되어 있다.

이 책이 발간된 배경에는 18세기 후반부터 러시아의 남하로 시작된 서양 세력의 접근에 따라 일본의 위기의식이 깔려있다. 이러한 대외적 위기론에 대한 방어책으로 대두된 것이 海防論이었고, 근대국가로 넘어 가는 전환기에서 국방과 군사적 긴장감이 고양되자 조선과 임진전쟁에 대한 관심이 자연스럽게 높아졌다.[11] 일본의 무위를 강조하는 미토학적 역사관에 입각한 가와구치는 당시 일본의 급변하는 대외적인 위기 속에 서 히데요시 및 임진전쟁에 대한 정확한 자료를 살펴보기 위해서 이 책 을 발간한 것이다. 그는 기존의 군학자가 편찬한 軍書는 단편적이고 제 한된 주제만 정리되어 있다고 보고 이런 종류의 문헌들은 배제하고 다양 한 자료를 참조했던 것이다.[12]

『정한위략』은 일본의 史籍·軍記類(『黑田家記』『豊臣秀吉譜』 등)와 『寛永諸家系圖傳』『藩翰譜』와 같은 系圖類, 문인들의 문집류(하야시 라 잔, 아라이 하쿠세키 외), 수필 등을 활용하였다.[13] 명의 경우에는 『明史』 『明史記事本末』『武備要略』 등 이전의 임진왜란 문헌에서 거의 이용된

---

11) 『정한위략』의 발간 배경에 대해서는 노영구, 「『정한위략』에 나타난 일본의 임 진왜란 海戰 이해」, 『이순신연구논총』 22, 2014, 5~11쪽 ; 김준배, 「19세기 일본 임진왜란 문헌 속의 이순신 -『정한위략』과 『일본외사』를 중심으로」, 『이순신 연구논총』 31, 2019, 170~172쪽 참조. 김문자, 「에도시대 豊臣秀吉에 대한 인식」, 『중앙사론』 46, 2017, 306~310쪽.

12) 예를 들어 히데요시의 일대기 중에서 小瀬甫庵의 『大閤記』는 저명하지만, 흥미 본위의 상업 출판물이라 보고 『정한위략』에서는 이 자료를 배제한다는 문구가 적지 않다. 사료적 가치는 大村由己의 『天正記』가 더 높다고 할 수 있다. 堀新, 「織豊政權論へのガイ」, 『歷史評論』 852, 2021, 24~25쪽.

13) 이하 『정한위략』에 대한 서지적인 내용은 최관·김시덕, 위의 책, 402~403쪽과 김시덕, 위의 책, 271~295쪽 참조. 中野等, 위의 논문, 245~246쪽 참조.

적이 없는 자료도 다수 인용되고 있다. 조선의 경우에는 류성룡의 『懲毖
錄』『隱峯野史別錄』을 많이 이용하였다.[14] 이처럼 광범위한 자료를 인
용하여 임진전쟁 관련 선행 문헌을 편년체로 편성하고 출전을 기록하였
다는 점과 조선·명의 해외 문헌을 상호 대조하면서 실증적인 부분을 강
조하여 戰史를 편찬했기 때문에 『정한위략』은 역사서로서의 가치를 가
지고 있다. 따라서 이 문헌은 매우 권위 있는 저술로 취급되었고, 히데요
시의 조선 침략사 연구에 많은 영향을 미쳤던 것이다.

특히 이 책은 "豊太閤의 조선정벌은 우리 일본의 武威를 외국에 떨친
盛擧로서 國史를 편수하는 자가 考究하지 않으면 안 될 일이다. 漢土·朝
鮮의 書, 日本 諸家의 祕策을 인용하여 추호의 私感도 더하지 않았으며,
年月·地理를 推考하고, 사실의 경과·功의 實否를 考證했다. 조선정벌의
實錄이다."라고 홍보되었다.[15] 다시 말해서 상업적 목적으로 출판한 것
이 아니고 가문과 소수의 관계자만 보기 위해 작성된 서적이지만, 그의
손자 대에 간행되어 일본에 널리 퍼지게 되면서 역사서로서의 가치를 인
정 받았다.[16] 근대의 역사학은 가와구치가 기술했던 줄거리를 전거(典
據)로 해서, 여기에 새로운 시각을 추가하거나 혹은 비판적으로 언급하
면서 이 책을 인용했던 것이다.

이처럼 '일본의 武威를 외국에 떨친 盛擧'라든가 '명·조선·일본 자료

---

14) 가와구치는 류성룡의 『懲毖錄』에 대해서 상대화하고 비판적이었다. 정치적으로
    대립 관계에 있었던 안방준의 『은봉야사별록』을 오히려 많이 이용하였다. 이와
    반대로 김성일에 대해서는 통신사 서계의 회신 문구로 논쟁이 있었을 때 '말이
    매우 간절하여 훌륭한 사신이다'라든가 '(히데요시가) 지난달에 사신으로 왔던
    김성일 등은 죽이지 말라'라고 하면서 김성일에 대해서는 호의적인 태도를 보
    였다. 『정한위략』 1편 19년 신묘 봄 기사, 1편 20년 문록 원년 임진 4월 5일 기
    사. 김시덕, 위의 책, 277~279쪽.
15) 이 문헌이 간행될 당시 광고문 참고. 中野等, 위의 논문, 245쪽 재인용.
16) 김준배, 위의 논문, 166~168쪽. 대표적인 예로서 도쿠토미 소호(德富蘇峰)의 저
    명한 『근세일본국민사』의 편찬 형식을 들 수 있다.

를 고증했다'는 점에서 이 책의 집필 목적은 임진전쟁 당시 일본군의 압도적인 승리를 주장하고 강력한 일본 중심주의를 내세우면서, 히데요시의 침략을 '征韓偉業'으로 평가한 것이다. 일본군의 우세를 강조하기 위해서는 중국 문헌을 사용하였고, 전쟁 원인을 조선에서 찾으려고 할 때는 조선 측 자료를 본문과 세주에 인용하면서 자기 견해를 교묘하게 왜곡, 주장하였다. 이러한 한계점도 있으나 여기에서는 지금까지 알려지지 않았던 전쟁 배경과 강화교섭 과정, 일본군의 점령정책 일부를 살펴보도록 하자.

『정한위략』은 1586년부터 1598년까지 임진전쟁 시기의 외교·전쟁 상황을 한문으로 정리하였다. 그 내용은 (1)무로마치 시기의 조일관계, (2)히데요시가 對馬島 소씨(宗氏)에게 조선 복속 교섭을 명령한 경위, (3)1차 침략과 주요 전투 내용(평양성·벽제관·진주성 전투), (4)일·명강화교섭의 전반적인 과정과 파탄, (5)2차 침략과 울산성 전투 및 철수 과정 등으로 구성되었다. 전쟁 발발 배경은 주로 1편과 4편에 집중되어 있다.

제1편에는 전술한 것처럼 무로마치 시기의 조일관계 이외에도 1587년 정월 沙乙背同의 죽도사건, 1590년 조선 통신사(황윤길 김성일)의 왕래와 서계 문제, 조선 침략전의 군 배치도, 한성까지 공략한 과정과 선조의 이동 동선 등이 상세하게 언급되고 있다. 여기서 주목되는 것은 다음과 같다.

1590년 통신사의 답서에 "일본국 관백 히데요시가 조선 국 각하에게 편지를 보냅니다. (중략) 나는 본디 측미하고 누추한 데서 태어났습니다. 그런데 어머니가 나를 잉태했을 때, 태양이 들어와 회임하는 상서로움이 있었습니다. (중략) 장차 직접 명에 들어가 일본의 풍속으로 400여 주를 바꾸고 억만년 동안 帝都의 政化를 베풀려고 한다. 나는 좁은 땅에 있으니 귀국 조선이 먼저 달려와 입조하면 먼 앞을 염려하여 가까운 우환을 없애는 것이다(후략)".[17]

(전략) 히데요시는 50세를 넘어 비로소 아들을 얻어 크게 기뻐하였는데 얼마 안 되어 잃어버리니 시름이 많아지고 슬픔이 심하여 군사를 일으키고자 하는 뜻이 더욱 절실해졌다. 개연히 사신들에게 "옛부터 漢土는 우리를 자주 침략하였는데, 우리는 신공황후 이래 크게 거병한 이후, 외국 정벌을 한 적이 잠잠하여 들은 바가 없다 … 나는 명을 침입하여 대신에 황제가 되련다 … 먼저 군대를 보내 조선을 정벌하여 조선을 복종시키고, 조선으로 선봉을 삼고자 한다(후략)".18)

위에서 가와구치는 "히데요시가 태양의 아들"이라는 사실에 주목하였다. 그리고 조선에게 먼저 입조할 것, 에도시대(堀正意와 林羅山)부터 제기되어 왔던 '히데요시의 아들의 죽음설'과 '신공왕후의 삼한정벌처럼 히데요시가 해외에 무위를 떨치겠다'고 한 부분을 강조하였다. 아들의 죽음을 계기로 국내 통일의 여세에서 「唐入り」로 전가하려 했던 상황이 적혀있다.19) 동시에 명을 침입하여 황제가 되겠다는 목표는 이후에도 자주 등장한다.

그런데 여기서 흥미로운 것은 가와구치가 細注를 통해서 '감합무역설'

---

17) 『정한위략』 1편 18년 경인 12월 기사 (「정벌기」 인용).
18) 『정한위략』 1편 19년 신묘 6월 기사 (「태합기」 인용).
19) 이와 관련해서 최근 堀新은 "히데요시의 「唐入り」 구상은 아들 츠루마치의 죽음은 물론, 탄생 이전 부터 언급되었던 것이지만, 이전의 「唐入り」 표명은 애매하고 막연했었는데 츠루마츠의 죽음 이후에 일정이 구체화되었고 최종적으로 히데요시가 이를 계기로 전쟁 개시를 결정한 것이다. 德川史觀에 의해서 히데요시를 폄하하기 위해 날조했던 속설을 다시 재검토해야 한다"고 언급하고 있다. 가와구치가 이 부분을 강조한 것은 당시 만연했던 히데요시에 대한 비판적 서술이 점차 사라지고 있음을 보여준 것이라 하겠다. 堀新, 「豊臣秀吉の「唐入り」構想; その成立 表明と現實化」, 『立正史學』 125, 2019, 58~59쪽 ; 遠藤珠紀, 「新たな山中長書狀寫 豊臣秀吉の「唐入り」構想」, 『古文書研究』 93, 2022, 119~122쪽. 히데요시의 서장 변화를 통해서 그가 명 정복 구상에 부정적인 견해를 갖기 시작한 연구도 있다. 小野恭一, 「豊臣秀吉自筆書狀にみる明國征服構想の変化」, 『黎明館調査研究報告』 34, 2022, 1~6쪽.

에 대해 비판적인 견해를 보인 것이다. 그는 본문 내용과는 별도로 "명이 히데요시의 감합선과 관련된 것은 하나도 받아들여지지 않았던 점과 20만 명의 병력을 외국에 보내면서 어찌 감합요구를 하는데 그쳤겠는가"라고 강조하고 있다.[20] 즉 단순히 무역재개를 위해서 20만 명이나 동원해 전쟁일 일으켰다는 설을 부정적으로 파악하고 있는 것이다.

또한 1591년 겐소와 김성일의 대화 내용을 가와구치는 인용하면서 "明主(明皇帝)가 우리 사신과 소통하지 않으므로 히데요시 노하여 군사를 일으키고자 하니, 귀국이 사정을 잘 전달하면 우리 백성도 전쟁의 노고를 면한다" 라든가 "히데요시가 빨리 명나라에 들어가 황제가 될 것이다"라고 한 부분을 강조하였다.[21] 즉 명황제를 '明主'표현하고 히데요시 자신이 '明皇帝'가 되고 싶다는 내용과 '조선이 번신(藩臣)으로서 도로를 막고 있다'는 표현이다.

이것은 히데요시의 전쟁 목적이 명확하게 '명정복'에 있었고 '明主' '明皇帝'라는 표현을 사용하면서 일본과 명은 대등한 관계이고, 자신의 가명(佳名)을 삼국에 드날리고 후세에 남기려는 공명심이 있었다는 것을 보여주고 있는 증거라 보인다.

한편 『정한위략』에는 히데요시가 전쟁 직전에 규슈의 제후들에게는 나고야에 군영을 조성하라는 명령과 쥬고쿠(中國)와 시고쿠(四國), 규슈(九州)의 다이묘들에게 10만 석당 대선 2척, 양곡을 비축하고 병사를 징발하라는 내용이 적혀있다. 이 부분은 『풍신수길보』를 근거로 도호고쿠(東北)지역의 병사들에게는 육로로 나고야에 주둔할 것과 軍賦는 1/2, 1/3, 1/4로 하라는 사실을 구체적으로 서술하고 있다. 또한 諸國에게는

---

20) 『정한위략』 1편 18년 경인 12월 기사. 『征伐記』에서 언급되고 있는 '감합무역설'에 대해 가와구치는 "설명이 틀려 택하지 않는다"고 적고 있다.

21) 『정한위략』 1편 19년 신묘 기사. 林羅山의 『豊臣秀吉譜』(1658년)에서도 '明主'라는 표현이 나온다.

각각 3년의 양식을 나누어 주고 먼저 조선을 정벌한 뒤, 명나라 정벌의 기지로 삼도록 히데요시가 명령한 것을 적고 있다. 일본 전국의 전쟁 준비 상황을 비교적 상세하게 언급하고 있다.

게다가 1592년 3월 23일 히데요시가 나고야로 출발하기 직전의 상황도 서술되어 있다. 즉 히데요시는 "입조(入朝)해서 명나라와 조선에 병사를 보내어 그 땅을 평정하여 일본의 판도에 넣을 것이며, 본인 대신 천하의 사무와 경사의 警衛를 히데쓰구(秀次)에게 맡긴다"는 내용을 천황에게 보고하고 있다.22)

이와 관련해서 타자료에는 히데요시가 조정 참배 후, 10시경에 나고야로 출발하는데 천황과 상황이 남문까지 배웅한 사실과 인솔한 장정이 3만 명이 넘고 후시미를 지나서 신공황후를 모시고 있는 '御香宮'을 참배하면서 戰勝을 빌면서 長光의 寶刀를 헌납했다는 상황이 알려져 있다.23) 의도적으로 '御香宮'에 가서 출정목표가 어디에 있는지를 알리려는 정치적 행동이었음은 말할 필요도 없을 것이다.

이상의 여러 사실을 종합해 보면 가와구치는 히데요시의 1차 전쟁 목표가 "신공왕후의 삼한정벌처럼 해외에 무위를 떨치고 명·조선의 영토 확장에 목적이 있다"고 서술하고 있다. 따라서 이러한 주장을 뒷받침하기 위해 '감합무역설'을 부정한 것으로 보인다.

그리고『정한위략』의 3편에는 1593년 5월 15일 고니시 유키나가(小西行長)와 소 요시토시(宗義智)가 명의 사신 심유경·서일관·사용재와 나고야성에 도착해서 진행한 교섭 내용이 상세하게 나와있다. 이 가운데 히데요시가 승려 겐소에게 명령하여 자신의 뜻을 두 사신과 필담하도록 한

---

22)『정한위략』1편 20년 문록 원년 임진 3월 23일 기사. 이 날짜와 관련해서 25일 또는 26일 가능성도 있다고 세주를 달고 있음. 히데요시는 4월 25일 나고야에 도착했다.

23) 당시 상황은 참모본부편,『日本の歷史, 朝鮮の役』, 德間書店, 92쪽, 1995를 참조.

내용에서 흥미로운 부분이 있다.

> 이보다 3년 전에 우리 조정이 명나라에 전달하고자 했던 바를 이연에게
> 부탁하였다. 이연의 差使가 와서 이를 허락하였는데, 막연히 통보가 없어
> 서 우리 일본이 부득이 군사를 일으켰습니다. 문득 그 이유를 묻는다면,
> 조선이 길을 막았으므로 干戈를 일으켰던 것이다. 다시 말해 일본이 군
> 사를 일으킨 것은 조선이 우리나라를 기만하였기 때문이다(후략).24)

여기서 가와구치는 "선조(이연)의 차사 즉 황윤길 일행이 1590년에 일
본에 온 사실과 조선 측이 '정명향도'에 응하지 않았기 때문에 전쟁을 일
으킬 수밖에 없었다"고 조선에게 책임을 전가하고 있는 내용을 강조하고
있다. 이는 "조선이 무사태평한 기간이 오래되었고 군정의 근본인 장수
를 택하는 요체와 조련의 방책을 하나도 세우지 않아 일본의 공격을 받
게 된 것이라"고 주장했던 이전의 내용과 일치한다.25)

『정한위략』 4편에는 3년 반 넘게 진행되어 온 일명강화교섭의 파탄
과정을 집중적으로 기술하고 있다. 이를 통해 2차 전쟁의 발발 원인을
살펴볼 수 있다.

우선 만력제가 히데요시에게 보낸 책봉 문서는 誥命과 勅諭, 詔書 등
3종류이다. 가와구치는 이 3종류를 상세하게 소개하고 있다. 보통 책봉
은 책봉 요청-책봉사의 파견-受封 의례 집행-책봉의 사례(謝恩)라는 절
차로 진행된다. 특히 책봉 시 引見과 宴席을 구분하여 행하는 것이 일반
적이다. 『정한위략』에서는 3종류의 책봉 문서와 수봉 의례를 引見과 宴
席으로 나누어서 기록하고 있는데, 9월 책봉 당시의 상황을 살펴보면 다
음과 같다.

---

24) 『정한위략』 3편 문록 2년 계사 5월 23일 기사.
25) 가와구치는 『懲毖錄』을 인용하면서 발발 직전의 조선 상황을 비판적으로 언급
　　하였다.

1596년 9월 2일 히데요시는 후시미성에서 명 사신을 만나고 3일에는 향연을 베풀면서 명주(명황제)의 새서(璽書)를 읽게 하였다. 이때 금인과 고문(誥文), 유문(諭文)의 낭독이 있었으며 이것을 다 듣고 난 뒤 히데요시가 대노 하면서 "내가 일본의 왕이 되고자 했으면 어찌 저들의 힘을 빌렸겠는가? 그들이 나를 일본 국왕에 책봉한다는 것이 도대체 무엇이냐"라고 반문하였다. 이에 대해 承兌가 간하여 말하기를 "중국 문명은 諸國보다 우수하였으므로, 제국이 책봉을 받는 것은 예전부터 그렇게 하였습니다. 지금은 전하의 위덕이 서쪽 지역까지 뻗쳤기에 특별히 책사를 봉한 것은 아름다운 일이 아닐 수 없습니다. 원컨대 책사를 포상하시고 답서를 주어 영원히 함께 通好하여 후세에 나라의 榮華를 남기십시오."[26)

여기서 주목할 것은 책봉의 의미와 답서를 작성한 배경, 그리고 '通好'을 언급한 부분이다. 즉 가와구치는 인견과 宴席을 다른 날짜에 행해진 것으로 파악하고 히데요시가 대노한 것은 유문(諭文) 내용이었다고 보고 있다. 즉 (1) 지금부터 부산의 왜는 모두 물러나 한 사람도 남지 말 것 (2) 책봉한 뒤에는 별도로 조공과 개시 요구하지 말 것 (3) 다시 조선을 침범하여 이웃과 좋은 관계를 잃지 않을 것 등의 요구가 문제였다고 파악한 것이다.

그러나 여기서 承兌가 "책사를 포상하고 답서를 주어 通好하여 후세에 나라의 榮華를 남기라"는 조언을 한 부분은 흥미롭다. "통호를 해야 한다"고 하는 것은 2차 전쟁 발발의 목적과 무관하지 않다고 생각된다. 즉 承兌의 요구에 대해서 히데요시는 "조선과 강화는 결단코 하지 않겠다"고 하면서도 테라사와 마사나리(寺澤正成)를 통해 명 사신들에게 謝表를 보내고 있다.

---

26)『정한위략』4편 경장 원년 병신 9월 3일 기사. 위의 자료는 주로 「수길보」 「평양록」 「청정기」를 근거로 언급하고 있으나 연회 관련해서 의심스러운 부분이 있다고 지적하고 있다.

그 내용은 조선을 문책하는 글이었는데 "전년에 사신이 왔다는데, 명나라의 사정을 비밀로 하였다. 그것이 죄의 하나이다. 지난날 심유경이 요청하여 두 왕자를 돌려보냈는데 속히 들어와 사례하지 않았고, 명나라의 사신이 오면서 천박한 사신을 데리고 온 것이 두 죄의 두 번째이다. 우리 일본과 명나라가 강화를 하는데 조선으로 인해 뒤집은 경력이 여러 해인 것이 그 죄의 세 번째이다"라고 하였다.[27] 다시 말해서 히데요시는 책봉사 이종성의 도망 사건을 조선이 전달하지 않은 점과 조선의 두 왕자가 사례하지 않은 점을 핑계 삼아 다시 전쟁을 일으킨 것이라고 설명하고 있다.

이와 관련해서 『정한위략』에서는 지금까지 통설로 알려져 온 정유재란의 발발 원인으로 '히데요시의 일본 국왕 임명'거부설이나 '조선 왕자의 내일'문제를 언급하고 있지만, 고문(誥文), 유문(諭文)을 찢으면서 대노했다는 부분에 대해서는 전혀 다른 서술을 하고 있다. 가와구치는 細注에서 "朝川鼎이 말하기를, '고문(誥文)'의 원본이 지금 구산후(龜山候)의 저택에 소장되어 있다. 큰 폭의 비단을 사용하였는데, 큰 글자로 써서 1행에 4자이다. '만력 십사 년 월일에 만들었다(萬曆十四年月日造)'라는 8자가 베 짜기로 이루어졌다. 유문(諭文)은 심유경이 가지고 왔는데 부본(副本)이다. 지금 平戶候 저택에 소장되어 있다"라고 하였다.[28]

즉 가와구치는 2차 전쟁 발발의 원인을 외면적으로는 '조선왕자가 來日'하지 않았기 때문이라고 보면서도 히데요시가 본인을 일본국왕으로

---

27) 『정한위략』 4편 경장 원년 병신 9월 9일 기사.
28) 상동. 이와 관련해서 誥文(命)은 堀尾吉晴이 입수하고, 堀尾 집안이 단절된 후 인연이 있었던 石川家 (伊勢龜山藩主)가 인수 받았다고 한다(현재 오사카 역사박물관에 소장). 연도는 '만력 23년 정월 21일'로 되어있다. (勅)諭文은 成富家宮(肥前蓮池藩家老)가 소장한 뒤, 松浦靜山(肥前平戶藩主)와 佐藤一齊에게로 전달되었다(현재 宮內廳書陵部에 소장). 米谷均, 「破り捨てられは?册封文書」, 堀新·井上泰至, 『秀吉の虛像と實像』, 笠間書院, 2016, 284쪽 참고.

임명하여 고문과 유문을 찢었다고 하는 통설은 언급하지 않고 각기 남아
있는 유물의 소장지를 서술하고 있다. 그의 의도는 에도시대 유학자·병
학자·경세가들이 과장·날조해서 만들어낸 히데요시와 책봉사와의 파탄
과정을 부정하고, 본인의 저서가 실증적인 기록이라는 입증하려 했던 것
으로 보인다. 이를 뒷받침하기 위해 가와구치는 『정한위략』에 고문(誥
文), 유문(諭文) 내용을 상세하게 서술하고 있는 것이다.

결국 가와구치는 책봉 의례를 마치고, 사표를 보냈다는 것은 히데요시
가 책봉을 인정한 처사이고, 히데요시의 일본국왕 임명은 재침의 이유가
아니며, 고문(誥文), 유문(諭文)을 통해 명의 철수 요구를 히데요시는 정
확하게 인식하고 있었다고 보았다. 그러나 이를 수용할 수 없었기 때문
에 '조선의 무례'와 '왕자의 내일불참'을 핑계로 다시 전쟁을 개시를 했
다고 파악하고 있다. 또한 『정한위략』에서는 히데요시가 2차 전쟁을 감
행하기 직전에 가토 기요마사와 조선침략을 논의하는 과정이 적혀있다.

"기요마사와 유키나가를 선봉으로 삼는다. 쥬고쿠(中國)와 규슈의 諸君은
바다를 건너 삼한을 탕평하라. 도후고쿠(東國)와 호쿠리쿠(北陸), 기나이
(畿內)의 무리들은 후시미성을 수축하고 군사로 토목사업을 함께 일으키
겠다".[29]

---

29) 『정한위략』 4편 경장 원년 병신 9월 기사. 가토 기요마사에 대해 "武才가 아주
뛰어나 자주 훌륭한 공을 세웠다. 임진년부터 국경을 넘은 이후 이익과 욕심을
탐하지 않고, 용렬하고 잡스러운 것을 불쾌해하며 히데요시의 일을 받들었으니,
실로 마음이 분명한 장부의 위엄이 있다"라고 긍정적인 평가를 내리고 있다. 이
에 반해 고니시 유키나가에 대해서는 "고집이 세므로 자주 간하였는데 유키나
가는 따르지 않았고, 다른 사람의 말을 받아들이지 않으므로, 그 군대가 패할
것이 염려된다"라고 평하였다. 이러한 두 사람에 평가는 기요마사의 무용을 추
앙하는 근거가 되어 근대 이후에도 일정한 영향을 주었다고 할 수 있다. 『정한
위략』 2편. 계사2년 2월 7일 기사. 『정한위략』 4편. 경장 원년 병신 4월 26일
기사.

위의 내용을 보면 히데요시는 전쟁을 통해 후시미(伏見)와 오사카 도
시를 정비하면서 군수물자 공급 시스템을 구축하고, 동쪽 지역 지배를
강화하여 일본열도 전역에 자신의 지배 강화를 도모하려는 구상이 보인
다.30) 다시 말해서 연이은 패전과 장기간의 휴전이 지속됨에도 불구하고
조선에 일본군을 주둔시키면서 전쟁을 지속적으로 끌고 갔던 것은, 일본
열도 전체를 지배하고 강화할 목적이었던 것이다. 『정한위략』은 히데요
시의 2차 전쟁 발발이 히데요시의 일본국왕 임명설이 아니라 '通好'와
군사적인 긴장 조건 속에서 군역 동원을 통해 자신의 기반을 공고히 하
려 했던 점은 주목할 만하다.

이상에서 살펴본 것처럼 가와구치는 『정한위략』을 통해서 히데요시가
전쟁을 일으킨 목적은 신공황후의 삼한정벌처럼 일본군의 무위를 보여
주려는 「征韓」에 있었다고 주장하였다. 그의 「영토확장」「명정복」이라
는 고전적(?)인 주장은 지속적으로 근대역사학자에게 계승되었음은 말할
필요도 없다.

3. 『정한위략』에서 보이는 일본의 점령정책

지금까지 임진전쟁으로 인한 정치·군사 제도상의 변화에 대한 연구성
과가 많았지만 사회적인 측면의 연구는 미약하다. 예를 들어 일본군이
조선에 어떠한 점령정책을 전개했고, 조선인들은 이에 대해 어떻게 대응
했는지, 전쟁으로 피폐해진 민중들의 생활상 어떠했는지, 이러한 문제는
전쟁의 배경을 이해하는데 중요한 주제라 생각된다.

---

30) 曾根勇二,「임진왜란기의 일본 열도 동향 - 군사 대국 일본으로의 길」,『임진왜
란 제7주갑 국제학술대회 국제전쟁으로서의 임진왜란』, 한국학중앙연구원 동아
시아 역사연구소, 2012, 246~248쪽.

일본군의 점령정책과 전쟁으로 피폐해진 민중들의 실태가『정한위략』
에 단편적으로 언급되어 있다. 일반적으로 일본군은 국내의 경우와 마찬
가지로 긴제(禁制)나 오키테(掟)를 이용하여 점령정책을 시행했다는 지
적은 이전부터 있었다.

최근 오타 히데하루(太田秀春)가 조선 현지에 들어간 일본 諸將들이
일본 국내와는 다른 상황에 '榜文'을 게시하거나 '대리자'를 파견하고,
'祭(식량과 교환되거나 혹은 세금납부 조건으로 교부되는 것)'이라는 형
식을 만들어서 지역지배를 진행하였다는 점을 밝혔다.[31] 이러한 연구성
과를 토대로『정한위략』에서 보이는 일본군의 점령정책을 전쟁 초기와
후기로 나누어서 살펴보자.

> 1) 고니시 유키나가(小西行長)와 소 요시토시(宗義智)가 1592년 4월 22
> 일 인동성에 들어와서 내걸었던 '榜文'이다. 내용은 "백성으로 도산(逃散)
> 한 사람들은 모두 집으로 돌아오라. 남자는 농사짓고, 여자는 길쌈을 하
> 여 四民이 각기 편안하게 본업을 수행하라. 우리 일본군으로 조선 백성
> 들의 본업을 방해하는 범법을 행한 자는 반드시 벌을 주어 용서하지 않
> 을 것이다".[32]

> 2) (1592년) 4월 26일 히데요시가 구로다 나가마사에게 條制를 하달했는
> 데 내용은 "행군을 할 때 함부로 민가를 불 지르지 말라. 포획된 남녀는
> 모두 고향으로 돌려보내라. 백성이 곤경에 처했거나 굶주린 자에게는 마
> 땅히 넉넉히 나누어 주라"였다.[33]

> 3) (1592년) 5월 21일 가토 기요마사(加藤淸正)의 가신이 히데요시의 명

---

31) 太田秀春,「정유재란중 일본군의 점령정책 - 전라도 사례를 중심으로」,『한일공
　　동연구 정유재란사』, 조원래 외, (재)임진정유동북아평화재단, 2018, 532~533쪽.
32)『정한위략』1편 20년 문록 원년 임진 4월 22일 기사.
33)『정한위략』1편 20년 문록 원년 임진 4월 26일 기사.

을 받들어 도성 신민들에게 示諭하기를 "근래 조선의 정치가 가혹하고
법령이 번다하여 사민이 그 할 바를 잃어버렸다. 내가 비록 불민하지만
장차 경내에 선정을 펼쳐 도탄에서 민생을 구하고자 한다. 문무 관료로
먼저 복종하는 자는 그 기량에 따라 직책을 주고, 나중에 하는 자는 벌을
주고 사면하지 않을 것이다, 농민과 상인들이 빨리 옛집으로 돌아오면,
각기 자기의 직업을 닦게 할 것이다."라고 하였다.[34]

상기한 일본군이 제시한 몇 가지 '榜文'을 보면, 조선으로 건너온 지
얼마 안 된 상황에서 신속하게 明을 공격하기 위해 조선을 압박하는 것
을 알 수 있다. 명령을 위반할 경우 '일본군의 처벌'까지 내세우면서 (다
른 '榜文'에는 일본군의 처벌 여부는 거의 나타나 있지 않다) 조선의 문
무 관료들에 대한 회유책도 함께 시행하려 했던 점은 흥미롭다.

이후 한성 함락 소식이 전해지자 히데요시는 조선 도해 계획을 세웠
다. 그러나 주변의 만류로 이시다 미츠나리(石田三成) 등 7명의 代官 만
을 6월 조선에 파견하였다. 이때 히데요시는 일본군의 부서 개정과 조선
팔도를 일본 국내와 동일한 방법으로 통치하려고 했다. 이때 주요했던
목표가 조세를 부과하는 것이었다.[35]

4) 히데요시는 구로다 나가마사에게 "조선의 군 읍은 지도로 분할해서 제
장이 각각 그 치소를 지키는 것으로 우리 일본 제도에서는 정치의 기준
으로 삼고 있다, 부세를 검납하여 명나라까지 가는 길을 이르게 하라. 그
대는 군대가 주둔하는 지역에 있는 치소의 군영을 보호하고, 또 조세를
축적하여 용도에 충당하라."[36]

---

34) 『정한위략』 1편 20년 문록 원년 임진 5월 21일 기사 (『서정일기』 인용).

35) 谷 徹也, 「「朝鮮三奉行」の渡海をめぐって」, 『立命館文學』, 677, 2022, 743~747
쪽. 제장들의 배치가 상세하게 나와 있고, 조선에서 일본군 戰勢와 戰況의 문제
점에 대해 서술하고 있다.

36) 『정한위략』 2편 20년 문록 원년 임진 6월 10일 기사(『흑전가기』 인용).

이 당시 구로다는 황해도의 우봉(鳳山) 지역에 진을 치고 있었는데, 한성이 함락된 뒤 諸將들과 의견 불일치로 난항을 겪고 있는 상황이었다. 그러나 봉토의 경계가 정해지자 조세와 條令이 발동되기 시작했다. 적어도 이 시기까지만 해도 히데요시의 조선도해가 실시 될 것으로 생각되어 제장들에게 지역 분담과 조세 부과, 조례를 명령했던 것을 알 수 있다. 다시 말해서 전쟁이 발발된 4월 초기만 해도 조선 백성들의 초유와 귀환을 목적으로 했던 것이 2개월 후에는「唐入り」라는 장기 계획에 따라 조세 확보가 우선시되는 점령정책을 구상하고 있었음을 알 수 있다.37)

   5) 조선의 土民으로 왕성에 있던 사람들은 대부분 일본병으로 징발되고 있었는데 제장들이 모두 그들이 명나라의 병사들과 합하여 도로를 막을 것을 걱정하였다. 이에 대해 조선인을 어떻게 처리할 것인지 의견이 분분하였다. 고바야가와 다카카게(小早川隆景)는 "諸軍 보졸들은 그 반은 조선인이 반인데 만약 조선인을 의심하여, 특히 城中의 사민이 아니라고 하여 모두 죽인다면 무엇으로 전투를 할 것인가?"38)

일본군이 한성에서 철수하는 과정에서 "일본군 중에 조선의 사민들이 편성되어 있다"는 위 자료는 조선 사료에서는 거의 볼 수 없는 내용이라 주목할 만하다. 전쟁이 발발한 지 1년도 안 된 상황에서 한성지역의 사민들이 일본군의 보졸로 편성되어 있었고, 군병 부족으로 조선인을 흡수했다는 당시 일반인들의 실상을 알 수 있는 내용이다.

---

37) 1593년 2월이 되면 히데요시는 아사노 나가마사와 구로다 요시다카를 조선에 보내서 제장들에게 지역 안배와 통치, 條制를 지속적으로 명하고 있다. 『정한위략』 3편 21년 문록 2년 계사 2월 16일(『흑전가기』 인용).
38) 상동. 가와구치 조쥬는 細注에서 일본군이 한성에서 철수한 시기에 대해 논쟁이 있으나 『명사』와 『흑전가기』를 근거로 18일이라 정하였다.

이 사실과 관련해서 조선 피로인들은 임진년부터 대량으로 발생하였다. 일본군은 피로인을 통해서 길 안내를 받으면서 조선의 戰勢와 상황을 탐색하려고 했다. 또한 피로인은 일본군과 함께 물자 수송과 축성, 토목공사 등 노역에 동원되는 경우도 많았다. 임진년에 일본으로 끌려갔다가 정유년에 일본군이 되어서 조선으로 돌아온 경우도 있었다. 그러나 전쟁이 일어난 지 1년도 안 된 시기 한성에서 사민들이 순왜 또는 일본병으로 징병된 것은 예상 밖이라 생각된다. 이는 전쟁이 장기전으로 돌입하게 되면서 일본군의 회유와 강압에 의해 일본군에 자의 또는 타의에 의해 일본군과 합류된 상황이라 볼 수 있다. 『정한위략』에는 왜성 주변 조선인들의 상황도 서술되어 있다.

> 6) "1593년 5월 초경에 일본군은 해변에 나누어 주둔하였다. 울산·서생
> 포에서부터 동래·김해·웅천·거제에 이르기까지 머리와 꼬리를 연이은
> 것이 무려 16둔이었다. 모두 산에 의지하고 바다가 붙은 곳에 성을 쌓고
> 참호를 파도록 하였다. 주둔하면서 씨를 뿌려 오래도록 머무를 계책으로
> 삼았으므로, 바다를 건너가는 것에는 수긍하지 않았다"고 하였다.[39]

왜성은 7년 기간 중 대부분 일본군이 주둔하면서 전쟁을 수행하였다. 따라서 왜성은 최전선이자 사회경제적으로 주변 지역과 관련성을 가지면서 모였던 장소였다. 還住, 傍, 啓喩의 조치에 대해 조선인들이 저항하여 일본군의 지배가 결코 순조롭게 이루어지지 않은 경우가 많았겠지만,

---

39) 『정한위략』 3편, 2년 계사 5월 초하루 기사. 가와구치는 세주에 "조선의 항복한
백성들이 倭陣(왜성) 사이의 땅에서 耕種하여 바치도록 함으로써, 앉아서 조선
을 곤경하게 만드는 계책으로 삼았다. 서생포의 왜진은 大城이고 … 기장의 진
영은 기요마사가 駐箚하였고, 병력이 수만 명이었다 … 죽도에는 조선의 항복한
백성이 거주하는데 왜진은 대성으로 병력은 만 명 가량이다. 안골포 왜진은 소
성이고, 조선사람이 많다. 웅기포 왜진은 대성으로 조선사람이 많다. 포로가 된
조선사람들이 둔전을 경작한다"고 적고 있다.

왜성 주변의 사람들은 이들에 협조하면서 일상을 보내는 경우도 적지 않았던 것이다.

조선 사료에서는 일본 측에 가담했다는 의미에서 '부역' '부왜' '순왜'라고 표현했는데, 전쟁이 장기전으로 돌입하자 사민들도 자신들의 생명을 지킬 수 있는 선택의 하나로 일본군의 정책에 응하여 거주지로 돌아온 자가 상당수 있었던 것으로 보인다. 전쟁 발발 직후부터 일본군에 협조한 사민들의 존재와 왜성 주변에서 공생하면서 지낼 수밖에 없었던 사회현상은 당시 전쟁의 실상이었으며, 왜성이 문화교류와 문화전파의 공간이었다는 사실을 여실히 보여주는 것이다. 『정한위략』은 그런 의미에서 조선측 자료에서 접하기 어려운 부분을 보완, 활용할 수 있는 문헌이라 할 수 있겠다.

한편 강화교섭이 결렬되고 다시 전쟁 후기가 시작되자 일본군은 조선지역을 장악하기 위해 다음과 같은 통치를 시도하고 있다.

7) (1597년) 7월 20일 전주성 전투에서 승리한 나베시마 가쓰시게(鍋島勝戊)는 전라도 지역에 주둔하였다. 이때 일본군의 식량이 궁핍해지자 가쓰시게는 '방문'을 내면서 "주민들이 우리 일본군을 침략자로 의심하는데, 우리 진영으로 와서 '牌'를 받아서 '信標로 삼아라. 그러면 생명을 보전하고 편안히 거주하도록 하겠다"고 하였다.[40] 그러자 사람들이 되쌀을 가져오면 패를 주어 교환하니, 원근의 백성들이 보고 듣고 하여 크게 모였다. 그리하여 하루에 쌀 2천여 석을 얻음으로써 병사들을 구제하였다.[41]

8) (1597년) 9월 남원과 전주가 함락되어 경상도와 전라도 지역을 일본군이 점령하였다. 이때 일본의 제장들이 논의해서 경상도는 시마즈 요시히로(島津義弘), 전라도는 고니시 유키나가가 통괄하도록 하였다. 이 지

---

40) 『정한위략』 5편, 경장 2년 8월 21일 기사.
41) 상동. 식량의 구체적인 분량까지 나타난 경우는 드문 경우이다.

역을 대상으로 '榜'을 걸었는데 "도피한 사람들은 향리로 돌아가서 농사
에 힘써라. 도망치거나 숨어서 나오지 않는 자는 형벌을 처한다. 우리 일
본군이 인민을 해치면, 흉포자로 여겨 고소하는 것을 허락한다".[42]

여기서는 조선의 남부지역을 대상으로 점령 및 사민들 포섭이 노골화
되고 있음을 알 수 있다. 太田秀春의 지적처럼 '榜文'을 보고 일본군에
협조하는 조선인을 상대로 일본 국내에서는 볼 수 없었던 '牌' 또는 '信
標'를 교부하면서 생명을 보장하는 방법을 취하고 있다.[43] 주로 식량과
교환되거나 혹은 세금 납부조건으로 패가 교부되었던 것으로 특히 나오
시게는 농업과 양잠을 권했다고 가와구치는 細注에 기록하였다. 전쟁 후
기에는 경상도와 전라도 주요 지역에 다시 '榜'을 이용해서 민심을 수습
하고, 주로 병량미를 확보하려는 정책을 전개했던 것을 알 수 있다.

결국 『정한위략』에 의하면 일본군의 초기 점령 정책은 조선 백성들의
도산(逃散)을 막고 본업에 충실하면서 정세를 안정시키려는 것이 목표였
다. 이는 히데요시의 조선도해와 명공략이 전제되어 있었기 때문에 신속
한 조선 국내 안정화가 필요했던 것이다. 이후 조선도해가 무산되고 전
쟁 재개라는 장기전으로 돌입하자 조선국내의 분할 통치를 계획하고 일
본 국내에서는 볼 수 없었던 '牌' 또는 '信標'를 교부하면서 조세 및 군
량 축적을 최대한 확보하는 방향으로 전환했던 것을 알 수 있다.

『정한위략』 5편에는 1598년 8월 히데요시가 사망한 후, 일본군의 철
수 과정이 비교적 상세하게 적혀있다. 즉 아사노 나가마사(淺野長政)와
미시다 미츠나리(石田三成)가 급히 츠쿠시(筑紫)로 내려가서 일본군의
철수를 독려하였다. 도쿠가와 이에야스는 이들과는 별도로 도쿠나가 나
가마사(德永壽昌)를 조선에 보냈다. 그는 제장들에게 몰래 計告 사실을

---

42) 『정한위략』 5편, 경장 2년 정유 9월 기사.
43) 太田秀春, 위의 논문, 530~531쪽.

알렸고, 군사를 귀국시키는 것이 히데요시의 유지임을 전달하였다. 11월 15일 일본 제장들이 군영에서 철수하고 12월 10일 하카다로 귀국했다. 이후 이들은 후시미에서 이에야스를 만나고 각자의 지역으로 돌아갔다. 여기서 가와구치는 의도적으로 이에야스가 전후 처리를 총괄한 점을 강조하고 있는 듯하다. 이는 히데요시의 조선침략은 일본군의 우세와 무위를 높였던 전쟁이라 강조하면서도 이에야스의 정치적인 입장도 고려한 것으로 보인다. 책의 후반부에는 이에야스가 전쟁 이후 덕을 갖추고 막부를 세워 이웃 나라인 조선과 통신하면서 덕치의 상징적인 인물로 표현하고 있다.44)

4. 맺음말

에도막부 초기에는 히데요시의 조선 침략을 비판하는 자세가 주류를 이루었다. 그러나 후기로 가면 임진전쟁이 마무리되면서 에도 200년이라는 '평화시기' 토대가 만들었다는 평가가 생겨났다. 에도 시기 지식인들은 히데요시를 '침략자'에서 대륙진출의 '선구자'라는 이미지를 만들어가면서 변화해 갔다.45) 이러한 흐름은 근대 시기까지 이어졌고 최근까지도 '입신출세의 영웅'이며 상업 도시 오사카와 교토지역 부흥의 토대를 만든 인물로 긍정적인 평가하고 있다.

---

44) 『정한위략』의 마지막 부분에 "도쇼구(이에야스)는 무기를 보관하고 쓰지 않으며 학문을 닦았다. 어진 사람을 가까이 하고, 이웃 나라와 사이좋게 지냈다. 위엄과 덕망이 깊고 넓게 미쳐서, 멀리 있는 사람이 손임으로 왔다. 조선과 聘禮를 새롭게 닦고, 대대로 끊이지 않았다."라고 한 부분은 이를 뒷받침 한다고 할 수 있다.
45) 김문자, 위의 논문, 297~309쪽.

지금까지 히데요시와 임진전쟁에 대한 기억은 정치적으로 이용되고 있고, 이러한 기억의 전환이 어떻게 발생하였는지, 이러한 변화를 초래하는 데 일조하였던 에도말기 『정한위략』에 대해 살펴보았다. 이 책의 마지막 부분에는 『明史』『兩朝平壤錄』을 인용하면서 다음과 같이 마무리하고 있다.46)

"임진년으로부터 7년간 명나라는 군사 수십만을 잃었다, 흩어진 군량은 수백만이다. 조선과 더불어 명은 승산이 없는 데까지 다다랐다. 히데요시가 죽음에 이르러서야 그것에서 벗어나기 시작할 수 있었다. 조선은 잔인하게 파괴되어 천리가 고요하고 쓸쓸하였다. 明主(명 천황)가 이연에게 훈유하여 말하기를, "왕이 비록 옛것으로 돌아왔다고 하지만, 실제로는 새로 만드는 것과 같다. 시든 것을 거두고 황폐해진 것을 일으켜 세우는데 힘을 다하여도 배로 어려울 것이다. 와신상담해야 마땅하다. 이전의 치욕을 잊지 말라"라고 하였다(후략).

위의 내용은 명 측의 자료를 인용하면서 조선의 무례함을 벌하고 명나라를 정복하겠다는 히데요시의 의도는 그의 죽음에 의해서 중단되었고, 이는 일본의 패전이 아니며 오히려 명의 피해가 상당하였고 조선이 무능했기 때문이라는 것을 강조하고 있다.

이 책의 집필 목적은 임진전쟁 당시 일본군의 우세와 무위를 주장하면서 조선을 정벌하기에 마땅한 국가로 취급하였다. 당연히 히데요시에 대한 비판은 일체 존재하지 않았고 이에야스는 전쟁 이후 덕을 갖추고 막부를 세워 이웃 나라인 조선과 통신하면서 덕치의 상징적인 인물로 그려냈다.

결국 『정한위략』이 '중국, 조선, 일본 삼국의 자료를 고증한 역사서'라 강조하면서, 오히려 이중적이고 교묘하게 사실을 왜곡하면서 본인들의

---

46) 『정한위략』 5편 3년 무술 11월 기사.

대외 팽창정책의 정당성을 근거로 삼은 문헌이다. 이 책은 사료를 정리한 자료집임에도 불구하고 정리하는 기준에 편향성이 있다. 조선에 대해서도 부정적인 부분은 강조되고 긍정적인 부분은 축소하는 서술 태도를 보이기도 했다.47) 그러나 가와구치의 이러한 자료수집이나 서술 자세는 '실증주의적' 연구 방법과 서술이라는 명분으로 이케우치 히로시(池内宏)나 나카무라 에이코(中村榮孝), 참모본부의 『日本戰史 朝鮮の役』 등에 그대로 계승되어 히데요시의 위업을 평가하는 계보로 이어져갔다.

예를 들어 이케우치는 『文禄慶長の役』을 편찬하면서 명·일본·조선의 사료는 물론 포르투갈 기사까지 인용하여 언제, 누가, 어디서, 무엇을 했는지 상술하게 서술하였다. 그러나 대부분 초기 승전한 전투에 많은 비중을 두어 기술함으로써 일본군의 위업을 강조하였다. 이러한 경향은 나카무라에게도 영향을 주었다. 다시 말해서 일본에 근대 실증적인 방법론이 도입되면서 『정한위략』에서 언급된 임진전쟁 관련 큰 흐름이 이후 답습되면서 결국 히데요시 및 임진전쟁의 표상이 만들어지는 데 일정한 영향을 미쳤던 것이다.

---

47) 이순신 관련 기사의 축소나 칠천량 해전에서 와키자카 야스하루(脇坂安治)가 활약한 전공에 대해 누락한 부분을 들 수 있다. 김준배, 위의 논문, 172~181쪽 ; 노영구, 위의 논문, 20~21쪽.

참고문헌

1. 사료

구병진외, 「명나라의 임진전쟁 『경략복국요편(經略復國要編)』」(1~5), 국립진주
　　　박물관, 2021.
일본국립공문서관 내각문고본, 『정한위략』, (和22504, 5(1~5)).

2. 저서

국방부 군사편찬연구소, 『군사문헌번역자료 정한위략(征韓偉略)』, 2022.
김동철, 『엽서가 된 임진왜란』, 선인, 2022.
김문자, 『임진전쟁과 도요토미 정권』, 경인문화사, 2021.
김시덕, 『일본의 대외 전쟁』, 열린 책들, 2016.
김영진, 『임진왜란, 2년 전쟁 12년 논쟁』, 성균관대학교 출판부, 2021.
이계황, 『인물로 보는 일본 역사 4, 도요토미 히데요시』, 살림, 2019.
이계황, 『임진왜란 - 동아시아 국제전쟁』, 혜안, 2023.
최관·김시덕, 『임진왜란 관련 일본 문헌 해제』, 도서출판 문, 2010.
參謀本部編, 『日本の歷史, 朝鮮の役』, 德間書店, 1995.
川西裕也·中尾道子·木村拓, 『壬辰戰爭と東アジア - 秀吉の對外侵攻の衝擊』, 東
　　　京大學出版部, 2023.

3. 논문

김광옥, 「근대 일본의 豊臣秀吉·임진왜란에 대한 인식」, 『역사와 경계』 64, 2007.
김문자, 「에도시대 豐臣秀吉에 대한 인식」, 『중앙사론』 46, 2017.
김준배, 「19세기 일본 임진왜란 문헌 속의 이순신 - 『정한위략』과 『일본외사』
　　　를 중심으로」, 『이순신연구논총』 31, 2019.
노영구, 「『정한위략』에 나타난 일본의 임진왜란 海戰 이해」, 『이순신연구논총』
　　　22, 2014.
이수열, 「'바다의 역사'와 도요토미 히데요시 정권론: 대외관계사를 중심으로」,
　　　『韓日關係史研究』 75, 2022.

하우봉, 「동아시아 국제전쟁으로서의 임진전쟁」, 『한일관계사연구』 39, 2011.

遠藤珠紀, 「新たな山中長書狀寫 豊臣秀吉の「唐入り」構想」, 『古文書研究』 93, 2022.

太田秀春, 「정유재란중 일본군의 점령정책 - 전라도 사례를 중심으로」, 『한일공동연구 정유재란사』, 조원래 외, (재)임진정유동북아평화재단, 2018.

小野恭一, 「豊臣秀吉自筆書狀にみる明國征服構想の変化」, 『黎明館調査研究報告』 34, 2022.

川西裕也, 「文祿・慶長の役呼稱の再檢討」, 『韓國朝鮮文化研究』 21, 2022.

中野等, 「文祿・慶長の 役 연구의 학설사적 검토」, 『제2기 한일역사공동연구보고서』, 한일역사공동연구위원회 3권, 2010.

谷 徹也, 「「朝鮮三奉行」の渡海をめぐって」, 『立命館文學』 677, 2022.

堀新, 「豊臣秀吉の「唐入り」構想; その成立 表明と現實化」, 『立正史學』 125, 2019.

堀新, 「織豊政權論へのガイ」, 『歷史評論』 852, 2021.

米谷均, 「破り捨てられは?冊封文書」, 堀新・井上泰至, 『秀吉の虛像と實像』, 笠間書院, 2016.

제2부 해법의 모색

'東藩'에서 '誠信'으로
: 17세기 후반 對馬藩의 외교적 수사 전환

이해진*

1. 머리말

고려 말부터 동아시아 해역에서 왜구가 기승을 부리던 가운데, 조선은 왜구의 온상으로 여긴 쓰시마에 通交를 허가하고 圖書를 지급하여 歲遣船을 파견할 권리를 하사하는 등 경제적 시혜를 베푸는 회유책을 펴나갔다. 이처럼 북방의 여진과 더불어 남방의 쓰시마에 대한 羈縻 정책을 전개하면서, 조선에서는 점차 쓰시마를 '東藩'[1]으로 간주하는 인식이 정착

일본 滋賀縣立大學

[1] 마쓰모토 도모야(松本智也)의 정의에 따르면 '藩'이란 본래 '울타리'의 뜻에서 유래한 동아시아 세계의 전통적 표현으로, ⓐ어느 대상에게서 다른 어느 대상을 방어하는 것, ⓑ집단들 사이의 경계, ⓒ王侯의 領國을 의미하며, '藩屛'·'藩臣'·'藩籬' 등의 어휘로 파생된다. 이러한 의미를 기반으로 마쓰모토는 '藩'을 "어느 정치적 주체(군주)에 臣屬한 군신 관계를 기반으로 다른 어느 대상으로부터 자신이 臣屬하는 주체를 방어"하기에, "군사적 역할을 맡은 대가로 자기가 臣屬한 주체로부터 이에 상응하는 경제적인 보상을 받을 수 있는 존재"라고 설명하였다(松本智也, 『「文事」をめぐる日朝關係史: 近世後期の通信使外交と對馬藩』, 春風社, 2023, 43~44쪽). 또한 마쓰모토의 저서에 선행하는 '藩' 개념에 관한 설명으로는 山口啓二, 「藩體制の成立」『岩波講座 日本歷史』近世2, 岩波書店, 1963 ; 林屋辰三郎, 「藩: 發想と實態」『近世傳統文化論』, 創元社, 1974 ; 吉村雅美, 「近世對外關係と「藩」認識」『近世日本の對外關係と地域意識』, 淸文堂, 2012 등이

해 갔다. 쓰시마 또한 조선과의 通交가 가져다주는 경제적 혜택을 위하여 외교 과정에서 '조선의 東藩'을 자칭하는 모습을 보였다.2) 이러한 양자의 관계는 임진전쟁으로 일시 중지되었지만, 전후 강화교섭 중에 조선이 쓰시마를 통해 일본을 견제할 목적으로 '許和'의 뜻을 표하면서 재개의 조짐이 나타났다.3) 결과적으로 조선은 1609년의 己酉約條 체결을 계기로 다시금 쓰시마에 圖書를 지급하고 歲遣船의 파견 권리를 부여하였다.4)

그러나 己酉約條로 복구된 20척의 歲遣船은 임진전쟁 참전에 대한 징벌적 조치로서 전쟁 이전에 비하여 삭감된 규모였다. 따라서 쓰시마는 己酉約條에서 규정하지 않은 다양한 명분을 통해 조선에 새로운 圖書의 지급을 요청함으로써 축소된 무역량의 회복을 꾀하였다. 17세기 초반에 조선은 북방의 後金으로부터 압박을 받는 와중에 일본의 재침 가능성 또한 완전히 불식되지 않은 상황이었기에, 쓰시마와의 관계 유지가 필수적이었다. 따라서 무역상의 지출을 감내하고 쓰시마의 요청을 수락할 수밖에 없었다. 이러한 관계가 유지된 시기에는 외교교섭 상에서 쓰시마가 '조선의 東藩'으로 자칭한 사례가 계속 발견된다.5)

있다.
2) 조선 전기의 쓰시마 인식은 하우봉, 『조선시대 한국인의 일본인식』, 혜안, 2006 ; 정다함, 「朝鮮初期 野人과 對馬島에 대한 藩籬·藩屛 認識의 형성과 敬差官의 파견」 『동방학지』 141, 2008 ; 木村拓, 『朝鮮王朝の侯國的立場と外交』, 汲古書院, 2021 등을 참조.
3) 민덕기, 『前近代 동아시아 세계의 韓·日관계』, 景仁文化社, 1994 참조.
4) 에도시대 조일 무역의 전체상은 田代和生, 『近世日朝通交貿易史の硏究』, 創文社, 1981 참조.
5) 강화교섭 중의 '許和'를 기점으로, 쓰시마는 적극적으로 '조선의 東藩'을 자칭하면서 무역상의 이익을 확보하려 하였다. 따라서 이후에는 오히려 무역 지출에 부담을 느낀 조선이 자신들은 皇帝國이 아니라 '天朝의 東藩'일 뿐이라고 하여 쓰시마 측의 주장에 제동을 가하기도 하였다. 17세기 초에 쓰시마 측이 활용한

　　그러나 쓰시마에 대한 조선의 羈縻 정책은 무역 지출로 인한 경제적
부담의 과중으로 점차 동요하였다.[6] 더욱이 1635년의 야나가와 잇켄(柳
川一件) 이후 소위 '大君外交體制'의 성립[7]이라 불리는 조일 외교 의례
의 개편과 함께 막번 관계의 구심력이 강해진 것을 계기로, 조선과 쓰시
마번 사이의 관계 또한 형식적인 면에서 다양한 개정[8]이 이루어졌다. 이
러한 가운데 '조선의 東藩'이라는 외교적 수사는 차차 사라져 갔다.[9]

　　'조선의 東藩'이라는 논리에 관해서는 荒木和憲, 「己酉約條の締結施行過程と對
馬の「藩營」貿易」, (한일문화교류기금 편) 『임진왜란에서 조선통신사의 길로』,
경인문화사, 2019 참조.

6) 인조반정(1623) 이후 조선은 이괄의 난(1624)과 정묘호란(1627)이 연이어 발발
하면서 국가 재정의 파탄에 이른 상황이었다. 실제로 1629년에 조선에 파견된
기하쿠 겐포(規伯玄方)의 임무 중 하나가 公貿易의 지연으로 수년간 체납된 公
木을 요구하는 것이었다. 이에 관해서는 田代和生, 「寛永六年(仁祖七、一六二九)、
對馬使節の朝鮮國「御上京之時毎日記」とその背景(1)」『朝鮮學報』96, 1980 참조.

7) 中村榮孝, 「外交史上の德川政權: 大君外交體制の成立とその終末」『日鮮關係史
の研究』下, 吉川弘文館, 1969 ; 朝尾直弘, 「鎖國制の成立」, (歷史學研究會・日本
史研究會 編) 『講座日本史』四, 東京大學出版會, 1970 ; 荒野泰典, 「大君外交體制
の確立」『近世日本と東アジア』, 東京大學出版會, 1988(1981 초출) ; 池内敏, 『大
君外交と「武威」: 近世日本の國際秩序と朝鮮觀』, 名古屋大學出版會, 2006 등을
참조. 단 이케우치 사토시(池内敏)의 연구는 기존의 선행연구가 설명한 소위 '大
君外交體制'의 역사적 의의가 과대 평가된 면이 있음을 지적한 것으로, 필자 또
한 이 견해에 적극 동의한다.

8) 외교 면에서의 변화만 언급하자면, 야나가와 잇켄 이후 조선 국왕에 대한 쓰시
마 島主의 '進上'이 '封進'으로 명칭이 변경되었다. 또한 외교 문서상에서 과거
에는 禮曹 측이 쓰시마 島主를 '足下'라고 칭하고 島主 측은 예조의 관원을 '閤
下'로 칭하는 비대칭적인 외교문서 교환이 이루어졌으나, 야나가와 잇켄 이후에
는 서로를 대등하게 '閤下'로 칭하게끔 개정되었다. 이러한 변화 양상에 관해서
는 田代和生, 주 4) 저서의 제5・6장 참조.

9) 실제로 『善隣通書五 慶長元和寬永通交編年』(국사편찬위원회 소장 '對馬島宗家文
書', 기록류 4753)에 수록된 쓰시마 측의 서계 사본을 살펴보면, 1627년 이후로
'조선의 東藩'을 자칭하는 문구가 모습을 감춘다. 다만 그 후에도 쓰시마번이 조
선의 '東藩' 혹은 '藩臣'을 칭하는 사례가 아예 사라진 것은 아니었다. 가령

한편 17세기 후반에는 쓰시마번 내에서 조선의 외교적 예속을 거부하고 일본 귀속 의식을 표출하는 사상적인 움직임도 나타났다.[10] 쓰시마번에게 이 시기는 한일관계 관련 기록이 비약적으로 증가하는 이른바 '기록의 시대(17세기 후반~19세기 중엽)'[11]의 시작점에 해당한다. 게다가 이 시기에는 외교 관계 기록 외에 쓰시마의 역사를 정리한 사서들도 등장하였다. 대표적인 사례로 1686년에 스야마 도쓰안(陶山訥庵) 등이 참여하여 초판본을 완성한 藩主 소(宗) 가문의 족보인 『宗氏家譜』를 꼽을 수 있다.[12] 소 가문 역대 당주들의 치적을 기록한 『宗氏家譜』에는 임진

1636년 통신사의 귀국 때 藩主 소 요시나리(宗義成)는 "馬州[쓰시마]는 조선에게 실로 藩臣과 같습니다. 예로부터 東藩이라 칭한 바는 일본인도 모두 알고 있으니, 감히 끝까지 정성을 다하지 않겠습니까. 다만 세 사또께서 소인의 뜻을 헤아리시고 조정에 돌아가 아뢰어 주시길 바랍니다"라고 하며 야나가와 잇켄 이후 자신의 처지를 조정에 변호해 달라고 요청하였다(黃㦿, 『東槎錄』, 丁丑年[1637] 2月 己丑[19日]). 또한 후일의 회고이지만, 1657년에 요시나리가 죽음에 이르러 헌상한 은화를 조선 조정이 반려하자, 사신이 "島主는 귀국의 藩臣과 같아 성의와 예절을 다하여 임금을 섬기듯이 하는데, 이제 만약 이것을 받는다면 진실로 예절로써 進獻하는 뜻을 잃습니다"라고 이야기하였다고 한다(『肅宗實錄』 29卷, 21年[1695] 7月 癸亥[3日]). 더욱이 조선 국왕의 취임 때마다 축하의 뜻으로 쓰시마 島主가 올린 上表文을 시기순으로 분석한 요네타니 히토시(米谷均)는 1660년까지도 조선 국왕을 황제로 비견하는 조공적 색채의 上表文이 헌상되었음을 지적하였다. 다만 이러한 경향은 과도기를 거쳐, 1720년 이후에는 일본 귀속 의식이 담긴 상투적 문구의 정착과 함께 사라져갔다고 한다(米谷均,「近世日朝關係における對馬藩主の上表文について」『朝鮮學報』 154, 1995, 29~32쪽).

10) 17세기 후반 쓰시마번의 자기 인식 형성을 다룬 대표적인 선행연구로는 米谷均, 주 9) 논문 ; 石川寬,「對馬藩の自己認識: 對州の私交の檢討を通じて」, (九州史學研究會 編) 『境界のアイデンティティ』, 岩田書院, 2008 ; 石田徹,「對馬藩における歸屬意識と日韓關係認識: 訥庵・陶山庄右衛門を中心に」, (明治學院大學國際學部付屬研究所 編) 『研究所年報』 13, 2010 ; 松本智也,「一八世紀對馬藩知識人の「藩屛」論:「朝鮮の藩屛」論との交錯」, 주 1) 저서(2019 초출) 등이 있다.

11) 長正統,「日鮮關係における記錄の時代」『東洋學報』 50-4, 1968.

12) 鈴木棠三,「解題」, (鈴木棠三 編) 『對馬叢書第三集 十九公實錄・宗氏家譜』, 村田書

전쟁 이후의 조일 국교회복에 관한 서술도 수록되어 있다. 그 중에서 1605년의 기사는 에도막부의 초대 쇼군 도쿠가와 이에야스(德川家康)가 쓰시마번의 초대 藩主에 해당하는 소 요시토시(宗義智)의 주선하에 조선에서 도일한 松雲 일행과 접견한 뒤, 양국의 강화를 중재한 요시토시의 공로를 치하하며 "그대는 이미 양국의 通交를 관장하고 있으니, 본국의 藩屛이다"라고 훈시하였다고 한다.[13] 이 기사가 쓰시마번의 역사서 속에서 '쓰시마는 일본의 藩屛'이라는 서술이 등장한 첫 사례이다.

쓰시마번의 '藩屛'론에 관하여 마쓰모토 도모야(松本智也)는 쓰시마가 '조선의 藩屛'임을 말하는 조선의 기록을 인용하며 비판을 가한 18세기의 역사서들을 분석하여 "쓰시마를 藩屛 혹은 藩臣으로 적은 조선 측의 史籍을 부정적 매개로 삼아 형성된 것"이라는 결론을 내렸다.[14] 18세기에 접어들어 조선 무역의 쇠퇴에 봉착한 쓰시마번은 선조들 이래로 수행해 온 중요한 역할로서 '藩屛'의 武備를 주장하고, 이를 다지기 위한 비용을 막부에 요청함으로써 재정난을 타개하려 했다.[15] 따라서 기록상에 새겨진 '쓰시마는 일본의 藩屛'이라는 자기 인식은 쓰시마번이 고유의 역할을 스스로 '창출'하고 역사성을 부여하는 중요한 근거가 되었음을 알 수 있다.

그런데 선행연구가 도출한 '藩屛'론의 사상적 정착 과정에 앞서,『宗氏家譜』의 편찬 직전인 1685년부터 이듬해까지 이어진 圖書 요청 교섭 가운데 '藩屛'이라는 표현을 둘러싼 외교적 분쟁이 발생하였음을 사료

店, 1977, 198~199쪽.『宗氏家譜』는 1717년에 아메노모리 호슈(雨森芳洲)와 마쓰우라 가쇼(松浦霞沼) 등이 가세하여 개정이 이루어졌으며, 초판본의 편찬에 참여한 도쓰안도 이후 한 차례 더 교정에 임하였다.

13)『宗氏家譜』(鈴木棠三 編, 주 12) 사료집, 165쪽).

14) 松本智也, 주 10) 논문, 359쪽.

15) 이해진, 「17세기 말~18세기 초 쓰시마번의 대막부교섭 논리 변화: '通交'의 개념적 확장과 '藩屛의 武備'론의 등장」『일본역사연구』55, 2021.

속에서 확인할 수 있었다. 본 논문에서는 먼저 해당 교섭의 경과를 재조명하여, 기존에 사상사적 영역에서 모호하게 이해해 왔던 '쓰시마는 일본의 藩屛'이라는 역사서술 출현의 실제적 계기를 규명하고자 한다. 이는 당시 조선과의 외교·무역 현장에서 쓰시마번의 자기 인식이 어떻게 발현되었는지를 확인하려는 취지이다.

다음으로 '조선의 東藩'을 자처하는 쓰시마번의 교섭 논리가 소멸한 뒤, 무엇이 이를 대체하였는가를 고찰하겠다. 이를 위하여 근세 조일 교섭 속에서 빈번히 등장하는 '誠信'이라는 용어에 주목하고자 한다. 잘 알려져 있듯, 쓰시마번의 유학자 아메노모리 호슈(雨森芳洲)는 1728년에 조선 외교 지침서로서 집필한 『交隣提醒』에서 "誠信이란 진실된 뜻을 말하는 것으로, 서로 속이지 않고 다투지 않으며 진실로써 교류함을 誠信이라 합니다"[16]라고 하였다. 그러나 선행연구가 지적한 바와 같이, 호슈의 이 말을 문자 그대로 해석해서는 곤란하다. 오히려 근세 조일 외교 속에서 '誠信'이란, 전례와 약조에 기반한 양자의 합의를 전제로 하는 가운데 자기 편의 이익을 최선으로 추구하기 위해 사용한 외교적 수사[17]라는 점을 간과해서는 안 된다.

더욱이 위의 문구를 통해 호슈를 마치 '誠信' 외교의 대명사처럼 이해하려는 경향도 있으나, 본래 '誠信'은 도의를 앞세워 조선이 일본 측을 설득하던 논리를 쓰시마번 측이 역이용한 것으로, 호슈가 본격적으로 활약하기 전부터 이미 널리 사용된 조일 외교상의 상투어였다. 따라서 조선 측이 주로 이야기해 왔던 '誠信'의 개념을 일본 혹은 쓰시마번 측이 어떻게 이해하고 사용하였는지에 관한 검토가 필요하다는 제언이 있었다.[18] 이처럼 선행연구들이 제기한 문제의 해답을 찾기 위하여, 본 논문

---

16) 雨森芳洲, (田代和生 校注) 『交隣提醒』, 平凡社, 2014, 185~186쪽.

17) '誠信'이라는 외교적 수사의 숨겨진 본의에 관해서는 米谷均, 「雨森芳洲の對朝鮮外交: 「誠信之交」の理念と實態」 『朝鮮學報』 148, 1993 참조.

에서는 '誠信'이라는 외교적 수사의 출현 배경 및 그 논리적 구조와 성격을 17세기 후반~18세기 초의 조일 교섭 사례 속에서 되짚어 보고자 한다.

2. '쓰시마는 일본의 藩屛'이라는 역사서술의 형성

1) 쓰시마번 기록 속의 '藩屛' 관련 서술
  : 陶山訥庵의 『對韓雜記』와 雨森芳州의 『交隣提醒』

'쓰시마는 일본의 藩屛'이라는 역사서술은 머리말에서 소개한 『宗氏家譜』를 시작으로, 18세기 이후에 성립한 쓰시마번의 다른 기록 속에서도 다양한 사례를 확인할 수 있다. 가령 『宗氏家譜』의 편찬에 참여한 스야마 도쓰안은 『鐵砲格式僉議條目』(1711)에서 쓰시마가 '일본 藩屛의 땅'이기에 '食'(경제)과 '兵'(군사)을 다질 필요가 있다고 주장하였다.[19] 호슈 또한 막부를 상대로 은 수출액의 삭감 철회를 청원하던 중에 집필한 『隣交始末物語』(1715)에서 일본 내에서 쓰시마가 '藩屛 제일의 要地'[20]라고 강조한 바 있다. 본 장에서는 '쓰시마는 일본의 藩屛'이라는 서술에 담긴 역사 인식이 어떠한 현실적 조건 속에서 형성된 것이었는지를 두 사람의 다른 저술을 통해 재확인하고자 한다.

먼저 도쓰안이 1710년대에 집필한 『對韓雜記』에는 '藩臣'이라는 용어

---

18) 石田徹·岡本隆司, 「交隣と信義: 通信から欽差へ」, (岡本隆司 編) 『隣交と東アジア: 近世から近代へ』, 名古屋大學出版會, 2021, 311쪽(주 (20)).

19) 陶山訥庵, 『鐵砲格式僉議條目』 下(日本經濟叢書刊行會 編, 『日本經濟叢書』 13, 1914, 613쪽). 관련 연구는 주 10) 논문들을 참조.

20) 田代和生, 「對馬藩經濟思想の確立」 『日朝交易と對馬藩』, 創文社, 2007(2000 초출) ; 吉村雅美, 「十八世紀の對外關係と「藩屛」認識: 對馬藩における「藩屛」の「役」論をめぐって」 『日本歷史』 789, 2014 ; 松本智也, 주 10) 논문 등을 참조.

가 등장한다. 해당 부분에서 도쓰안은 일본 측 사신인 裁判이 倭館과의 교섭을 담당하는 조선의 역관인 訓導와 주고받은 가상의 대화를 지어 아래와 같이 쓰시마에 대한 조선의 인식을 비판하였다.

訓導가 관에 들어올 때 나[裁判]에게 쓰시마의 사정을 논하였다. 그 말에 "쓰시마는 조선으로부터 圖書를 받아 歲遣船을 파견하여 조정의 은혜를 받으며, 사신을 통해 表文을 헌상하여 새 왕의 즉위를 축하합니다. 그렇다면 쓰시마는 조선의 藩臣으로서 양국의 通交를 관할하는 셈입니다. (중략)"라고 하였다. 내가 이를 듣고 이야기하기를, "(중략) 370년 전부터 110년 전까지 우리나라는 태평한 날이 적었으며, 혼란스러운 날이 많았습니다. 처음에 간사이(關西) 각 州의 유민들이 우리 지역을 건널목으로 삼아 고려의 국경을 소란스럽게 하였으며, 그 후에도 약탈하는 무리가 끊임없이 매번 우리 州에 왕래하니, 우리 州에서 나는 곡식으로는 새로 들어오는 유민을 돌볼 수 없었습니다. 도리어 귀국을 침범하는 일이 매번 있었습니다. 귀국은 怯弱하여 밖에서 오는 외적을 막을 수 없어서 우리 州와 진제이(鎭西)의 각 州에 청하여 歲遣船을 받고 送使를 접대하는 약정을 맺었습니다. 이미 국경을 지킬 무력이 없어 도리어 외적을 접대하는 일이 생겨난 것은 오로지 귀국이 부끄러움으로 여겨야 할 바입니다. 마찬가지로 새로 온 유민들을 머무르게 하고 귀국의 식량을 얻은 일은 우리 州 또한 부끄러움으로 여겨야 할 바입니다. 오늘날의 歲遣船은 실로 난세의 유풍입니다. 그렇다면 送使 건은 귀국을 위해 꺼려야 할 일이며, 우리도 우리나라를 위해 꺼려야 할 일입니다. 귀하가 쓸데없는 이야기를 꺼내 양국의 부끄러움을 들춘 일은 내가 귀하를 위해 거론하지 않겠습니다. 우리 州는 本朝의 藩臣으로, 圖書를 귀국에 청한 일은 우리 州의 옳지 못한 행위였습니다. 만일 圖書를 청하여 歲遣船을 보내었기 때문에 귀국의 藩臣이라고 한다면, 禮曹의 書契에 어째서 우리 州를 貴島라 하였으며, 귀국을 가리켜 弊邦이라고 칭하였습니까. 우리 州를 가리켜 貴島라 칭하고 귀국을 弊邦이라고 하였으니, 우리 지역이 귀국의 藩臣이 아님은 분명합니다. (후략)"[21]

여기서는 圖書를 받아 歲遣船을 파견하고 국왕의 즉위 때마다 上表文

을 보내기에 쓰시마가 '조선의 藩臣'이라고 하는 역관의 주장에 대하여, 裁判은 쓰시마가 '本朝[일본]의 藩臣'임은 조선의 서계에 적는 '貴島'와 '弊邦'이라는 호칭을 보아도 명백하다고 반박한다. 그리고 선행연구[22]가 논한 바와 같이, 위의 일화를 시작으로『對韓雜記』는 쓰시마가 '조선의 藩臣'이라고 이야기하는 조선의 기록들[23]을 비판하고 이른바 일본 귀속 의식을 주장해간다. 이처럼 도쓰안은 조선과의 굴욕적인 외교의 잔재를 상기시킨 뒤, 여기에서 벗어나기 위해서는 무엇보다도 쓰시마의 경제적 자립이 필요함을 강조하였다. 公貿易의 핵심 요소인 圖書와 歲遺船이 바로 쓰시마의 경제적 자립을 가로막는 존재임을 지적한 것이다.

한편 호슈의『交隣提醒』도 아래와 같이 '藩屛'이라는 용어를 둘러싼 문제를 이야기한다.

쓰시마가 조선을 위해 일본의 해적을 방어했던 일을 설명한다며 '쓰시마 는 조선의 藩屛'이라고 우리 쪽 서한에 적었습니다. 藩屛이라는 단어가 가신이 주인에게 하는 말임을 알지 못한 이가 있어서였습니다. 이러한

---

21) 陶山訥庵,『對韓雜記』(日本經濟叢書刊行會 編,『日本經濟叢書』8, 1914, 397~398쪽). 이하 인용 사료의 밑줄은 필자에 의함.

22) 주 10) 논문들 및 이혜진, 주 15) 논문 참조.

23) 『對韓雜記』에서 도쓰안은 조선의『東文選』,『懲毖錄』, 그리고 1590년에 조선통신사로 파견된 金誠一의 발언을 비판 대상으로 삼았다. 金誠一의 사행록인『海槎錄』에는 "무릇 이 섬이 우리나라와 어떤 관계에 있습니까. 대대로 國恩을 받아 우리의 東藩이 되었으니, 의리로는 君臣이요, 땅으로는 附庸입니다. 우리 조정에 명을 의탁하여 재물을 얻어 살아가니, 만약 關市를 중지하고 조공을 허락하지 않는다면 이는 곧 어린아이의 목을 비틀고 젖줄을 끊는 것과 다름이 없습니다"라는 서술이 있다(金誠一,『海槎錄』卷3,「答許書狀書」). 후일 가쇼도 "대저 저들[조선]이 우리 州를 바라보는 바가 무릇 藩臣과 같다"라는 按文과 함께『海槎錄』의 거의 全文을『朝鮮通交大紀』卷9·10에 수록(『鶴峯集』참조)하여 비판적 고찰의 대상으로 삼았다. 이에 관해서는 松本智也, 주 10) 논문(354~358쪽) 참조.

일은 우리 쪽의 학식이 부족한 이들이 지금도 잘못을 피하기 어려운 사
안입니다. 문자를 잘 읽고 이해하지 못해서는 생각도 그에 따를 것이니,
여하튼 쓰시마는 다른 지역과는 매우 달라서 학문과 재능이 뛰어난 이들
을 데리고 있지 못한다면 아무리 주군에게 충심을 다한다고 해도 隣好의
도리를 바로 세우기 어려우리라고 생각합니다. 학식이 있는 이를 채용하
시는 일이 중요한 바입니다.[24]

　여기서 호슈는 과거 조선과의 교섭에 임하였던 담당자들의 부족한 학
식을 비판한 뒤, 조선 通交를 전담하는 쓰시마번에서는 앞으로 문자의
뜻을 잘 이해하고 학문과 재능이 뛰어난 이들을 채용해야 함을 건의하였
다. 그런데 그 구체적 사례로서 어떤 이가 '藩屛'이라는 용어의 뜻을 오
인하여 조선에 보낸 서한에 '쓰시마는 조선의 藩屛'이라고 적었던 사실
을 제시하고 있음이 주목된다. 이와 같은 호슈의 서술은 과거 조선 측과
의 서신 교환 중에 '藩屛'이라는 용어가 문제가 된 사건이 실제로 발생
하였음을 짐작하게 한다. 다음 절에서 소개할 호슈의 다른 저작 속에서
이와 관련한 기록을 찾아볼 수 있었다.

2) 역사서술 성립의 계기: 1685~1686년의 右京圖書 교섭

　'藩屛' 용어가 문제시된 조일 교섭상의 사건은 1714년에 호슈가 집필
한 『天龍院公實錄』 中卷[25]에 등장한다. 머리말에서 예고한 바와 같이

---

24) 雨森芳洲, (田代和生 校注) 『交隣提醒』, 平凡社, 2014, 111쪽.

25) 호슈가 편찬한 속칭 『宗氏實錄』은 서문에서 알 수 있듯 소 가문 역대 당주의
역사인 『宗氏家譜』 이후의 사적을 실록 형태로 정리한 것이다. 먼저 호슈는
1714년에 덴류인(天龍院, 제3대 藩主 소 요시자네)과 레이코인(靈光院, 제4대 藩
主 소 요시쓰구[宗義倫]) 시기의 역사를 각각 『天龍院公實錄』(上·中·下 3권)과
『靈光院公實錄』(1권)으로 집필하였다. 현재의 영인본(泉澄一 編, 『宗氏實錄』(一)
(二), 淸文堂出版, 1981)은 이 두 실록에 더하여, 호슈가 만년에 추가로 완성한

이는 1685년에 쓰시마번이 조선 측에 제기한 兒名圖書 요청과 관련한 내용이다. 본래 조선이 상정한 兒名圖書의 지급 명분은 명칭에서 알 수 있듯 島主의 후계자에 대한 특례였으며, 당사자가 島主로 취임한 후에는 반납하는 것이 원칙이었다. 그러나 쓰시마번은 당시 이미 藩主 자리에 있던 소 요시자네(宗義眞)의 彦滿圖書를 반납하지 않은 채, 兒名圖書의 중복 수급은 과거에도 있었던 관행이라는 주장하에 그 후계자인 우쿄(右京, 후일의 요시쓰구[義倫])의 圖書를 요구하였다. 이 右京圖書의 지급 요청은 1683년부터 시작되었으나 조선은 兒名圖書의 원칙을 고수하며 연이어 거절하였으며, 요시쓰구가 藩主가 된 1692년에도 이루어졌지만 결국 1694년에 당사자가 사망하면서 종결되었다.[26]

『天龍院公實錄』에는 1685년에 裁判으로서 조선에 도해하여 右京圖書의 지급을 요청한 후루카와 헤이베(古川平兵衛, 본명은 다이라노 아쓰나카[平厚中])[27]가 동래부사 柳之發에게 받은 서한들이 수록되어 있다.[28] 본 장에서는 이 중에서 '藩屛' 용어와 관련이 있는 두 통의 서장 및 현존

『大衍院公實錄』(제5대 藩主 소 요시미치[宗義方])과 『大雲院公實錄』(제6대 藩主 소 요시노부[宗義誠])도 수록한 합본이다.

26) 이상의 내용은 유채연, 「조선시대 兒名圖書에 관한 고찰」『한일관계사연구』 62, 2018 ; 同, 「17세기 중반 조일관계의 전개와 彦滿圖書 교섭」『전북사학』 59, 2020 ; 同, 「17세기 후반 조일관계와 右京圖書 교섭」『한일관계사연구』 73, 2021 ; 同, 「17세기 전반 도서제 재개와 운영: 조일관계를 중심으로」『동북아문화연구』 1, 2023을 참조.

27) 덧붙여 당시 헤이베의 교섭 임무 중에는 右京圖書의 지급 요청 외에도 告還差倭와 漂差倭 파견의 제약을 완화해달라는 요구가 있었다. 이는 1682년 통신사 尹趾完 등이 쓰시마에 체류할 때, 癸亥約條(1683) 체결에 관한 합의와 함께 번의 家老들과 약속한 別差倭의 파견 금지 조항과 관련한 것이었다. 해당 교섭에 관해서는 장순순, 「조선후기 대일교섭에 있어서 尹趾完의 通信使 경험과 영향」『한일관계사연구』 31, 2008 참조.

28) 雨森芳洲, 『天龍院公實錄』中, 乙丑年(1685) 9月 동래부사(柳之發) 발신 平厚中 수신 서계 2통(泉澄一 編, 『宗氏實錄』(一), 淸文堂, 1981, 187~201쪽).

하는 다른 관련 고문서들을 분석하여 당시 교섭 상황을 복원하고, 그 속에서 해당 문제가 쟁점이 된 경위를 밝히고자 한다.

먼저 제시할 사료는 『天龍院公實錄』에 인용된 동래부사의 첫 번째 서장 중 일부이다. 이 서장은 헤이베가 쓰시마번 측의 요구사항을 두 통의 서계로 작성해 제출하자 동래부사가 비변사에 대응 지침을 요청한 뒤, 한양에서 하달된 답변안을 자신의 명의로 작성하여 보낸 것이었다.29) 그 중 발췌한 아래의 인용문은 '藩屏' 용어 문제의 발단이 된 부분이다.

> 전일 보았던 두 폭의 글 속에 右京圖書 건이 있었습니다. 만일 이 일이 허락할 수 있는 것이었다면 청해왔을 때 마땅히 곧바로 허락했을 터입니다. 어째서 해를 넘겨 가며 이런저런 이야기를 늘어놓는 것입니까. (중략) 貴島는 본국에게 交隣이라 이야기할지라도, 이미 圖書를 받아 進貢하니 또한 君臣의 의리가 있습니다. 그런데 지금 이 서계 두 폭 속의 이야기에는 위아래를 모르고 공손함을 차리지 못한 바가 많으니, 어찌 윗사람을 공경하는 뜻이 있다고 하겠습니까. (후략)30)

해당 서장은 조선이 결코 右京圖書의 지급을 허락하지 않을 것임을 거듭 강조한 내용으로, 문제의 소지가 된 곳은 밑줄 부분이다. 여기에서는 앞 장에서 살펴본 『對韓雜記』 일화 속의 조선 측 역관이 이야기한 바와 마찬가지로, 쓰시마가 圖書를 받아 歲遣船을 파견하여 '進貢'하니 명목상으로는 '交隣' 관계일지 몰라도 실질적으로는 '君臣' 관계와 다를 바 없다고 하며, 쓰시마번 측의 서신이 예의를 갖추지 못하였음을 추궁하

---

29) 『接待倭人事例』下(일본 東京大學 史料編纂所 소장 필사본), 乙丑(1685) 12月 22日.

30) 雨森芳洲, 『天龍院公實錄』中(泉澄一 編, 주 28) 사료집, 187~192쪽). 『天龍院公實錄』은 본 장에서 다룰 두 통의 서장을 모두 '乙丑年(1685) 九月 答平厚中書'라고 표기하였지만, 이때는 헤이베가 裁判의 임무를 맡아 조선에 도착한 시점이다. 즉 실제 발신일과는 일치하지 않으며, 첫 번째 서장의 정확한 발신일은 후술할 주 32) 사료의 정보에 따르면 1686년 1월 12일이다.

였다.

　이 서장을 받은 헤이베 측은 당연히 반발하였으며, 본국에도 서신을 보내 상황 보고 및 대응 방안을 의논하였다. 그 가운데에는 1683년에 체결한 癸亥約條의 조항에 따라 倭館에 설치하였던 "制札과 際木을 넘어 뜨릴 정도로 강하게 항의하는 것은 어떻습니까"라는 격한 반응도 포함되었다.[31] 헤이베의 보고에 대한 쓰시마번 家老들의 답신은 다음과 같았다.

　一. 앞서 동래부사에게 서찰을 전달한 뒤, 지난 11일에 답서가 한양에서 내려와 12일에 두 判事가 가져왔으며, 곧바로 飛船을 통해 보내주신 것이 도착해서 열람하였습니다. 그런데 위의 서한 속에 '圖書를 받아 進貢하니, 또한 君臣의 의리가 있다'라는 말이 있어 두 判事에게 "위의 문자는 조정과 동래부사가 자세한 사정을 알지 못하고 생각지도 못할 문제를 쓴 것이니, 좌시할 수는 없습니다. 그러므로 위의 문자를 삭제하고, 사본을 제게 보내주시길 바랍니다"라고 답변하셨다는 사실은 잘 알았습니다. 그러나 답서의 원본을 지체시키는 것은 바람직하지 못하므로 귀하께서 동래부사에게 보낼 답서의 초안을 만들어서 보내겠으니, 그쪽의 書役僧에게 작성하게 하여 전달하시길 바랍니다. 그리고 동래부사에게 받은 답서의 원본은 이번에 반환하겠습니다. 위의 문자를 수정하면 바로 飛船으로 보내주시길 바랍니다. 위의 답서에 조목조목 동래부사가 이야기해 온 바들이 적혀 있으니, 우리 쪽에서 답변할 자세한 내용은 추가로 전하겠습니다.
　一. 향후 이러한 서한이 도달했을 때는 그쪽에서 잘 검토하시고, 문자가

31) 국사편찬위원회 소장 '對馬島宗家文書', 고문서 2163(「(1686年) 正月十三日 古川平兵衛書狀」). 쓰시마번 측의 주장에 따르면, 1682년에 통신사 일행이 家老들과 癸亥約條 체결을 위한 사전 교섭을 진행할 때, 조선 측 요구조건에 대한 양보의 차원에서 右京圖書 지급에 우호적인 반응을 보였다고 한다(「口上書」『朝鮮御用向帳裁判古川平兵衛在館中』, 국사편찬위원회 소장 '對馬島宗家文書', 기록류 5254). 즉 헤이베의 강경책은 기존의 합의사항을 조선이 먼저 깨버린 셈이니, 상호 파기의 제스처를 보여 외교적 압력을 가하자는 것이었다.

올바르지 못한 곳이 있는지는 우리 쪽에 보고하지 않도록 할 것이니,
書役僧에게 분부를 내려 조속히 수정하도록 (조선 측에) 통지해 주
시길 바랍니다.
위는 조쿄(貞享) 3년(1686) 정월 26일에 후루카와 헤이베에게 보낸 것이
다.[32]

위 사료에서 보고 내용을 재확인한 바에 따르면, 헤이베는 동래부사가
보내온 서신에 '圖書를 받아 進貢하니, 또한 君臣의 의리가 있다'라는
문구가 있는 것에 이의를 제기하고, 역관을 통해 문제가 되는 문자를 삭
제한 새로운 서신의 사본을 요청하였다고 한다. 하지만 家老들은 상대측
서신에 문구가 잘못된 곳이 있다고 해서 서신 교환이 지체되면 교섭도
지연될 것이니, 조만간 동래부사에게 보낼 답서의 초안을 만들어 보내겠
다고 답하였다. 이어서 두 번째 단락에서는 서신에 문자가 올바르지 못
한 것까지 본국에서 일일이 보고받지 않을 터이니, 이후에는 倭館에 있
는 도코지(東向寺)의 승려에게 지시하여 현지에서 조선 측에 수정을 요
구하라는 지침을 내렸음을 확인할 수 있다.
다음 사료는 『天龍院公實錄』에 수록된 동래부사의 두 번째 서장에서
발췌한 내용이다. 후반의 〈 〉 부분은 편자인 호슈가 붙인 논평이다.

4글자의 수정을 원한다는 뜻에 동의하지 못하는 바가 있어 역관 무리에
게 통역하여 전하게 했는데, 상세히 듣지 못하였을까 염려하여 감히 다
시 알리오니 너그럽게 양해해주시길 바랍니다. 대체로 貴州가 토산물을
奉進할 때 館所에서 四拜禮를 행하고, 더욱이 進獻을 행하여 사신이 신
하로서 섬기는 뜻을 보여야 함은 모두 옛날과 다름이 없습니다. 하물며
옛 역사를 통해 보아도 타국의 신하가 이웃 나라에 사신으로 가면 반드
시 臣이라고 칭하며, 君臣의 이치는 다른 나라와의 구별이 없습니다. 또

---

32) 「兒名送使一件」『分類紀事大綱』(第1輯) 20(일본 國立國會圖書館 DB 참조).

한 글 속에 藩屛이라는 말이 있는데, 이는 곧 藩臣의 藩 자입니다. 이로써 추측하건대 君臣의 두 글자는 이미 지나치다고 할 수 없으며 進貢 등의 말도 제멋대로라고는 할 수 없으니, 윗사람을 받들고 존경하는 뜻이 또한 잘 보인다고 할 수 있습니다. 우리나라는 대체로 奉進한 물품에 반드시 進貢이라는 문자를 썼습니다. <u>島主가 우리나라에 이미 藩屛이었으니, 이치가 분명합니다.</u> (중략)
〈글 가운데 소위 4글자란, 앞글의 '군신의 의리(君臣之義)'이다. 후일에 이를 '이미 圖書를 받아 토산물을 奉進하니, 예의의 지엄함을 분명히 알 수 있다'라는 한 구절로 고쳤다. 우리 州가 과거에 賊船을 방어하였던 일이 있었다. 따라서 문서에 쓰기를 '우리는 귀국의 藩屛'이라 하였으니, 어찌 일이 잘되기를 바라겠는가. 필시 藩屛이 신하를 칭하는 말임을 알지 못하여 무식함이 이에 이르렀으니, 개탄할 만하도다〉[33]

내용에서 알 수 있듯이, 이 서장은 첫 번째 서장의 '圖書를 받아 進貢하니, 또한 君臣의 의리가 있다'라는 문구의 수정을 요청해 온 헤이베에게 전달한 답서였다. 여기에서 동래부사는 수정 요청에 따를 수 없다는 뜻을 이야기하였으나, 호슈의 논평에서 알 수 있듯 결국 헤이베의 요청을 수락하여 후일에 문구를 수정하였다. 이는 1686년 3월 18일에 쓰시마번 家老들이 헤이베에게 보낸 "進貢·君臣의 4글자"를 고친 서계가 영지에 잘 도착하였다는 답신[34]으로도 다시금 확인된다. 덧붙여 영지로부터의 답신을 통해 위 사료의 논평에서 호슈가 '4글자'로 거론한 '君臣之義'는 '進貢'과 '君臣'으로 정정할 필요가 있음을 알 수 있다.

그런데 위 사료의 밑줄 친 부분들에서 동래부사는 헤이베의 답신에 담긴 '藩屛'이라는 말이 결국은 '藩臣'과 같은 의미이니, 이전 서장의 문구와도 의미가 통하기에 문제가 없다고 하였다. 이어지는 호슈의 논평을

33) 雨森芳洲, 『天龍院公實錄』 中(泉澄一 編, 주 28) 사료집, 195~197쪽).
34) 「兒名送使一件」『分類紀事大綱』(第1輯) 20(일본 국회도서관 DB 참조).

통해서도 헤이베가 보내온 서장에 '우리는 귀국의 藩屛'이라는 표현이
담겨 있었으며, 이 문구가 파장을 일으켰음을 짐작할 수 있다. 실제로 국
사편찬위원회 소장 '對馬島宗家文書'에 포함된 고문서 중에서 헤이베가
문구의 수정을 요청한 서장의 초안으로 보이는 한문 사료를 찾아낼 수
있었다. 내용을 인용하면 다음과 같다.

> 봄날이 따스합니다. 엎드려 귀하의 단정한 행실과 청렴한 덕을 생각합니
> 다. 답서 속에 '圖書를 받아 進貢하니, 또한 君臣의 도리가 있습니다'라고
> 하였습니다. 우리나라(敝邦)가 귀국의 藩屛으로서 도적이 바다를 지나는
> 것을 금하고 사신의 왕래를 호위하여 쇄환하는 것이 고금의 常道였습니
> 다. 이에 따라 圖書를 받았던 것이 기원이 되어 이를 내려주는 것이 도
> 리가 되었습니다. 어찌 圖書를 받았던 기원이 없는데 이를 받을 것이며,
> 내려주는 도리가 없는데 이를 받겠습니까. 通交의 기원은 귀국이 소상히
> 아는 바이니 많은 말을 덧붙이지 않겠습니다. 소인이 엎드려 아뢰건대,
> '進貢'과 '君臣'이라는 4글자는 우리 州의 도리상 언짢은 문구입니다. 다
> 만 원하옵건대 이 4글자를 고쳐주시고 나머지 요구사항을 우리 州에 전
> 달해 주시면, 곧이어 반드시 전부 회답이 있으리라 생각합니다. 삼가 이
> 를 살펴주시길 바랍니다. 이만 줄입니다.[35]

이처럼 倭館 현지에서 헤이베가 '進貢'과 '君臣'이라는 글자의 수정을
요청하기 위해 작성한 서신에는 실제 동래부사에게 전달할 때 약간의 정
정이 이루어졌을 가능성이 있지만, '우리나라가 귀국의 藩屛(敝邦爲貴國
之藩屛)'이라는 문구와 대동소이한 표현이 담겨 있었음을 알 수 있다. 즉
헤이베의 논지는 쓰시마는 조선과 君臣 관계가 아니며, '일본'(3장 2절에
서 상술)이 조선의 '藩屛'으로서 해적을 금압하고 사신을 護行한 대가로
圖書를 받은 일이 기원이 되어 지금까지도 이어진다는 논지이다. 물론

---

35) 국사편찬위원회 소장 '對馬島宗家文書', 고문서 6102.

이러한 주장은 동래부사의 두 번째 서신과 호슈의 논평이 지적하듯 용어
의 의미를 착각한 결과였으며, 비판의 대상이 되었다. 전반부가 결손된
상태여서 정확한 내용은 파악하기 힘들지만, 아래의 서장을 보면 후일에
쓰시마번 영지의 家老들 또한 헤이베의 실수를 추궁한 것으로 추정된다.

> (前缺) 어떻게 생각하겠습니까. 의미 없이 다만 불가하다는 답신이 아닙
> 니다. 문자는 세세한 착오이지만 문구가 크게 잘못되었으며, 또한 도리상
> 납득하기 어려운 바가 있어 필시 크게 착각할 일이 많으니, <u>검토하지 않
> 고 서신 등을 보내는 일은 지극히 중차대한 일입니다.</u> 향후 구두로는 그
> 쪽의 상황에 따라 어떻게든 이야기하시기 바랍니다. <u>이쪽의 지시 없이
> 서신으로 소통하는 일은 결코 해서는 안 됩니다.</u> 저쪽의 답신을 열람하
> 시면 "이후의 논의는 저도 생각한 바가 없으니, 이번에 에도에 여쭈어보
> 겠습니다. 후일 지시가 있을 것입니다"라고 조만간 구두로 적절히 이야기
> 해 두시길 바랍니다. 대체로 저들은 유별나게 증거만을 들이대는 것이
> 국풍이니, 더욱 매사 사려 깊음이 있어야 할 것입니다. 이 뜻을 전해야
> 하기에 이상과 같이 적었습니다. 삼가 말씀드립니다.
> 추신. 그 후 동래부사와 대면하였습니까. 그쪽의 낌새는 매사 거절을 이
> 야기해 올 것 같습니다. 이상입니다.
>   (1686년) 7월 18일 　　　　　　　　　다다 요자에몬(多田與左衛門)
> 　　　　　　　　　　　　　　　　　　　　　히구치 사에몬(樋口左衛門)
> 　　　　　　　　　　　　　　　　　　　　　스기무라 이오리(杉村伊織)
> 　　후루카와 헤이베님[36]

　이처럼 家老들은 헤이베가 저지른 '검토하지 않고 서신 등을 보내는

---

36) 국사편찬위원회 소장 '對馬島宗家文書', 고문서 5716. 李炯周, 「近世日朝關係と
對馬藩の裁判役: 日朝外交折衝における裁判役の役割を中心に」, 名古屋大學大
學院 文學研究科 人文學專攻 日本史學專門 博士學位論文, 2022, 29~31쪽(第一章
【表】)에 따르면, 헤이베가 裁判으로서 倭館에 체재한 기간은 1685년 9월 10일부
터 1687년 4월까지였다. 따라서 서장의 발신 연도는 1686년으로 확정할 수 있다.

일'을 추궁하였다. 그리고 조선 측 서신의 문자 수정은 倭館 현지에서 해결하라는 이전 지침을 수정하여, 영지로부터의 지시 없이 서신으로 소통하는 일을 금한다는 조치를 새로이 전달하였다. 처음에 헤이베는 '4글자의 수정'을 완료하였다는 사실만을 본국에 보고하였으나, 이후 의견을 교환하는 과정에서 동래부사에게 보낸 서장에 '우리나라가 귀국의 藩屛'이라는 문구를 오용한 사실이 알려져 견책이 이루어진 것으로 추측된다.

이상의 경위를 통해 쓰시마번이 1686년에 편찬된 『宗氏家譜』에 "그대는 이미 양국의 通交를 관장하고 있으니, 본국의 藩屛이다"라는 서술이 담긴 배경을 고찰할 수 있다. 같은 해 진행 중이던 右京圖書 교섭 중에 쓰시마가 예로부터 조선에게 '圖書를 받아 進貢하니, 또한 君臣의 의리가 있다'라고 한 동래부사의 소위 폭언이 있었다. 이에 더하여 실무자가 용어의 뜻을 오인한 나머지 쓰시마는 조선과 '君臣' 관계가 아니라 '藩屛'이라고 주장하여 물의를 일으키기도 하였다. 이후 쓰시마번 내에서는 해당 사건에 관한 직접적인 언급은 대체로 피하는 추세였다고 보인다.[37] 하지만 영지 내에 사건의 경위가 알려진 직후, 이와 같은 중대한 외교적 事故의 재발 방지를 취지로 삼아 곧바로 쓰시마가 조선이 아닌 '일본의 藩屛'임을 번의 正史에 해당하는 『宗氏家譜』 속에 초대 쇼군인 이에야스의 입을 빌린 불변의 '史實'로서 명시한 것은 아닐까.

---

37) 실제로 『分類紀事大綱』의 「兒名送使一件」에도 조선 측의 '進貢'과 '君臣' 표현에 대한 수정을 요청하였다는 사실과 관련한 사료들은 포함되었지만, 쓰시마번 측 사신이 조선의 '藩屛'이라고 언급한 내용은 포함되지 않았다. 후일의 기록 중에서는 다만 본문에서 언급한 호슈의 저서들 정도가 희미하게나마 사건의 실상을 파악하게 해 준다.

3. ‘誠信’이라는 새로운 논리

1) ‘特恩’과 ‘誠信’: 公貿易을 둘러싼 이해의 충돌

앞 장에서는 1685년의 右京圖書 교섭에서 대두된 ‘君臣’과 ‘藩屛’ 용어를 둘러싼 조선과 쓰시마번 측의 갈등을 살펴보았다. 이어서 右京圖書 문제에 반영된 양측의 논리 및 그 차이로 인한 쟁점을 고찰하겠다. 이를 통해 해당 요청이 실패에 이르게 된 근본적인 원인을 파악할 수 있을 것이다. 양측이 주고받은 서신을 재검토하면서 그 논리를 파악해 보겠다.

먼저 헤이베가 조선 측에 右京圖書의 지급을 요청하기 위하여 제출한 두 통의 서계 중 한 편의 일본어 초안(제목은 「口上書」, 총 10조항)에는 다음과 같은 내용이 담겨 있었다.

一. (제4조) 히코산(彦三)의 銅印[圖書]을 귀국에서 다시 되돌려보낼 때, ‘이후의 예로 삼지 말라’고 하였다는 이야기는 우리가 일찍이 알지 못한 바입니다. 과거 우리가 알고 있던 바가 있으니, 대략을 말씀드립니다. 이전 태수 시절 세이잔지(西山寺)의 徐首座를 使僧으로 삼아 히코산의 도장을 되돌려보내고 요시자네의 도장을 청하였을 때, 조정이 배려하여 두 도장을 함께 보내게 하자 매우 과분하게 여겨 이 일에 예를 표하였습니다. 徐首座가 귀국할 때 받은 답서 내용을 열람하니 ‘定例로 삼아서는 안 된다’라는 말이 있었습니다. 徐首座가 “두 도장을 지금 되돌려 보내도 거듭 例로 삼지 말라고 해서는 보람이 없는 일입니다”라고 간절히 이야기하자, 귀국이 승인하여 위의 일곱 글자를 삭제해서 답서를 적어 보내준 것이 지금도 쓰시마에 있습니다. 위의 사정을 모두 전 태수가 에도에 보고하고 지시를 얻어 두 도장을 함께 받은 것입니다.

一. (제5조) 예로부터 양국의 通交와 관련된 서한의 기록물은 사본을 만들어 에도에 바쳤습니다. 이에 따라 현 쇼군님에 이르기까지도 계속 그대로 해 왔습니다. 두 개의 도장 건은 古例가 있어서 서한의 기록

물에도 상세히 보입니다. 지금의 태수 요시자네는 3살 때 귀국으로
부터 送使를 부여받았지만, 우쿄가 지금까지도 送使를 부여받지 못
한 것은 귀국이 誠信의 도리를 잊어버리지 않고서는 있을 수 없는
일입니다. 양국의 通交는 어떠한 일이든 에도에 보고하고 있으므로,
거듭해서 우쿄가 送使를 부여받지 못한 일에 관하여 하문이라도 있
을 때는 귀국을 위해서도 좋지 못할 것으로 생각됩니다.

一. (제6조) 이전에 태수 부자에게 두 개의 도장을 보내었던 일은 正統
연간의 例에 따른 것입니다. 이때부터 부자가 두 送使를 파견하는
일이 시작되었습니다. 그렇다면 지금에 이르러 태수에게 적장자의
送使를 부여하지 않는 것은 당대 태수가 언짢게 생각할 일입니다.
게다가 古例를 적용하지 않는 점 또한 옳지 못하다고 생각합니다.
요시자네의 도장을 반환한다면 우쿄의 도장을 보내주겠다는 말을 하
셨다고 들었습니다. 요시자네의 도장을 반환하고 우쿄의 도장을 청
해서는 이익이 없는 일이니, 청하지 않는 것과 마찬가지입니다. 귀국
이 두 개의 도장을 돌려보내 주신 후에는 태수가 살아있는 동안 반
환하는 일이 일찍이 없었습니다. 그러한 까닭에 히코산의 도장은 이
전 태수가 죽은 뒤에 반환하였습니다. 이것이 곧 例가 되었으므로,
이번 태수의 치세 동안은 도장을 반환하지 않을 셈입니다.

一. (제7조) 현 태수의 送使는 家督을 상속하여 영지 내의 정무를 다스리
는 공으로 인하여, 태수 자신에 해당하는 것으로서 보냅니다.

一. (제8조) 적장자의 送使는 이후 현 태수와 변함없이 교섭을 맡으라는
축하의 뜻으로 보냅니다.

一. (제9조) 歲條 送使는 양국의 변함없는 교섭을 위해 約條에 따라 보냅
니다. 위의 각 송사는 이전부터 내력이 있어서 결정되었으니, 가벼이
논단하기 힘든 것입니다.[38]

이처럼 쓰시마번에서는 헤이베의 파견 때 兒名圖書의 중복 수령과 관
련한 전례를 서계로 작성하여 조선 측에 설명하였다. 사료가 이야기하는

---

38) 「口上書」『朝鮮御用向帳裁判古川平兵衛在館中』.

쓰시마번 측의 주장은 兒名圖書의 중복 수급은 세종 시대에 해당하는
正統 연간(1436~1449)에 첫 사례가 보이며,[39] 1642년에도 2대 藩主 소
요시나리(宗義成)의 彦三圖書를 반납하려 하였으나 조선으로부터 되돌
려 받음과 동시에 그 아들인 요시자네의 彦滿圖書도 함께 허가받은 전례
가 있다는 것이었다. 한편 이전부터 조선은 이와 같은 주장을 논파할 근
거로 1642년에 두 圖書를 함께 허가하면서 '이후의 예로 삼지 말라'는
조건을 붙였던 사실을 제기해 왔으나, 쓰시마번 측은 당시 교섭을 맡은
徐首座가 설득하여 해당 7글자를 삭제한 서계를 다시 받았으므로 무효
라고 해명하였음을 확인할 수 있다.

그리고 제5조에서는 두 개의 兒名圖書 지급은 일찍이 古例가 있던 일
이므로, 마땅히 '誠信의 도리'에 따라 우쿄에게도 '送使'를 부여해야 한
다고 주장한다. 또한 예로부터 양국의 통교와 관련한 일은 모두 막부에
보고해 왔으며, 새 圖書를 수급할 때도 조선에서 받은 서계의 사본을 전
부 막부에 제출하고 사정을 알려 지침을 받아 왔다고 이야기한다. 따라
서 막부도 내막을 파악하고 있는 일이니, 만일 이번의 圖書 지급 요청을
수락하지 않는다면 막부가 언짢게 여겨 양국 관계에 흠이 생길 것이라고
하는 은근한 경고성 어조도 덧붙이고 있다. 여기서 '送使'란, 己酉約條에
서 규정한 歲遣船 및 새로운 圖書의 지급을 통해 파견 권한이 성립하는

---

39) 兒名圖書는 1452년에 쓰시마 島主 소 시게모토(宗成職, 제10대 당주)가 成職圖
書와 함께 자신의 兒名인 千代熊 명의로도 圖書를 청하여 허가받은 것(『端宗實
錄』卷4, 卽位年[1452] 11월 18日)이 첫 사례이다(유채연, 주 26) 2018 논문, 140
쪽 참조). 따라서 위 사료가 말하는 '正統 연간'의 '태수 부자에게 두 개의 도장
을 보내었던 일'이란 兒名圖書의 지급이 아니라, 1430년대 이래로 島主 이외에
다른 宗氏 일족도 독자적으로 조선에 圖書를 요청하여 허가받은 사례들로 보인
다. 15세기 쓰시마 내부의 정치적 상황, 그리고 圖書 수령을 비롯한 조선 通交
양상에 관해서는 長節子,「宗氏領國支配の發展と朝鮮關係諸權益」『中世日朝關係
と對馬』, 吉川弘文館, 1987(1966 초출), 169~180쪽 참조.

受圖書船을 아울러 지칭하는 개념이다. 이와 관련하여 送使의 파견은 '約條'로 정해진 것이기에, 함부로 변경할 수는 없음을 제7~9조에서 거듭 강조하고 있다.

이에 대한 조선 측의 답변이 앞 절에서 본 동래부사 柳之發의 첫 번째 서장이었다. 앞에서 (중략)으로 처리한 부분 중, 헤이베가 말한 전례에 오류가 있음을 지적한 내용은 다음과 같다.

우리 조정은 貴島의 뜻이 오로지 公木에 있음을 알게 되었지만, 그 수의 많고 적음을 따지기를 원하지 않아 특별히 일시적인 은혜를 내려 彦三·彦滿의 圖書를 함께 지급했습니다. 그리고 禮曹에 지시하여 후일의 예로 삼지 말라 하였습니다. 禮曹가 명을 받들어 서계를 작성해 보내었는데, 거기에 이르기를 '新舊 圖書는 잠시 함께 돌려보내도록 허가한다. 이는 잠시 특별히 베푸는 은혜이니, 후일의 예로 삼지 말라'라고 하였습니다. 우리나라가 오늘날 이러한 祖宗의 선례를 저버리고 貴島의 청에 따라야 하겠습니까. 지금 이 서폭 속에 또한 '서계의 7글자를 삭제하였다고 한다'라는 말이 있는데, 참으로 놀랍고도 괴이합니다. 당초 彦三·彦滿의 두 圖書를 함께 지급할 때, 서계 속에 '圖書를 요청하였으니, 잠시 함께 지급하는 것을 허가한다. 정례로 삼아서는 안 된다'라는 말이 있었습니다. 貴島의 徐首座가 와서 이야기하기를, "서계 속의 '索' 자와 '給' 자, '정례로 삼아서는 안 된다'라는 말들에 島主가 와서 청했다는 기색이 명백히 보입니다. 이 서계를 執政[막부의 로주(老中)]들에게 보이면 필시 큰 죄가 있을 것입니다"라고 하였습니다. 따라서 '索' 자와 '給' 자는 결국 삭제할 것을 허락하였으며, '정례로 삼아서는 안 된다(不可援爲定例也)'는 7글자는 곧바로 '후일의 예로 삼지 말라(非他日可援之例也)'는 8글자로 고쳤습니다. 그 말뜻이 처음에 비해 더욱 엄준하였지만, 徐首座가 변명 없이 받아 돌아갔다고 합니다. 지금 이를 두고 삭제되었다고 이야기하며 오늘날 두 圖書를 함께 받을 증표로 삼고자 하는데, 근본이 없는 이야기이니 어찌 여러 말이 필요하겠습니까. 우리나라의 서계 등본은 하나는 禮曹에 있으며, 하나는 弊府[동래부]에 있습니다. 지금 두 곳의 등본으로 생각해 보건대 전후 서계의 문자가 해와 별처럼 분명하니, 어찌 거짓이

있겠습니까. 또한 貴島가 규정 외의 圖書를 아랑곳하지 않고 아뢰었던
일이 또한 이미 많습니다. (중략) 지금 貴島가 과거의 特恩에 감읍하지
않고, 도리어 점차 바라지 못할 청이 있어 구차한 말들로 억지로 다그치
며 여기에 이르렀으니 참으로 놀랍고 탄식이 나올 지경입니다. 貴島가
만약 古例를 끌어다가 반드시 右京圖書를 얻고자 한다면, 본국 또한 마
땅히 오로지 古例를 준수하여 먼저 副特送使 이하 각 圖書를 거두어들일
것이니, 어찌 彦滿圖書만을 환수하겠습니까. (중략)[40]

　여기에서 동래부사는 과거 彦三·彦滿圖書를 함께 허가한 것은 조정이
내린 '특별히 일시적인 은혜'일 뿐이며, 이는 祖宗의 선례이니 저버릴 수
없다고 말하였다. 이어서 '서계의 7글자를 삭제하였다고 한다'라는 쓰시
마번 측의 주장은 실제로 禮曹와 東萊府의 등본을 대조하여 확인해 본
결과, 삭제한 것이 아니라 '후일의 예로 삼지 말라'는 8글자로 고친 것이
확실하기에 그 취지는 여전히 유지된다고 반박하였다. 그리고 이처럼 쓰
시마가 계속 古例를 따진다면, 같은 논리를 적용하여 기한이 지난 彦滿
圖書는 물론이거니와 본래 古例(1609년의 己酉約條)로 규정하지 않은
副特送使 등도 마땅히 철폐해야 한다고 주장하였다.
　이처럼 彦三·彦滿圖書의 중복 수급 전례를 조선과 쓰시마번 측이 다
르게 기억하게 된 이유는 무엇이었을까.「口上書」의 내용을 다시 살펴보
면, 과거 쓰시마번은 두 圖書를 조선으로부터 수급한 사실을 서계 사본
의 제출과 함께 막부에 보고하였다고 한다. 또한 동래부사의 답장에서는
徐首座가 서계 문구의 수정을 요구한 이유로, '島主가 와서 청했다는 기
색이 명백히 보'이기에 막부에 보고할 때 어려움이 있기 때문이었다고
한다. 즉 막번 관계상에서 圖書는 어디까지나 조선이 자발적으로 지급하
거나 혹은 약조로 정해진 절차에 따라 지급한 것으로서만 묵인될 수 있

---

40) 雨森芳洲,『天龍院公實錄』中(泉澄一 編, 주 28) 사료집, 187~192쪽.

으며, 쓰시마번이 조선에 요구하여 받아내었다는 실상이 드러나서는 안
되는 것이었다는 사실을 알 수 있다.

　그런데 수정을 거친 '후일의 예로 삼지 말라'라는 8글자의 문구 또한,
여전히 자발적 혹은 약조에 따른 지급이 아님을 드러내는 것이었다. 따
라서 이처럼 만족스러운 수정이 이루어지지 못하자 쓰시마번 측은 일단
수정된 서계를 그대로 수령한 뒤, 해당 문구를 임의로 삭제한 사본을 만
들어 막부에 제출하였음을 추측할 수 있다. 나아가「口上書」작성 때 참
조한 후일의 기록물 또한 막부에 제출한 사본이 기초가 된 것으로 보인
다.[41] 앞 장에서 살펴본 家老들의 서한에 담긴 '대체로 저들은 유별나게
증거만을 들이대는 것이 국풍'이라는 비아냥 섞인 발언을 곱씹어 보면,
쓰시마번 측은 禮曹와 東萊府의 서계 謄錄을 근거로 삼은 동래부사의
반발을 통해 비로소 과거의 서계 사본이 개작되었다는 사실을 알게 되었
다고 생각된다.

　이상에서 알 수 있는 양측의 논리를 종합해 보겠다. 먼저 조선의 논리
는 본래 圖書란 조정이 내린 特恩이며, 兒名圖書와 같은 규정 외의 경우
는 더욱 그러하니 요행으로라도 거듭 바라지 말라는 것이었다. 반면 쓰
시마번은 양국 간의 약조로 정해진 圖書는 마땅히 지급이 이루어져야 하
는 것이고 兒名圖書의 중복 수령 또한 이미 굳어진 선례가 있으니 준수
해야 하며, 그렇지 못하다면 '誠信의 도리'를 저버리는 것과 다를 바 없
다는 논리를 제기하였다.

　이처럼 양측의 주장에는 전례의 숙지 면에서도, 그리고 公貿易에 관한

---

41) 1698년에 편찬된 쓰시마번의 외교문서 사료집인『善隣通書十四 太守小字圖書事
　考往復幷小序』(국사편찬위원회 소장 '對馬島宗家文書', 기록류 4763)의 해당 서
　계 사본에도 '일시적인 은혜를 후일의 예로 삼아서는 안 된다(時絶之恩非他日可
　援之例也)'라는 문구에 '本書는 12글자를 삭제하였다(本書刪去十二字)'라는 割註
　가 붙어 있다.

근본적인 입장에도 차이가 있었다. 결국 右京圖書의 지급은 조선의 완강한 거부로 성사되지 못하였다. 그리고 이후의 兒名圖書는 島主의 후계자에게만 중복 없이 한정하고 취임 후 반드시 반납해야 한다는 합의를 거쳐, 전임 島主의 兒名圖書가 실제로 반납된 상태에서야 지급될 수 있었다.

2) '誠信'이라는 외교적 수사의 유래와 논리적 구조

앞 절에서 살펴본 바와 같이, 쓰시마번은 조선이 선례에 따라 圖書의 발급을 허가하지 않는 것은 '誠信의 도리'를 저버리는 일이라는 논리를 펴나갔다. 본 절에서는 이처럼 17세기 후반 이래로 양측의 외교교섭 속에 빈번히 등장한 '誠信'의 용례를 분석하고 그 성격을 고찰하겠다.

아래 사료는 1685년에 右京圖書 요청을 앞두고 쓰시마번에서 倭館의 실무자에게 참고차 보낸 과거의 교섭 내용이다. 1682년에 도일한 통신사가 사행을 마치고 쓰시마에서 귀국을 기다릴 때, 그간 사신 접대의 폐단이 많았으니 규정 외의 사신 파견을 금하도록 요구한 적이 있었다. 이에 대하여 쓰시마번 측에서는 다음과 같은 서신으로 답하였다고 한다.

> (전략) 근년 불시의 사자를 파견한 이유는 和館[倭館] 이전 건을 이야기하였으나 조선에서 誠信을 잊고 승인하지 않아 거듭 사자가 오갔기 때문이었습니다. 우리 쪽에서 이야기한 바를 매몰차게 들어주지 않으므로, 양국 사이에 여러모로 곤란한 일도 생겼습니다. 도련님[우쾨의 送使 등도 선례가 있는 일입니다. 하지만 우리 쪽에서 이야기하지 않자, 이제껏 그 조치가 없었습니다. 이처럼 그쪽에서 誠信을 깨버렸기 때문에, 그 사정을 말하지 않으면 불합리한 상황이었습니다. 이 일도 더 지체된다면 다시금 사자를 파견할 것입니다. 이전부터 조선에서 매사 불합리하게 해왔기에, 이렇게 되었습니다. (중략)
> 위는 조쿄 2년(1685) 6월 12일에 히라타 사이구(平田齋宮)[館守]·시가

진고자에몬(志賀甚五左衛門)[裁判]에게 보낸 것이다.[42]

이처럼 쓰시마번 측은 과거에 사자의 잦은 도해가 있었던 이유는 조선이 '誠信'을 저버리고 倭館 이전 요청을 거절함에 따라 교섭이 오래 지체되었기 때문이었으며, 따라서 '양국 사이에 여러모로 곤란한 일'도 생겼다고 답하였다. 이어서 '도련님의 송사'(右京圖書) 건도 선례가 있음에도 조선이 먼저 조치하지 않았기 때문에, 이 일 또한 지체된다면 倭館 이전 때와 마찬가지로 누차 사자를 파견하여 요청할 것이라 말하였다. 즉 쓰시마번은 사자의 빈번한 도해는 본디 불합리한 대우를 계속하며 '誠信'을 저버린 조선 측에 책임이 있다고 주장한 것이다.

17세기 전반부터 사례가 보이는 倭館 이전 교섭[43]은 1668년에 발발한 대규모의 밀무역 사건을 계기로 본격적인 국면에 접어들었다. 기존 부지가 밀무역 단속에 적합하지 못하다고 쓰시마번이 보고하자, 막부가 倭館의 이전을 허락하였기 때문이다. 쓰시마번은 이 사실을 전면에 내세워 倭館 이전은 막부의 지시 사항임을 주장하며 조선 측을 적극적으로 압박하기 시작하였다. 이러한 가운데 1669년에 禮曹參議를 대상으로 보낸 서계가 쓰시마번이 요구조건의 관철을 위해 조선을 압박하는 외교적 수사로서 '誠信'이라는 용어를 활용한 첫 사례였다.[44]

한편 1682년 통신사의 도일을 계기로, 막부는 조선 관계와 관련한 제반 사항을 전담하는 '조선어용로쥬(朝鮮御用老中)'를 선정하여 쓰시마번

---

42) 「兒名送使一件」『分類紀事大綱』(第1輯) 20(일본 국회도서관 DB 참조).

43) 倭館 이전 교섭의 경과에 관해서는 田代和生,「草梁倭館の設置と機能」, 주 4) 저서 ; 荒野泰典,「小左衛門と金右衛門: 地域と海禁をめぐる斷章」, (網野善彦 他編)『海から見た日本文化』, 小學館, 1992 ; 장순순,「朝鮮後期 倭館의 設置와 移館交涉」『한일관계사연구』5, 1996 ; 尹裕淑,「草梁倭館への移館と倭館の造營・修理・改建」『近世日朝通交と倭館』, 岩田書院, 2011(2003 초출) 등을 참조.

44) 『同文彙考』 附編 卷26,「島主再申前請書禮曹參議前」(寬文9年 己酉 12月).

과의 상담역을 맡았다.45) 조선어용로주로 당시의 다이로(大老) 홋타 마
사토시(堀田正俊)가 선정되자, 번주 요시자네는 2개 조항의 起請文을 제
출하여 충실한 '朝鮮御用'의 수행을 맹세하였다. 해당 起請文의 제2조는
"양국의 通用은 誠信의 道로써 교류하고, 조금도 사사로운 일을 벌이지
않겠습니다"46)라는 내용이었다. 이 무렵 쓰시마번은 막부를 상대로도
'誠信의 道'를 조선 관계의 기본 원칙으로 제시한 셈이다.

　한편 倭館 이전 요청을 조선 측이 누차 거절하자 '양국 사이에 여러모
로 곤란한 일도 생겼'다는 위 사료 속 발언처럼, 앞 절에서 본 서계의 일
본어 초안(「口上書」) 제5조에도 右京圖書 지급의 지연에 관하여 막부에
게 하문이 있다면 조선에 좋지 못한 일이 있을 수 있다는 언급이 있었다.
이처럼 자신들의 요청을 거절할 경우, 양국 사이에 불화가 생길 것이라
는 발언은 단순한 견강부회로 치부할 수도 있겠지만, 이와 같은 주장이
어떠한 근거를 지닌 것이었는지를 재고해 볼 필요는 있다. 아래 사료는
1709년에 쓰시마번이 藩主 소 요시미치(宗義方)의 아들인 히코치요(彦千
代)의 兒名圖書를 요청하는 과정47)에서 실무자에게 내린 교섭 지침이다.

　　(전략) 귀하의 생각대로, 圖書 건은 交奸 사건과 별개의 일입니다. 따라
　　서 交奸의 분쟁과 관련하여 圖書 쪽의 일이 구애받았던 적은 일전에 없

---

45) 조선어용로주에 관해서는 허지은, 「근세 막번체제 속의 쓰시마번」『일본역사연
　　구』 43, 2016 ; 古川祐貴, 「對馬宗家と朝鮮御用老中」『日本歷史』 831, 2017 참조.
46) 「自延寶九年至天和二年信使來聘集書」(東京國立博物館 소장, 『天和信使記錄』, ゆ
　　まに書房 마이크로필름), 天和2年(1682) 9月 11日. 한편 해당 起請文은 마사토시
　　와 함께 당시 쇼군의 소바요닌(側用人)이었던 마키노 나리사다(牧野成貞)를 수
　　령자로 한 문서였다. 즉 간접적으로나마 쇼군에 대한 맹세의 의미를 담고 있었
　　다고 할 수 있다. 해당 起請文의 제출에 관해서는 이해진, 「17세기 말 朝日關係
　　의 변화와 對馬藩」『일본역사연구』 49, 2019, 14~15쪽 참조.
47) 해당 兒名圖書의 지급 문제를 둘러싼 교섭 양상은 유채연, 「1711년 신묘약조 성
　　립에 대한 고찰」『한일관계사연구』 82, 2023을 참조.

었으니, 지금까지처럼 독촉해 두기를 바랍니다. 저들의 형세가 드디어 (圖書를) 보내기로 정한 것처럼 보인다는 말씀은 상세히 잘 확인했습니다. 이번에는 서둘러야 할 형편이니, 자세히 답하지 않겠습니다. 또한 지난번 서한과 이번 답신 속에 '誠信'이라는 말이 보입니다. <u>誠信의 의리란 公方[쇼군]님과 조선국의 誠信으로, 주군과 조선의 通交에는 誠信이라는 말을 사용해서는 안 될 터입니다.</u> 그러므로 사전에 이렇게 숙지하시고, 誠信이라는 말을 사용한 곳에는 주의를 기울이시기를 바랍니다. (후략) 위는 호에이(寶永) 6년(1709) 7월 17일에 다쓰다 곤베(立田權兵衛)에게 보낸 것이다.[48]

사료에서 이야기하듯, 당시 교섭은 倭館의 交奸 사건[49] 처리와 맞물려 조선이 일본인 혐의자의 처형을 선결 조건으로 제시하면서 난항에 접어든 상황이었다. 이에 관하여 쓰시마번에서는 交奸 사건과 兒名圖書의 요청은 별개의 사항임을 주장하며, 하나의 서계에 두 안건을 함께 기재한 조선 측에게 수정을 요구하였다. 동시에 조선 측의 서계에 담긴 '誠信'이라는 말은 쇼군(일본)과 조선 사이의 의리를 가리키며, 쓰시마번과 조선의 관계에서는 적용할 수 없는 개념임을 지적하고 향후 주의를 기울이도록 지침을 내렸다.

1685년의 右京圖書 요청 때 쓰시마번이 '誠信의 도리'를 제기한 점을 상기해 보면, 위 사료에서 '誠信'이라는 말을 적용할 수 없다고 문제시된

48) 「兒名送使一件」『分類紀事大綱』(第1輯) 20(일본 국회도서관 DB 참조).
49) 해당 시기의 交奸 사건은 金義煥, 「倭人作孽謄錄について」『日本文化史研究』 16, 1992 ; 손승철, 「『倭人作孽謄錄』을 통하여 본 倭館」『향도부산』 10, 1993 ; 大場生與, 「近世日朝關係における譯官使」, 慶應義塾大學大學院 修士學位論文, 1994 ; 제임스 루이스 「釜山倭館을 中心으로 한 韓·日 交流: 교간사건에서 나타난 권력·문화의 갈등」『정신문화연구』 66, 1997 ; 尹裕淑, 「日朝通交體制確立期における倭館統制と諸約條」, 주 43) 저서(1998 초출) ; 양흥숙, 「'범죄'를 통해 본 조선후기 왜관 주변 지역민의 일상과 일탈」『한국민족문화』 40, 2011 ; 유채연, 주 47) 논문 등을 참조.

쪽은 交奸 사건에 해당한다. 倭館에서 벌어진 交奸 사건으로 조선과 외교적 분쟁이 생긴 사실이 막부에 상세히 알려지는 일을 쓰시마번이 우려하였음은 당연한 이치였다. 따라서 외교 문서상에서는 해당 사건을 '誠信'의 범주 바깥에 두어, 막부와는 별개로 조선과 쓰시마번 사이에서 처리할 문제로 취급하려 한 것이다.[50]

즉 '誠信'은 쓰시마번이 일본 측의 외교 대행자라는 입장에 섰을 때만 사용할 수 있는 표현이므로, '쓰시마는 일본의 藩屛'이라는 역사서술에 담긴 일본 귀속 의식과 일맥상통한다. 따라서 17세기 초에 사용된 '조선의 東藩'이라는 외교적 수사와는 논리적으로 공존 불가능한 대체 관계에 있었다고 할 수 있다. 나아가 '誠信'은 때때로 외교적 요청의 주체를 막부로 치환하여 조선 측에 부담을 주는 교묘한 논리를 내포한 것이기도 했다. '誠信'을 저버리고 요청을 거절한다면 양국 사이의 불화로 이어질 우려가 있다는 말이 바로 이러한 논리가 발현된 경우였다.

그런데 조선에게 圖書는 본래 경제적 시혜를 통해 쓰시마를 회유하기 위한 羈縻 정책의 일환이었으며, 특히 兒名圖書의 경우는 일회성으로 제

---

50) 이보다 앞서 1709년에 파견된 問慰行이 交奸 사건의 처리를 요구하였을 때, 쓰시마번은 "사쓰마(薩摩)와 마쓰마에(松前) 사람이 류큐(琉球)나 에조가시마(蝦夷島)에서 남녀 관계를 맺는 일이 있더라도 일찍이 막부에서 금지한 바도 없었으며, (중략) 20년 전까지는 唐[중국]에서 건너온 자가 나가사키(長崎)에서 아내를 갖고 자식을 키우며 거주한 일도 때때로 있었습니다. (중략) 그러나 다이슈(對州)는 귀국과 경계를 맞대고 대대로 誠信으로써 통해 온 곳이니 귀국에서 크게 금하는 일을 잘 알기에, 일본의 법에 없다고 해서 남녀의 관계를 멋대로 하게끔 둘 수는 없으므로 일찍이 엄히 금해 왔지만, 死罪까지 행하기는 어렵습니다"라고 답하였다(『裁判記錄』, 寶永6年 2月 13日, 일본 國立國會圖書館 DB 참조). 단 여기서는 일본 국내의 보편적 상황을 제기하는 호소가 먼저 이루어졌음에 주의할 필요가 있다. 즉 이 사료에서 '誠信'은 조선-쓰시마 관계가 아니라 조선-일본 관계의 범주에서 사용된 것이다. 이처럼 쓰시마번에게 '誠信'은 상황에 따라 적용 여부의 판단이 필요한 외교적 수사였다.

공한 特恩에 해당한다는 입장이었다. 그렇다면 쓰시마번은 어떠한 논리적 전개를 거쳐 이러한 성격에서 출발한 圖書를 조일 양국 사이의 의리에 해당하는 '誠信'의 범주하에 위치시킨 것일까. 이와 관련하여 『交隣提醒』에서 호슈는 '送使'(歲遣船 및 受圖書船)의 내막에 관하여 다음과 같이 이야기하였다.

> 送使의 도해는 무역을 위하여 도해하는 것이라 숙지해야 합니다. 조선의 글에는 商船이라고 하며, 送使 외에 별도의 용건이 있어 파견할 때는 使者라고 이야기합니다. 送使로 도해하는 이들 대부분은 무슨 일로 인하여 도해하는 것인지 전혀 헤아리지 못하고, 오로지 접대를 받기 위하여 도해한다고 알고 있는 자들도 있으니 걱정스러운 일입니다. 公儀[막부]에 이전부터 아뢸 때는 양국 誠信의 사정에 따라 한 해에 25척씩 파견한다고 보고해 두었고, 商船이라는 사정은 끝내 아뢰지 않았습니다. 상세히 물어보시지 않는다면 우리 쪽에서 商船이라는 사정을 아뢰어서는 안 될 것입니다.[51]

이처럼 호슈는 送使에 관하여 막부에는 여태껏 '양국 誠信의 사정'에 따라 파견되는 것으로 보고해 왔다고 한다. 더욱이 번의 이익 창출을 위한 '商船'이라는 送使의 내실은 일종의 기밀 사항이기에, 가급적 막부에 알려져서는 안 된다고 충고하였다.

실제로 쓰시마번이 1684년에 조선 通交의 내력을 적어 조선어용로주에게 제출한 『朝鮮通信之覺書』는 送使를 '約條의 使船'이라고 칭하였다. 또한 해당 사료는 가마쿠라(鎌倉) 시대에 여몽 연합군이 일본을 침략한 이래로 변경에서 서로 약탈을 일삼았기 때문에, 고려와 조선에서 여러 차례 일본에 사신을 파견하여 쓰시마 소 가문의 중재를 거쳐 무로마치(室町) 막부의 쇼군들에게 조정을 요청하였다고 한다. 그러던 중 1443

---

51) 雨森芳洲, (田代和生 校注) 『交隣提醒』, 平凡社, 2014, 34쪽.

년의 癸亥約條를 통해 조선이 쓰시마에 歲遣船의 파견 권리를 인정하였
으며, 분메이(文明) 연간(1469~1487)에는 조선이 오로지 쓰시마에만 通
好의 권리를 부여하고 그 증표로서 圖書를 지급한 것이 일본과 조선이
通交하게 된 기원이라고 이야기한다.[52]

즉 쓰시마번은 본래 쓰시마를 대상으로 한 조선의 경제적 회유책에서
시작된 圖書와 歲遣船을, 宗 가문이 대대로 조일 관계를 중재해 왔던 외
교적 공로를 인정하여 양국의 통수권자가 주체가 된 약조를 통해 합의한
결과물로 설명한 셈이다. 그 결과 '送使'는 쓰시마번이 임의로 파견하는
'商船'이 아닌, 무로마치 시대부터 이어진 '양국 誠信의 사정'에 따른
'約條의 使船'으로 정의된 것이다. 『朝鮮通信之覺書』의 제출 후 이러한
논리는 막부 내에서 공유되었으며, 조선 通交의 기원에 관한 일본 측의
일반적 인식으로 정착하였다.

앞서 살펴본 헤이베의 한문 서장 초안에 "우리나라(敝邦)가 귀국의 藩
屛으로서 (중략) 이에 따라 圖書를 받았던 것이 기원이 되어"라는 서술
이 있었다. '敝島'나 '敝州'가 아니라 '敝邦'이라고 칭하였다는 점에서,
圖書가 쓰시마에 대한 羈縻 정책의 일환으로서 성립한 것이 아닌, 조일
양국 사이에서 체결된 약조의 증표라고 주장한 셈이다. 즉 이러한 헤이
베의 서술은 막번 관계상에서 조선 通交의 내막을 합리화하기 위해 창조
된 『朝鮮通信之覺書』 속의 由緖가 쓰시마번 일각에서도 史實로서 인식
되었음을 보여주는 사례이다. 그러나 이는 조선과 합의된 바 없는 쓰시
마번 측의 일방적인 주장이었다. 이러한 인식적 괴리가 양자 사이에서
圖書 지급을 둘러싼 논쟁이 벌어진 근본적인 원인이었다.

호슈 또한 이러한 쓰시마번의 대외적 입장이 조선 通交의 실상과는

---

52) 『朝鮮通信之覺書』, 「日本朝鮮通交初之事」(국사편찬위원회 소장 '對馬島宗家文書',
기록류 3613).

동떨어진 것임을 자각하고 있었다. 머리말에 인용한 『交隣提醒』의 '誠信' 항목을 전체적으로 다시 검토해 보자.

誠信之交라고 사람들이 이야기하지만, 대부분은 字義를 분명히 알지 못합니다. 誠信이란 진실된 뜻을 말하는 것으로, 서로 속이지 않고 다투지 않으며 진실로써 교류함을 誠信이라 합니다. 조선과 참된 誠信之交를 수행하겠다고 생각하신다면, 送使를 모두 사양하시어 조금이라도 저 나라의 대접을 받지 않는 때가 아니라면 참된 誠信이라고는 말하기 힘듭니다. 그 이유는 저 나라의 서적을 보면 底意가 있음을 아실 것입니다. 그러나 이 일은 쉽사리 이루어질 수 있는 일도 아니며, 지금까지 해온 바를 저 나라에서도 쉽사리 바꿀 수 없습니다. 그러므로 어떻게든 해왔던 것은 그대로 두시고, 더 이상 본뜻을 잃지 않도록 하시기를 바랍니다. (중략) 여하튼 조선의 사정을 상세히 알지 못하고서는 일에 임하여 어떠한 궁리도 할 수 없습니다. 부언과 잡설이 얼마만큼 있건 무익하므로, 『經國大典』・『考事撮要』[원문 그대로] 등의 글과 아비루 소헤(阿比留惣兵衛)가 완성한 『善隣通交』[원문 그대로], 마쓰우라 기에몬(松浦儀右衛門)이 완성한 『通交大紀』 및 『分類記事』[원문 그대로]・『紀事大綱』을 항상 숙독하고 앞뒤를 따져 처리해야 합니다.[53]

여기서 호슈는 양국의 외교 실무자들이 '誠信'의 본의를 파악하지 못한 채 남용하는 현실에 경계를 표한다. 그러나 그들이 쉽사리 입에 담는 '誠信'이라는 말의 참뜻과는 달리, 조선의 서적을 보면 아직도 쓰시마를 예속의 대상으로 간주하려 하는 속내를 파악할 수 있다고 한다. 따라서 호슈는 진정한 '誠信之交'를 위해서는 먼저 쓰시마번이 送使 파견의 권리를 조선에 모두 반납해야만 한다는 理想을 토로하였다. 즉 圖書와 歲遣船이라는 과거 조선과의 경제적 종속관계에서 비롯한 산물들을 포기해야만 명실상부한 일본 측 외교 대행자로서 '誠信'의 본의를 실현할 수

---

53) 雨森芳洲, (田代和生 校注) 『交隣提醒』, 平凡社, 2014, 185~186쪽.

있다는 뜻이다.

그러나 圖書와 歲遣船을 매개로 이루어지는 公貿易의 포기는 쓰시마번이 처한 현실적 조건상 불가능한 것이었다. 그러므로 외교 실무자들이 조선과 쓰시마번의 관계 기록을 완벽히 숙지해서 대외적 입장과 내실이 상반된 조선 通交의 실상을 정확히 분별하고, 교섭의 국면마다 시의적절한 대응을 할 수 있어야 한다고 충고한 것이다.54)

4. 맺음말

조일 국교회복 이후, 己酉約條를 계기로 복구된 圖書와 歲遣船 제도는 조선이 쓰시마에 경제적 시혜를 베풂으로서 羈縻 정책의 지속을 도모한 방편이었다. 그러나 이는 무역 지출의 부담을 감수해야만 하는 것이었기에, 17세기 전반에 조선은 대일 무역 유지에 어려움을 겪었다. 한편 쓰시마번은 조선 전기보다 규모가 삭감된 公貿易 수익의 만회를 위하여, 己酉約條의 규정 사항 외에 추가적인 명목으로 圖書의 지급을 요청하여

---

54) 호슈 이후에도 쓰시마번에서는 기존의 조선 외교·무역 체제에 대한 비판이 계속되었다. 대표적으로 18세기 말에 미쓰야마 라이카(滿山雷夏)는 『對韓雜記』에 담긴 도쓰안의 주장을 계승하여 중세 이래 쓰시마가 해왔던 외교와 무역을 '私交'로 비판하고, 이른바 公儀(막부)의 외교인 '官交'를 담당하는 존재로서 자각을 가져야 한다고 주장하였다. 이에 관해서는 米谷均, 주 9) 논문 ; 石川寬, 주 10) 논문 ; 松本智也, 「滿山雷夏の「藩屛」論と日朝關係再編構想」, 주 1) 저서 (2018 초출) 등을 참조. 마찬가지로 王政復古 후에도 쓰시마번에서는 종래 조선과의 굴욕적 외교 의례가 폐단으로 남은 '私交'를 지양하고, 이른바 '家役'으로서 新政府를 주체로 한 '公交'를 대행해야 한다는 주장이 등장하였다. 단 같은 시기 新政府의 外務省에는 쓰시마번이 에도시대에 '家役'으로서 실시해 온 외교를 '私交'로, 향후 外務省이 총괄할 외교를 '公交'로 규정하는 다소 다른 인식이 존재하였다(石川寬, 주 10) 논문 참조).

使船의 파견 수를 늘려갔다.

한편 국내외적 위기 속에서 시작된 조선 후기의 대일관계는 17세기 후반에 이르러 안정화 추세에 접어들게 된다. 이에 따라 조선은 점차 대일 무역상에서 지출을 기피하는 모습을 보였기 때문에, 쓰시마번이 추진해 갔던 公貿易의 확대에는 한계가 보이기 시작하였다.[55] 이러한 경향 속에서 조선 전기부터 쓰시마가 외교적 수사로 활용했던 '조선의 東藩'이라는 논리는 기대효과의 감소에 따라 차츰 소멸해 갔다.

이를 대체하듯 17세기 후반에 등장한 '쓰시마는 일본의 藩屛'이라는 역사서술은 담론 및 사상의 영역에 앞서 圖書 지급 문제를 둘러싼 외교 교섭상의 실제 사건이 출현 계기가 되었다고 보인다. 1685년에 조선의 동래부사가 쓰시마번 사신의 右京圖書 지급 요청을 기각하기 위해 보낸 서신의 '進貢'과 '君臣'이라는 표현이 문제가 된 가운데, 쓰시마번 측 사신이 답신에서 '藩屛'이라는 용어를 오용하고 말았던 외교적 실책이 여기에 해당한다.

최종적으로 1685년의 교섭은 과거 兒名圖書의 중복 지급 사례는 일시적인 特恩이었음을 주장한 조선 측의 거부 끝에 결렬되었다. 한편 쓰시마번 내에서도 圖書와 歲遣船에 기반한 公貿易이 조선에 대한 예속을 의미한다는 사실은 여러 차례 문제로 제기되었다. 하지만 지리적 여건상 경제적 자립이 불가능하였던 쓰시마번에게 조선과의 무역은 여전히 필요악으로 존재했다. 이러한 가운데 쓰시마번은 公貿易이 더 이상 조선에 대한 외교적 예속의 산물이 아니며, 약조를 통해 규정된 양국 관계의 중개자에 대한 정당한 보상이라는 주장을 펴나갔다.

이와 같은 경향을 보여주는 쓰시마번의 외교적 수사가 이른바 '誠信'

---

55) 17세기 중엽 이후 쓰시마번의 公貿易 확대 계획 및 관련 교섭의 양상에 관해서는 李晥鎭, 「十七世紀後半の日朝關係と對馬藩: 權現堂送使の新設交涉を中心に」 『史林』 100-4, 2017 참조.

이었다. 이는 본디 조선 측이 문자 그대로의 도의적 책임을 지워 상대를 압박하기 위해 사용해 왔던 외교상의 상투적 표현을 역이용한 것이었다. 이처럼 쓰시마번이 새로이 무장한 '誠信'이라는 논리에 대응하기 위하여, 17세기 후반부터는 조선 또한 약조의 체결을 통한 규정화로 상대를 효율적으로 제약하는 방안을 적용해 갔다. 倭館의 일본인을 효율적으로 통제하기 위한 1683년의 癸亥約條, 그리고 이른바 '交奸 약조'라고도 불리는 1711년의 辛卯約條 체결이 대표적인 사례라고 할 수 있다. 이러한 일련의 과정을 거쳐 양자의 외교적 입장은 일정 정도 정합을 이루게 된다.

추가로 쓰시마번의 외교적 수사 전환을 『交隣提醒』에서 호슈가 조일 通交의 국면 변화를 설명하는 지표로 제시한 '亂後의 餘威'56)와 연관 지어 고찰하고자 한다. 역설적으로 '亂後의 餘威'가 무리 없이 작동하였다고 호슈가 말한 17세기 전반에는 오히려 쓰시마번 측이 서슴없이 '조선의 東藩'을 자처하였다. 이는 해당 외교적 수사가 당시 조일 通交의 실상과는 괴리된 겉치레에 불과하였기에 가능한 것이었다고 보인다.

그러나 '亂後의 餘威'가 쇠퇴하였다고 호슈가 이야기한 17세기 후반부터 쓰시마번은 지나간 시절의 외교적 수사인 '조선의 東藩'을 연상시

---

56) 雨森芳洲, (田代和生 校注) 『交隣提醒』, 平凡社, 2014, 107~108쪽. 사료의 全文은 다음과 같다.

"옛 倭館 시절까지는 朝鮮 亂後의 餘威가 있었기 때문에, 조선인에게 무리한 요구를 밀어붙여도 譯官들이 어려워한 나머지 중간에서 한양에 적절히 둘러대어 성사되기 어려운 일도 성사되게끔 하였다. 따라서 난폭함을 통해 원하는 바를 얻는 것이 조선인을 제어하는 良策이라고 사람들은 여겼다. 새 倭館이 건립되고 나서는 餘威도 점차 옅어져 무리하게 원하는 바를 얻기 어려운 형세가 되었다. 그러나 위세가 옅어졌다는 사실을 알지 못한 채, 우리 쪽의 방법이 좋지 못했다고만 사람들은 여겨 竹島一件 때까지도 위협과 공갈로써 원하는 바를 얻는 것을 방침으로 삼았다. 하지만 7년이 지나도 일이 성사되지 못했을 뿐 아니라 도리어 주군의 평판에 지장을 끼치는 꼴이 되어버렸기에 30년 전부터는 위와 같은 유풍도 사라졌으니, 지금은 좌우간 다행이다."

키는 발언에 극도의 거부반응을 표출하였다. 이를 대체한 '誠信'은 조일
관계의 정세 변화에 따라 '亂後의 餘威'가 더는 통용되지 않던 상황 속
에서 등장한, 도의적 표현을 앞세워 상대에게 선례의 준수를 요구하는
'합리적' 호소에 가까운 논리였다고 평가할 수 있다. 이에 더하여 자신이
일본 측의 외교적 대행자임을 명시하고, 나아가 본디 조선-쓰시마 관계
에 국한한 문제의 소지를 조일 관계 전체로 확대하여 조선 측에 부담을
느끼게 하는 논리였다. 이처럼 쓰시마번의 '誠信'이라는 외교적 수사는
자신들의 교섭 사안을 달성하기 위해 배후의 막부 내지는 일본의 존재를
상기시킨다는 점에서, 임진전쟁 후의 강화교섭 과정에서 조선이 明의 위
세를 내세워 허장성세의 전술을 폄과 동시에 외교적 결정은 모두 明의
의사에 따라야만 한다고 하여 일본 측의 집요한 강화 요구 및 혹여나 있
을 재침략에 대응할 시간을 벌었던 '借重之計'[57]와도 유사한 성격을 지
녔다고 할 수 있다.

　다만 본 논문에서는 쓰시마번의 새로운 외교적 수사 성립에 영향을
끼친 조선 측의 '誠信' 논리에 관해서는 깊이 고찰하지 못하였다. 이를
위해서는 조선 후기의 대일관계에 국한하지 않고, 조선 전기부터 이어지
는 事大交隣의 대외관계 전체 구조를 조망하며 '誠信'의 용례를 폭넓게
검토하는 작업이 선행되어야 할 것으로 보인다. 금후의 과제로 삼고자
한다.

---

57) 강화교섭 시기에 조선 측이 추진한 '借重之計'에 관해서는 민덕기, 주 3) 저서
　　참조.

참고문헌

1. 사료

『朝鮮王朝實錄』

『同文彙考』

『接待倭人事例』下(일본 東京大學 史料編纂所 소장 필사본).

金誠一, 『海槎錄』.

黃尿, 『東槎錄』.

『朝鮮通信之覺書』(국사편찬위원회 소장 '對馬島宗家文書', 기록류 3613).

『善隣通書五 慶長元和寬永通交編年』(국사편찬위원회 소장 '對馬島宗家文書', 기록류 4753).

『善隣通書十四 太守小字圖書事考往復幷小序』(국사편찬위원회 소장 '對馬島宗家文書', 기록류 4763).

『朝鮮御用向帳裁判古川平兵衛在館中』(국사편찬위원회 소장 '對馬島宗家文書', 기록류 5254).

국사편찬위원회 소장 '對馬島宗家文書', 고문서 2163·5716·6102.

「兒名送使一件」『分類紀事大綱』(第1輯) 20(일본 國立國會圖書館 DB).

『裁判記錄』(寶永6년)(일본 國立國會圖書館 DB).

「自延寶九年至天和二年信使來聘集書」(東京國立博物館 소장, 『天和信使記錄』, ゆまに書房 마이크로필름).

陶山訥庵, 『對韓雜記』(日本經濟叢書刊行會 編, 『日本經濟叢書』 8, 1914).

陶山訥庵, 『鐵砲格式僉議條目』下(日本經濟叢書刊行會 編, 『日本經濟叢書』 13, 1914).

鈴木棠三 編, 『對馬叢書第三集 十九公實錄·宗氏家譜』, 村田書店, 1977.

泉澄一 編, 『宗氏實錄』(一)(二), 淸文堂出版, 1981.

雨森芳洲, 田代和生 校注, 『交隣提醒』, 平凡社, 2014.

2. 연구서

민덕기, 『前近代 동아시아 세계의 韓·日관계』, 景仁文化社, 1994.

하우봉, 『조선시대 한국인의 일본인식』, 혜안, 2006.

荒野泰典, 『近世日本と東アジア』, 東京大學出版會, 1988.

池內敏, 『大君外交と「武威」: 近世日本の國際秩序と朝鮮觀』, 名古屋大學出版會, 2006.

長節子, 『中世日朝關係と對馬』, 吉川弘文館, 1987.

木村拓, 『朝鮮王朝の侯國的立場と外交』, 汲古書院, 2021.

田代和生, 『近世日朝通交貿易史の研究』, 創文社, 1981.

ꞏ_____, 『日朝交易と對馬藩』, 創文社, 2007.

中村榮孝, 『日鮮關係史の研究』下, 吉川弘文館, 1969.

松本智也, 『「文事」をめぐる日朝關係史: 近世後期の通信使外交と對馬藩』, 春風社, 2023.

吉村雅美, 「近世對外關係と「藩」認識」 『近世日本の對外關係と地域意識』, 清文堂, 2012.

尹裕淑, 『近世日朝通交と倭館』, 岩田書院, 2011.

3. 연구논문

손승철, 「『倭人作拏謄錄』을 통하여 본 倭館」 『향도부산』 10, 1993.

양흥숙, 「'범죄'를 통해 본 조선후기 왜관 주변 지역민의 일상과 일탈」 『한국민족문화』 40, 2011.

유채연, 「조선시대 兒名圖書에 관한 고찰」 『한일관계사연구』 62, 2018.

_____, 「17세기 중반 조일관계의 전개와 彦滿圖書 교섭」 『전북사학』 59, 2020.

_____, 「17세기 후반 조일관계와 右京圖書 교섭」 『한일관계사연구』 73, 2021.

_____, 「17세기 전반 도서제 재개와 운영: 조일관계를 중심으로」 『동북아문화연구』 1, 2023.

_____, 「1711년 신묘약조 성립에 대한 고찰」 『한일관계사연구』 82, 2023.

이해진, 「17세기 말 朝日關係의 변화와 對馬藩」 『일본역사연구』 49, 2019.

_____, 「17세기 말~18세기 초 쓰시마번의 대막부교섭 논리 변화: '通交'의 개념적 확장과 '藩屛의 武備'론의 등장」 『일본역사연구』 55, 2021.

장순순, 「朝鮮後期 倭館의 設置와 移館交涉」 『한일관계사연구』 5, 1996.

_____, 「조선후기 대일교섭에 있어서 尹趾完의 通信使 경험과 영향」 『한일관계사연구』 31, 2008.

정다함, 「朝鮮初期 野人과 對馬島에 대한 藩籬ꞏ藩屛 認識의 형성과 敬差官의 파견」 『동방학지』 141, 2008.

제임스 루이스, 「釜山倭館을 中心으로 한 韓·日 交流: 교간사건에서 나타난 권
　　력·문화의 갈등」 『정신문화연구』 66, 1997.

허지은, 「근세 막번체제 속의 쓰시마번」 『일본역사연구』 43, 2016.

朝尾直弘, 「鎖國制の成立」, (歷史學研究會·日本史研究會 編) 『講座日本史』 四,
　　東京大學出版會, 1970.

荒木和憲, 「己酉約條の締結施行過程と對馬の「藩營」貿易」, (한일문화교류기금
　　편) 『임진왜란에서 조선통신사의 길로』, 경인문화사, 2019.

荒野泰典, 「小左衛門と金右衛門: 地域と海禁をめぐる斷章」, (網野善彦 他 編)
　　『海から見た日本文化』, 小學館, 1992.

石川寬, 「對馬藩の自己認識: 「對州の私交」の檢討を通じて」, (九州史學研究會
　　編) 『境界のアイデンティティ』, 岩田書院, 2008.

石田徹, 「對馬藩における歸屬意識と日韓關係認識: 訥庵·陶山庄右衛門を中心に」,
　　(明治學院大學 國際學部付屬研究所 編) 『研究所年報』 13, 2010.

石田徹·岡本隆司, 「交隣と信義: 通信から欽差へ」, (岡本隆司 編) 『隣交と東アジ
　　ア: 近世から近代へ』, 名古屋大學出版會, 2021.

李炯周, 「近世日朝關係と對馬藩の裁判役: 日朝外交折衝における裁判役の役割
　　を中心に」, 名古屋大學大學院 博士學位論文, 2022.

李咳鎭, 「十七世紀後半の日朝關係と對馬藩: 權現堂送使の新設交渉を中心に」
　　『史林』 100-4, 2017.

大場生與, 「近世日朝關係における譯官使」, 慶應義塾大學大學院 修士學位論文, 1994.

長正統, 「日鮮關係における記錄の時代」 『東洋學報』 50-4, 1968.

金義煥, 「倭人作拏謄錄について」 『日本文化史研究』 16, 1992.

田代和生, 「寬永六年(仁祖七、一六二九)、對馬使節の朝鮮國「御上京之時每日記」
　　とその背景(1)」 『朝鮮學報』 96, 1980.

林屋辰三郎, 「藩: 發想と實態」 『近世傳統文化論』, 創元社, 1974.

古川祐貴, 「對馬宗家と朝鮮御用老中」 『日本歷史』 831, 2017.

山口啓二, 「藩體制の成立」 『岩波講座 日本歷史』 近世2, 岩波書店, 1963.

吉村雅美, 「十八世紀の對外關係と「藩屛」認識: 對馬藩における「藩屛」の「役」論
　　をめぐって」 『日本歷史』 789, 2014.

米谷均, 「雨森芳洲の對朝鮮外交: 「誠信之交」の理念と實態」 『朝鮮學報』 148,
　　1993.

＿＿＿, 「近世日朝關係における對馬藩主の上表文について」 『朝鮮學報』 154,
　　1995.

계미통신사행의 문화 교류와 일본학의 성립

하우봉*

1. 통신사행을 통한 문화교류

조선후기의 통신사는 일본과의 선린관계를 상징하는 외교사절로서 초기 3회의 회답겸쇄환사(回答兼刷還使)를 포함하면 모두 12차례 행해졌다. 통신사행은 470여 명에 달하는 대규모의 사절단으로 서울을 출발해서 돌아오기까지 대개 10개월 정도 걸리는 거대한 외교행사였다. 통신사행은 본래 정치적 동기로 파송한 외교사절이었지만 동시에 경제적, 문화적 의미도 지니고 있었다. 일본의 막부가 주로 국내정치적 동기를 중시했다고 한다면, 조선 조정은 문화적 의미를 강조하는 입장이었다. 그런 만큼 통신사행에는 제술관(製述官)·서기(書記)·양의(良醫)·화원(畵員)·사자관(寫字官)·악대(樂隊) 등 문화교류를 담당하는 인원들이 다수 편제되었다.

통신사가 통과하는 연로의 객관에서는 시문 창수를 비롯하여 학술·의학·예술 등 다양한 내용의 문화교류 행사가 이루어졌다. 에도시대 일본에서는 외래문화를 접할 기회가 제한되었던 만큼 통신사의 방일에 대한 기대는 유학자·문인·의사·화가를 비롯해 민중에 이르기까지 매우 컸다. 통신사행원과 이들 일본인들과의 문화교류는 에도뿐만 아니라 각지에서

---

* 전북대학교 명예교수

이루어졌다. 막부의 관리나 유관(儒官)뿐 아니라 각 분야와 각 레벨에서
의 다양한 교류가 활발히 전개되었다. 통신사행을 통한 이와 같은 문화
교류는 한문학과 유학뿐만 아니라 그림·글씨·의학 분야까지 포함해 근
세 일본문화의 발전에 상당한 영향을 주었다. 통신사행을 통한 문화교류
는 지배층뿐만 아니라 민중들도 다 참여한 일대 문화행사이기도 하였다.

그중에서도 사문사(四文士)를 중심으로 전개된 필담창화가 핵심이다.
사문사란 제술관과 서기 3인을 통칭해 부르는 용어이다. 이들 4문사는
신분적으로 대부분 서얼 출신이었음에도 불구하고 통신사행 내에서 중
시되었다. 제술관과 서기의 임명은 1682년부터 국왕의 재가를 받아야 하
는 사항으로 바뀌었다. 그만큼 조선정부가 문화교류를 중시하였음을 보
여준다. 통신사행이 궁궐을 떠나며 국왕을 알현하는 사폐식(辭陛式)에도
제술관은 삼사(三使)와 함께 참여하였다. 유학을 비롯해 다양한 주제를
대상으로 한 필담(筆談)과 한시(漢詩)의 창화(唱和)로 이루어지는 필담창
화는 통신사행의 문화교류 활동 중에서도 하이라이트라고 할 만하다. 필
담창화에 대한 일본인들의 호응도 대단하여 4문사들은 각자 천 수 이상
의 시를 지어야 했다.

일본의 문사들은 통신사행원과 창화하면 그 내용을 필담창화집으로
간행하였다. 현재 200여 종의 필담창화집이 전하고 있다. 1719년 기해통
신사행에서 에도로 가는 도중에 필담창화가 이루어지면 일본 문사들이
귀로에 창화집을 완성해 사행원들에게 주어 깜짝 놀라는 일도 있었다.

통신사행원들은 일본에 다녀와서 사행 중의 체험과 견문을 적은 일본
사행록을 저술하였다. 1763년 조엄과 성대중이 61편의 사행록을 수집해
편집하였다. 그 후 1763년 사행과 1811년 사행의 사행록을 합치면 더 많
지만, 상당수가 산일되어 현재 40여 종의 사행록이 전하고 있다. 사행원
들의 일본사행록은 귀중한 일본사회 정보서이자 문화견문록으로서 일본
의 사회상과 문화를 조선에 알리는데 중요한 역할을 하였다. 일본사행록

을 통해 조선의 지식인들은 일본 사회의 변화상에 대한 정보를 입수할
수 있었다.

2. 계미통신사행 문화교류의 특징과 의의

　　1763(영조 39)년에 이루어진 계미통신사행은 조선후기 11번째의 사행
으로 혼슈(本州)를 거쳐 에도(江戶)까지 여행한 마지막 통신사였다. 삼사
의 구성을 보면, 정사는 조엄(趙曮), 부사 이인배(李仁培), 종사관 김상익
(金相翊)이었고, 사문사는 제술관 남옥(南玉), 서기 성대중(成大中), 원중
거(元重擧), 김인겸(金仁謙)으로 구성되었다. 계미사행은 외교의례가 가
장 정례화된 형태로 안정적으로 이루어졌고, 문화교류도 매우 왕성하게
이루어졌다. 사문사를 비롯한 통신사행원들은 대마도에서 에도까지 22개
주를 거치면 각지에서 필담창화를 하였다. 그런 만큼 의미있는 교류와
성과가 있었는데, 그 특징적인 양상을 정리해 보면 다음과 같다.

　　첫째, 계미통신사행에서의 문화교류는 역대 가장 활발하였으며 절정
에 달하였다. 당시 일본에서 다양한 학
파가 풍미하였다. 주자학파·고학파·고
문사학파·절충학파·양명학파·난학파
(蘭學派)·국학파(國學派) 등 가히 백화
제방(百花齊放)의 상황이었다. 따라서
통신사행원들도 다양한 학파의 인물들
을 만날 수 있었다. 사상적인 면에서 고
학파와 본격적으로 교류하였는데, 1748
년 무진통신사행 때는 이토 진사이(伊
藤仁齋)가 토론대상이었다면, 1763년 계

〈원중거 초상〉

〈필담창화도〉

미통신사행에서는 오규 소라이(荻生徂徠)의 고문사학이 주된 쟁점이 되었다. 그러한 교류의 결과 양적으로나 질적으로 가장 다양하고 풍부한 사행록과 필담창화집이 저술되었다. 14종에 달하는 일본사행록은 서술주체 면에서, 정사·제술관·서기·역관·군관·기선장(騎船長) 등 다양한 계층이 참여하였고, 형태와 내용면에서도 이전 사행과 비교할 수 없을 정도로 높은 수준을 성취하였다. 일본에서도 역대 가장 많은 43종의 필담창화집이 저술되었다. 창화집의 작자를 보더라도 사상적으로나 지역적으로 다양하게 분포되었고, 형태와 내용면에서도 세분화되고 다양화하는 양상을 보여주고 있다.

둘째, 통신사행원들은 일본문사들과의 직접적 만남과 교류를 통해 일본인관에 변화가 일어났다. 그들은 일본문사들이 보여준 인정에 공감하면서 인간으로서의 동질성을 자각하였다. 양국의 지식인들은 이른바 병세의식(幷世意識)과 동문의식(同文意識)을 서로 확인하면서, 나아가 선왕동문의 시대(先王同文之治)가 현실에서 구현할 수도 있다는 국제평화의식으로 발전하였다. 원중거와 성대중을 비롯한 조선의 연암일파와 키무라 겐카도(木村蒹葭堂, 1736-1802)와 다이텐(大典顯常, 1719-1801)을 중심으로 한 일본의 겐카도회(蒹葭堂會)의 문사들 사이에서는 18세기 유럽의 사례와 유사한 형태의 '문예공화국'의 형성에까지 이르렀다고도 평가된다.

〈정사 조엄〉　　　〈기무라 켄카도〉　　　〈다이텐 켄죠〉

〈겸가아집도 1〉

〈겸가아집도 2〉

셋째, 일본사회와 문물에 대해 객관적으로 관찰하고 실용적인 관점에서 인식하는 태도가 정착되어갔다. 일본에 대한 지적인 관심과 탐색이 본격화하였다. 그러한 차원에서 의례적인 시문창수보다 실질적인 정보와 지식을 얻을 수 있는 필담의 중요성이 강조되었다.

넷째, 일본이해의 심화이다. 일본에 대한 객관화를 통해 의미있는 지식의 축적이 이루어지고, 『화국지(和國志)』 같은 종합적인 '일본국지(日本國志)'가 저술되었다. 『화국지』는 조선후기 통신사행원의 일본인식의 최고봉으로서 150여 년간에 걸친 일본이해의 축적 결과라고 해도 좋을 것이다.

다섯째, 통신사행과 실학파의 연계가 이루어졌다는 점이다. 계미사행에 이르러 통신사행과 실학파가 비로소 접목되었다는 점도 주목되는 사실이다. 통신사행과 일본 고학파와의 접촉은 1711년 신묘통신사행부터 있어왔다. 1748년의 무진통신사행과 1763년의 계미통신사행 때는 고문사학파들이 교류에 적극 참여하였다. 에도에서는 여전히 태학두(太學頭)인 하야시가(林家)가 주도하였지만, 지역에 따라서는 오히려 그들이 교류에 주역이 되기도 하였다. 이에 비해 조선의 실학파와 통신사행의 연결고리가 생긴 것은 계미통신사행이다. 연암 박지원이 주도하는 연암일파의 문인들이 이 사행에 참여해 교류를 주도하였다. 정약용이 일본고학을 연구하면서 참고한 다자이 슌다이의 『논어고훈외전(論語古訓外傳)』도 이때 전래되었다.

3. 『화국지』와 『청령국지』

계미통신사행에서 서기로 수행한 원중거는 귀국 후 『승사록(乘槎錄)』과 『화국지(和國志)』, 『일동조아(日東藻雅)』라는 3부작의 사행록을 남겼다. 각각 사행일기, 문견록, 창수록의 성격을 띠고 있는데, 독립된 형태의 저작으로 만들었다.

『화국지』는 종래의 사행록과는 다른 독특한 체재를 취하고 있다. 우선 제목이 보통의 사행록처럼 '○○록'이나 '○○일기' 등으로 되어 있지 않고 '『화국지』'라고 되어 있다는 점이다. 또 그 내용도 사행의 과정을 일기체 형식으로 기술한 것 위에 '견문록'이나 '창수시문' 등을 덧붙이는 보통의 사행록과는 전혀 다른 체재를 취하고 있다. 이런 점에서 볼 때 원중거는 『화국지』를 일본사행록을 넘어서 제목 그대로 일종의 일본국지로서 저술한 것으로 보인다.

『화국지』는 형식과 내용 면에서 가장 정제되고 풍부하며 일본 이해의 수준이 높은 일본국지이다. 원중거는 귀국 후 『화국지』를 저술할 때 사행 시의 체험과 견문에 더해 조선서적과 비교검토하고 이덕무 등 학자들과 토론하는 등 심혈을 기울였다. 그 결과 『화국지』에서는 종래의 사행일기가 지니는 '주관성'과 국내에서 서적만을 참고해 저술된 기록들의 '간접성'이란 한계성이 극복되고 있다.

'화국지'라는 명칭도 주목된다. 일본을 '왜(倭)'가 아니라 '화(和)'로 부르면서 '화국지'로 서명을 정한 것은 조선시대 유일한 사례이다. 이덕무의 '청령국지(蜻蛉國志)'와 함께 '화국지(和國志)'라는 우호적이거나 가치중립적인 명칭을 사용한 것은 그들의 개방적 인식을 잘 보여주는 사례이다. 북학파들이 청나라를 '호(胡)'나 '적(狄)'이 아니라 '북(北)'이라고 칭한 것도 가치중립적인 의지를 보여주는 것으로 인식의 연계성을 엿볼 수 있다.

〈원중거 초상〉　　　〈원중거 화국지〉　　　〈화국지 일본지도〉

　『화국지』와 함께 중요한 저작이 이덕무가 저술한『청령국지』이다. 일본
사행을 다녀온 뒤 원중거는 일본의 사회성과 문장계에 대한 이야기를 홍
대용·박지원·이덕무·박제가·유득공·이서구 등 연암일파의 지식인과 북
학파 실학자들에게 해 줌으로써 그들의 일본인식에 큰 영향을 주었다.
원중거는 그들 중에서도 특히 이덕무와 가깝게 지내면서 그의 일본에 대
한 관심과 이해에 큰 영향을 주었으며, 일본의 문장계와 사회·경제 등에
관해 진지하게 토론하였다. 이덕무는 『청령국지』를 저술하면서 원중거
와 성대중을 통한 일본 정보 외에 15종에 달하는 다양한 일본서적을 참
조하였다. 이를 통해 일본에 관한 정보를 객관적 시각에서 종합적으로
체계화 할 수 있었다.
　『청령국지』는『화국지』를 저본으로 서술한 측면이 있지만 성격적으로
다른 측면이 있는 판이한 저작이다. 우선 양자의 공통점을 들자면 첫째
수준 높고 충실한 '일본국지'라는 것이다. 두 책은 모두 독자적인 체재에
의해 일본의 정치·사회 등의 문제뿐만 아니라 그들의 풍속·신도·불교·
유학·시문 등 문화적인 측면에 대해서 상세히 기술하였다. 이 점에서 양
자는 조선시대의 어떠한 일본사행록이나 견문록 또는 실학자들의 일본

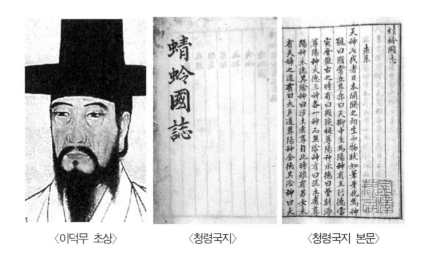

〈이덕무 초상〉　　　〈청령국지〉　　　〈청령국지 본문〉

론보다 풍부한 내용을 가지고 있으며 인문지리서로서의 성격을 띠고 있다.

　둘째, 『화국지』와 『청령국지』 모두 실용적 요소와 이용후생적 시각이
포함되어 있다. 영조대에 이르면 '지리지'에 대한 개념도 종래의 교화론
적인 목적에서 벗어나 지방통치에 필요한 행적적·실용적 측면을 추구하
는 경향이 생기는데, 이러한 시대적 배경과 영향도 있었을 듯하다. 양자
모두 고증학적 지향과 백과전서류의 학문방법과 내용으로 구성되었다는
점에서 유서(類書)를 편찬하였던 실학자들의 학문경향과도 연결된다.

　다음으로 양자의 다른 점과 특색을 비교해 보면 다음과 같다.

　첫째, 『청령국지』는 1,2권에 각각 7개씩, 총 14개의 편목을 설정해 체
계적으로 기술하였다. 이 점에서 『화국지』보다 세련되고 정돈된 느낌을
준다. 일본에 대한 백과전서적인 실용서인 『화한삼재도회(和漢三才圖
會)』와 『화한명수(和漢名數)』를 주된 참고서적으로 사용한 점도 특징이
다. 이덕무의 명물도수학적 관심과 박학적 지향성을 엿볼 수 있는 대목
이다.

　둘째, 『화국지』가 경세적이고 명분적인 입장이 강하며, 와신상담의 자

세로 '비왜(備倭)'란 목적에 충실하면서 조일관계사나 임진왜란사 같은 역사가 큰 비중을 차지한다. 이에 비해『청령국지』는 이념적 시각에서 일본을 보지 않고, 일본 자체에 대한 소개가 주된 목적으로 보인다. 전체적으로 일본에 대한 체계적이고 잘 정리된 입문서 내지 개론서라고 할 수 있다.

셋째,『청령국지』는 객관적인 입장에서 정보를 제시하는데 주력하고, 자신의 주관적 견해를 전혀 밝히지 않았다.『청령국지』는 유용한 지식의 추구를 지향했으며 이념보다 사실과 지식을 중심으로 한 개론서라고 할 수 있다. 이에 비해『화국지』는 뚜렷한 주제의식과 일관된 입장이 전체를 관통하고 있다. 비교하자면『청령국지』가『해동제국기』와 유사하고,『화국지』는『간양록』과 정신사적으로 연결된다.

넷째,『화국지』가 전체적인 내용의 분량과 풍부성 면에서는 앞서지만『청령국지』는 독자들이 일본정보를 일목요연하게 찾아보기 편리하다는 점에서 보다 더 세련되었다고 볼 수 있다.

4. 일본학의 성립

조선시대 일본에 관한 대표적인 저술로는 1471년에 신숙주에 의해 편찬된『해동제국기(海東諸國記)』와 임진왜란 후 강항이 저술한『간양록(看羊錄)』을 들 수 있다. 이 두 책은 조선시대 일본학 성립의 한 연원을 이루었다고 할 수 있다. 그 내용이 충실한 만큼 조선후기 통신사행원이 일본에 갈 때 반드시 가지고 가는 필수참고서가 되었다. 다음으로 중요한 자료가 조선후기 통신사행원들에 의해 저술된 일본사행록이다. 사행록 가운데서도 '문견록(聞見錄)'은 사행일기와 달리 현장에서의 체험뿐 아니라 귀국 후에 이성적 상태에서 정리하고 일본을 지식의 대상으로 재

〈신숙주 초상〉　　　　　　　〈해동제국기〉

〈강항 초상〉　　　　　　　〈간양록〉

구성한 것으로 '종합적 정보보고서'라고 할 수 있다.

　『화국지』는 사행일기에 첨부된 문견록이 아니라 독자적인 저술이다. 문견록을 독립된 텍스트로 저술했다는 점도 최초의 사례이다. 원중거는 『화국지』에서 『해동제국기』를 인용해 기술했으며 문견별록의 글쓰기 전통을 계승했다고 밝혔다. 일본사행록의 문견록은 시대가 내려올수록 풍부해지고 체계성이 추가되었다. 이 글쓰기 방식이 가장 확대되고 체계화

되어 일본국지적 성격을 띤 독립적인 저술로 발전한 것이『화국지』이다.

원중거는『화국지』를 저술하면서 주요 항목마다 해석과 논평을 첨부함으로써 단순한 정보의 나열이라는 문견록의 한계를 탈피하고자 하였다. 지식정보의 분류와 체계적 정리, 서술방식 면에서 이전의 견문록과는 차원이 다른 학문적 연구서라고 할 수 있다. 일본사행록을 중심으로 조선후기 일본에 관한 지식 생성과 축적의 과정을 정리해보면,『해동제국기』와『간양록』을 바탕으로 하면서 추가 → 심화 → 체계화되어 가는 과정이라고 할 수 있다. 그 마지막이자 정점을 이루는 것이『화국지』이며 조선후기 통신사행을 통한 일본이해의 정수이다. 그것을 이어받아 기초를 보다 보완한 것이 이덕무의『청령국지』이다. 조선 초기 이래 꾸준히 축적되어 온 일본에 대한 각종 지식과 정보가 18세기 후반기에 이르러 질적인 변화를 일으키면서 새로운 단계로 발전하였다. '일본학'이라는 하나의 학문영역으로 정립되었다고 볼 수 있다.『화국지』와『청령국지』는 조선 후기 일본인식의 최고봉으로서 이 단계에 이르러 비로소 우리는 조선후기 사회에서 일본을 객관적으로 이해하며 충실한 내용과 깊이를 담보한바 '일본학'을 수립했다고 평가할 수 있을 것이다.

〈시볼트 초상〉

〈시볼트 일본 표지〉

『화국지』의 이러한 학적 성취에 대해 정훈식은 "이 시기 일본학에 대한 학적 관심은 마치 연행록을 통해 중국학의 기원이라고 할 수 있는 '북학(北學)'이 형성되었듯이 '일본학'의 맹아적 모습을 띠고 있다"고 평하였다. 박희병은 "일본에 대한 종합적 연구를 하나의 학문영역으로 정초해냈다는 점에서 '일본학'으로 규정할 수 있다. 당시 일본 국외에서 이루어진 일본 연구로는 아마도 세계 최고수준일 것이다"라고 추정하였다. 시기적으로 조금 뒤이지만 19세기 전반 독일인 시볼트(Philip F. Siebold, 1796-1866)가 저술한 『일본(NIPPON』(20권)을 비롯해 서양인에 의한 높은 수준의 일본연구서가 있고 널리 알려져 있다. 그러나 『화국지』는 결코 이들 서적에 뒤지지 않으며 각기 장단점이 있다.

〈박제가 초상〉

『화국지』와 『청령국지』가 나온 시기는 홍대용의 『임하경륜(林下經綸)』과 『의산문답(醫山問答)』, 박지원의 『열하일기(熱河日記)』, 박제가의 『북학의(北學議)』와 거의 비슷하다. 그런데 『화국지』는 북학파 실학자들의 저작보다는 시기적으로 약간 더 빠르다. 양자는 문제의식과 방법론 등을 서로 주고받으면서 상호영향권 안에 있었다. 『화국지』의 항목 구성이 『북학의』와 유사한 점도 흥미롭다. 요컨대 '일본학'과 '북학'은 매우 밀접한 연관성을 지니고 있다고 할 수 있다.

18세기 후반 조선에서 청나라의 학술과 문화를 재인식하자는 북학(北學) 운동, 서양의 과

〈북학의〉

학기술과 이용후생 가치를 인정하고 배우자고 하는 서학(西學) 운동, 일
본에 대한 재인식을 주장하는 '일본학'의 조류가 비슷한 시기에 상호연
관성 속에서 이루어졌다는 점이 매우 흥미로우며 주목할 가치가 있는 사
회문화적 현상이었다.

『한국수산지』의 해도와 일본 해군의 외방도(外邦圖)

서경순*

1. 머리말

『한국수산지(韓國水産誌)[1]』는 근대 한국[2]의 수산분야를 총망라한 문헌으로, 근대수산백과사전이라고 할 수 있다. 전체 4권으로 구성되었으며, 제1집(1908)은 한국의 연혁, 지리, 위치, 면적, 구획, 인구, 지세, 하천, 연안, 기상, 해류, 조석(潮汐), 수온, 수색(水色), 수심, 수산, 해운, 통신 등을 조사한 총론에 해당되며, 제2집~제4집은 행정구역에 따라서 제2집(1910)은 함경도·강원도·경상도, 제3집(1910)은 전라도(제주도 포함)·충청도, 제4집(1911)은 경기도·황해도·평안도로 구분하였다. 서술체계를 도(道)-부군(府郡)-면(面)으로 하고 조사 구역별 연혁·지리·위치·면적·인구·교통 통신·수산경제 등 면밀한 조사가 이루어졌다. 특히 일본인 근거지에 대해서는 정주자의 출신지 및 소속단체명, 어선·어구·어법·어종·

* 국립부경대학교 인문한국플러스사업단

1) 『韓國水産誌』는 4권으로 구성하여 1908년~1911년에 걸쳐서 순차적으로 편찬 간행하였다. 편찬 주관은 통감부, 편찬종사자는 총 23명이다. 이중 한국인 엄태영(嚴台永)을 제외하고, 22명은 일본인이며, 모두 일본 수산전습소(이후 수산강습소) 출신(교사 2명, 졸업생)이며, 근대학문을 익힌 수산전문가였다

2) 19세기 말~20세기 초는 조선과 한국을 혼용하였다. 이글에서는 조약 등에서 조선과 한국을 혼용하지만 대부분 편의상 한국으로 기록한다.

어획 물량·유통 경제 등 보다 구체적인 조사가 이루어졌다.

『한국수산지』의 각 권에는 사진·해도(지도, 평면도, 부근도 등 포함)·통계자료·부록(어사일람표)·지명색인 등이 첨부되어 있다. 이 자료들은 『한국수산지』의 방대한 내용을 쉽게 이해할 수 있도록 도움을 준다. 특히 권두 사진과 본문 곳곳에 삽입된 해도는 현장을 이해하는 특급 정보가 아닐 수 없다.

해도는 제2권~제4권에 삽입되어 있으며, 해도에 표시되어 있는 수심 및 저질(底質)을 나타낸 숫자·분수·영어 알파벳·방위표시·정박지·모래톱·암초 등의 위험 요소 등을 알리는 수많은 숫자와 다양한 기호·그림 등은 실제 측량에 의해 제작된 것을 의미한다. 흥미로운 것은 이 해도 중에는 일련번호가 기록된 것이 있는 점이다. 당시 일본에서는 해군 수로부(이후 수로국)에서 해도 제작을 전담하였으므로 곧 해군 수로부 해도의 일련번호라고 할 수 있다. 그렇다면『한국수산지』에 군사용 해도를 삽입한 까닭은 무엇일까? 이글은 이 의문에서 시작하였다.

1871년 일본 병부성은 군사조직을 육군과 해군으로 분리하였다. 해군을 창설한 것은 유럽식 군사체계를 그대로 수용한 결과이며, 유럽의 군대와 같이 수로부를 설치하였다. 그러나 수로부를 설치한 초창기는 측량도구도 없었을 뿐만 아니라 측량술과 해도(지도)제작술을 갖춘 인력조차도 없었다.[3] 이런 여건임에도 불구하고 수로부는 외방도(外邦圖)라는 외국 지도 제작을 비밀리에 착수하였다. 당시 동양권의 대부분의 국가는 지도를 군사 기밀로 매우 엄격하게 다루고 있었는데 어떻게 외방도를 제작할 수 있었을까?

외방도가 제작된 배경과 외방도가 당시 어떤 역할을 하였는지를 알기

---

3) 서경순(공저),『환동해의 중심 울릉도·독도』(이후는『환동해』), 도서출판 지성人, 2023, 79~80쪽.

위하여 먼저 유럽의 외방도에 대하여 살펴볼 필요가 있다. 그리고 일본 군부의 초기 외방도의 제작 배경과 역할에 대하여 살펴볼 것이다. 다음 으로 『한국수산지』에 삽입된 해도와 일본 해군 수로부에서 제작한 외방 도를 비교 분석해 보고자 한다.

2. 외방도(外邦圖)

외방도는 외국의 지도를 말하며, 근대 유럽에서는 대항해시대에 포르 투갈을 필두로 유럽 각국에서 바닷길 개척 탐험에 나서서 항로를 표시한 외국의 지도, 곧 외방도를 제작하였으며, 이는 독점항로의 수단으로 작 용하였다.

근대 과학의 발전은 곧 해도의 발전을 가져왔으며, 측량술, 해도제작 술이 상승되면서 해도가 점차 표준화되어 갔다. 근대 해도의 특징은 무 엇보다 실제 측량을 바탕으로 제작된 점이다.

1) 근대 유럽의 해도(지도)

18세기 유럽 각국의 수로부에서는 근대과학에 기반한 측량을 실시하 였다. 대부분 국가는 육군에 수로부를 두는 한편, 영국은 해군에 두었는 데 섬나라인 지정학적 특성에 따라 해군에 역점을 둔 것으로 보인다. 이 후 일본도 해군에 수로부를 둔 것은 영국과 같은 이유로 보인다.[4] 해군 의 창설은 근대화의 상징 중 하나이다. 증기 기관이 출현하면서 조선(造

---

4) 미야자키 마사카츠 저, 이근우 역, 『해도의 세계사』, 도서출판 어문학사, 2017, 103~108, 228~231, 295 ; 앞의 책, 『환동해』, 81~85쪽.

船)분야에서는 범선에서 기선으로의 교체기를 맞이하였으며, 이와 더불어 기선의 운용술 및 항해술을 겸비한 인력의 필요성이 요구되면서 해군 사관들은 근대 군사조직의 매우 주요 요소가 되었다.[5]

영국의 해군 수로부는 수로부장 채용, 측량선 구비, 측량술과 해도제 작술을 익힌 해군사관을 갖추고 실제 현장 측량을 반복한 결과 정확도가 뛰어난 표준적인 해도를 제작하기에 이르렀다. 그리고 주변국의 수로부에 자유무역주의 활성화를 명목으로 해도 공유를 요청한 결과, 유럽 각국의 호응을 받게 되어 해도 공유는 쉽게 이루어졌다. 당시 유럽의 선원들에게 가장 인기가 높았던 해도는 정확도가 뛰어난 영국 해도로, 판매량 1위를 차지하였다. 1884년 10월, 제1회 국제자오선회의가 개최되었을 때 영국의 그리니치 천문대를 지나는 자오선을 세계 본초자오선으로 결정된 사실은 영국 해도의 우수성과 관계가 없지 않을 것이다.[6] 본초자오선의 일원화는 해도의 표준화는 물론이고, 표준화된 해도 공유는 국제무역의 네트워크를 형성하는 데 큰 원동력이 되었던 것은 물론이다.

그런데 범선에서 증기선으로의 교체에는 항해 중 연료를 보급할 수 있는 장소가 필수적이다. 이에 구미 각국에서 앞을 다투어 연료보급지 확보에 나섰다. 즉 무인도 및 무주지 선점 경쟁이 시작된 것이다. 그러나 구미 각국은 그들이 규정한 국제질서법이 있어 이를 반드시 지켜야 했다. 이 국제질서법에는 동양권의 나라에서는 납득할 수 없는 규정이 있는데, 기독교 국가였던 구미 각국을 문명국으로 설정해 둔 점이다. 문명

---

5) 박영준, 『해군의 탄생과 근대 일본』, 그물, 2014, 28~29쪽.
6) 앞의 책, 『해도의 세계사』, 286~288쪽, 295~298쪽, 304~306쪽 ; 앞의 책, 『환동해』, 85~86쪽(1884년 제1회 국제자오선회에 참가한 국가는 25개국이었다. 영국 그리니치 본초자오선에 대하여 찬성 24개국, 반대 1개국(프랑스)인데, 프랑스도 27년 후, 그리니치 본초자오선을 인정하였다. 그리니치 본초자오선을 설정한 것에는 당시 항해 선박의 70%가 영국 선박이며, 이 선박에서 사용한 해도가 그리니치 표준시를 기준으로 하고 있었던 점이 크게 좌우했을 것이다).

국 아래에 반문명국(반개국). 비문명국(미개국)으로 구분하고, 비문명국은 주권이 미치지 않는, 즉 주권을 포기한 영토로 간주하여 무주지로 보았으며, 더욱이 문명국은 비문명국을 문명개화라는 미명 하에 점령할 수 있다는 논리를 설정해 두었다. 이것은 약소국에 대한 식민지화의 정당성을 부여하는 방편이 아닐 수 없다.

구미 열강국에서 외국의 연안을 실측하고 제작한 해도에는 측량 국가명, 측량 일자 및 발행 일자가 기록되어 있다. 이것은 구미 열강국 간의 무주지 선점을 결정짓는 중요한 근거가 되어 식민지를 구축하는 결정적인 수단이 되었다.[7]

구미의 국제질서법은 1864년 중국에서 『만국공법(萬國公法)』이란 제목으로 번역 출판되었는데 중국에서는 별 호응을 받지 못하였지만 1868년 일본어 번역서가 출판되자 일본에서는 베스트셀러가 되었다.[8]

---

7) 앞의 책, 『환동해』, 86쪽.

8) 앞의 책, 『환동해』, 86~87쪽 ; 김용구(2008), 『만국공법』, 도서출판 소화, 57~68
쪽, 93~124쪽(『만국공법』(1864)은 중국에 선교사로 갔던 마틴(W.A.P.Martin)이
중국주재 미국공사 벌링게임의 의뢰로 휘튼(H.Wheaton)의 저서 『국제법 원리』
(1836)를 한역한 서적으로 동아시아에 본격적으로 구미의 국제법을 소개한 최
초의 서적이다. 『만국공법』은 중국에서 출간된 다음, 일본에 전해져 후쿠자와
유키치의 『서양사정』과 함께 당시 베스트셀러가 되었으며, 메이지유신에도 큰
영향을 주었다. 『만국공법』이 한국에 언제 전해졌는지는 정확하지 않지만, 한국
에 만국공법을 적용시킬 수 없다는 주장을 야기했던 사례가 있다. 1875년 일본
군함 운요호가 중국으로 가는 해로를 측량한다는 명분으로 조선 연해에서 무단
측량하던 중 강화도에서 조선수군과 교전이 발생하였다. 이 사건에 대하여 중국
의 이홍장은 『만국공법』의 3해리 영해규정을 적용시켜서 일본이 조선의 영토에
불법 침범한 것이므로 조선 수군이 선제 발포한 것에 대한 정당성을 주장하였
는데 일본의 모리 아리노리(森有禮) 공사는 조선은 당시 구미와 조약을 체결한
바가 없기 때문에 『만국공법』을 적용시킬 수 없다는 반론을 제기하였다. 이 논
리를 두고 조선의 종주국인 중국이 나서서 일본과 담판하였지만 적용되지 못하
고 결국 1876년 강화도조약을 체결하는 결과를 맞이하였다.

2) 근대 일본의 해도

근대 유럽의 측량술 및 해도 제작술은 어떻게 동양에 전해졌을까?

동양권에서는 유럽의 측량법과 해도 제작을 시도한 국가는 일본이 대표적이다. 그 단서는 나가사키해군전습소(長崎海軍傳習所)에서 찾을 수 있다.

1850년대, 일본 연안에 구미 각국의 군함들이 몰려와 무단 측량을 하고 있는데도 막부는 강력한 무력 앞에서 속수무책이었다.[9]

막부는 이에 대한 강구책으로 먼저 군함을 발주한 후 1855년 해군사관을 양성하기 위하여 나가사키에 해군전습소를 설립하였다. 네덜란드에서 초빙한 교사단들은 항해술, 조선학, 측량학, 선구학, 기관학, 포술(砲術) 등 이론 교육과 실제 항해 실습을 병행하였다. 1기 졸업생 중 야나기나라요시(柳楢悦)[10]와 오노 토모고로(小野友五郎)[11]는 일본의 측량술,

---

9) 小林 茂,「外邦図 帝國日本のアジア地図」,『中央公論新社』, 2011, 30쪽(1845년 나가사키 연안에서 영국 군함 사마랑호(サラマング號)가, 1849년에는 에도만과 시모다항에서 마리나호(マリナー號)가, 1855년에는 대마도해협을 비롯한 규슈 지역 일대에서 사라센호(サラセン號) 등 무단 측량이 이루어졌다).

10) 柳楢悦(1832.10.8.~1891.1.15.), 수학자, 측량학자, 정치가 해군(海軍少將), 대일본 수산회 간사장, 元老院議官, 貴族院議員 역임, 1853년 伊勢湾沿岸 측량, 1855년 나가사키해군전습소에 파견되어 항해술과 측량술 습득, 1870년 해군에 출사, 영국 해군과 공동으로 해양측량 경험을 쌓았다. 당시 일본에서 해양측량의 일인자로 측량체제 정비, 일본 각지의 연안, 항만을 측량하고 해도를 작성하였다, 현재 "수로측량의 어버지"로 불린다.

11) 小野友五郎(1817.12.1.~1898.10.29.), 수학자, 해군, 재무관료 역임, 1855년 에도 막부의 명령으로 나가사키해군전습소에 들어가 16개월간 천측 및 측량술을 익혔다. 츠키치군함조련소(築地軍艦操練所)를 신설할 때 교수방(敎授方)이 되었다, 1861년에는 군함행장이 되어 에도만을 측량하였고, 이어서 함림환(咸臨丸)에 승선하여 태평양을 횡단하면서 경위도를 측정하였다, 1861년 함림환 함장으로 오가사와라 제도에서 측량 임무를 완수하였는데, 이것은 오늘날 오가사와라 제도의 일본 영유권에 큰 단서가 되었다.

항해술, 해도제작술을 견인한 선구자이며, 야나기 나라요시는 일본인들에게 수로측량의 아버지로 불린다.[12]

일본에서 지형도 및 학습교재용 지도첩 등 근대 지도가 출현하기 시작한 것은 메이지정부가 수립된 이후이다. 행정부서에서는 1869년 민부성 호적지도과(戶籍地圖課)에서 근대지도 제작을 처음 시도하였고, 1875년 내무성에서 삼각측량법을 수용하였으며 1877년 일본 전역의 지적도를 완성하였다.

근대 해도는 야나기 나라요시가 1869년 병부성에 어용계(御用掛)[13]로 임명되어 수로사업 업무를 담당하며 병행해서 제작을 시도하였다. 그러나 측량술과 해도제작술을 겸비한 기술자가 없었기 때문에 야나기는 1870년 직접 제일정묘함(第一丁卯艦)[14]에 승선하여 영국 해군의 측량함, 실비아호(HMS Sylvia)로부터 협력과 자문을 받으며 현장에서 측량술과 해도 제작술을 익혀야 했다. 그리고 1871년 해군 수로국(水路局)[15]의 권두(水路權頭)로 임명되었을 때는 그동안 습득한 측량술 및 해도 제작술의 경험을 토대로 본격적인 측량에 나섰다.[16]

---

12) 矢吹哲一郎,「日本による近代海図刊行の歷史(明治5~18年)」, 『海洋情報部研究報告』, 2020, 58쪽 ; 앞의 책, 『환동해』, 87~88쪽.

13) 明治시대에 宮內省 및 기타 관청의 명령을 받은 용무 담당자의 직책.

14) 日本海軍의 軍艦이다. 원래 長州藩이 영국 로이든社에 발주한 목조기선이며 丁卯란 1867년을 의미한다. 이 해 건조된 것이 第一丁卯와 第二丁卯인데 長州藩이 명치 3년(1870년) 정부에 헌납하여 병부성 소관이 되어 「제일정묘함」이라고 개명하여 명치 6년(1873년)까지 측량 임무를 하였다.

15) 1871년 설치된 병부성 해군부 수로국이 1872년 2월 28일에 해군성 수로국으로, 1872년 10월 13일 해군성 수로료로, 1876년 9월 1일 해군성 수로국으로 1886년 1월 29일에는 해군 수로부로 명칭이 변경되었으며, 현재 명칭은 해상보안청 해양정보부이다. ; 1871년 야나기 나라요시의 계급은 해군 소좌이었다.

16) 남영우,「日帝 參謀本部 間諜隊에 의한 兵要朝鮮地誌 및 韓國近代地圖의 작성과정」, 『문화역사지리』 제4호, 1999, 78쪽 ; 船杉力修,「分縣地図の草分け『大日本管轄分地図』について(1)」, 『淞雲』 19, 2017, 4쪽 ; 서경순,「『韓國水産誌』에 보

〈그림 1〉 陸中國釜石港之圖(1872년)

　　1872년에 일본 군함, 「春日艦」17)의 함장이 되어, 북해도 및 동북 연안
에서 실측하여 「陸中國釜石港之圖」〈그림 1〉18)라는 일본 최초의 근대
해도를 제작하는 성과를 거두었다. 영국 실비아호가 동행하였는데도 야
나기는 일본 해군의 독자적인 기술로 실측을 감행하였다고 한다.19)

　　이는 군산지역 海圖에 관하여」,『2017년 제8회 전국해양문화학자대회 자료집』,
　　2017, 263쪽 ; 앞의 책,『환동해』, 89쪽 ; ja.wikipedia.org/wiki/水路部_(日本海軍)
　　- キャッシュ.

17) 慶応3年(1867) 사쓰마번이 영국에서 구입한 군함이다, 사쓰마번은 明治 3年
　　(1870) 이 군함을 메이지 정부에 헌납하였는데 明治5年(1872) 해군성이 창설되
　　면서 일본 해군의 군함이 되었다. 春日艦은 1875年 강화도사건이 있었을 때 부
　　산에 파견된 바 있으며, 1884년 갑신정변이 일어났을 때도 조선에 파견되었던
　　군함이다.

18) https://www1.kaiho.mlit.go.jp/KIKAKU/kokai/kaizuArchive/birth/index.html
　　(검색일:2023.02.02.).

19) 柳楢悅은 1870년부터 영국의 측량함 실비아호 함장 및 측량사관으로부터 수로
　　측량기술 및 측량 도구를 원조받아 塩飽諸島 측량을 하여 일본 최초의 수로 측
　　량의 결과물인 「鹽飽諸島實測原圖」를 완성할 수 있었다. 그러나 1872년 화재와

이후 야나기는 이러한 경험을 바탕으로 구미 열강국과 같이 외방도 제작을 비밀리에 추진하였다.

3. 일본 초기 외방도(外邦圖)

19세기 구미에서는 자유무역을 위해 해도 공유가 쉽게 이루어졌지만, 동양권에서는 여전히 지도는 국가 간 극비였다. 이러한 여건에서 일본은 어떻게 외방도를 제작할 수 있었을까?

일본 최초의 외방도는 1875년 일본 육군참모국에서 제작한 조선전도 라고 알려져 있다.[20] 그러나 1873년 10월 일본 해군수로료가 제작한 조

1923년 관동대지진으로 인하여 원도가 소실되었다. 1871년에는 『양지괄요(量地 括要)』를 저술한 후 부하들의 학습 교재로 활용하였으며, 같은 해에 北海道 연 안의 수로 측량을 실시하여 해양의 여러 현상, 항로, 연안지형, 항만시설 등의 정보를 모아서 4권으로 구성한 『春日記行』을 집필한 후 천황에게 바쳤다.
1873년 일본 최초의 수로지, 『北海道水路誌』는 『春日記行』을 기초로 한 것이라 고 한다(https://www1.kaiho.mlit.go.jp/KIKAKU/kokai/kaizuArchive/birth/index.html) -검색일 2023.02.02 ; 1872년 간행된 「陸中國釜石港之圖」는 일본 최초의 해도 제1호로 일본 해군 水路寮가 독자적으로 측량 간행하였다. 釜石港은 당시 東京 과 函館 사이의 중간 보급지점으로 매우 중요한 항구였다. 釜石港을 대상으로 측량한 것은 관영 부석제철소(1875년 건설시작, 1880년 조업개시, 1883년 폐산) 와도 관계가 있다.

20) 한철호, 「대한(조선)해협의 명칭 변화 및 그 의미」, 『도서문화』 44, 2014, 82쪽. 일본에서 최초 제작한 외방도는 「조선전도(朝鮮全圖)」와 「청국북경전도(清國北 京全圖)」라고 한다.
https://www.pref.shimane.lg.jp/admin/pref/takeshima/web-takeshima/takeshima04/ke nkyuukai_houkokusho/takeshima04_01/takeshima04d.data/1-3-2-2.pdf(검색 일:2022.09.19.) ;
https://www.let.osaka-u.ac.jp/geography/gaihouzu/earlymap/views/84697511/846975 11_001.html?agree=agree(검색일:2022.12.26.) ; 김기혁, 『釜山古地圖』, 부산광역

선전도[21]가 있다. 이는 육군참모국보다 2년이나 앞서 있다. 이 사실에서 최초의 외방도는 해군 수로료의 조선전도가 분명하다. 그리고 초기 외방도는 일본의 육군과 해군에서 각각 제작했던 사실을 알 수 있다.

조선의 경우는 지도를 매우 엄중하게 관리하였으며, 더욱이 외국이 조선 내륙을 측량한다는 것은 거의 불가능하였는데도 일본의 육군과 해군은 어떻게 조선전도라는 외방도를 만들었을까? 조선전도에는 지도 제작에 대한 설명이 고스란히 남아있다.

1) 조선전도(해군 수로료, 1873년)

이 외방도는 한반도의 지형이 가로로 옆으로 길게 누운 형태로 그려져 북쪽 방위가 오른쪽에 있다. 상단 중앙에 조선전도(朝鮮全圖)라는 명칭의 왼쪽으로 조선전도에 대한 제작설명·제작년월·제작기관이 밝혀져 있으며, 바로 옆 범측(凡測)에는 경(서울), 대동, 평안, 부산의 위도·경도 수치가 나타나 있다.[22] 지도에도 이 4곳의 지명에 네모형의 박스로 표시해 두어서 쉽게 찾을 수 있다. 경(서울), 대동, 평안, 부산은 한국의 주요 도시이며 대동과 부산은 연안에서 내륙으로 진입하는 군사적·상업적 요충지이다. 또한 이 조선전도에는 해안지역을 따라서 수영(水營)·병영(兵營) 등 조선의 수군기지가 그려져 있다.

그리고 조선전도의 왼쪽 가장자리에 '대일본해군 수로료(大日本海軍水路寮) 제1호, 이다 도쥬(井田道壽) 刻'이라는 기록이 있다. 이 조선전

시, 2008, 254쪽.

21) https://www.pref.shimane.lg.jp/admin/pref/takeshima/web-takeshima/takeshima 04/kenkyuu kai_houkokusho/takeshima04_01/takeshima04d.data/1-3-1-2.pdf (검색일:2022.09.19.).

22) 1873년 조선전도에는 제작기관은 대일본해군수로료(大日本海軍水路寮), 제작년월은 명치 6년(1873) 10월이라고 기록되어 있다. 범측(凡測)에 서울, 대동, 평안, 부산 4곳의 경도·위도를 기록하였다.

도는 해군 수로료에서 최초 제작한 1호 외방도이며, 그리고 각(刻)이라는
한자는 다량 인쇄할 수 있는 해도를 말한다. 해군 수로료는 어떻게 조선
전도를 만들었는지, 해군 수로료의 제작 설명을 살펴보자.

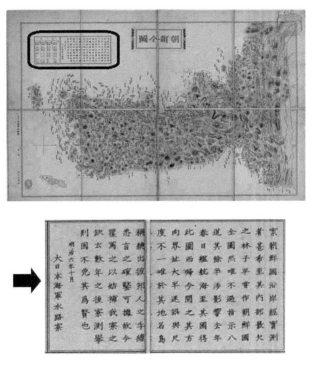

〈그림 2〉 조선전도(해군 수로료, 1873)

"조선국 연안을 살펴보건대, 실측을 거친 자료가 극히 드물다. 그 내부
(내륙)에 이르러서는 더욱 결여되어 있다. 하야시 시헤이(林子平)가 일찍
이 조선국의 전도를 만들었는데 단지 (조선)팔도를 나타낸 것에 불과하
지만 그 나머지의 어느 정도는 하야시 시헤이의 지도의 영향을 받은 것
이다. 지난 해 춘일함(春日艦)이 그 나라에 이르러 이(조선) 지도를 얻어
서 돌아와 지금 살펴보니, 그 방향과 영역이 대체로 잘못되었고 척도 또
한 일치하지 않았다. 다만 그 지명이나 섬 이름은 모두 그 나라 사람의

손에서 나온 것이며 거듭 말하기를, 확실해서 의거할 만하다고 하였다. 그래서 지금 복제하여 임시로 수로료의 부족함을 보완한다. 수년 후 수로료가 측정하게 된다면, 진실로 그 군더더기임을 면하지 못할 것이다.”

명치 6년(1873) 10월
대일본해군수로료

〈그림 2〉와 같이 해군 수로료는 조선전도를 제작하기 위하여 한국인을 매수하여 조선국의 지도를 입수하고 조언을 받았다. 그렇다고 해도 이 조선전도는 조선국의 지도를 그대로 복제한 수준이다. 그러나 경도, 위도, 방위표 등은 근대 해도의 요소를 일부 갖추고 있는 것은 분명하다.

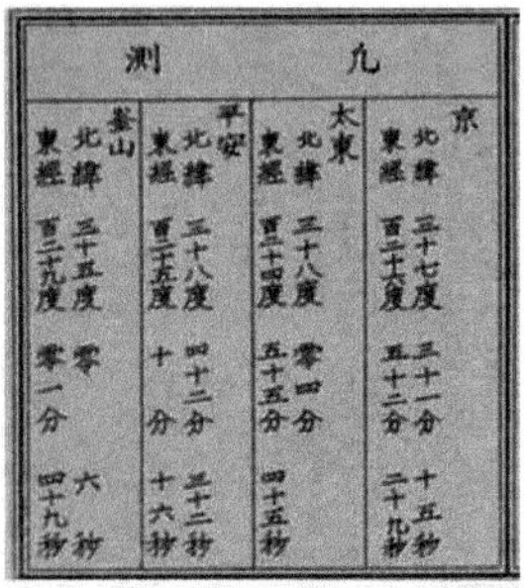
凡測
京 北緯 三十七度 三十一分 十五秒
東經 百二十六度 五十二分 二十九秒
大東 北緯 三十八度 零四分
東經 百二十四度 五十五分 四十五秒
平安 北緯 三十八度 四十二分 三十二秒
東經 百二十五度 十分 十六秒
釜山 北緯 三十五度 零 六秒
東經 百二十九度 零一分 四十九秒

〈그림 3〉凡測

〈표 1〉 범측(凡測)

범측(凡測)		
	동경(東經)	북위(北緯)
京(서울)	126도 52분 29초	37도 31분 15초
大東	124도 55분 45초	38도 4분
平安	125도 10분 16초	38도 42분 32초
釜山	129도 1분 49초	35도 6초

그리고 ‘이다 도쥬(井田道壽) 刻’이라는 기록에서 외방도의 조각가를 알 수 있다. 외방도에 조각가의 이름이 기록되어 있어도 조각가들의 정보를 잘 알 수 없다. 그러나 이다 도쥬는 1872년 해군에 1등 측량생으로 입대하여 1873년 1월에 동판조각과에 배속되어 일본 동판조각의 창시자, 마츠다 류잔에게 해도 동판조각술을 전수받은 후 1887년에 ‘해도동판인쇄직각법’을 창시할 정도로 그의 실력은 동판제작계에서 선두에 올라섰던 조각가이다. 그가 제작한 외방도 중에는 「대만도다구항지도(臺灣島多

口港之圖)」, 「대만전도지도(臺灣全島之圖)」, 「대만남부지도(臺灣南部之圖)」, 「대만도청국속지부(臺灣島淸國屬地部)」, 「대만부속팽호제도(臺灣府屬澎湖諸島)」 등이 있는데, 당시 대만의 외방도는 그가 거의 독보적으로 조각한 것으로 보인다.[23] 이다 도쥬는 해군의 동판조각가로 식민지 구축을 위한 외방도 제작에 공헌한 셈이 된다.

해군 수로료에서 해도를 제작하고 다량 인쇄를 시도한 것은 유럽 각국의 해도 공유 및 근대 국제질서인 만국공법을 의식한 것으로 생각된다.

2) 조선전도(육군 참모국, 1875)

육군 참모국의 조선전도는 해군 수로료의 조선전도 보다 훨씬 진보된 양상을 보인다. 한반도의 윤곽선이 제대로 갖추어져 있으며, 조선의 행정구역을 각기 다른 색으로 표시하여 도계(道界)를 분명히 하였다. 바다에 떠 있는 도서(島嶼)도 관할 도(道)와 동일 색상으로 하여 그 소속을 분명히 알 수 있다. 흥미로운 점은 이 조선전도에는 축척비례(縮尺比例)를 표시하여 일본의 1리(里)는 조선의 10리와 같다는 거리 단위를 이해시킨 것과 또 하나는 한반도를 중심으로 양쪽 여백에 부분도를 배치한 점이다. 육군 참모국에서는 조선전도라는 외방도를 어떻게 제작할 수 있었는지 예언을 살펴보도록 하자.

---

23) 佐藤 敏, 「明治初期の腐蝕法による海図銅版作製者」, 海洋情報部硏究報告 第58号, 2020, 1~7쪽.

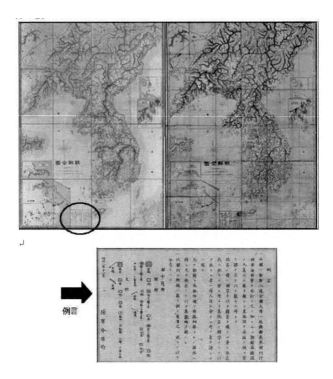

〈그림 4〉조선전도(육군 참모국, 1875)

예언(例言)

"이 지도는 「조선팔도전도(朝鮮八道全圖)」, 「대청일통여도(大淸一統輿圖)」, 영국 미국이 측량 간행한 해도 등을 참고 수정하고, 이에 추가해서 조선 함경도 사람 아무개에게 직접 조선의 지리를 자문받아, 의심스러운 곳을 묻고 오류를 바로잡아 제작하였다.

- 지명 옆에 國字(가타카나)로써 한국 음가를 붙인 것 또한, 아무개에게 질문한 것에 의한 것이거나, 그 지명에 가타카나만으로 기록한 경우는 서양인들이 스스로 명명한 것을 그대로 옮긴 것이다.
- 무릇 조선과 지맥(지리)이 상통하고 뱃길이 서로 접한 여러 지역은 특히 이를 드러내어(揭出) 대략을 분명하게 하였다
- 이 해도에 별도의 부록 1편을 붙이니 보는 사람(看者)은 이에 참고하기 바란다."

〈圖中符號〉

명치 8년(1875) 11월
육군 참모국

〈그림 4〉에서 확인한 바와 같이 육군참모국에서도 조선전도를 제작하기 위하여 조선, 청국, 구미 등 외국의 지도를 입수하는 한편 한국인을 매수하였다. 해군 수로료에서는 한국의 지도와 매수인에 대한 정보를 드러내지 않았던 반면에 육군참모국에서는 예언에 참고 지도 및 한국인 매수자가 함경도 사람이라는 것을 밝혀두었다.

함경도 모씨의 단서는『블라디보스토크 견문잡지』에서 찾아볼 수 있다. 이 책은 세와기 히사토(瀨脇壽人)라는 일본 외무성의 관료가 1875년 4월 7일부터 6월 14일까지 블라디보스톡 출장 내역을 일기형식으로 기록한 글이다. 여기에 세와키와 김인승의 필담 내용이 있다. 두 사람은 5월 17일, 다케후지 헤이키치(武藤平吉)의 주선으로 처음 만났다. 다케후지는 김인승과 같이 그곳에 이주 정착한 일본인으로 김인승과는 의형제를 맺은 각별한 사이였다. 세와키가 블라디보스톡에 출장갔을 때 안내원으로 고용되었다.

『블라디보스토크 견문잡지』에는 대부분 세와키가 묻고 김인승이 대답하는 형식이다. 그중 몇 가지를 살펴보면 우선 세와키는 조선의 지형, 풍속, 인구 등 조선 내부 상황을 묻고, 김인승은 조선은 8도이며 361군이 있으나 인구는 잘 알 수 없다고 하였다, 두 번째는 세와키가 조선지도를 어디서 입수하였는지 알 수 없지만 김인승에게 조선지도를 꺼내 보이며 임나(任那)의 위치를 묻었고 김인승이 곧바로 모른다고 하자, 다시 죽도가 조선에서 몇 리 떨어졌으며, 일본과는 얼마나 떨어졌는지를 묻었다. 이에 김인승은 죽도는 강원도 삼척부 소속인데 땅은 비옥하지만 금도(禁島)로 정해져 가보지 못해서 몇 리인지 모른다고 성의있게 대답하였다. 이같은 세와키의 질문들은 친교가 아니라 한일 외교 상의 민감한 질문들이다. 사실 세와키의 블라디보스톡 출장에는 당지인(當地人)을 고용하여 조선 내륙을 정탐하는 임무가 있었다.24)

　이 명령에 따라서 세와키는 김인승을 매수할 목적을 갖고 접근하였으며, 외무성에 출장보고서로 제출하기 위해서 김인승을 매수하는 과정을 자세하게 기록한 결과물이 『블라디보스토크 견문잡지』이다. 세와키는 블라디보스톡을 떠나기 며칠 전인 5월 25일에 김인승을 완전 매수한 것을 기록해 두었다. 그날 세와키는 김인승에게 조국을 떠나 이주한 까닭을 물었고 김인승은 고국으로 돌아갈 수 없는 자신의 처지를 비관하면서 세와키가 일본으로 귀국하면 자신을 일본에 동행할 수 있도록 부탁하였다. 그리고 그때 함께 있던 다케후지가 김인승에게 "귀국의 신발, 버선, 갓 등 상품이 되는 것을 저희에게 주시면 저희가 그 가격을 해 드리면 어떻습니까"라고 말하였다고 하였는데 다케후지는 김인승과 같은 이주민 처지인데, 저희라고 한 것은 세와키를 대변하는 말로 이해해야 한다. 또한 조선의 신발, 버선, 갓 등의 물품이 왜 필요했을까? 이는 다케후지가 김인승의 처지를 누구보다 잘 알고 있는 의제(義弟)였으므로 김인승의 일본 여비 마련을 위한 명목상 구실로 보인다. 이에 김인승은 일본에 가게 되면 선비 의관을 갖추겠다고 하면서 덧붙여서 일본 방문(견학)을 마치고 돌아올 때는 일본 물건을 가져와 이곳에 와서 팔면 일본 여비를 충당할 수 있다는 말을 하였고 세와키에게는 평생 모시겠다는 말까지 하였다고 기록하였다.25) 세와키의 『블라디보스토크 견문잡지』에 기록된 이 내용들을 그대로 신뢰하기엔 무리가 있다. 세와키는 처음부터 김인승

---

24) 具良根, 「日本外務省 七等出仕 瀨脇壽人과 外國人顧問 金麟昇」, 『한일관계연구』 7, 한일관계사학회, 1997, 136~137쪽 ; 세와키 히사토((瀨脇壽人) 저, 구양근 역, 「블라디보스토크 견문잡지」, 『한일관계연구』 9, 한일관계사학회, 1998, 213쪽, 258쪽, 263~268쪽(외무성의 출장명령서에는 모두 7항으로 작성되었다).
25) 위의 책, 「블라디보스토크 견문잡지」, 273~274쪽.

을 매수할 목적으로 만났으며, 김인승의 자질을 필담으로 여러 차례나 시험하였다. 김인승이 먼저 일본으로 가겠다고 부탁한 것이 아니라 세와키가 일본 동행을 유도한 것으로 생각된다. 이를 반영하는 것은 세와키는 블라디보스톡에서 김인승과 다케후지를 데리고 귀국하자 두 사람을 외무성에 공식 채용하도록 주선한 점이다.26) 김인승에게 조선 선비 전통 복장을 요구한 것도 일본 외무성에 조선 유학자를 매수한 사실을 보여주기 위한 것이 아닐까? 세와키는 다케후지를 매개로 조선의 지식인, 김인승을 매수하는데 성공하였다.

김인승의 외무성 고용기간은 8월 1일부터 10월 31일(3개월)까지이며, 업무는 '만주지방 및 조선 지지(地誌) 및 기타 요구사항에 대한 자문'이었다. 그러나 임기가 종료되었지만 김인승은 1년을 더 연장하였다. 김인승이 일본 외무성에 고용된 기간은 1875년 8월 1일부터 1876년 10월 31일까지 총 15개월인데, 이 기간에 1875년 9월 운양호사건, 1875년 11월 육군참모국의 조선전도 제작, 1876년 2월 강화도조약 등 한일 외교사에서 매우 중대한 사건들이 발생하였다. 김인승은 육군참모국의 조선전도라는 외방도를 완성하는데 결정적으로 협력을 하였으며, 하물며 강화도조약 체결 시에는 통역·자문역으로 가서 일본 정부가 유리한 조건으로 조약을 이끌 수 있도록 적극 협력하였다. 현재 친일파 1호이다.

다음은 이 조선전도에 배치된 5개의 부분도에 대하여 살펴보자. 오른쪽에는 부산포와 ユンヒン灣27), 왼쪽에는 한강 어귀(漢江口), 대동강, 청국산동성(淸國山東省)을 배치하였다. 청국 산동성을 제외한 4곳은 조선의 주요 관문이다. 부분도에 수심 또는 저질(底質) 등 나타낸 숫자(분수) 및 영어 알파벳이 표기되어 있는 점에서 실측이 이루어진 해도라는

---

26) 위의 논문, 「日本外務省 七等出仕 瀨脇壽人과 外國人顧問 金鱗昇」, 131~132쪽.
27) ユンヒン灣은 어디인지 알 수 없으나 원산이 개항지였던 것에서 원산만으로 추정된다.

것을 알 수 있다. 예언에 영국과 미국의 해도를 참고한 사실이 밝혀져 있
는 점에서 이 부분도는 양국의 해도 중에 부분 복제해서 배치한 것으로
생각된다.[28] 그리고 이 조선전도에는 조선과의 접경인 청국(淸國)의 지
명, 역(驛), 하천, 산 등이 그려져 있으며, 하단에는 일본의 나가사키, 후
쿠오카, 히라도, 쓰시마, 고도, 이키 등이 그려져 있다. 조선전도에 청국
과 일본의 일부 지역에 대한 정보까지 자세하게 나타낸 이유는 무엇일
까? 게다가 부분도에 청국 산동성(淸國山東省)을 배치한 이유는 무엇일
까? 이 부분도는 조선에서 해로를 통한 청국 루트를 암시한다. 이 정보
는 김인승으로부터 입수한 것은 아닐까?

3) 한국전도(육군 참모국. 1887년)

1887년 육군 참모국에서 한국전도[29]라는 외방도를 제작하였다. 이 외
방도에는 한반도의 지형에 69개의 격자형으로 구획되어 모습이 매우 흥
미롭다. 또한 구획한 각 네모에 1에서 69의 숫자를 기록하였는데 이것은
외방도의 가장자리에 표기된 위도 경도와 맞추면 각 네모에 해당하는 지
역의 경도 위도를 파악할 수 있도록 한 것이다. 〈그림 5〉

한국전도에는 앞에서 살펴보았던 외방도에 대한 제작 설명이 없다. 그
러나 이를 대신하는 6명 〈이소바야시(磯林)대위·와타나베(渡邉)대위·카
이즈(海津)대위·오카(岡)대위·미우라(三浦)대위·가라다(柄田)중위)〉의

---

28) 小林 茂, 近代日本の地圖作製とアジア太平洋地域, 大阪大學出版會, 2009, 2~4쪽
  (구미 각국에서 제작 판매하는 해도를 구입한 후 이 해도를 토대로 일본 해군
  수로부에서 재측량하여 수정 보완하여 일본제로 복제 간행하였다)
29) アメリカ議會図館藏(初期外邦測量原図データベース, 朝鮮全圖 2007630239)
  https://www.let.osaka-u.ac.jp/geography/gaihouzu/earlymap/views/2007630239/2007
  630239_001.html?agree=agree(검색일:2023.09.20.)

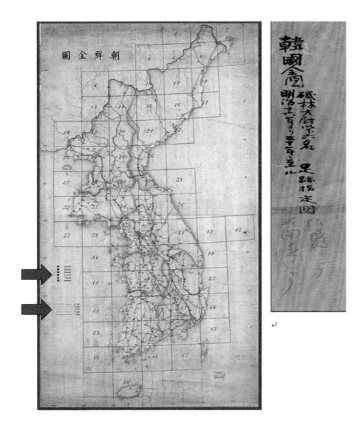

〈그림 5〉 한국전도(육군 참모국 1887)

일본 장교가 기록되어 있으며, 흥미로운 것은 6명의 장교의 성(性)앞에
각기 다른 색의 동그라미가 그려져 있으며, 계급 뒤에는 모두 족적(足
跡)30)이라는 기록이 있다. 〈그림 6〉

30) 한국전도를 검색하면 '족적지정도(足跡指定圖)'와 나란히 검색되며, 족적지정도
에 '이소바야시(磯林) 대위 이하 6명·명치 16년(1883)부터 20년(1887)까지라는
기록이 있다.

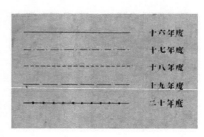

〈그림 6〉 한국전도(1887년)

그리고 바로 아래에 연도(1883~1887년)를 나타낸 점선, 직선+점선, 철도선 등이 그려져 있다. 다시 말하면 색깔은 6명의 각 장교를, 여러 모양의 선은 임무를 수행한 연도를 나타낸 것이며, 이것은 한국전도에 그려져 있는 노선도에서 누가 언제 어느 곳을 정탐하였는지를 구분하기 위한 것이다. 복잡한 노선도는 서울(지도에는 漢城이라고 표기되어 있다.)에 집중되어 있으며, 이북지역은 역시 평양에 집중되어 있다.

6명의 장교 중 카이즈 미츠오(海津三雄)는 1883년부터 1886년에 걸쳐서 원산을 중심으로 원산거류지, 함경도, 강원도, 경기도 일대를 정탐하였다. 이소바야시 신조(磯林眞三)는 1883년부터 1884년에 걸쳐서 평양, 김포, 제물포거류지, 마포 등을 정탐하고 일본영사관으로 복귀하던 중 살해되었다고 하며 지금은 야스쿠니신사에 위패가 있다고 한다.

와타나베 고타로(渡邉鐵太郎)는 1883년부터 1885년에 걸쳐서 경상도 일대, 서울, 블라디보스톡, 원산 등을 정탐하였으며, 오카 야스코(岡泰鄉)는 1884년부터 1886년에 걸쳐서 함경도·평안도 일대를 정탐하였다. 미우라 지타카(三浦自孝)는 1885년부터 1887년에 걸쳐서 부산, 한성(서울), 평양 등 정탐 범위의 폭이 상당히 넓다. 가라다 칸지로(柄田鑑次郎)는 1887년 늦게 정탐 임무에 합류한 자로 순천, 나주, 무주, 대구, 창원 일대 및 부산 근교의 김해, 웅천, 다대포일대를 정탐하였다. 이들은 비밀리에

측량을 감행해야 했으므로 나침반·보측·목측만으로 측량하여 한국전도라는 외방도를 만들어냈다.[31]

한국전도에 그려져 있는 노선도 중에는 육지로 바로 잠입하지 않고 바다를 거쳐서 육지로 잠입한 노선도가 있다. 황색의 ― ― ― 로 그려진 노선도인데 부산에서 출발하여 남해안의 여러 섬을 지나 순천으로 잠입하였다. 〈그림 6〉을 확인하면 황색은 미우라 대위를, ― ― ― 로 표시된 선은 1886년을 말한다. 즉 1886년 미우라대위가 수행한 정탐 루트이다. 미우라는 1885년에 경상남북도와 전라남도를 정탐한 경험이 있다. 먼저 황색의 ----- (1885년) 노선도를 살펴보도록 하자. 〈표 2〉

〈표 2〉 三浦自孝의 足跡(1885)

김해 → 웅천 → 창원 → 함안 → 진주 → 하동 → 구례 → 남원 → 장수 → 거창 → 고령 → 성주 → 선산 → 상주 → 용궁 → 예천 → 안동 → 청송 → 진보 → 영양 → 영해 → 영덕 → 청하 → 흥해 → 연일→ 경주 → 언양

〈표 2〉에서 살펴보았듯이 미우라는 김해에서 출발하여 경남, 전남, 경북 일대를 정탐하였다. 그리고 이어서 1886년에는 부산에서 배를 타고 남해안의 여러 섬을 정탐한 후에 순천으로 잠입하였다. 1886년 미우라의 정탐 노선도는 매우 복잡해서 3개로 구분하여 제시한다.[32]

---

31) 남영우·이호상,「日帝 참모본부 장교의 측량침략과 朝鮮 目測圖의 특징」,『한국 지도학회지』10-1, 2021, 1~7쪽

32) 1886년 미우라의 정탐 노선 중 〈표 3〉의 ①과 ②에 기록된 정탐 순서는 전주, 은진, 진위 등의 지역을 중심으로 오가며 정탐하여 정탐 순서가 다소 다를 수 있다.

〈표 3〉 三浦自孝의 足跡(1886)

①	- 부산 → 거제 → 통영 → 남해 → 좌수영(여수) → 순천 → 곡성 → 남원 → 임실 → **전주** → 진안 → 장수 → 운봉 → 함양 → 산청 → 진주
②	- **전주** → 여산 → 은진 → 용안 → 함열 → 익산 → 전주 → 은진 - **은진(右)** → 노성33) → 공주 →천안 → 진위 - **은진(左)** → 석성 →부여 → 청양 → 대흥 → 청양 → 신창 → 평택 → 진위 - **진위** → 수원 → 과천 → **한성(서울)** - **진위** → 수원 → 안산 → 시흥 → **한성**
③	- 한성 → 이천 → 음죽34) → 음성 → 괴산 → 보은 → 청산(옥천군) → 상주 → 선산 → 칠곡 → 대구 → 경산 → 청도 → 밀양 → 김해35)

〈표 3〉과 같이 미우라는 부산에서 거제 → 통영 → 남해 → 좌수영(여수) 등 해안 지역의 정탐 임무를 수행한 후 육지로 잠입하였다. 이 해안 루트는 조선수군기지가 배치된 군사상 매우 중요한 곳이다. 또한 〈표 3〉의 노선도는 전남 또는 경남에서 한성(서울)에 이르는 군사적인 측면이 강한 노선이다. 1886년의 정탐 노선에는 1885년에 정탐한 지역과 중복된 곳이 다소 있다.

다음은 1887년 미우라가 수행한 노선도는 이북지역이다. 그런데 미우라가 어디에서 출발해서 어디에서 임무를 마무리했는지 파악하기 어렵다. 〈표 4〉는 필자가 평양을 출발지점으로, 개성을 종료지점으로 임의 설정하여 정리한 것이다.

---

33) 현재의 논산군 노성면 지역을 말한다.

34) 음죽군(陰竹郡)은 경기도 이천시의 옛 행정구역으로, 지금의 장호원읍 설성면 율면에 해당된다. 1895년 충주부 관할 음죽군은 1910년 북면과 서면이 각각 원북면과 근북면으로 개칭되었다가 1914년 일제에 의한 행정 폐합으로 이천군에 합병되면서 일부 마을이 음성군에 분할 편입되었다.

35) 서경순, 「『韓國水産誌』에 보이는 군산지역 海圖에 관하여」, 『2017년 제8회 전국 해양문화학자대회 자료집 2분과회의』, 2017, 263~265쪽.

〈표 4〉 三浦自孝의 足跡(1887)

①	평양 → 자산 → 순천 → 개천 → 희천 → 강계 → ?36) → 강계 → 영원 → 영흥
②	평양 → 중화 → 수안 → 서흥 → 토산 → 개성 → 교하 → 개성
③	평양 → **대동강** → 운률 → 송화 → 해주 → 백천 → 개성

〈표 4〉에서 ③의 루트를 보면 평양에서 대동강을 따라 바다에 이르는 곳까지 이어진다. 이를 반대로 하면 바다에서 대동강을 통해 평양에 이르는 내륙 진입루트이다. 미우라의 1885년부터 1887년의 정탐에는 해안 루트 정탐이라는 공통점이 있다. 1885년은 동해의 경북 연해지역을, 1886년에는 남해의 경남·전라 연해지역의 군사요충지를, 1887년에는 서해의 대동강을, 즉 한반도의 동해 남해 서해의 내륙으로 진입하는 주요 관문 지역을 정탐하였다.37) 한국전도의 동해·남해·서해의 연안 지역에는 해안선을 따라서 여러 색깔의 노선도가 그려져 있는데 특히 도계(道界) 연안지역에 빠짐없이 그려져 있는 것을 확인할 수 있다.

한국전도에 그려진 6명의 일본 장교들이 정탐한 노선도는 조선의 군사적 특급 기밀이다. 즉 한국전도는 육군참모국에서 한국 식민지화를 위하여 얼마나 철저하게 준비하였는지를 극명하게 보여주는 외방도이다.

일본 군부가 외방도를 제작한 것은 구미열강국에서 해도를 제작했던 목적과 다르지 않다.38) 조선전도와 한국전도에서 보여주듯이 일본 군부가 외방도를 제작한 목적은 한국의 식민지화를 위한 결과물이었던 점은 피해갈 수 없다.

---

36) 지명을 기록하지 않아서 ? 로 표시하였지만 만포로 추정된다.
37) 남영우·渡辺理繪·山近久美子·이호상·小林 茂,「朝鮮末 日帝 參謀本部 장교의 한반도 정찰과 지도제작」,『대한지리학회지』44-6, 2009, 772~773쪽.
38) 渡辺信孝,「東北大學で所藏している外邦図とそのデータベースの作成」,『季刊地理學』50, 1998, 154쪽.

4. 『한국수산지(韓國水產誌)』의 해도

1905년 11월 17일 을사늑약이 체결된 이듬해 2월, 통감부는 본격적인 한국조사를 실시하였다. 수산조사는 1908년 『한국수산지』 편찬사업으로 대대적으로 이루어졌다.

일본 어부들이 한국의 연안에서 법적인 보호까지 받으며 조업을 시작한 근거는 1883년 조일통상장정이며, 일본 정부는 이 장정을 구실로 삼아서 한국해출어시책을 마련하고 일본어부들을 한국 연안에 대거 출어시켰다. 또한 농상무성 수산국장, 세키자와 아케키요(關澤明淸)는 한국수산조사단을 이끌고 1892년 11월 말경에서 1893년 3월 초까지 약 100일에 걸쳐서 한국 수산조사를 면밀하게 조사하고 돌아가 바로 그해 10월 23일 『조선통어사정(朝鮮通漁事情)』(關澤明淸 竹中邦香 공저, 1893)이라는 제목의 책을 간행하였다. 한국연안조사는 세키자와 조사단을 이어서 계속되었고, 다양한 한국연안조사보고서가 간행되어 한국출어자들에게 수산정보지 역할을 하였다.[39]

일본정부는 1897년에는 원양어업장려법을 공포하여 한국출어를 보다 본격적으로 추진하였는데, 1905년 3월에는 이 법안을 개정 공포하여 출어시책에서 한국이주시책에 중점을 두었다. 이 시책에 따라서 반관반민 단체인 조선해수산조합이 앞장서 한국의 영토 및 어장을 매입하는 등 한국에 일본인 이주지역이 확장되었다. 더욱이 1908년에는 한일어업협정이 제정되어 일본 어부들이 한국의 바다만이 아니라 강과 하천 등 내륙부에서도 조업할 수 있게 되면서 일본인 정주자 수가 대폭 증가하는 한편 이주지가 더욱 활발하게 건설되었다.[40]

---

39) 서경순·이근우, 「한국수산지의 내용과 특징」, 『인문사회과학연구』 20-1, 부경대학교 인문사회과학연구소, 2019, 128쪽 ; 앞의 책, 『환동해』, 95~96쪽.
40) 서경순, 「메이지시대의 수산진흥정책과 일본수산지(日本水產誌)의 편찬에 대한

　1908년『한국수산지』편찬사업은 일본인 이주지건설과 무관하지 않
다.『한국수산지』가 전체 일본어로만 기록된 점, 그리고 수산지인데 수
산 정보보다 조사 지역에 대한 연혁, 지리, 경계, 면적, 호구(인구), 교통,
통신, 장시(場市) 등의 다양한 정보를 면밀하게 조사하여 정리한 점, 그
리고 일본 어부의 근거지는 그들의 출신지, 소속 단체명, 어업활동 및 어
획물 유통 경제 등 매우 구체적인 내용까지 정리해 둔 점 등은 한국 어
부에게 필요한 정보가 아니라 한국 내에 이주 정착한 일본 어부들에게
필요한 정보이며, 향후 한국이주를 희망하고 있는 일본인들에게도 중요
정보들이 아닐 수 없다.
　『한국수산지』의 내용은 매우 방대하여 전체를 다 본다는 것은 쉬운 일
이 아니다. 그런데『한국수산지』에는 주요 내용을 압축한 자료들이 있다.
　『한국수산지』의 각권에 권두 사진을 비롯하여 본문에는 풍속·강우량
(강설량)·조석(潮汐)·수온 등의 연간통계표, 어획물 연도별 통계표 그리
고 지도(해도)가 지역 곳곳에 삽입되어 있다. 책의 말미에는 부록으로 어
사일람표를 첨부하여 각 지역 어업 내역을 요점 정리하여 쉽게 파악할
수 있도록 하였으며, 지명색인을 첨부하여『한국수산지』에 기록된 수많
은 지역을 쉽게 찾을 수 있도록 하였다. 이 자료들은 당시로는 흔치 않은
근대의 상징적인 요소들이다. 특히, 사진의 경우는 일본어부들의 조직체
인 조선해수산조합본부 건물을 필두로 각 지역별, 주요 어장의 형태 및
어업활동 모습, 정박지, 어물전, 등대, 염전, 일본인 이주지에 설치된 학
교 등의 생생한 현장의 모습을 이해할 수 있다. 이 자료는 한국 이주희망
자들에게는 한국 생활을 이해하는 데 큰 도움이 되었을 것이다.
　그리고 제2권~제4권에 삽입된 해도는 각 연안 상황을 이해할 수 있는
자료이다. 해도 중에는 일련번호가 기록된 것이 있다.『한국수산지』제2

연구」, 부경대학교 박사학위논문, 2021. 206~212쪽 ; 앞의 책,『환동해』, 96쪽.

집의 범례 6항에는 "삽입한 지도의 지형 중, 해도에 근거한 것은 란(欄) 바깥에 그 뜻을 부기하였다"는 기록이 있다. 당시 해도는 일본 해군에서 전담하였으므로 해도라고 하면 일본 해군에서 제작한 해도를 말한다. 즉 『한국수산지』에 삽입된 해도에 기록된 번호는 해군 해도의 일련번호를 말한다.

일련번호가 없는 해도는 어떤 해도를 차용하였는지 그 출처를 정확히 알 수 없지만 해도에 수심, 저질(底質)을 나타낸 알파벳과 숫자(분수 포함)와 경도, 위도, 방위표, 항로, 등대, 항구, 사변(海邊) 등의 다양한 기호, 그림들은 실제 측량을 한 정보로 이 또한 해군의 해도를 차용한 것으로 생각된다. 『한국수산지』에 삽입된 해도는 다음과 같다.[41]

<표 5> 『한국수산지』에 첨부된 해도(지형도 포함)

순서	구분	도별	해도 명칭	해군 해도	첨부 위치
1	제2집	함경도	조산만(造山灣)		함북 慶興府 81쪽
2			경성만(鏡城灣)	해도 312호	함북 鏡城郡 108쪽
3			성진포(城津浦)	해도 318호	함북 城津府 122쪽
4			차호만(遮湖灣)	해도 318호	함남 梨元郡 136쪽
5			신창항 부근(新昌港附近)	해도 318호	함남 北靑郡 143쪽
6			신창 및 마양도(新昌及馬養島)	해도 321호	함남 北靑郡 149쪽
7			서호진(西湖津)		함남 咸興郡 165쪽
8			원산진(元山鎭)		함남 德源府 191쪽
9		강원도	강원도 其1		강원 歙谷郡 227쪽
10			장전동 정박지(長箭洞錨地)		강원 通川郡 235쪽
11			강원도 其2		강원 高城郡 239쪽
12			강원도 其3		강원 襄陽郡 255쪽
13			강원도 其4		강원 三陟郡 265쪽
14			죽변만(竹邊灣)	해도 312호	강원 蔚珍郡 277쪽

---

41) 『한국수산지』 제2집~제4집 ;
　　　國立國會図書館 https://dl.ndl.go.jp/pid/802155)(검색일 2023.01.12)

순서	구분	도별	해도 명칭	해군 해도	첨부 위치
15			축산포(丑山浦)	해도 312호	경북 寧海郡 313쪽
16			영일만(迎日灣)		경북 迎日郡 325쪽
17			울산항 부근	해도 312호	경남 蔚山郡 333쪽
18		경상도	부산항만 설비평면도		경남 東萊府 364쪽
19			용남군(龍南郡)구역도		경남 龍南郡 405쪽
20			통영전도(統營全圖)		경남 龍南郡 415쪽
21			삼천포항		경남 泗川郡 441쪽
22			울릉도(鬱陵島)		경북 울진군 450쪽
23			여수군(麗水郡)		전남 麗水郡 83쪽
24			전라남도 서연안		전남 羅州郡 106쪽
25			목포항(木浦港)	해도 339호	전남 務安府 112쪽
26			목포항시가 및 부근도		선남 務安府 117쪽
27			돌산군 전도(郡界·面界)		전남 突山郡 146~147쪽
28		전라도	돌산군(突山郡)	해도 304호	전남 突山郡 148~149쪽
29	제3집		나로도(羅老島)		전남 突山郡 167쪽
30			완도군(郡界·面界)		전남 莞島郡 179쪽
31			완도군(莞島郡)		전남 莞島郡 180쪽
32			진도군 전도(珍島郡全圖)		전남 珍島郡 208쪽
33			지도군 전도(智島郡全圖)		전남 智島郡 227~228쪽
34			제주도(郡界·面界)		전남 濟州島 262쪽
35			전라북도 전연안		전북 310쪽
36			군산항 부근(群山港附近)	해도 333호	전북 沃溝府 329쪽
37			군산항 시가도		전북 沃溝府 333쪽
38			충청남도연안 其1(道界·郡界·面界)		충청도 388쪽
39		충청도	충청남도연안 其2(道界·郡界)		충청도 465쪽
40			충청남도연안 아산만(牙山灣)		충남 牙山郡 487쪽
41			경기도 전도 其1		경기도 60~66쪽
42		경기도	제물포정박지(濟物浦錨地)		경기도 仁川府 98쪽
43	제4집		경기도 전도 其2		경기도 富平郡 117쪽
44			황해도 其1		황해도 191~192쪽
45		황해도	황해도 其2		황해도 219쪽
46			황해도 其3		황해도 237쪽

순서	구분	도별	해도 명칭	해군 해도	첨부 위치
47		평	평안남도 其1		평남 268쪽
48		안	진남포항 평면도		평남 鎭南浦府 275쪽
49		도	평안남도 其2		평남 288~289쪽
50			평안북도 其1		평북 299쪽
51			평안북도 其2		평북 308쪽

〈표 5〉에 제시한대로 제2집에 22개, 제3집에 18개, 제4집에 11개로, 지형도를 포함한 해도는 총 51개이다. 이중에 해도 번호가 확인된 것은 11개이며, 제2집에 8개(해도 312호, 해도 318호, 해도 321호), 3집에 3개(해도 304호, 해도 333호, 해도 339호)이며, 제4집에는 없다. 해도 가운데 일련번호가 기록된 사례와 기록되지 않은 사례를 살펴보도록 하자.

1) 일련번호가 있는 해도

『한국수산지』에 삽입된 해도 중에 제3집의 사례를 들어보도록 하자. 일련번호가 기록된 해도는 ①'목포항(木浦港)' ②'돌산군(突山郡)' ③'군산항부근(群山港 附近)'이 있다.

이 3개의 해도의 왼쪽 여백에는 '해도 000호에 근거(海圖000號ニ據ル)'라는 기록이 있다.

이 중에 군산항 부근(群山港附近) 〈그림 9〉에 기록된 해도 333호를 해군의 외방도에서 검색하면 군산항 및 부근(群山港及附近) 〈그림 10〉[42])

---

42) 〈그림 10〉의 群山港及附近은 2017년 7월경 필자가 '外邦図デジタルアーカイブ'사이트에서 검색한 것이다. 그런데 2023년 7월 이후 이 사이트가 열리지 않는다. 당시 이 해도의 상단 우측에서 명치 39년 수로부에 의해 인쇄·발행하였으며, 해도에 관여한 측량 함선, 측량 군인의 성명과 직위 그리고 "내륙부의 전망산(前望山)은 북위 36도 0분 28초, 동경 126도 40분 8초, 연안부의 죽도(竹島) 동쪽은 삭망고조 3시 57분, 대조승 23¼피트, 소조승 16피트, 소조차 8¾피트"라

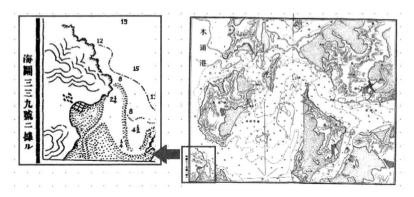

〈그림 7〉 ① 木浦港〈海圖三三九號ニ據ル(해도339호에 의거)〉

※ 출처 : 『韓國水産誌』 3輯

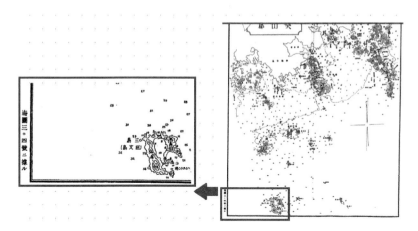

〈그림 8〉 ② 突山郡〈海圖三〇四號ニ據ル(해도304호에 의거)〉

※ 출처: 『韓國水産誌』 3輯

이다. 두 해도는 명칭이 일치하며 전체 윤곽선도 별 차이가 없다.

─────────

는 기록을 확인할 수 있었다. 이 정보는 일본 해군의 측량 사실을 확인시켜 준다.

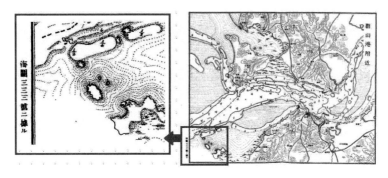

〈그림 9〉 ③ 群山港附近〈海圖三三三號ニ據ル(해도333호에 의거)〉
※출처: 『韓國水産誌』 3輯

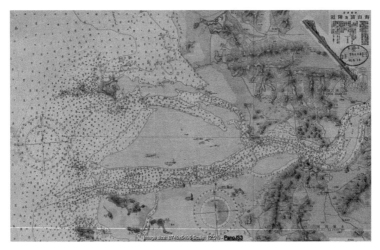

〈그림 10〉 군산항 및 부근(群山港及附近)
※출처: 外邦圖デジタルアーカイブ

〈그림 9〉와 〈그림 10〉을 비교해 보면『한국수산지』에 삽입된 해도는
해군의 해도를 차용한 사실이 명백하게 확인된다. 그러나 두 해도는 얼
핏 보아도 연안부에 극명한 차이가 드러나 있다. 해군의 해도를 보면 내
륙부와 연안부에 나침반이 각각 배치되어 있으며, 연안부에는 마치 점을
찍은 놓은 것처럼 보이는 영어 알파벳, 숫자, 분수가 빽빽하게 기록되어

있다. 이것은 바다의 수심, 저질 등을 나타낸 수치들인데 『한국수산지』의 해도는 이 정보들을 거의 생략하고, 정박지, 항로, 간출(干出)[43], 모래톱 등 안전 항해에 필요한 정보만을 남겨두어 빈 여백이 드러나 있다. 그러나 내륙부는 『한국수산지』의 해도가 좀 더 자세한 양상을 보인다. 주거지역을 비교해 보면 검고 작은 네모 모양의 수가 마을마다 다르다. 아마도 각 마을의 호수를 나타낸 것으로 보인다. 그리고 조계지인 군산은 큰 직사각형에 네모반듯하게 잘 구획된 모습으로 그려서 일반 주거지와는 차별화하였다.[44] 이러한 것은 『한국수산지』에 삽입된 해도는 해군의 외방도를 그대로 차용하지 않았다는 사실을 말해준다. 편찬자들은 해군의 해도를 차용했지만 군사적 정보는 삭제하고, 어업자의 안전한 조업과 생활의 편익을 돕는 정보는 추가하여 제작하였다.

『한국수산지』 제3집에 의하면 조기 성어철이 되면 군산 앞바다에는 구마모토, 사가현, 후쿠오카 등지에서 일본 출어선이 1천여 척이 넘게 폭주하였으며, 군산항 일대의 전망산 부근, 장암리(長岩里)는 나가사키현 어업근거지, 용당(龍堂)은 후쿠오카현 어업근거지였다.

『한국수산지』에 첨부된 군산항부근이라는 해도는 군산항 일대에서 조업하는 어부들에게 그 역할을 톡톡히 하였을 것이다.

2) 일련번호가 없는 해도

2-1) 영일만(迎日灣)

『한국수산지』 제2집에는 영일만이라는 해도가 삽입되어 있다. 이 해도에는 일련번호가 없지만 영어 알파벳, 숫자, 분수 등이 표시되어 있으

---

43) 간조(干潮) 시에, 해수면 위에 드러나는 암초 등을 말한다.
44) 앞의 책, 『환동해』, 120~122쪽 ; 앞의 발표문, 「韓國水産誌에 보이는 군산지역 海圖에 관하여」, 262~269쪽.

므로 실측 해도라는 것을 단서로 해군의 외방도에서 영일만이 그려져 있는 해도를 검색해 보았다.

해도 301호, 조선전안(朝鮮全岸)[45]은 해도의 명칭과 같이 한국의 전 연안이 나타나 있는 외방도이며 앞에서 살펴보았던 조선전도 및 한국전도와 같이 한반도가 중앙에 배치되어 있지만 확연하게 다른 것은 동해·남해·서해의 연안부에 각각 나침반이 배치되어 있고, 수심, 조류, 갯벌, 저질(底質), 위험표시 등을 알리는 수많은 숫자, 알파벳, 기호, 그림 등이 있다. 즉 실제 측량이 이루어진 해도가 분명하다. 그런데 이 조선전안에는 다음과 같이 주의를 요하는 경고문이 있다.[46]

"본 해도는 명치 37년(1904) 우리 해군의 측량에 근거하며, 영국·러시아의 최근 측량을 참고해서 편성했다. 단 조선의 동해안은 아직 확측(確測)을 거치는 중이므로 명칭의 위치가 다소 차이가 있으니, 항해자는 아무쪼록 주의해야 한다."

이 내용은 조선전안이 아직 미완성 단계라는 것을 해군 수로부가 시인하는 것이다. 『한국수산지』에 삽입되어 있는 영일만 해도의 연안부와 비교해 보아도 많은 차이가 없다.

그러나 내륙부에는 『한국수산지』에 삽입된 영일만 해도가 훨씬 자세하게 그려져 있다. 포항이라는 지명이 기록된 곳을 보면 우선 구획이 잘 조성된 신시가지라는 것을 보여준다. 『한국수산지』 2집에 의하면 포항에

---

45) 外邦図デジタルアーカイブ/海図(검색일:2019.08.26.):현재 검색되지 않음.
   http://chiri.es.tohoku.ac.jp/~gaihozu/ghz-list.php?lang=ja-JP&search=&pl2=201&p=6
   (해도 301호는 일본 해군성에서 명치 37년(1904)까지 측량하여 명치 39년(1906) 3월에 발행한 해도이다)
46) 서경순, 「『韓國水産誌』의 海圖와 일본 해군 수로부의 海圖 비교」, 한국지방자치학회 하계학술대회 제1권, 2019, 635~640쪽.

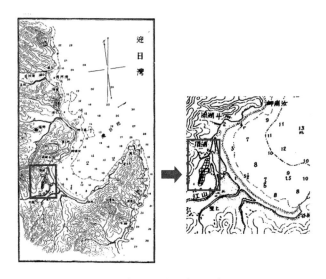

〈그림 11〉 영일만(迎日灣)

※출처: 『韓國水産誌』 2輯(네모박스로 표시한 곳은 포항시가지이다).

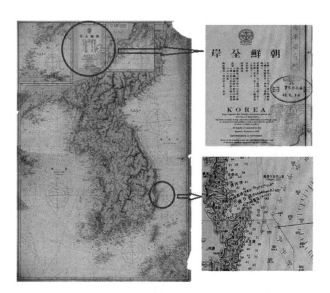

〈그림 12〉 조선전도(해도 301호, 일본 해군성)

는 당시(1908~1909년 기준 추정) 일본인이 357명(95호) 거주하였는데,
오카야마현(岡山縣)의 이주 어업인 5호를 제외하면 모두 상업인이며, 포
항 주변에는 각 현(縣)에서 이주지로 선정해 둔 곳도 있다고 하였다.47)
영일만 일대에 일본인 이주지가 확장되었던 배경에는 1905년 원양어업
장려법에 따른 한국 내 일본인 이주지건설과 관계가 있으며, 특히 포항
은 상업중심지로 구룡포는 어업중심지가 되었다. 영일만 일대의 연안에
는 크고 작은 암초와 바위섬이 여기저기 산재되어 있어서 조업 중에 매
우 조심하지 않으면 안된다.『한국수산지』에 삽입된 영일만 해도는 당시
어업자들의 안전한 조업과 항해에 필수 정보가 되고도 남았을 것이다.

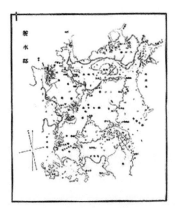

<그림 13> 여수군(麗水郡)
※출처:『韓國水産誌』3輯

2-2) 여수군(麗水郡)

　『한국수산지』 제3집에 삽입된
'여수군(麗水郡)'이라는 해도는 일
련번호가 없다 <그림 13>. 해군의
외방도 중에 '조선총도남부(朝鮮叢
圖南部)'와 '조선남동안(朝鮮南東
岸)'에는 여수군이 그려져 있다.48)
　'조선총도남부(朝鮮叢圖南部)'
<그림 14>는 해도 제320호이다. 이
해도에는 원도(原圖)를 1886년 개
정한 영국 해군의 해도 104호를 바

---

47) 이근우·서경순,『한국수산지』 II-2, 산지니, 2023, 66~67쪽 ; 서경순(공저),『울
　릉도·독도의 인문과 자연』 (이하는『울릉도·독도』), 도서출판 지성人, 2024,
　200~202.

48) '조선총도남부(朝鮮叢圖南部)'와 '조선남동안(朝鮮南東岸)'는 '外邦図デジタル
　アーカイブ'에서 검색하였는데, 주석 40)에서 언급한 바와 같이 현재 사이트가
　열리지 않는다.

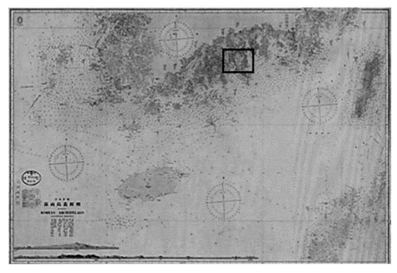

〈그림 14〉 조선총도남부(朝鮮叢圖南部, 1901년)
※ 네모박스로 표시한 곳이 여수군이다.

탕으로, 일본 해군에서 측량 보완하여 1888년 최초 간행하였는데, 다시 1900년~1901년 대개정하여 1901년 인쇄·발행한다는 사실을 해군 수로 부에서 밝혀두었다.

그리고 '조선남동안(朝鮮南東岸)' 〈그림 15〉에도 이 해도는 해군 수로 부에서 명치28~32년(1895~1899)에 걸쳐서 측량(수정 포함)하였으며, 명치 35년(1902) 7월에 제판(製版)·인쇄 발행한다고 기록을 하였다.

그런데 이 외방도에는 번호 대신에 '海圖 ?'라고 표기되어 있다.

조선남동안 〈그림 15〉을 자세히 보면 가장자리가 여기저기에 훼손되었다. 아마도 해도 번호를 기록했던 곳이 훼손되어 번호를 알 수 없었기 때문에 '海圖 ?'로 기록한 것은 아닐까?

해군의 외방도, 조선총도남부(朝鮮叢圖南部)와 조선남동안(朝鮮南東岸)에 그려져 있는 여수군 일대를 『한국수산지』에 삽입된 여수군 해도와 비교해 보았다. 여수군 지형의 윤곽선이 마치 나비가 날개를 펼친 형태

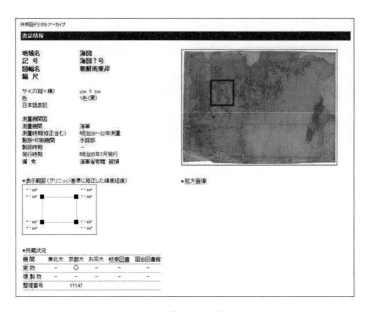

〈그림 15〉 조선남동안(朝鮮南東岸): 교토대학 소장

※ 네모박스로 표시한 곳이 여수군이다.

이고, 또한 여수군 일대의 연안부의 모습이 거의 일치하였다.

물론『한국수산지』에 삽입된 여수군 해도가 일본 해군의 어떤 외방도
를 근거로 하였는지 명확하게 알 수 없지만 연안부에 표기된 분수, 숫자,
알파벳 기호 및 모래톱 등의 정보들은 실제 측량이 이루어진 해도로 이
또한 해군의 외방도를 근거로 제작한 것이다.[49] 여수군에는 일본 어부들
의 어획물을 매입부터 유통까지 일체를 관리하는 조선해수산조합의 출
장소가 설치되었을 정도로 당시 일본 어부들이 많이 정주했던 곳이다.
『한국수산지』에 삽입된 여수군 해도는 해군의 외방도에 그려진 군사적

---

49) 서경순, 「日本 海軍의 해도와『한국수산지』의 海圖와의 비교」, 『제33차 동아시
아일본학회·동북아시아문학학회 2016년 추계연합국제학술대회 자료집』, 동북
아시아문화학회, 2016, 456~461쪽

인 정보를 대부분 생략하였지만, 안전 조업에 필요한 정보와 내륙부의 정보를 보완 추가하여 당시 어부들은 지침서로 활용하였을 것이다.[50)]

　이상과 같이 『한국수산지』에 삽입된 해도는 일본 해군의 외방도를 차용하여 제작한 사실을 확인해 보았다.

　그러나 『한국수산지』의 편찬자들은 해군의 외방도를 그대로 복제하지 않고, 군사적 기밀을 삭제하거나 생략하고, 안전한 항해와 어업에 필요한 정보를 활용하였으며, 오히려 내륙부에는 정보를 좀 더 보완 추가하여 어업자들의 생활 편익까지 도모하였다.

5. 맺음말

　본고는 『한국수산지』에 삽입된 해도의 근거를 찾기 위해 일본 해군의 외방도에 초점을 맞추고 두 해도의 공통점과 차이점을 확인해 보았다.

　『한국수산지』에 삽입된 해도 가운데 '해도 000호에 근거(海圖000號二 據ル)'라는 그 출처가 밝혀져 있는 해도의 경우에는 일본 해군의 외방도에서 쉽게 확인할 수 있었다. 그리고 일련번호가 없는 경우에도 어떤 외방도를 차용하였는지 그 출처를 분명히 밝힐 수는 없지만 해군의 외방도와 대조 비교해 본 결과 전자와 같이 해군의 외방도를 근거로 제작한 사실을 확인할 수 있었다.

　일본 군부가 외방도를 제작한 것은 유럽식 군사체계를 그대로 수용한 결과였으며, 육군은 영토지도를, 해군은 해상지도를 각각 제작하였다.

　군부가 외방도를 제작하는 목적은 식민지화 구축에 있다. 그러나 외방도 제작을 시도한 초기에는 측량도구, 측량술, 해도 제작술을 갖추지 못

---

50) 『韓國水産誌』 3輯, 67쪽, 72쪽.

하였으므로 외국의 지도를 비밀리에 입수하여 복제하는 수준이었다. 이후 육군은 특수훈련을 마친 비밀요원을 대상국에 잠입시켜서 비밀측량을 감행하여 외방도를 제작하였으며, 해군은 구미의 해도를 입수하여 이를 바탕으로 재측량하여 일본식 해도로 복제하였다. 그러나 완벽한 일본식으로 복제할 수 없었다. 명칭 중에는 한자로 변환할 수 없는 영문식의 선박명·인명·지명 등이 있었기 때문이었다. 이 명칭은 영어식 음가에 가타카나로 표기해야만 했다.[51]

해군의 외방도는 식민지 구축에 목적을 둔 군사용인 반면에 『한국수산지』에 삽입된 해도는 항로, 정박지, 등대, 수심, 조류, 저질(底質), 방향 표시(나침반 등), 위험물(암초, 모래톱 등) 등 어업자의 안전한 항해 및 어로활동에 필수한 정보용이다.

그러나 이 해도가 어업에만 기능하였을까? 1893년 간행된 『조선통어사정(朝鮮通漁事情)』의 총론에는 일본 어부들이 한국에 출어해서 해마다 거두는 수익이 매우 크기 때문에 정부가 나서서 이들을 보호 장려하여 국가이익을 증진시켜야 한다는 사실과 아울러 일본 어부들이 한국 연안에 출어해서 조업하게 되면 조류, 해저, 암초 등의 한국 연안 지리를 저절로 숙지하게 되니 이들을 군사상 이용하면 편리할 뿐만 아니라, 해병으로 삼아서 일본 해군의 해도가 아직 오류가 많으므로 이들을 물길 안내자로, 또는 첩자로 이용할 수도 있고, 측량함이 해도를 제작할 때도 활용할 수도 있다는 내용들이 기록되어 있다.[52] 이 책은 일본 최초의 공

---

51) 海圖320号(朝鮮叢島南部)에는 거문도에 사마랑암(サマラング岩)과 해밀턴港(ハミルトン港)이라는 명칭이 가타카나로 기록되어 있다. 이 외방도에는 원도는 영국 해군에서 제작한 것을 밝혀져 있다. 즉 원도에 기록된 사마랑과 해밀턴은 한자로 변환할 수 없었기 때문에 가타카나로 기록한 것이다. 사마랑은 실측했던 영국 해군 함정명이며, 해밀턴은 당시 영국 해군성 차관의 이름이다.

52) 이근우, 「明治時代 일본의 朝鮮 바다 조사」, 『수산경영론집』 43-3, 한국수산경영학회, 2012, 2쪽 ; 앞의 책, 『환동해』, 95~96쪽 ; 이영학, 『수산업-어업(1) 개항기

식적인 한국연안조사서이며, 저자, 세키자와 아케키요(關澤明淸)와 다케
나카 쿠니카(竹中邦香)는 당시 수산국의 고위 관료였다. 이점을 감안해
보면 이들의 한국연안조사는 일본정부의 한국연해출어시책의 연장선에
실시된 것은 두말할 필요가 없으며 또한 한국연해출어시책의 이면에 군
사적 논의가 있었던 점을 반영해 준다.

　『한국수산지』에 삽입된 해도는 어부들에게 안전한 항해를 위한 정보
를 제공하였으며, 근대 해도의 이해도를 높였지만, 한편에서는 일본어부
들을 전면에 내세워 한국의 바다를 장악하였던 수단이 되었다.

일제의 어업침탈』, 동북아역사재단, 2022, 89~93쪽(『朝鮮通漁事情』 재인용).; 앞
의 책, 『울릉도・독도』, 185~186쪽.

참고문헌

1. 단행본

大韓帝國 統監府 農商工部 水産局, 『韓國水産誌』 第1輯, 1908.

大韓帝國 統監府 農商工部 水産局, 『韓國水產誌』 第2輯, 1910.

朝鮮總督府 農商工部, 『韓國水產誌』 第3輯, 1910.

朝鮮總督府 農商工部, 『韓國水產誌』 第4輯, 1911.

關澤明淸·竹中邦香 同編, 『朝鮮通漁事情』, 團々社書店, 1893.

김용구, 『만국공법』, 도서출판 소화, 2008.

김기혁, 『釜山古地圖』, 부산광역시, 2008.

小林 茂, 『近代日本の地圖作製とアジア太平洋地域』, 大阪大學出版會, 2009.

小林 茂, 『外邦図 帝國日本のアジア地図』, 中央公論新社, 2011.

박영준, 『해군의 탄생과 근대 일본』, 그물, 2014.

미야자키 마사카츠 저, 이근우 역, 『해도의 세계사』, 도서출판 어문학사, 2017.

이영학, 『수산업-어업(1) 개항기 일제의 어업침탈』, 동북아역사재단, 2022.

농상공부 수산국 저, 이근우·서경순, 『한국수산지』 I -1, 산지니, 2023.

농상공부 수산국 저, 이근우·서경순, 『한국수산지』 I -2, 산지니, 2023.

농상공부 수산국 저, 이근우·서경순, 『한국수산지』 II-1, 산지니, 2023.

농상공부 수산국 저, 이근우·서경순, 『한국수산지』 II-2, 산지니, 2023.

농상공부 수산국 저, 이근우·서경순·심민정 역, 『한국수산지』 III-1, 산지니, 2024.

농상공부 수산국 저, 이근우·서경순 역, 『한국수산지』 III-2, 산지니, 2024.

농상공부 수산국 저, 이근우·서경순 역, 『한국수산지』 IV-1, 산지니, 2024.

농상공부 수산국 저, 이근우·서경순 역, 『한국수산지』 IV-2, 산지니, 2024.

서경순(공저), 『환동해의 중심 울릉도·독도 』, 도서출판 지성人, 2023.

서경순(공저), 『울릉도·독도의 인문과 자연』 (이하는 『울릉도·독도』), 도서출판
　　지성人, 2024.

2. 논문

具良根, 「日本外務省 七等出仕 瀨脇壽人과 外國人顧問 金麟昇」, 한일관계사연
　　구, 1997.

남영우, 「日帝 參謀本部 間諜隊에 의한 兵要朝鮮地誌 및 韓國近代地圖의 작성 과정」, 『문화역사지리』 제4호, 1999.

남영우·渡辺理繪·山近久美子·이호상·小林 茂, 「朝鮮末 日帝 參謀本部 장교의 한반도 정찰과 지도제작」, 『대한지리학회지』 44-6, 2009.

남영우·이호상 「日帝참모본부 장교의 측량침략과 朝鮮 目測圖의 특징」, 『한국 지도학회지』 10-1, 2010.

정인철, 「카시니 지도의 지도학적 특성과 의의」, 『대한지리학회지』 41-4, 2006.

이근우, 「明治時代 일본의 朝鮮 바다 조사」, 『수산경영론집』 43-3, 한국수산경 영학회, 2012.

한철호, 「대한(조선)해협의 명칭 변화 및 그 의미」, 도서문화 제 44집, 2014.

서경순·이근우, 「『한국수산지』의 내용과 특징」, 인문사회과학연구 20-1, 2019.

서경순, 「메이지시대의 수산진흥정책과 일본수산지(日本水産誌)의 편찬에 대한 연구」, 박사학위논문, 부경대학교, 2021.

渡辺信孝, 「東北大學で所藏している外邦図とそのテータベーズの作成」, 『季刊 地理學』 50, 1998.

小林 茂, 「外邦図 帝國日本のアジア地図」, 『中央公論新社』, 2011.

船杉力修, 「分縣地図の草分け『大日本管轄分地図』について(1)」, 『淞雲』 19, 2017.

矢吹哲一郎, 「日本による近代海図刊行の歴史(明治5~18年)」, 『海洋情報部研究 報告』, 2020.

佐藤 敏, 「明治初期の腐蝕法による海図銅版作製者」, 海洋情報部研究報告 第58 号, 2020.

3. 발표문

서경순, 「『韓國水産誌』에 보이는 군산지역 海圖에 관하여」, 『2017년 제8회 전 국해양문화학자대회 자료집 2』, 2017.

서경순, 「日本 海軍의 해도와 『한국수산지』의 海圖와의 비교」, 『제33차 東北亞 細亞文化學會·東亞細亞日本學會 秋季聯合國際學術大會』, 2016.

서경순, 「『韓國水産誌』의 海圖와 일본 해군 수로부의 海圖 비교」, 한국지방자 치학회 하계학술대회 제1권, 2019.

4. 누리집

日本國立國會図書館(韓國水產誌)
https://ndlsearch.ndl.go.jp/en/search?cs=bib&display=panel&f-ht=ndl&keyword=%E
9%9F%93%E5%9C%8B%E6%B0%B4%E7%94%A3%E8%AA%8C(검색일
2024.02.12.)

海圖アーカイブ(陸中國釜石港之圖)
https://www1.kaiho.mlit.go.jp/KIKAKU/kokai/kaizuArchive/birth/index.html(검색
일 2023.02.02.)

アメリカ議會図書館藏 初期外邦測量原図データベース(84697511 朝鮮全圖)
https://www.let.osaka-u.ac.jp/geography/gaihouzu/earlymap/list.html?agree=agree
(검색일 2024.02.12.)

アメリカ議會図書館藏 初期外邦測量原図データベース(2007630239 韓國全圖)
https://www.let.osaka-u.ac.jp/geography/gaihouzu/earlymap/list.html?agree=agree
(검색일 2024.02.12.)

外邦図デジタルアーカイブ/海図
http://chiri.es.tohoku.ac.jp/~gaihozu/ghz-list.php?lang=ja-JP&search=&pl2=201&p=
6(검색일 2019.08.26.)

탈냉전 시기, 일본의 안보법제 강화 과정

유지아*

1. 머리말

탈냉전 시기(Post-Cold War era)는 세계사에서 소련이 붕괴한 1991년부터 2017년까지를 말한다. 이후 2018년 미중 간의 패권경쟁이 본격화되면서 2차 냉전 또는 신냉전 시기로 이어졌다. 한편 일본에서는 탈냉전 시기와 거의 맞물리는 1989년부터 2019년까지 헤이세이(平成)라는 연호의 시대이다. 일본은 1989년 1월 7일 오전 6시 33분 쇼와 천황이 사망하고 황태자였던 아키히토 친왕이 제125대 천황으로 즉위하면서 원호를 헤이세이(平成)라고 정했다. 헤이세이는 '나라 안팎, 천지 모두 평화를 달성한다'는 뜻이다.[1] 이처럼 헤이세이의 시작은 전쟁의 한복판에서 무수한 피해를 감당하며 살았던 일본인들에게 64년간의 쇼와를 끝내는 의미뿐만 아니라, '평화를 이룬다'는 뜻과 더불어 새로운 시대에 대한 기대 그 자체였다. 그러나 30년간의 헤이세이가 끝난 현재, 일본에서는 헤이세이 시대를 실패의 시대로 인식하는 경향이 강하다.[2] 일반적으로 '헤이세이의 실패' 원인을 경제적인 이유에서 찾고 있지만, '평화를 이룬다'는

---

* 원광대학교 동북아시아인문사회연구소 / saigunbi@naver.com
1) "新元号は「平成へいせい」一月八日から施行"『産経新聞』(1989年1月7日).
2) 吉見俊哉,『平成時代』(東京: 岩波新書, 2019); 原武史,『平成の終焉: 退位と天皇・皇后』(東京: 岩波新書, 2019); 保阪正康,『平成史』(東京: 平凡社, 2020).

헤이세이의 기본 개념을 생각하면 안보체제 강화로 인해 평화헌법이 공동화(空洞化)³)하는 과정을 더욱 주목해서 보아야 할 것이다.

일본에서 쇼와(昭和) 시대는 전쟁 전과 후를 이어서 60여 년 동안 지속되었다. 그리고 헤이세이 시대가 열리고 나서 1995년에는 대전환을 알리기라도 하듯 한신·아와지 대지진(阪神·淡路大震災), 오움진리교 사건과 같은 일본 사회를 뒤흔드는 일들이 일어났고, 여기에 제대로 대응하지 못하는 정치권에서는 전후 최초로 자사연립정권(自社さ連立政權)⁴)이 성립되었다. 이뿐만 아니라 1995년은 역사 사실을 편리하게 해석하려는 '역사수정주의'가 발호하여 일본 '전후 민주주의'의 종언과 함께 정치의 우경화가 시작된 시점이기도 하다.

이렇게 시작한 헤이세이 시대를 흔히 '잃어버린 30년'이라고 하는데, 이는 여러 분야에서 실패가 반복되었기 때문이다. 특히 네 번의 쇼크와 함께 동북아는 위기에 봉착했고, 이 위기는 다시 일본의 상황을 악화시켜 헤이세이 시대는 단계적인 쇠퇴과정을 걸었다. 네 번의 쇼크를 정리하면, 첫 번째는 1989년에 정점을 찍었던 버블경제의 붕괴이고, 두 번째는 1995년 한신·아와지 대지진과 오움진리교 사건이다. 그리고 세 번째는 2001년에 미국에서 발생한 9.11 동시다발 테러와 이후 국제정세의 불안정화이며, 네 번째는 2011년 동일본대지진과 도쿄전력 후쿠시마 제1원자력발전 사고이다.⁵) 이처럼 일본의 헤이세이 시대는 네 번의 쇼크와 동

---

3) 일본 평화헌법의 공동화에 대해서는 유지아, 「일본 평화헌법의 공동화(空洞化)와 자위대」『한국일본사상사학회』(2019) 참조.
4) 1994년 6월 30일부터 1998년 6월까지의 자유민주당·일본사회당(1996년 1월 19일 이후는 사회민주당)·신당 사키가케(新党さきがけ)에 의한 연립정권이다. 사회당과 사키가케의 '사사정권구상'에 자민당이 가세하는 형태로 '자사공동정권구상'을 형성하여 자사연립정권이 성립되었다. 사회당과 사키가케 및 자민당을 다케시타 노보루(竹下登)가 주도하는 정권으로 전후 정치의 55년 체제에 종지부를 찍은 정권이었다.

북아 위기가 맞물리면서 그에 맞는 안보체제로 대응하고자 했으며, 이는 신냉전 시대로 이어지는 국제사회에서 탈냉전 시대에 주춤했던 미일 관계를 중심으로 한 안보체제의 강화를 골자로 한다. 따라서 본 연구에서는 앞에서 언급한 네 번의 쇼크를 동북아 안보문제에 가장 큰 변화를 준 사안을 중심으로 재조정하여 헤이세이를 세시기로 나누어 고찰하고자 한다. 제1기는 1991년 걸프전과 지역분쟁 시기, 제2기는 2001년 9·11과 테러 시대, 제3기는 2011년 3·11동일본 대지진과 재해이다. 이렇게 시기를 나눈 이유는 각 시기마다 일본은 PKO법안, 유사법제, 국가안보기본법안 등을 제정하여 헌법을 개정하지 않은 상태에서 전쟁을 할 수 있는 보통 국가로 한발씩 나아갔기 때문이다.

나오미 클라인(Naomi Klein)은 전쟁, 테러, 자연재해, 주식시장 붕괴 같은 총체적인 충격을 받아 대중의 방향감각이 상실된 틈을 이용해 정부가 경제적 쇼크요법을 밀어붙인 사례들을 집약했다.[6] 클라인은 밀턴 프리드먼의 신자유주의가 어떻게 민주주의를 위협하면서 전 세계적으로 퍼져나갔는지에 대해 설명하면서 프리드먼이 현시대 자본주의의 묘책을 구체화했다고 말했다. 클라인은 프리드먼이 "실제이든 아니면 인식이든 간에, 오직 위기만이 진짜 변화를 만들어낸다. 위기가 발생하면 이제껏 밀려났던 사상에 근거한 조치가 취해진다. 또한 과거에는 정치적으로 불가능했던 일들이 오히려 불가피해진다"는 논리를 지적하고 있다.[7] 그는 원리주의적 자본주의는 항상 대참사를 필요로 해왔다는 것을 지적하면서 프리드먼의 위기나 재해에 편승하려는 사고방식을 '쇼크 독트린'이라고 말한 것이다. 이처럼 대참사가 발생한 이후에는 자유무역의 과격한 개혁을 도입할 환경을 정비하기 위해 일반 대중을 공포에 빠뜨리는 교묘

5) 吉見俊哉, 『平成時代』, 21쪽.
6) 나오미 클라인(김소희 역), 『쇼크 독트린』 (파주: 살림비즈, 2008).
7) 나오미 클라인, 『쇼크 독트린』, 15쪽.

한 의도가 나타난다. 그리고 대참사를 수습하는 과정에서 드러난 결과는 항상 방대한 공공자산의 민간으로의 이전, 부유층과 빈곤층 격차의 확대, 그리고 안전보장에 대한 제한없는 예산확충을 정당화하는 호전적 내셔널리즘의 고양이다.

　이러한 '쇼크 독트린'의 논리로 보면, 일본도 헤이세이 시대에 있었던 네 번의 쇼크로 인해 과거에 불가능했던 일들을 진행하고 있다. 대표적으로 일본 기시다 내각(岸田內閣)이 2022년 12월 16일에 제정한 '국가안전보장전략(國家安全保障戰略)'이다. 이 국가안전보장전략의 주요한 실천 전략은, 일본이 침공을 받았을 때 적의 미사일 기지 등을 공격할 수 있는 '반격능력'을 보유하는 것이다. 그리고 5년 뒤에는 방위비를 국내총생산(GDP)의 2% 이상으로 늘린다는 내용을 골자로 한 발본적인 방위력 증강이다. 아시아·태평양전쟁 후, 연합국은 헌법 제9조를 제정하여 일본이 더 이상 전쟁을 할 수 없게 했다. 여기에 이어 1951년 9월에 일본은 샌프란시스코 강화조약과 함께 미일안전보장조약을 체결하여 일본의 안보를 미국에 맡기는 형태를 유지하고 있다. 이뿐만 아니라 1976년에는 내각에서 방위비를 국내총생산(GDP) 대비 1%를 넘지 않겠다고 결정하고 지켜왔다. 이처럼 일본은 패전 후, 헌법 제9조와 미일안전보장을 두 축으로 안보정책을 구상해 왔으나, 기시다 내각의 안전보장전략은 이 틀을 완전히 바꾼 것이었기 때문에 주변국의 반발은 거셀 수밖에 없다.[8]

　냉전 종식 후 이데올로기로 인한 대규모 전쟁이 일어날 가능성은 낮아졌지만, 테러나 소규모 지역분쟁, 대재해 등 보다 다양한 참사가 일어나고 있다. 참사에 편승하여 성장하는 자본주의가 그러하듯 현재 동북아시아 특히 일본에서 이러한 참사에 가장 편승하는 부분은 안보정책일 것

---

8) 유지아, 「안보위기 인식에 따른 일본 국방전략의 역사적 고찰」 『일본문화연구』 86 (2023), 192~193쪽.

이다. 일본은 아시아·태평양전쟁에서 패전한 이래 평화국가라는 미명아래 좌우 정치권은 서로 다른 꿈을 꾸면서 현실은 그저 미국의 패권구도 아래 기지 역할을 해왔다.[9] 아베가 개헌을 추진했지만 끝내 실현되지 못했던 이유도 평화 국가를 둘러싼 정치와 일본 시민들의 생각이 패전 이후 전혀 변하지 않았기 때문이다. 그러나 이러한 지형이 변화한 시점이 헤이세이 시기라 할 수 있다. 동북아의 위기와 일본의 안보가 첨예하게 충돌하면서 일본은 보다 구체적인 안보체제를 고민해야 하는 시점이 되었던 것이다.

이에 본 연구는 헤이세이 시대에 안보위기와 관련한 대참사를 중심으로 일본의 안보정책이 어떻게 변화하였는지 고찰하고자 한다. 헤이세이 30년은 10년에 한 번씩 큰 위기에 직면하면서 일본은 안보정책을 수정해 나갔다. 그리고 현재 레이와 시대에 들어서 미중 전쟁과 2019년 러시아의 우크라이나 침공으로 인해 일본의 안보정책이 또 다른 변화를 도모하고 있다. 따라서 레이와 시대는 헤이세이 시대에 낳은 정책과 이념을 이어가는 과정이 될 것인지 아니면 다른 국가 이념을 가지고 나아갈 것인지 분석하기 위해 헤이세이의 정책전환 과정을 역사적인 관점에서 고찰하는 것은 의의가 있을 것이다.

2. 제1기: 걸프전과 국제평화(PKO)협력법 공포

1980년대에 들어서 군사 중심의 국가안전보장 개념이 북유럽을 중심으로 동서간의 긴장완화를 목표로 한 '공통의 안전보장' 개념으로 바뀌었다. 이에 일본은 냉전 종식에 맞추어 경제안전보장을 중심으로 한 '종

---

9) 남기정, 『기지국가의 탄생』(서울: 서울대학교출판문화원, 2016) 참조

합안전보장(總合安全保障)'을 내놓았다. 종합안전보장이란 군사적 위협 뿐만 아니라 국가의 안정에 필요한 경제·식량·에너지 등의 과제를 종합적인 전략으로 파악하는 동시에, 군사적 위협 및 이를 위한 방위비용을 최소화하는 노력을 도모하는 것이라고 할 수 있다. 그러나 종합안전보장의 정의는 결코 획일화되어 있지 않기 때문에, 각각의 연구자가 개별적으로 다양한 정의를 시도하고 있다. 예를 들어, 에토 신키치(衛藤 藩吉)는 종합안전보장을 "국가의 안보를 고려할 때 목표로서 단순히 다른 나라로부터의 군사적 침략에 대비하는 것뿐 아니라, 안보와 관련하여 경제 등 다른 분야에서도 폭넓게 중요한 국가목표를 내걸고, 나아가 그러한 목표들을 달성하는 데 군사적 요소를 최소화하고 비군사적 요소를 최대한 활용한다는 정책(행동)원리"라고 정의하고 있다.[10] 오늘날에는 종합안전보장 개념에 환경문제 등에 대한 목표도 추가되어 보다 다각적인 시야에서 안전보장이 검토되고 있다.

전후 일본에서는 이러한 기본자세 속에서 오히라 마사요시(大平正芳) 내각 때 종합안전보장연구를 위한 연구회를 설치하여 안전보장정책에 대해 논의하고, 검토한 결과를 정부에 상정하여 일본 안전보장의 기본방침으로 삼았다. 이뿐만 아니라 오히라 내각에 이은 스즈키 요시유키(鈴木善幸) 내각에서는 1980년 12월에 국방회의와는 별도의 조직으로 내각 내에 종합안전보장관계 각료회의를 설치했다. 이 각료회의는 내각관방장관을 주재자로 하는 9대신[11]이 구성원이 되어 2004년 9월까지 운영하였다. (단 1990년 9월 이후에는 개최되지 않았다). 이처럼 일본은 종합안전

---

10) 衛藤藩吉·山本吉宣著, 『總合安保と未來の選擇』(東京: 講談社, 1991), 72쪽.

11) 국방회의는 현재 국가안전보장회의라고 하며, 首相, 官房長官, 外務大臣, 防衛大臣이 참가하는 '4대신 회합'이다. 국방회의와 별도로 필요에 따라 개최되는 '9대신 회합'은 4대신 이외에 總務大臣, 財務大臣, 經濟産業大臣, 國土交通大臣, 國家公安委員長이 참가한다.

보장을 수립하기 위해 기구를 설치하여 노력했음에도 불구하고, 현재 일본의 안전보장정책은 여전히 국가안전보장을 전제로 한 군사적인 요소를 강화한 정책이다.

그 대표적인 사례가 PKO 법안이다. 1950년대 수에즈 운하를 둘러싸고 영국, 프랑스, 이집트가 군사적인 대립을 하던 중, 1956년에 레스터 피어슨(Lester Pearson) 캐나다 외무부 장관이 UN의 평화유지군(제1차 UN긴급군)을 파견하여 '수에즈의 위기'를 모면할 수 있었다. 이로 인해 피어슨은 노벨 평화상을 수상하기도 했다. 이후 1962년에 PKO가 설립되어 국제정치에서 평화를 위해 큰 역할을 하게 되었다. 당시 PKO는 "UN이 분쟁지역이라고 상정한 지역에서, 국제평화와 안전유지 및 회복을 도와주기 위한 활동을 위해 군사 요원을 포함하고 있지만, 강제력은 수반하지 않고 분쟁당사자의 합의와 협력을 기본으로 한다"고 합의한 상태에서 출발했다.[12] 지금도 '전통적인 PKO' 개념에서는 이 '강제력을 동반하지 않고 분쟁당사자의 합의와 협력'을 기본으로 한다는 핵심을 강조하고 있다.

이러한 PKO의 성격이 크게 변화한 원인은 냉전의 종식이다. 1992년에 부트로스 갈리(Boutros Boutros-Ghali) UN사무총장은 평화를 위한 과제를 제출하여 유엔이 폭력적인 충돌에 어떻게 대응해야 하는가를 제시했다. 그는 이 과제에서 분쟁 처리의 단계를 예방외교(preventive diplomacy), 평화창출(peacemaking), 평화유지(peacekeeping), 분쟁 후의 평화재건(post-conflict peace-buildings)으로 분류하여, 종래의 PKO와 달리 분쟁당사자의 한쪽만이라도 요청을 하면 UN이 PKO를 보낼 수 있도록 하였다.[13] 냉전의 종식과 함께 대리전과 지역분쟁 지원은 끝났으며, 이후에

---

12) United Nations, The blue helmets; a review of United Nations Peacekeeping, 2nd ed (New York: UN, Department of Public Information, 1990), 4쪽.
13) 古關彰一, 『安全保障とは何か-國家から人間へ』 (東京: 岩波書店, 2013), 192쪽.

내전과 종족 간 전쟁, 혁명전쟁과 그에 따른 난민과 실향 사태의 빈도는
급격히 줄었다. 반면, 냉전 종식 이후 지구촌은 급격한 세계화(globalization)
의 흐름 속에 폭력 현상은 줄었지만, 정체성에 근거한(identity based) 분
쟁의 가능성은 더욱 높아지고 있다.14) 뿐만 아니라 냉전이 끝나면서 중
앙 유럽은 경제가 발전하고 민주주의도 성장하였으나, 아프가니스탄 등
다른 지역에서는 독립과 함께 국가 실패(state failure)로 이어져 갈등이
격화되기도 했다. 이러한 시점에서 냉전 종식 이후 국가안보의 주안점이
군사적 안보에서 포괄적 안보로 바뀌고, 세계화 과정에서 표출된 종족이
나 국가 또는 지역 등 각종 갈등으로 인해 다양한 모습의 테러리즘이 전
개되면서 분쟁 처리 형태의 PKO가 주목을 받게 되었다. 결국, 국제사회
에서 전쟁의 형태가 분쟁과 갈등으로 바뀌면서 PKO의 활동은 분쟁을 처
리하는 상황에서 여전히 정치 및 대국과의 관계와 밀접하게 연관되어 있다.

　일본에서도 1992년 6월 6일 중의원 본회의에서 PKO 협력법 심의를
시작했다. 이 PKO 협력법의 핵심은 인적 협력, 즉 '군대의 파병'이다. 그
배경에는 당시 1990년 걸프전에서 '돈은 내지만 사람은 내지 않는다'는
일본의 태도에 외국 특히 미국으로부터 비판이 있었기 때문이다. 그리고
일본으로서도 걸프전에서 130억 달러가 넘는 지원금을 다국적군을 위해
지출하였으나 국제사회에서 인정을 받지 못했다는 인식도 컸다. 실제로
걸프전 이전에 이라크가 쿠웨이트를 침공하여 걸프만의 위기가 한창일
때는 일본 국내에서 '국연평화협력법안'심의를 둘러싸고 인도적인 협력
을 위해 자위대 의무관의 파견조차도 불가능한 분위기였다.15) 그 이유는
국제분쟁에 군사적 관여를 금하는 헌법 제9조 때문이다. 그러나 걸프전

14) 김웅수, 「탈냉전 이후 초국가적 테러리즘의 확산과 군사적 대응」『국가위기관
리학회보』1 (2009), 149쪽.
15) 添谷芳秀, 「日本のPKO政策 : 政治環境の構図」『法學硏究 : 法律·政治·社會』73
(2000), 118쪽.

이후 PKO 협력법안이 다시 상정되어 심의가 시작되었다.

이에 '군국주의의 부활'이라며 일본사회당, 일본공산당, 사회민주연합 등이 강경하게 반대했고 사회당도 대안을 요구했다. 그러나 찬성하는 자민당, 공명당, 민사당 3당에서 가결의 의지를 보이자, 사회당이 반대를 표명하면서 사회당 137명이 사직서를 제출하였으나 수리되지 않았다. 그리고 6월 6일 자정에 참의원 본회의가 개최되어 사회, 공산 양당이 제출한 참의원 운영 위원장의 해임 결의안 심의가 행해졌다. 이 의안의 표결은 PKO 협력법안 반대파가 투표함까지 극단적으로 천천히 걷는 '우보전술(牛步戰術)'을 펴서 대폭 지연되었다. 보통은 20분 정도 걸리는 거리를 11시간 반 이상 지체하면서 반대파가 강한 의지를 보여 심의는 3일 내내 진행되었다. 그러나, 사회당이 8일 밤에 '우보 전술'의 중지를 결단하여 6월 9일 오전 1시 57분에 PKO 협력법안은 드디어 통과되었다. 이에 1992년 6월 15일 '국제연합 평화유지활동 등에 대한 협력에 관한 법률(국제평화협력법)'이 통과되고, 6월 19일에 공포되어 8월 10일에 시행되었다.[16]

그럼에도 여전히 평화주의적 입장에서 저항의 목소리는 강했기 때문에, 일본 정부는 헌법 제9조가 국제분쟁을 해결하는 수단으로서 무력행사를 금지하고 있는 것을 전제로 헌법해석을 했다고 강조했다. 이뿐만 아니라 PKO 협력법안이 각의에서 결정되어 국회에 제출되자 당시 관방장관은 다음과 같은 담화를 발표했다.

이번 법안에 기초하여 참가할 경우 ①무기의 사용은 우리나라 요원의 생명 또는 신체의 방위를 위해 필요한 최소한으로 한정할 것, 또 ②분쟁당사자 간의 정전합의가 무산되는 등의 이유로 평화유지대가 무력행사를

16) https://www2.nhk.or.jp/archives/movies/?id=D0009030726_00000 1992年6月 國際平和協力法(PKO法)公布 (2023.8.15.검색)

하게 될 경우는 우리나라가 해당 평화유지대에 참가하여 활동하는 전제 자체가 무너지는 경우이기 때문에, 단기간에 전제가 회복하지 않으면 우리나라에서 참가한 부대의 파견을 종료할 것 등을 전제로 참가하는 것이기 때문에 우리나라가 헌법 제9조에서 금지하는 '무력행사'를 한다는 평가를 받을 일은 없다.[17]

이 담화와 함께 PKO 협력법에 5원칙 즉, ①분쟁당사자 간의 정전합의, ②해당 PKO 실시와 일본 참가에 대한 분쟁당사자 및 수용하는 나라의 동의, ③해당 PKO의 중립적인 입장 엄수, ④상기 1, 2중 하나라도 원칙을 충족하지 않는 상황이 생길 경우, 업무의 중단, 요원 및 부대의 철수, ⑤요원의 생명 등 방호를 위해 필요한 최소한의 무기 사용 등의 전제 조건을 첨부하였다.[18] 이처럼 일본은 PKO 참가가 헌법 제9조에 위배되지 않는다는 헌법해석을 통해 합헌성의 범위를 확대했다.

그리고 일본 정부는 2001년에 유엔을 중심으로 한 국제평화를 위한 노력에 적절하고 효과적으로 기여하기 위한다는 명목으로 PKO 협력법을 개정했다. 지금까지의 국제평화협력 업무실시 경험 등을 토대로 '이른바 PKF(평화유지대) 본체업무 동결해제', '무기 사용에 의한 방위대상 확대' 및 '자위대법 제95조 적용제외 해제' 등 3가지가 그것이다.[19] 기존에 일본이 실시한 캄보디아나 골란고원, 구 자이르(현 콩고민주공화국) 파견 당시, 자위대 부대는 인원 수송이나 각종 연락 조정 등을 담당하는 역할을 했다. 그러나 파견한 자위대가 타국의 PKO 요원이나 유엔 직원, NGO와 동일한 장소에서 활동하는 경우가 적지 않아 다른 PKO 업무와 복합적으로 전개되는 경우가 증가하고 있다는 것이다. 이러한 이유로 먼

---

17) 朝雲新聞社編集總局, 『防衛ハンドブック〈平成10年版〉』(東京: 朝雲新聞社, 1998), 584~589쪽.
18) 神余隆博, 『國際平和協力入門』(東京: 有斐閣選書, 1995), 193쪽.
19) 2001年12月 PKO法の一部を改正する法律公布

저 국제평화협력 업무에 종사하는 자위관 등이 실시하는 활동의 양태나 장소, 어떤 자가 그 직무와 관련하여 함께 행동할 것인지 등의 실태를 고려하여 어떠한 범위가 방위의 대상으로서 적당한지 검토한다. 그리고 검토한 결과에 근거하여 국제평화협력 업무에 종사하는 자위관 등이 '그 직무를 수행함에 따라 자기 관리 아래 들어간 자'의 생명 또는 신체 방어를 위해 무기를 사용할 수 있도록 한 것이다. 이뿐만 아니라 파견국에서 국제평화협력업무에 종사하는 자위관에 대해 자위대법 제95조[20]의 적용제외 규정을 삭제하고, 자위대의 무기 등을 방호하기 위해 무기를 사용할 수 있도록 했다. 개정이유에 대해서는 지금까지의 경험을 바탕으로 파견지에서 자위대법 제95조를 적용하더라도 사태를 혼란하게 하지 않을 것으로 판단되며, 무기 등의 파괴·탈취를 간과함으로써 대원의 긴급사태 대응능력의 저하나 치안 악화로 이어질 수도 있기 때문이라고 명시하고 있다.[21]

결국, PKO 협력법을 실시한 지 10년 만에 헌법 제9조의 금지조항을 지킨다는 전제 조건을 모두 제거함으로써 자위대의 해외파병은 물론, 업무, 무기 사용 등의 규제조치를 모두 철폐했다. 일본은 전후 정치과정에서 헌법 제9조의 합헌성 확대 및 자위대의 군대로서의 위상을 정착시키는 작업을 착실히 진행했으며, 헤이세이의 제1기인 1990년대에 국제분쟁 처리에 협력한다는 명목으로 신설한 PKO 협력법안을 통해 한 단계가 높

---

20) 제95조 자위관은 자위대의 무기, 탄약, 화약, 선박, 항공기, 차량, 유선전기통신설비, 무선설비 또는 액체연료(이하 "무기 등"이라 한다)를 직무상 경호함에 있어 사람 또는 무기 등을 방호하기 위하여 필요하다고 인정하는 상당한 이유가 있는 경우에 그 사태에 따라 합리적으로 필요하다고 판단되는 한도에서 무기를 사용할 수 있다. 다만, 형법 제36조 또는 제37조에 해당하는 경우 외에 다른 사람에게 위해를 가해서는 안 된다.

21) https://www.cao.go.jp/pko/pko_j/data/law/law_data04.html 내각부 '國際平和協力法の一部改正(平成13年12月)について' (2023.8.14. 검색)

은 자위대의 해외파병까지 완성했다.

3. 제2기: 9·11테러와 유사법제(有事法制) 제정

　냉전 종식 이후 10년이 지난 2000년에 접어들면서 20세기의 전쟁 양상이었던 총력전[22]이 아닌 '테러전쟁'이라 불리는 시대가 도래했다. 9·11을 기점으로 본격적으로 시작된 '테러전쟁'시대에 대응하기 위해 미국의 부시정권은 국가긴급권(긴급사태법)을 발령했다. 국가긴급권이란 일반적으로 전쟁·내란·공황 내지 대규모의 자연재해 등 평상시의 통치기구로서는 대처할 수 없는 비상사태 시에 국가권력이 국가의 존립을 유지하기 위해 입헌적인 헌법질서(인권보장과 권력분립)를 일시 정지하고, 비상조치를 취하는 권한에 관한 법을 말한다.[23] 국가긴급권은 평시와는 다른 권력의 집중·확대 및 인권의 제한을 국가가 가능하게 하는 것을 특징으로 한다.

　국가가 긴급사태에 대처하는 방법에 따라 국가긴급권은 2개의 유형으로 분류할 수 있다. 제1의 유형은 헌법 또는 법률의 명시적인 수권 규정이 없는 경우에, 정부가 헌법 또는 법률 외의 긴급조치를 취하고, 경우에 따라서는 사후에 의회로부터 면책을 받는 방법이다(초실정법적인 국가긴급권). 제2의 유형은 긴급사태에 대비하여 미리 제정해둔 헌법 또는 법률의 제규정에 의해 정부가 특별한 전권을 행사하는 방법이다(법제화

---

22) 총력전(總力戰)은 독일장군 에리히 루덴도르프(Erich Friedrich Wilhelm Ludendorff) 장군이 1935년에 출판한 제1차 세계대전 회고록에서 토탈러 크리크(totaler krieg)라는 단어를 사용하면서 등장했다. 전체전쟁(全體戰爭)이라고도 하는데, 국가가 전쟁 수행에 대해 가지는 국력을 총동원하여 싸우는 형태의 전쟁을 말한다.
23) 芦部信喜, 『憲法學 1 憲法總論』 (東京: 有斐閣, 1992), 65쪽.

된 국가긴급권).[24] 원래 한 국가에서 법제화된 국가긴급권 제도가 정비되어 있더라도, 상정된 긴급사태를 초과하는 사태가 발생할 경우에는 보다 강력하고 초실정법적인 권력을 행사할 가능성이 있다. 이 때문에 국가긴급권에는 실정법을 초과하는 문제가 항상 뒤따른다.

따라서 국가긴급권은 행정부에 의하여 남용되기 쉽다. 즉, 행정부는 긴급사태의 선언이 정당화되지 않는 경우에도 선언을 하는 경향이 있으며, 전쟁이나 그 밖의 위험한 사태가 사라져도 긴급조치를 연장하기 쉽다. 그리고 행정부는 긴급사태에 대처하기 위해 일반 시민의 인권을 과도하게 제한하기 쉬우며, 이러한 경우에 사법 통제가 충분히 행해지지 않아 국민의 인권을 침해하는 문제가 발생한다.[25] 특히 국가긴급권에서 대통령의 비상대권조항은 그 요건과 내용이 지나치게 막연하고 대통령의 긴급권행사에 대한 통제가 극히 미약하여 해석하기에 따라서 입법·행정은 물론이고, 사법 영역에 대해서도 상황에 따라 조치를 취할 수 있기 때문에 그 남용의 위험성은 항상 잠재해 있다. 다시 말해, 국가긴급권은 자유의 옹호를 위함과 동시에 자유를 억압하는 수단으로 사용할 수도 있다.

미국도 헌법에 국가긴급권에 관한 명시적인 규정은 없고 비상시의 대처에 관해서, 침략 등의 경우에 인신보호영장(Writ of Habeas Corpus)의 정지(헌법 제1조 제9절 2항)나 비상시 대통령에 의한 의회소집(제2조 3절)에 관하여 정하고 있다.[26] 그러나 실제로 미국 대통령은 국가적인 위기 시에 긴급사태 대응에 관하여 주도적인 역할을 수행해 왔다. 특히 9·

---

24) 小林直樹, 『國家緊急權 - 非常事態における法と政治』 (東京: 學陽書房, 1797), 17~19쪽.

25) 백윤철, 「프랑스의 國家緊急權」 『土地公法研究』 65 (2014), 410쪽.

26) 백윤철, 「미국의 국가긴급권에 관한 연구」 『세계헌법연구』 20-2 (2014), 189~190쪽.

11 이후 미국에서는 단순히 '전쟁방어' 뿐만 아니라, 나아가 '예방전쟁'이라는 단어가 등장하기 시작했다. 그리고 부시(George W. Bush) 행정부는 사담 후세인(Saddam Hussein)의 대량살상무기 배치를 막기 위해 개입할 필요가 있다고 주장했다. 2002년 6월 1일 부시 대통령은 미 육군사관학교 졸업식 연설에서 불량국가가 미국의 우위에 도전할 수 있는 이유는 그들이 위협과 군사공격 수단으로 보유하고 있는 대량살상무기 때문이라고 말했다.27) 이 연설에서 부시 대통령은 이전에는 전쟁을 일으키려면 막대한 자원과 시간이 필요했지만, 기술력과 테러리스트의 야만성이 결합됨으로써 전대미문의 공격이 거의 아무런 경고도 없이 찾아올 수 있다고 강조했다.

이에 당시 미국의 결정권자들은 후세인의 대량살상무기가 테러집단들에게 공급되어 국가안보가 큰 위험에 처해 있다고 주장했다. 이에 2002년 9월 20일에 미국은 국가안전보장전략을 공표했다. 내용은 '잠재적인' 공격자에 의해서 초래되는 '잠재적인' 해를 고려하면, 과거와 같은 방식으로 행동해서는 리스크가 너무 커지기 때문에, 적이 미국을 먼저 공격하지 못하게 하기 위해서 비록 적의 공격 시기나 장소가 불확실하더라도 자기방어를 위해 선제적으로 행동할 필요가 있다는 것이다.28) 결국, 미국 의회는 2002년 10월에 미국 대통령이 사담 후세인 정권에 대항하여 군사력을 사용할 수 있도록 승인하는 공동 결의안을 통과시켰다. 그러나 이라크 정보위원회는 2005년 보고서에서 핵무기나 생물학적 무기 능력이 존재하지 않는다고 확인했다. 따라서 이라크 전쟁 이후 많은 비평가

27) http://www.whitehouse.gov/news/releases/2002/06/20020601-3.html White House, "National Strategy to Combat Weapons of Mass Destruction" (Washington, DC, December, 2002) (2023.8.14.검색)

28) http://www.whitehouse.gov/nsc/nss.html White House, The National Security Strategy of the United States of America (2023.8.14.검색)

들은 9·11 공격의 보복 가능성을 근거로 하여, 이라크 침공에 대한 미국 행정부의 의도에 의문을 제기해왔다.

한편, 일본은 '국가긴급권이란 전쟁·내란·공황·대규모 자연재해 등 평시 통치기구로는 대처할 수 없는 비상사태에서 국가의 존립을 유지하기 위해 국가권력이 입헌적 헌법질서를 일시 정지하고 비상조치를 취할 권한'이라고 정의하고 있다.29) 그리고 일본에서는 역사적으로 대일본제국헌법에 긴급사태의 비상조치로서 ①긴급칙령 제정권(8조), ②계엄선고의 대권(14조), 비상대권(31조), ④긴급재정조치권(70조) 등의 제도가 마련되어 있었다. 그러나 현행헌법에서는 국가긴급권에 관한 규정이 존재하지 않는다.30) 따라서 일본에서는 현행헌법이 제정되던 시기부터 국가긴급권에 관한 규정이 존재하지 않는 상황에 대해 불문(不文)인 국가긴급권을 인정해야 하는가 아닌가를 놓고 의견 대립이 있었다.

즉, 긴급사태가 발생했을 경우에 대응조치를 강구하는 것은 국가의 '不文의 原理'라는 견해31)가 있는 한편, 국가긴급권이 존재하지 않는 것은 구체제 유물의 불식이라는 부정적인 측면과 평화주의 및 민주주의로 일관한다는 긍정적인 측면이 있다는 입장에서 현행헌법의 기본원칙에 충실하기 위해 부존재의 의의를 인정해야 한다는 견해32)가 부딪쳤다. 그리고 국가긴급권에 관한 규정의 부존재를 법의 미비라고 보는 입장에서, 헌법주의의 요구에 부응하면서 권력자에 의한 권한 남용을 방지하기 위해서는 비상사태에 명확한 실체적 및 절차적 규정을 명문화할 필요가 있

---

29) 芦部信喜, 『憲法〔新版〕』 (東京: 岩波書店, 1997), 337쪽.
30) 安全保障及び國際協力等に關する調査小委員會, 「·非常事態と憲法(國民保護法制を含む)· 關する基礎的資料」, 『衆憲資第 45 号』, 平成 16年 3月 25日 參考資料.
31) 佐藤幸治, 『憲法〔第三版〕』 (東京: 靑林書院, 1991).
32) 小林直樹, 「緊急權—立憲体制と危機政府の問題」 『日本國憲法体系』 1 (東京: 有斐閣, 1961).

다고 하는 견해도 있다.33) 한편 긴급권 조항의 부존재는 권력 남용의 위험이 항상 존재하고, 또 헌법정치 운용은 민주주의에 기반한 건전한 상식에 의해 이루어지기 때문에 그러한 상식에 의해서도 극복할 수 없는 긴급사태의 발생은 헌법의 부정을 의미하는 것으로 헌법의 부정을 헌법 안에 명기하는 것은 '헌법의 자살'이라는 견해도 있다.34)

이와 관련하여 일본에서는 개별법에서 경찰법상의 '긴급사태'(71조·74조), 재해대책 기본법상의 '재해 긴급사태'(105조·106조), 자위대법상의 '방위출동'(76조), '치안출동'(78조·81조) 등 긴급사태에 대한 대응조치가 규정되어 있다. 따라서 이들 조치와 국가긴급권과의 관계에 대해서도 여러 가지 견해가 존재한다. 대표적으로는 국가의 '불문의 원리'로 규정하고, 국가긴급권이 인정된다는 입장에서 이러한 조치와 국가긴급권을 연계하여 긴급사태에서 행정 권한을 법적으로 강화한다고 해석하는 견해가 있다. 그리고 이 견해는 현행헌법은 국가긴급권을 상정하고 있지 않다는 입장에서 이 조치들은 경찰이나 자위대의 활동을 집중·강화하는 경우를 규정한 것이지 헌법질서를 일시적으로 정지할 권한을 인정하지는 않는다고 해석하는 견해와 대립하고 있다.35) 그러나 1990년대 들어 냉전이 종식됨에 따라 지역분쟁의 다발, 테러나 대량파괴무기 확산 등 국제정세의 변화가 나타나고, 북한의 탄도미사일 실험이나 괴선박 사건 등이 발생하자, 2001년 1월에 모리(森喜朗) 총리가 시정 방침 연설에서 유사(有事)연구의 법제화를 언급했다. 그리고 2001년 9·11이 발발한 다음 해인 2002년에는 고이즈미(小泉純一郞) 총리가 유사법제 정비를 천명하고, 같은 해 정기국회에 '안전보장회의설치법의 일부를 개정하는 법률안(安全保障會議設置法の一部を改正する法律案)', '무력공격사태에 있

33) 岩間昭道, 「非常事態と法」『現代國家と憲法の原理』(東京: 有斐閣, 1983).
34) 田中二郎, 「憲法改正の諸問題」『法學協會雜誌』67-1 (1950).
35) 伊藤正巳, 『憲法 [新版]』(東京: 弘文堂, 1992), 613쪽.

어서 우리나라 평화와 독립, 국가 및 국민의 안전 확보에 관한 법률안(武力攻擊事態における我が國の平和と獨立並びに國及び國民の安全の確保に關する法律案)' 및 '자위대법 및 방위청 직원의 급여 등에 관한 법률 일부를 개정하는 법률안(自衛隊法及び防衛廳の職員の給与等に關する法律の一部を改正する法律案)'을 제출했다. 이에 심의를 거쳐 무력공격의 우려와 예측의 구별이 불명확하다는 등의 지적을 바탕으로 '무력공격사태;를 '무력공격사태 등'으로 수정과 보완을 거쳐 '무력공격사태 등 대처법'이 2003년 6월에 성립되었다.36)

'무력공격사태 등 대처법' 제21조는 사태대처법제 정비에 관한 기본방침을 정하여, '사태대처 법제는 국제적 무력분쟁에서 적용되는 국제인도법의 적확한 실시를 확보한 것이어야 한다', '정부는 사태대처법제 정비에 있어서 대처조치에 대해 그 내용에 따라 안전 확보를 위해 필요한 조치를 강구한다', '정부는 무력공격사태 등에 대한 대처에서 국민의 협력을 얻을 수 있도록 필요한 조치를 강구한다' 등에 대하여 규정하고 있다. 그리고 동법 제22조에는 정비되어야 할 사태대처법제의 내용으로 ①국민의 생명 등 보호, 국민생활 등에 미치는 영향을 최소화하기 위한 조치(국민 보호를 위한 법제), ②자위대의 행동을 원활하고 효과적으로 하기 위한 조치 등 ③미군의 행동을 원활하고 효과적으로 하기 위한 조치 등 3항목을 제시하고 있다. 또한 2003년 6월 27일 동법 제24조에 규정된 '국민보호법제 정비본부'가 설치되어 국민보호법제의 입안·정비 작업 외에 인터넷을 통한 국민인가 등의 의견 청취나 지방공공단체·관계 민간기관 등을 위한 설명회 등을 개최했다.37) 그리고 일본 정부는 2004년 3월 9일에 '무력공격 사태 등에서의 국민 보호를 위한 조치에 관한 법률

---

36) 安全保障及び國際協力等に關する調査小委員會, 「「非常事態と憲法(國民保護法制を含む)」に關する基礎的資料」, 6쪽.
37) 安全保障及び國際協力等に關する調査小委員會, 위의 문서, 8쪽.

안' 등 유사관련 7개 법안과 3개 조약 승인안을 결정해 국회에 제출했다. 이때까지 성립된 무력공격사태 등 대처법 등을 포함하여 법률·법안의 개요는 다음과 같다.

〈표-1〉 무력공격사태 등 대처법 등을 포함하여 유사관련 법률·법안의 개요

법 안	개 요
무력공격사태 등에서 국민의 보호를 위한 조치에 관한 법률안(국민보호법안)	무력공격사태 등에서 무력공격으로부터 국민의 생명, 신체 및 재산을 보호하고, 무력공격이 국민생활 및 국민경제에 미치는 영향을 최소화할 수 있도록 하는 중요성에 비추어, 이러한 사항에 관하여 국가, 지방공공단체 등의 책무, 국민의 협력, 주민의 피난에 관한 조치, 피난주민 등의 구원에 관한 조치 및 그 밖의 필요한 사항을 정한다.
무력공격사태 등에서 미합중국 군대의 행동에 수반하여 일본이 실시할 조치에 관한 법률안	무력공격사태 등에서 미일안보조약에 따라 일본에 대한 외부의 무력공세를 배제하기 위해 필요한 미합중국 군대의 행동이 원활하고 효과적으로 실시되기 위한 조치 및 그 밖의 해당 행동에 수반하여 일본이 실시할 조치 등을 정한다.
무력공격사태 등에서 특정 공공시설 등의 이용에 관한 법률안	무력공격사태 등에서 특정 공공시설 등의 이용에 관해 종합적인 조정을 도모하고, 대처조치 등의 적확하고 신속한 실시를 도모하기 위하여 지침의 책정 및 그 밖에 필요한 사항을 정한다.
국제인도법의 중대한 위반 행위의 처벌에 관한 법률안	국제적인 무력분쟁에서 적용되는 국제인도법에 규정된 중대한 위반 행위를 처벌한다.
무력공격사태에서 외국 군용품 등의 해상운송의 규제에 관한 법률안	무력공격사태 시, 일본 영해 또는 일본 주변 공해에서 외국 군용품 등의 해상수송을 규제하기 위해 방위출동 명령을 받은 해상자위대 부대가 실시하는 정선검사(停船檢查) 및 회항조치의 절차와 방위청에 설치한 외국 군용품 심판소에서의 심판절차 등을 정하다.
무력사태에서 포로 등의 취급에 관한 법률안	무력공격사태에서 포로 등의 구속, 억류 및 그 밖의 취급에 관하여 필요한 사항을 정하는 것으로, 자위대 행동의 원활하고 효과적인 실시와 1949년 제네바 협약 및 기타 포로 등의 취급과 관련된 국제인도법의 적확한 실시를 확보한다.
자위대법의 일부를 개정하는 법률안	일본 자위대와 미합중국 군대 사이의 후방 지원, 물품 또는 역무(서비스)의 상호 제공에 관한 일본 정부와 미합중국 정부 간의 협정(ACSA) 개정에 따라서 자위대법상 필요한 개정을 실시한다.38)

법 안	개 요
1949년 8월 12일 제네바 협약의 국제적인 무력분쟁 희생자 보호에 관한 추가 의정서(의정서 I) 승인안	제네바 제 조약은 '육지 상병자(傷病者) 대우', '해상 상병자 대우', '포로 조약', '문민보호조약'의 4개 조약으로 1949년에 채택되었다. 1977년 추가 의정서는 일반 주민 보호에 중점을 두고 있다. 또 추가 의정서 I 에서는 국제적 무력분쟁에 대해 제네바 제 조약의 내용을 보완·확충하여, 분쟁 희생자 보호, 해적 수단·전투 방법의 규제 등을 정했다.
1949년 8월 12일 제네바 협약의 비국제적 무력분쟁 희생자 보호에 관한 추가 의정서(의정서 II) 승인안	제네바 제 조약 공통 제3조의 내용을 보완·확충하여, 비국제적 무력분쟁과 관련하여 분쟁 희생자 보호, 전투방법 규제 등을 정했다.
일본 자위대와 미합중국 군대 사이의 후방 지원, 물품 또는 역무 상호 제공에 관한 일본 정부와 미합중국 정부 간의 협정을 개정하는 협정(개정 ACSA)	ACSA : 자위대와 미군 사이에 물품·역무(서비스)를 상호 제공하는 틀(제공 조건, 결제 절차)을 정하는 협정(1996년 체결, 1999년 일부 개정)이지만 현행 일·미 ACSA는 미국이 일본 이외의 나라와 맺고 있는 ACSA와 달리 적용 범위를 ①공동훈련, ②PKO, 인도적 국제구호활동, ③주변사태 시의 활동에 한정하고 있다.

참고: 『朝日新聞』 2004.2.25. 법안의 설명자료

　　앞에서 살펴본 바와 같이 유사법제는 무력사태 즉 전쟁과 유사한 무력사태가 발생했을 때 실시하는 법률로 헌법 9조가 방기한 교전권을 둘러싼 개별적 자위권의 시비 혹은 국민(외국인을 포함한 주민)의 기본적 인권 제한을 둘러싼 우려 때문에 반대 의견도 많았다. 뿐만 아니라 헌법학 연구자들 사이에서도 합헌성 논란이 있다. 일본공산당, 사회민주당, 신좌익, 반전 평화단체와 노동조합 등은 이 유사법제는 미국의 강력한

---

38) 이 법률안에 따라 일본은 자위대법 일부 개정(2003년 6월)을 통해 방위 출동 명령을 받은 자위대가 그 임무를 보다 효과적이고 원활하게 수행할 수 있도록 방위출동 시 및 방위출동 명령 전에 필요한 행동 및 권한에 관한 규정을 정비하는 등의 조치를 강구했다. 구체적으로는 ①방위출동 시 물자수용 등 규정 정비, ②방위 출동명령 전 방위시설 구축규정 신설, ③방위출동 시 긴급통행규정 신설, ④자위대법 103조에 근거한 물자 보관 명령 위반자 등에 대한 벌칙 등을 규정했다.

요청에 의해 만들어진 것으로 일본의 국방에 기여한다고는 할 수 없다고 주장했다. 그리고 무력공격이 예측되는 상황에서 실제 공격을 받지 않아도 발동할 수 있기 때문에 주일미군이 선제공격을 감행한 것만으로도 유사법제의 속박을 받는다는 것이다.[39] 이러한 의견에 대해 유사법제를 발의할 당시 후쿠다(福田康夫) 관방장관이 "무력공격사태에 대한 대처 및 이에 관한 법제 정비는 당연하게도 헌법의 범주 안에서 실시하는 것으로, 구 헌법하의 계엄령이나 징병제도를 상정하고 있는 것은 아닙니다. 또한, 헌법 9조에 관한 기존 정부의 사고방식, 이것도 변하지 않을 것입니다"라고 단언하면서 정부를 대변했다.[40]

그럼에도 불구하고 유사법제는 방위대신이 공격을 예상한 것만으로 토지나 국민, 물건의 강제수용이 가능하고, 강제수용한 성과를 미군 등 외국군에 제공하는 제한도 명문화되지 않았다. 또한, 일본 정부도 제공을 부인하지 않아 미군의 일방적인 사정에 의한 전쟁 때문에 일본국민 개인의 재산권이나 기본적 인권을 크게 제약받을 수 있다. 엄밀히 말해, 유사법제의 진짜 목적은 전시체제에 민관이 동원되는 것으로, 일단 유사시 공격이나 재해 유무에 관계없이 많은 공공서비스나 민간기업보다 자위대·미군 우선으로 정책을 실시하기 때문에, 국민들의 일상생활이 전시 상황과 유사하게 될 가능성이 높다. 이 유사법제로 인해 일본은 언제든 주변사태에 의한 전쟁에 참가할 수 있게 되었음을 의미한다.

---

39) 『東京新聞』 2003年 4月 5日, "有事法制適用 米先制攻擊で石破長官 『可能』"
40) 平成 14年(2022) 5月 9日 衆·事態特委 福田官房長官答弁

4. 제3기: 3·11 동일본대지진과 국가안보기본법안 제정

동일본대지진(東日本大震災)은 2011년 3월 11일 14시 46분경 산리쿠 앞바다(三陸沖)의 깊이 24km를 진원으로 매그니튜드 9.0의 규모로 발생한 지진이다. 지진에 이어 38.9m 높이의 거대한 쓰나미가 이와테현 미야코시(岩手縣 宮古市) 부근을 덮쳐 그 피해는 더욱 컸으며, 이는 일본 혼슈(本州)에서 발생한 역대 가장 큰 지진이었던 1896년의 메이지 산리쿠 지진(明治三陸地震)의 규모를 뛰어넘는 것이었다. 인명 피해는 사망자 15,424명, 실종자 7,931명, 부상자 5,367명이며, 피해액은 GDP 대비 3.4%~5.3%라고 추정하고 있다. 1995년 1월 17일의 한신 아와지 대지진(阪神·淡路大震災, 매그니튜드 7.3) 때는 사망자가 6,434명이었으며, 1923년 9월 1일 간토 대지진(關東大震災, 매그니튜드 7.9)의 사망자·실종자는 105,385명이었다.41) 그러나 동일본대지진에서는 거대해일의 영향으로 후쿠시마 제1원자력발전소의 모든 교류전원이 상실되어 원자로의 노심(爐心)이 녹는 상황이 발생하여 수소 폭발의 위험성이 높아지면서 피폭 문제 등 복합한 재해의 양상을 보였다.

3·11 동일본대지진 후의 일본 정치는 9·11 테러 후의 미국 정치와 마찬가지로 역사적인 대전환을 야기한 몇 가지 중요한 변화가 생겼다. 우선 어떤 국가나 사회든 대재난이 발생했을 때는 안으로 방어 자세를 취하는 경향이 강하게 나타난다. 일본도 '3·11 대지진 패닉'에 빠져 좀처럼 정치 등을 생각할 여유가 없어졌을 뿐 아니라, 후쿠시마 제1원자력발전 사고 이후에는 더욱 내재화하는 모습을 보인다. 여론조사를 봐도 자기 보신에 나서는 정치인이나 관료들에 대한 혐오의 감정을 쏟아내고 있지

---

41) https://www.fdma.go.jp/disaster/info/items/higashinihontorimatome163.pdf 2011年東北地方太平洋沖地震(東日本大震災)の被害状況(令和5年3月1日現在, 消防廳) (2023.11.4. 검색)

만, 총선 등 실질적인 정치에 관심을 갖거나 적극적으로 참여하고자 하
는 경향을 보이지는 않았다.

<표-2> 당신은 간 나오토 연립내각을 지지합니까?(%)[42]

※ 조사일:2011.4.9.·10(토·일), 조사방법:무작위추출((全國125地点), 대상:1000
人(유효회답률 59.0%)

〈표-2〉에 나타난 것처럼 당시 수상이었던 간 나오토(菅直人)에 대한
지지율은 확연하게 떨어지고, 비난의 목소리도 점점 높아졌다. 그러나
이에 비해 정당 지지율을 살펴보면 자민당 32.4%, 민주당 24.2%, 공명당
3.9%로 명확하게 큰 차이를 보이지 않는다. 이 과정에서 여야는 일단 정
치 대립을 휴전했고, 간 나오토는 지진재해를 계기로 국회의 파행을 해
소하고 부흥대책을 원활하게 추진하기 위해 자민당에 대연립내각을 타
진했다. 그러나 결국 연립내각은 불발되고, 지진재해에 대한 대응과 다
음 해 4월에 치러진 지방 선거에서 민주당의 패배로 인해 간 나오토 내
각이 비판받기 시작했다.

5월 19일자 『요미우리 신문(讀賣新聞)』에 니시오카 다케오(西岡武夫)
참의원 의장이 간 나오토에게 퇴진을 권고하는 기고를 게재했고, 여당
출신이자 중립적 입장의 의장이 총리 퇴진을 압박한 것은 이례적인 일로
주목을 받았다.[43] 또 5월 20일에는 중간파로 지목되던 요코구메 가쓰히

---

42) https://www.tv-asahi.co.jp/hst_archive/poll/201104/index.html (2023.8.17.검색)

43) 後藤謙次, 『幻滅の政權交代』 3 (東京: 岩波書店, 2014), 398~399쪽.

토(橫粂勝仁) 중의원 의원이 민주당에 탈당계를 제출하면서 민주당 내에서 먼저 '간 끌어내리기'가 추진되어 결국 8월 30일에 간 나오토 내각은 내각 총사직을 했다.[44] 이처럼 동일본대지진 이후 정치계에서는 민주당의 자멸로 인해 강한 인지도를 가진 정치가들이 등장하기 시작했다. 대표적으로 2011년 11월 27일에 치러진 오사카부 지사선거·오사카 시장선거에서, 오사카 유신회(大阪維新の會) 간사장 마쓰이 이치로(松井一郎)가 오사카부 지사로, 당 대표 하시모토 도오루(橋下徹)가 오사카 시장에 각각 처음으로 당선됐다. 이에 다음 해 9월에 있을 자민당 총재 선거에 의욕을 보이던 아베는 차기 중의원 선거에서 유신의 약진을 예상하고 유신과의 파이프를 강화해 당내 구심력을 높이고자 했다. 보수세력 결집을 내세우는 마쓰이 등 간부들도 아베의 접근은 유신당세 확대에 도움이 된다고 생각했다.[45] 그리고 아베는 9월 26일의 총재선거에서 결선투표의 역전으로 선출되어, 사임한 총재가 다시 재선되는 기이한 현상을 만들었다.[46]

한편, 동일본대지진 이후 자위대는 창립 이후 일찍이 찾아볼 수 없는 규모로 재해파견을 실행했다. 최초로 육해공 자위대를 통합한 재해파견 부대인 재통합임무부대·동북(災統合任務部隊-東北, JTF-TH)을 편성하여 최대 약 10만 8천명을 동원하여 인명구조, 행방불명자 수색, 재해민의 생활원호, 인프라 복구 등에 주력했다. 이로 인해 일본에서 자위대에 대한 이미지와 위상은 매우 높아졌다. 내각부가 2012년에 실시한 '자위대·방위문제에 관한 여론조사'에서는 97.7%가 이번 자위대의 재해파견에 대

---

44) http://sankei.jp.msn.com/politics/news/110411/stt11041103010000-n1.htm "小澤氏 「皆降ろし」でゴーサインか　小澤派決起へ(1/2ページ)". 　MSN産経ニュース (産経新聞). (2011年4月11日).

45) "小野甲太郎「安倍元首相 久々に注目」維新と關係密、自民總裁選影響も" 『朝日新聞』 2012年8月21日付朝刊

46) "自民總裁選:安倍晋三元首相が新總裁に". 『毎日新聞』 2012年9月26日

해 평가한다고 답했고, 자위대 그 자체에 대한 인상도 좋다가 91.7%로 2009년도 조사 때보다 10.8% 증가했다.[47] 특히 이 여론조사에서 자위대에 어떤 역할을 기대하는가라는 질문에 재해파견이 79.2%로 가장 높았고, 이하 국가안전 확보(주변해·공역에서의 안전 확보, 도서 지역에 대한 공격 대응 등)(60.9%), 국내 치안유지(49.8%), 탄도미사일 공격대응(40.2%) 등이 뒤를 이었다. 자위대에 대한 임무수행에서 '국가안전 확보(주변해·공역에서의 안전 확보, 도서 지역에 대한 공격 대응 등)'의 비율이 결코 적지 않음을 알 수 있다.

이처럼 일본은 국가위기에 직면하여, 실질적인 정치에 대한 관심 저하와 자위대에 대한 이미지 상승 효과를 바탕으로 2012년 7월에 국가안보 기본법안을 제정하였다. 이는 현대판 국가총동원법(1938년 4월 제정)이라 할 수 있다. 각 조항을 살펴보면, 제3조(국가 및 지방공공단체의 책무) 2항에 국가는 교육, 과학기술, 건설, 운송, 통신 그 외 내정 각 분야에 있어 안보상 필요한 배려를 해야 한다고 명기되어 있다. 여기에 담긴 일본 정부의 의도는 국가안보를 위해 국가의 총력을 동원하려는 것이다.[48] 그리고 제5조(법제상 조치 등)에 정부는 본 법에서 정하는 시책을 종합적으로 실시하기 위해 필요한 법제상 및 재정상의 조치를 강구한다고 정하고 있다. 이것은 집단적 자위권[49]의 전면 해금, 해외에서 전투행위를 용

47) https://survey.gov-online.go.jp/h29/h29-bouei/index.html 내각부 "自衛隊·防衛問題に關する世論調查" (2023.8.17.검색)
48) 纐纈厚, 『反阿倍式積極的平和主義論』(東京: 凱風社, 2014), 274쪽.
49) 2014년 1월 24일 아베 신조(安倍晋三) 총리는 시정 방침 연설에서 집단적 자위권 행사를 용인하는 헌법 해석 변경에 대해 언급했다. 같은 해 7월 1일 제2차 아베 내각에서 집단적 자위권을 한정적으로 행사할 수 있다는 헌법 해석을 변경하는 각의 결정을 내렸다. 각의 결정에 따르면 일본에서의 집단적 자위권 행사 요건으로 일본에 대한 무력공격 또는 일본과 밀접한 관계에 있는 국가에 대해 무력공격이 이루어지고, 그로 인해 '일본 국민'에게 명백한 위험이 있으며, 집단적 자위권 행사 이외에는 방법이 없으며, 필요 최소한도의 실력행사에 머무

인하는 법정비를 촉구하는 것이다. 그리고 제8조(자위대)에서 외부에서
군사적 수단에 의한 직접 또는 간접 침략 그 외의 위협에 대해 자국을
방위하기 위해 육군, 해상, 항공자위대를 보유한다. 그리고 2항에 자위대
는 국제 법규 및 확립된 국제관례에 의해 엄격한 문민 통제 하에서 행동
한다고 정하고 있다. 이는 헌법 제9조가 명시한 군사력 보유 금지, 국가
교전권 불인정에 대해 사실상 부정하는 것이다. 현행헌법을 개정하지 않
고도 동법을 근거 규정으로 군사력 보유 금지를 규정하는 현행헌법을 파
괴하는 결과이며 헌법을 전면 부정하는 것이다.[50]

이와 함께 일본은 2013년에 국가안전보장회의(NSC)를 설치했다. 이는
일본의 외교방위에 관한 정보의 일원적 관리와 지도를 하는 기관으로,
과거 전시체제에서 대본영이 수행했던 외교·방위에 관한 최고의사결정
기관이다. 뿐만 아니라 2015년 9월 19일에 아베는 안보관련법(평화안전
법제)을 국회에서 통과시켜 이제는 전쟁을 할 수 있는 보통 국가가 되었
다.[51] 안보관련법은 10개의 개정안을 일괄한 것으로 구체적인 내용은 다
음 표와 같다.

〈표-3〉 일본의 안전보장법제

구 분	내 용
① 자위대법	주요 개정법률
② 국제평화협력법	자위대의 후방지원 강화
③ 중요영향사태법	'주변사태…'에서 '중요영향사태가 발생한 경우 일본의 평화와 안전을 확보하기 위한 조치법'으로 변경
④ 선박검사활동법	'주변사태…'에서 '중요영향사태 등이 발생한 경우 실시하는 선박검사활동법'으로 변경

를 필요가 있다고 규정했다.
50) 유지아, 「일본 평화헌법의 공동화(空洞化)와 자위대」 『일본사상』 37 (2019), 80쪽.
51) 유지아, 위의 논문, 81쪽.

구 분	내 용
⑤ 사태대처법	'무력공격사태 등…'에서 '무력공격사태 등과 존립위기사태가 발생한 경우 일본의 평화와 독립 및 국가와 국민의 안전 확보에 관한 법'으로 변경
⑥ 미군행동관련 조치법	무력공격사태 등…'에서 '무력공격사태 등과 존립위기사태가 발생한 경우 미국 등 군대행동에 수반한 일본의 실시조치법'으로 변경
⑦ 특정공공시설이용법	일본 내 특정 공공시설의 이용에 관한 법률
⑧ 해상수송규제법	'무력공격사태 등…'에서 '무력공격사태와 존립위기사태가 발생한 경우 외국군용품 등 해상수송규제에 관한 법률'로 변경
⑨ 포로취급법	'무력공격사태…'에서 '무력공격사태와 존립위기사태가 발생한 경우 포로 등 취급에 관한 법률'로 변경
⑩ 국가안전보장회의법	심의사항의 추가

※ 內閣官房(https://www.cas.go.jp/jp/gaiyou/jimu/housei_seibi.html) 「平和安全法制等の整備について」를 참조하여 작성.

안전보장법제는 제1차 아베 내각이 성립된 2006년부터 거론되었다. 당시 아베 내각은 안전보장법제에 대한 검토를 위해 '안전보장 법적기반 재구축 간담회'를 설치하였다. 그리고 2008년 6월 24일 제1차 결과물을 내각에 제출하였다(일본수상관저, 2008, 제1차 안전보장 법적기반 재구축에 관한 간담회 보고서). 그러나 아베 내각이 무너진 후 성립된 자민당의 후쿠다 야스오(福田康夫) 내각에서는 결과물의 내용을 처리할 수 있는 상황이 아니었기 때문에 미결상태로 남아있었다. 2012년 12월 제2차 아베 내각이 성립되었고, 아베 내각은 다시 '안전보장 법적기반 재구축 간담회'를 설치하였다. 그리고 그 내용을 더욱 확충한 2차 결과물을 2014년 5월 15일에 제출하였다(일본수상관저, 2014, 제2차 안전보장 법적기반 재구축에 관한 간담회 보고서). 내각은 2차 결과물에 바탕을 둔 '국가존립의 유지와 국민보호를 위한 빈틈없는 안전보장법제의 정비'라는 결정을 내렸다(일본내각관방, 2014, 국가존립의 유지와 국민보호를 위한 빈틈없는 안전보장법제의 정비). 2014년 12월 24일 제3차 아베 내각이 성립하자, 안전보장법제를 국회에 제출하기 전에 미국과 미일방위협력지침을 개정하였다(외무성, 2015, 미일방위협력지침). 그리고 2015년 5월 15일 아베 내각은 안전보장법제를 국회에 제출하였고, 9월 19일 법안을 통과시켰다.[52]

일본의 안보관련법은 10개의 개정안이 있지만 구체적인 상황이나 위험을 상정하고 있지 않아 '무력공격사태 등과 존립위기사태'에 대한 해석이 애매하여 해석에 따라서 안보관련법을 남용하거나 악용할 수 있는 소지가 많다. 뿐만 아니라 일본의 집단적 자위권과 타국군대의 전쟁지원 등에 대한 제한이 없어 정부의 자의적인 해석으로 전쟁에 참전할 위험성이 존재한다. 따라서 안보관련법은 헌법의 법적 안정성을 잃고 전후 일본이 일관되게 유지해 왔던 전쟁을 방기한 국가에서 선제공격도 가능한 전쟁을 할 수 있는 나라로 전환하는 데 중요한 역할을 하고 있다.

5. 맺음말

지난 2022년 12월 16일에 일본 기시다 내각(岸田內閣)은 아베 내각이 2013년에 제정한 '국방의 기본방침'을 폐지하고 새롭게 '국가안전보장전략(國家安全保障戰略)'을 제정했다. 레이와(令和) 시대의 정책을 상징하는 조치라 할 수 있다. 이 방침에서 일본 정부는 러시아의 우크라이나 침략 등 일본의 주변국에서도 핵과 미사일 능력을 비롯한 급격한 군비증강, 힘에 의한 일방적 현상 변경 시도 등의 움직임이 두드러지고 있다고 강조했다. 이러한 이유로 새로운 국가안전보장전략의 책정과 방위력의

---

52) 유지아, 위의 논문, 81~82쪽.

발본적 강화를 추진한다고 발표한 것이다.

패전 후, 일본은 평화헌법에도 불구하고 냉전 격화와 한국전쟁 발발 후 미국의 우방국으로 노선을 분명히 하면서 재군비를 시도했다. 특히 미국의 대일점령정책이 민주화와 비군사화정책에서 경제부흥을 중심으로 한 '역코스'로 전환하면서, 일본의 재군비에 대한 요구가 강해지자 일본은 경찰예비대를 창설하였다. 경찰예비대는 샌프란시스코 강화조약 이후에 보안대로 개칭하였다가 현재 자위대에 이르렀다. 이 과정에서 일본 정부는 일본국헌법 제9조의 해석을 달리하면서 이른바 '해석 개헌'을 시도해 왔다. 이는 전쟁을 위한 전력과 교전권을 방기한다는 헌법의 원칙에 위배되는 것으로, 다시 전쟁을 할 수 있는 국가로의 전환을 의미한다. 현재까지 일본 국민들의 강한 의지로 헌법개정은 실현되지 못했지만, 점차 전쟁으로 나아가는 길을 걸어왔다.

특히 헤이세이 시대는 세 시기를 거치면서 안보관련법안을 제정하여 평화헌법의 공동화는 물론 자위대의 해외파병까지 가능하게 했다. 즉, 제1기는 걸프전쟁 이후 PKO 협력법안을 통해 자위대의 해외파병을 가능하게 했고, 제2기는 9·11 테러 이후 주변사태법과 유사시 국가긴급법을 통해 일본이 위기 상황이라고 판단하면 선제공격을 할 수 있도록 했다. 마지막으로 3·11 동일본대지진 이후에는 안보에 대한 광범위한 개념을 적용하여 국가안전보장법을 제정하여 위기상황시 일본국민 및 재산의 국가동원을 가능하게 했다. 이처럼 헤이세이 30년은 10년에 한 번씩 큰 위기에 직면하면서 일본은 안보정책을 수정해 나갔다. 이러한 일련의 과정은 비단 헤이세이만의 특징이기보다는 헌법 제9조를 공동화하면서 전쟁을 할 수 있는 국가로 나아간 일본 정치인들의 일관된 정책이다. 그 결정체가 2022년 12월 16일에 기시다(岸田文雄) 내각이 결정한 '국가안전보장전략'이라 할 수 있다.

현재 일본은 안보를 염려하는 개인과 집단이, 타인이나 타집단의 공격으로부터 안보를 확보하기 위해서 끝없이 힘을 축적하게 되는 악순환에 빠진다[53])는 안보딜레마에 빠져있다고 평가한다. 일본의 방위능력이 중국과 북한보다 우위에 있다고 하더라도 그들이 보유한 핵과 미사일 분야에서 안보딜레마에 빠질 수밖에 없다는 논리로 안보법제를 강화하고 있는 것이다. 따라서 기시다 내각이 결정한 안전보장전략은 패전 후 일본이 고수해온 안보정책의 두 축인 헌법 제9조와 미일안전보장 정책과는 차원이 다른 획기적인 것이다. 전략의 골자는 일본이 침공을 받았을 때 적의 미사일 기지 등을 공격할 수 있는 '반격능력'을 보유하고, 5년 뒤에는 방위비를 국내총생산(GDP)의 2% 이상으로 늘린다는 정책으로 명실상부한 군사국가로의 전환을 상정하고 있다. 그러나 일본의 안보법제 강화는 현재의 문제가 아니라 쇼와, 헤이세이 시기를 거쳐 군사력을 강화하고 국제적으로 전쟁을 할 수 있는 국가로 부상하는 과정으로 봐야 할 것이다. 그럼에도 일본은 레이와 시대에 들어서 북한의 핵무기와 미중전쟁 및 우크라이나 전쟁이 일본의 안전보장을 위협한다는 논리로 법제를 더욱 강화하자고 한다. 이에 우리는 레이와 시대의 안보정책이 쇼와, 헤이세이 시대부터 이어진 정책과 맥을 같이하고 있다는 점을 직시하며 주목해야 할 것이다.

---

53) 임상순, 「'안보딜레마 이론을 통해서 본 북한의 핵 개발과 남한의 대응— 현황과 전망을 중심으로'」『평화통일연구』3 (2021), 104~105쪽.

참고문헌

1. 자료

安全保障及び國際協力等に關する調査小委員會, 「‘非常事態と憲法(國民保護法制
を含む)’關する基礎的資料」, 『衆憲資第 45 号』, 平成 16年 3月 25日の
參考資料

"小野甲太郎「安倍元首相、久々に注目 維新と關係密、自民總裁選影響も"『朝日新
聞』2012年8月21日付朝刊

"自民總裁選:安倍晋三元首相が新總裁に". 『毎日新聞』2012年9月26日

https://www2.nhk.or.jp/archives/movies/?id=D0009030726_00000 1992年6月 國際
平和協力法(PKO法)公布 (2023.8.15.검색)

https://www.cao.go.jp/pko/pko_j/data/law/law_data04.html 내각부 ‘國際平和協力
法の一部改正(平成13年12月)について’ (2023.8.14.검색)

http://www.whitehouse.gov/news/releases/2002/06/20020601-3.html White House,
"National Strategy to Combat Weapons of Mass Destruction"
(Washington, DC, December, 2002) (2023.8.14.검색)

http://www.whitehouse.gov/nsc/nss.html White House, The National Security
Strategy of the United States of America (2023.8.14.검색)

https://www.fdma.go.jp/disaster/info/items/higashinihontorimatome163.pdf 2011年
東北地方太平洋沖地震(東日本大震災)の被害狀況(令和5年3月1日現在,
消防廳) (2023.11.4.검색)

http://sankei.jp.msn.com/politics/news/110411/stt11041103010000-n1.htm "小澤氏
「菅降ろし」でゴーサインか 小澤派決起へ(1/2ページ)". MSN産経ニュー
ス (産経新聞). (2011年4月11日)

https://survey.gov-online.go.jp/h29/h29-bouei/index.html 내각부 "自衛隊・防衛問
題に關する世論調査" (2023.8.17.검색)

2. 논문 및 저서

朝雲新聞社編集總局, 『防衛ハンドブック〈平成10年版〉』(東京: 朝雲新聞社, 1998).

伊藤正巳, 『憲法[新版]』(東京: 弘文堂, 1992).

岩間昭道, 「非常事態と法」『現代國家と憲法の原理』(東京: 有斐閣, 1983)

衛藤瀋吉・山本吉宣著, 『總合安保と未來の選擇』(東京: 講談社, 1991).

纐纈厚, 『反阿倍式積極的平和主義論』(東京: 凱風社, 2014),

小林直樹, 「緊急權―立憲体制と危機政府の問題」『日本國憲法体系』1 (東京: 有斐閣, 1961).

_____, 『國家緊急權 - 非常事態における法と政治』, 學陽書房, 1797.

古關彰一, 『安全保障とは何か-國家から人間へ』(東京: 岩波書店, 2013).

佐藤幸治, 『憲法〔第三版〕』(東京: 青林書院, 1991).

神余隆博, 『國際平和協力入門』(東京: 有斐閣選書, 1995).

添谷芳秀, 「日本のPKO政策 : 政治環境の構図」, 『法學硏究 : 法律・政治・社會』73 (2000).

田中二郎, 「憲法改正の諸問題」『法學協會雜誌』67-1 (1950).

芦部信喜, 『憲法學 1 憲法總論』(東京: 有斐閣, 1992).

_____, 『憲法〔新版〕』(東京: 岩波書店, 1997).

原武史, 『平成の終焉: 退位と天皇・皇后』(東京: 岩波新書, 2019).

後藤謙次, 『幻滅の政權交代』3 (東京: 岩波書店, 2014).

保阪正康, 『平成史』(東京: 平凡社, 2020).

吉見俊哉, 『平成時代』(東京: 岩波新書, 2019).

United Nations, The blue helmets; a review of United Nations Peacekeeping, 2nd ed (New York: UN, Department of Public Information, 1990).

김웅수, 「탈냉전 이후 초국가적 테러리즘의 확산과 군사적 대응」『국가위기관리학회보』1 (2009).

나오미 클라인(김소희 역), 『쇼크 독트린』(파주: 살림비즈, 2008).

남기정, 『기지국가의 탄생』(서울: 서울대학교출판문화원, 2016).

백윤철, 「미국의 국가긴급권에 관한 연구」『세계헌법연구』20-2 (2014).

_____, 「프랑스의 國家緊急權」『土地公法硏究』65 (2014).

유지아, 「일본 평화헌법의 공동화(空洞化)와 자위대」『일본사상』37 (2019).

_____, 「안보위기 인식에 따른 일본 국방전략의 역사적 고찰」『일본문화연구』86 (2023).

임상순, 「'안보딜레마 이론을 통해서 본 북한의 핵 개발과 남한의 대응― 현황과 전망을 중심으로'」『평화통일연구』3 (2021).

나행주(건국대학교)

송종호(한국방송통신대학교)

윤성익(경희대학교)

김문자(상명대학교)

이해진(일본 滋賀縣立大學)

하우봉(전북대학교 명예교수)

서경순(국립부경대학교 인문한국플러스사업단)

유지아(원광대학교 동북아시아인문사회연구소)

역사적으로 본 한일 양국의 갈등과 해법의 모색

2025년 05월 16일 초판 인쇄
2025년 05월 23일 초판 발행

지 은 이   한일관계사학회
발 행 인   한정희
발 행 처   경인문화사
편 집 부   한주연 김지선 김한별 양은경
마 케 팅   하재일 유인순
출판신고   제406-1973-000003호
주   소   (10881) 파주시 회동길 445-1 경인빌딩 B동 4층
대표전화   031-955-9300   팩 스   031-955-9310
홈페이지   http://www.kyunginp.co.kr
이 메 일   kyungin@kyunginp.co.kr

ISBN 978-89-499-6861-2 93910
값 25,000원